W0279635

van Kerckhoven
2
Schalke 04
VELTINS
KEHL
5
12

2003/2004

kicker

Fussball Jahrbuch

kicker Fussball Jahrbuch

2003/2004

COPRESS SPORT

T-Mobile
T-Mobile
T-Mobile
T-Mobile

Inhalt

Zweite Bundesliga: Geschenke gibt's in der Liga nicht

DFB-Pokal: Die Chance über den ganz kurzen Weg

Champions League: Königsklasse als Bühne für die Weltstars

UEFA-Pokal: Triumph im Schatten der Großen

Nationalmannschaft: WM-Erfolg muss bestätigt werden

International: Real Madrid – das Starballett

Regionalliga: 3. Liga – guter Sport trotz Problemen

S = Statistik

Vorwort

Ein Ruhmesblatt sieht anders aus

Am Ende wurde wieder gefeiert. Man hatte ja auch allen Grund dazu beim FC Bayern München. Schließlich hatte man das Double gewonnen, nach der Erringung der Deutschen Meisterschaft die Saison auch noch mit dem DFB-Pokal gekrönt – eine Bilanz, die sich sehen lassen kann.
Dennoch waren bei den Bayern immer leichte Untertöne zu hören. Zu tief saß der Stachel, den das frühe Ausscheiden der Münchner aus der Champions League, der europäischen Königsklasse, verursacht hatte. »Ich freue mich auf die neue Saison«, betonte Meistertrainer Ottmar Hitzfeld, »besonders, dass es international wieder losgeht. Der Mittwoch war für mich ein trauriger Tag, wenn ich am Fernsehen die Champions League verfolgen musste.«
Trotz aller Bayern-Erfolge am Ende der Saison: Das frühe Ausscheiden nach der ersten Gruppenphase der Champions League, es passte überhaupt nicht zu den eigenen Ansprüchen und den Erwartungen der Fußball-Freunde. Sieglos als Gruppenletzter die Segel streichen zu müssen, das tat weh. Vor allem, weil es mit Spartak Moskau bis dahin nur eine schwächere Mannschaft in Europa gegeben hatte!
Die Kritik konzentrierte sich auf den Trainer. Er wurde in Frage gestellt. Ob er der erfolgsverwöhnten Mannschaft noch einmal die nötige Motivation geben könnte? Ob er den Renommierklub von der Säbener Straße wieder auf die Erfolgsspur zurückführen könnte?
Gemach, er konnte. Auch, weil die unterforderten Bayern-Profis sich jetzt ohne die Mühen der internationalen Aufgaben ganz auf das Wesentliche beschränken konnte. Auch, weil die Gegner in der Bundesliga, allen voran der amtierende Meister Borussia Dortmund seinen Rhythmus verlor. Gefordert durch die zusätzliche Belastung in der Zwischenrunde der Champions League verloren die Westfalen schnell den Anschluss. Am Ende hatte Präsident Dr. Gerd Niebaum, der sich eigentlich immer schützend vor seine hochbezahlte Profitruppe stellt, gar »eine Art von Beamten-Mentalität« in seinem hochkarätigen Team ausgemacht.
Am Ende machten die Münchner mit einer selten zuvor erlebten Dominanz ihre 18. Meisterschaft klar. Schon am 30. Spieltag konnten die Bayern ihren erneuten Titelgewinn durch einen 2:0-Sieg beim VfL Wolfsburg unter Dach und Fach bringen. Am Ende hatte der Abonnements-Meister einen Vorsprung von 16 Punkten auf den Vizemeister VfB Stuttgart. Solch eine Differenz hat es seit der Einführung der Dreipunktewertung in der Saison 1995/96 nicht gegeben.
Doch wie ist solch eine Differenz zu werten und zu deuten?
Europaweit gibt's lediglich eine Liga, in der der Meister einen noch größeren Abstand zum nächsten Verfolger herausholen konnte, nämlich in Serbien & Montenegro. Alle anderen Ligen waren geprägt von engeren Meisterschaftsrennen. Das klingt nicht gerade nach einem besonders guten Zeugnis für die Bundesliga.
Diesen relativ schlechten Eindruck vermittelten auch die neben den Bayern angetretenen deutschen Teams in den europäischen Wettbewerben. Mal abgesehen von dem am Ende glücklosen Auftreten Borussia Dortmunds in der Zwischenrunde der Champions League und dem couragierten Auftreten des VfB Stuttgart im UEFA-Cup gab's kaum etwas zu feiern.
Im UEFA-Cup verabschiedeten sich Bremen, Schalke und schließlich Hertha gegen nicht gerade renommierte Teams aus Europa. Vitesse Arnheim, Wisla Krakau und Boavista Porto stellten unüberwindbare Hindernisse für sie dar. Nicht unbedingt ein Ruhmesblatt. Die ins Trudeln geratene Mannschaft von Bayer Leverkusen, im Vorjahr noch Champions-League-Finalist gegen Real Madrid, beendete die Zwischenrunde, ohne auch nur einen Punkt geholt zu haben. Dies insgesamt schwache Abschneiden der deutschen Vertreter auf europäischer Ebene führte dazu, dass die Möglichkeit, in der UEFA-Fünf-Jahres-Wertung an Italien vorbeizuziehen und so in den kommenden Jahren wieder zwei deutsche Teams in die Qualifikation der Champions League schicken zu können, leichtfertig aus der Hand gegeben wurde.
Leider setzte sich dieser negative Eindruck über die Leistungsstärke des deutschen Fußballs auch in den Spielen der Nationalmannschaft fort. In keinem der Länderspiele in der Folgesaison auf den großen WM-Erfolg konnte auch nur annähernd bestätigt werden, warum Deutschland die zweitbeste Nation des Erdballs ist.
Selbst in Anbetracht der Tatsache, dass Teamchef Rudi Völler nicht immer die besten Spieler zur Verfügung standen, waren die Leistungen insgesamt enttäuschend.
Das gipfelte in beschämenden Leistungen bei den letzten EM-Qualifikationsspielen in Schottland und auf den Färöern. Leistungen, die Fragen aufwerfen. War etwa der WM-Erfolg vor gut einem Jahr doch nur das Resultat eines favorablen Parcours in Südostasien? Brauchen deutsche Profis immer und überall den starken Druck, um anständige Leistungen abrufen zu können? Oder fehlt ihnen einfach die Liebe und Besessenheit zu ihrem Beruf?
Nirgendwo sonst in Europa wird im Fußball so häufig wegen der hohen Belastungen geklagt wie unter deutschen Profis. Dabei sind die Anforderungen in England und Spanien, in Italien und Frankreich um einiges höher. Vielleicht ist es ja einfach nur so, dass es den deutschen Profis so gut geht, dass sie keinen großen Ehrgeiz mehr spüren, sich über die Lust am Spiel auch wieder zu besseren Leistungen aufzuraffen.

Hardy Hasselbruch

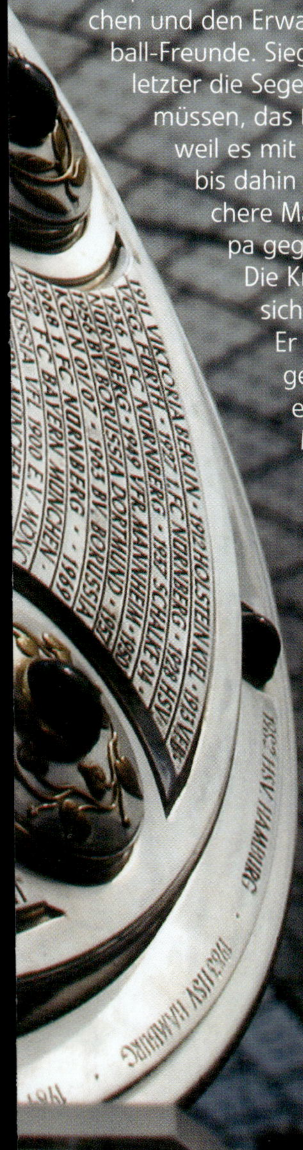

Deutsche

Alleingang für den Rekordmeister

Der FC Bayern München ließ sich durch nichts aufhalten. Der Dominanz eines Michael Ballack und seiner Kollegen hatten die Konkurrenten wenig entgegenzusetzen.

Saisonrückblick

Ein Double half gegen den ersten Frust

Die ungeraden Jahre, in denen im Sommer die Spielzeit zu Ende geht, sind bei den Fußballfans selten welche, die lange in Erinnerung bleiben. Weil Welt- oder Europameisterschaft als absolutes Highlight fehlen. So bleiben denn als internationale Höhepunkte Qualifikations- und Freundschaftsspiele der Nationalelf sowie die Beteiligung der Spitzenvereine in den europäischen Klubwettbewerben.

Bleiben da die herausragenden Erfolge aus, kann die Konzentration nur noch der Deutschen Meisterschaft, dem Kampf um die Champions-League- und UEFA-Cup-Plätze sowie der Abstiegsfrage gelten. So gesehen war diese Jubiläums-Saison, die 40. seit Bestehen der Eliteliga, gewiss keine, die sportlich gesehen nachhaltige Wirkung zeitigen dürfte.

So galt für den FC Bayern München der Gewinn des 18. Titels schon nach dem 10. Spieltag als verbliebenes Saisonziel nach dem blamablen Ausscheiden aus der Champions League schon in der Vorrunde. »Ich hoffe, die Saison wird langweilig«, orakelte Ottmar Hitzfeld, »jetzt müssen wir ja Deutscher Meister werden«. Er sollte Recht behalten. Zwischenzeitlich hatten viele ihm den schwarzen Peter für den Flop auf Europas Fußballbühne zugeschoben. Doch Hitzfeld ließ sich nicht beirren und führte die Bayern zum vierten Double. Die Meisterschale eroberten sie bereits am 30. Spieltag mit 13 Punkten Vorsprung auf den VfB Stuttgart. Im Finale des DFB-Pokals setzte sich der Rekordmeister mit einem nie gefährdeten 3:1 über den 1. FC Kaiserslautern durch.

Damit sind auch zwei Mannschaften genannt, die die Bundesliga in der Endphase spannend hielten. Die Stuttgarter wurden am Ende Zweiter und qualifizierten sich direkt für die Champions League. Felix Magath, Trainer und Manager in Personalunion, brachte die jungen Talente aus Schwa-

Strahlendes Weiß beim Titelverteidiger: Giovane Elber, Owen Hargreaves, Bixente Lizarazu und Jens Jeremies freuen sich über die erfolgreiche Saison des FC Bayern München – jedenfalls auf nationaler Ebene.

Internationalität in der deutschen Eliteliga: Leverkusens brasilianischer Weltmeister Lucio (links) klärt vor Schalkes Nigerianer Victor Agali.

ben zu einem ungeahnten Höhenflug und wird die Kuranyi und Co. trotz eines verlockenden Angebots aus Schalke auch weiter führen. Der 1. FC Kaiserslautern kämpfte gegen den Abstieg und gewann mit Trainer Erik Gerets, der Andy Brehme abgelöst hatte. Mit ihrem Schuldenberg haben die Pfälzer noch lange zu tun.

Lange Gesichter gab es beim Titelverteidiger Dortmund, der das Duell mit dem VfB auf der Zielgeraden durch ein blamables 1:1 gegen die als Absteiger fest stehenden Cottbuser verlor. »Man war fünf Zentimeter vom Loch entfernt, hätte eigentlich einlochen müssen, braucht nun aber zwei weitere Schläge«, meinte Golf-Kenner und Borussen-Manager Michael Meier.

Auch der Hamburger SV als Vierter und der Fünfte Hertha BSC Berlin haben ihr Ziel erreicht, sie spielen im UEFA-Cup, ebenso wie die Lauterer als Verlierer des Pokal-Finales. Für den UI-Cup konnten sich Werder Bremen, der FC Schalke 04 und der VfL Wolfsburg qualifizieren. Bester Aufsteiger wurde der VfL Bochum mit einem fast sensationellen 9. Platz. Auch Neuling Hannover (11.) war vorzeitig gerettet. Trotz intensiven Feierns ließen es sich die Niedersachsen aber nicht nehmen, die Bielefelder, ebenfalls gerade erst aufgestiegen, mit einem 1:0 auf der Alm am letzten Spieltag dahin zu schicken, wo sie herkamen. Damit waren auch Anschuldigungen des Arminia-Schlussmanns Hain aus der Welt geschafft, in der Partie des Absteigers 1. FC Nürnberg gegen Bayer Leverkusen könnte gemauschelt werden. Bayer gewann mit dem gerade eingestellten ehemaligen Nürnberger Trainer Klaus Augenthaler 1:0 und war gerettet. Der hatte den glücklosen Thomas Hörster (Nachfolger von Klaus Toppmöller nach dem 21. Spieltag) vor dem vorletzten Spieltag abgelöst und gewann gleich gegen 1860 München mit 3:0.

Ach ja, die Sechziger. Die warfen den österreichischen Coach Peter Pacult nach einem 0:6 in Berlin vor der 25. Runde raus. Da waren die »Löwen« Achter. Mit dem Ex-Herthaner Falko Götz wurde es am Ende Platz zehn ... Aber das Sportliche war bei 1860 gar nicht mehr so interessant. Die Querelen um den Abschied von Weltmeister Thomas Häßler beherrschten die Schlagzeilen. Abschied nehmen mussten auch andere herausragende Figuren: Thorsten Fink und Michael Tarnat (Bayern), Andy Möller (Schalke), Mario Basler (Kaiserslautern), Michael Preetz (Hertha), um nur einige zu nennen. Bei einigen war das Alter der Grund, viele fielen den Sparmaßnahmen der Klubs zum Opfer. Denn die Krise des Medienmoguls Kirch führte zu Mindereinnahmen bei den TV-Geldern und das zur Verringerung der Kader. Auch mussten viele Profis Einbußen bei ihren Einkünften akzeptieren. Auf Stefan Effenberg, der in Wolfsburg freiwillig ging, Mario Basler und andere trifft das nicht zu. Sie gehen nach Katar. In den Emiraten winkt neuer Reichtum.

Johann Strotkötter

Irgendwie logisch: Selbstfindung für die fein dosierte Fußball-Show

Also zerrte sich Giovane Elber das weiße bayerische Trachtenhemd über seine Pilzkopffrisur und ließ unter dem nackten schmächtigen Oberkörper rhythmisch die Hüften kreisen.

»Marmor, Stein und Eisen bricht« sowie einige andere längst angestaubte Gassenhauer schmetterte die Band in den urigen Paulaner-Keller am Nockherberg, wo an diesem Samstagabend die Münchner Bayern offiziell ihren 18. Titel feierten. Man schrieb den 17. Mai, und es war der vorletzte Spieltag der Saison 2002/03. Längst erfüllt hatten die Kahn und Kollegen ihr Jahressoll, in der Bundesliga zumindest; schon drei Runden zuvor, mit dem 2:0-Sieg in Wolfsburg, war die Meisterschaft gesichert worden, höchst souverän und ohne extreme Gefühlswallungen – wie nun auch diese Feier ablief.

Irgendwie auch logisch, denn eigentlich war dieser erneute nationale Triumph das gesamte Jahr hindurch ziemlich ungefährdet. Nach einem Nullzunull-Start in Mönchengladbach und Platz zwölf zum Auftakt hieß der Tabellenführer schon am vierten Spieltag FC Bayern München und anschließend nie mehr anders. So türmte die Mannschaft um Trainer Ottmar Hitzfeld einen, so Präsident Franz Beckenbauer, »Abstand wie lange nicht mehr« zwischen sich und dem Rest der wunschlos distanzierten Konkurrenz: Seit Einfüh-

Die Bayern-Macher mit der Meisterschale: Manager Uli Hoeneß, AG-Chef Karl-Heinz Rummenigge und Präsident Franz Beckenbauer.

Der Erfolgs-Trainer und sein Sorgenkind: Ottmar Hitzfeld und der teure Bayern-Neuzugang Sebastian Deisler, der aufgrund zahlreicher Verletzungen nur wenig zum Titelgewinn beitragen konnte.

rung der Dreipunktewertung zur Spielzeit 1995/96 wurde noch nie ein Vorsprung von 16 Zählern für den Primus in der Endabrechnung verbucht, 75 in der Summe.

Die beste Heimbilanz, 42 Punkte, ist ebenso für den FC Bayern notiert wie die beste Auswärtsquote: 33. Lediglich 25 Gegentore stehen für die effektivste Verteidigung des 18er Feldes, in 17 Begegnungen wurden jegliche Versuche gegnerischer Stürmer, einen Treffer zu erzielen, gnadenlos abgeblockt. Zwischen dem zwölften und 20. Spieltag verweigerte die Defensive des FC Bayern den Offensivkräften aus Wolfsburg, Kaiserslautern, Berlin, Stuttgart, Schalke, Gladbach und Bielefeld jedes zählbare Erfolgserlebnis, ehe der japanische Hamburger Takahara in der Nachspielzeit diesen neuen Liga-Rekord auf 803 Minuten ohne Gegentor eingrenzte. Zwischen diesem zwölften und 27. Spieltag setzten die Champions aus München zudem eine Serie von 16 Spielen ohne Niederlage.

Trainer Hitzfeld durfte deshalb ohne Überheblichkeit zusammenfassen: »Wir haben den besten Fußball gespielt, wir haben die beste Mannschaft.« Und wenn sich diese Vereinigung internationaler Spitzenleute den Luxus leistet, sich nur noch auf die innerdeutschen Aufträge Bundesliga und DFB-Pokal zu konzentrieren, reicht sogar – so Franz Beckenbauers Gesamtbefund – »eine durchschnittliche, allenfalls überdurchschnittliche Leistung«. Denn die große Fußball-Show zauberte das nach der beeindruckenden 6:2-Demonstration gegen Arminia Bielfeld bald zum Weißen Ballett geadelte Münchner Ensemble in der Folgezeit eher dosiert auf die Plätze: noch in Hamburg, 3:0; noch in Stuttgart, 3:0; noch gegen 1860 München, 5:0; noch in Bochum, 4:1; noch in Berlin, 6:3.

Denn nach dem internationalen Desaster begab sich das Team auf den langen und unsicheren Weg der spielerischen und taktischen Selbstfindung: Wo zuvor jeder und alle, berauscht vom eigenen Tun, nach vorne rannten und die Abwehr ohne jede Achtung zurückließen, verordnete Chefstratege Ottmar Hitzfeld nun eine neue Sicherheitspolitik, mit zwei eher defensiven Mittelfeldspielern, in der Zentrale postiert. Im Rücken der fortan einzigen Spitze Giovane Elber musste der anfangs gar nicht so laufwillige Claudio Pizarro viele Meter zurücklegen, um das mittige Vakuum zwischen Angriff und defensivem Mittelfeld zu füllen. Zudem versahen die Innenverteidiger, Linke und/oder Robert Kovac beziehungsweise Sammy Kuffour, zuallererst und nahezu ausschließlich ihre Abwehraufgaben, »sicher wie eine Bank«, so Manager Uli Hoeneß. Über die Flanken trieben freilich Zé Roberto, links, und über rechts die sich abwechselnden Hargreaves, Schweinsteiger, Scholl, Sagnol oder Niko Kovac das Geschehen nach vorne, so dass die 70 Tore ebenfalls den Höchstwert der Liga darstellen.

Dennoch wurde die anfängliche Debatte über schönen Fußball mit einem neuen Pragmatismus abgehandelt. Diese Stiländerung löste der internationale Super-GAU aus: Der FC Bayern wurde nach der Vorrunde aus dem Reigen der internationalen Elite in der Champions League ausgestoßen, nicht einmal die Trostrunde im UEFA-Pokal durften die Münchner noch mitmachen. Als »allzu euphorisch« kritisierte Vorstandsvorsitzender Karl-Heinz Rummenigge die Sorglosigkeit, mit der die Seinen in den Heimspielen gegen Deportivo La Coruna und AC Milan nach vorne gerannt waren, um dann die strafenden Konter hinzunehmen, 2:3 und 1:2. Ende, Aus, keinen einzigen Sieg gab's in jener königlichen Konkurrenz, »eine Blamage«, »eine Schande für den FC Bayern« bezeichnete AG-Chef Rummenigge diese internationale Abrechnung 2002/03.

In seine La Corunaische Schimpfrede, die er nach dem definitiven Aus vortrug, gliederte er die Vorgaben für den Rest des Arbeitsjahres ein: die zwei nationalen Trophäen sollten es sein, in jedem Fall die Meisterschaft, die er als »den ehrlichsten Titel« rühmt, weil sie das Zertifikat für konstante Leistungen über 34 Spiele fertigt. Diese herbstliche Krise des FC Bayern, die auch den so erfolgreichen Trainer Hitzfeld mit voller Wucht mit sich riss, milderte das bald nach dem Europacup-K.-o. folgende Heimspiel gegen den ewigen Bundesliga-Konkurrenten Borussia Dortmund.

Rechte Seite: Brasilianer in der Bundesliga unter sich: Bayern-Torjäger Giovane Elber wird unkonventionell vom Leverkusener Lucio gestoppt.

adidas
adidas

Gegenwehr gegen einen Riesen: Bayern-Verteidiger Sammy Kuffour (links) setzt sich im Kopfball-Duell eindrucksvoll gegen den Dortmunder Jan Koller durch.

Den 2:1-Sieg nach 0:1-Rückstand wertete Rummenigge richtig als »Schlüsselspiel« für den weiteren Lauf der Dinge, der 9. November 2002 wurde zum Tag, an dem sich alles wieder zum Guten wendete.

Fünf Punkte Distanz zum Zweiten häufelte dieser Sieg auf, »damit«, meinte Rummenigge, »haben wir den Grundstein für den Titel gelegt.« Dem sportlichen Leiter Hitzfeld sicherten jene drei Punkte den Arbeitsplatz, nachdem seine Arbeit intern arg angezweifelt worden war: weil zu wenig intensiv; weil ohne Fortschritte bei den Ersatz- und Nachwuchsspielern. Hitzfeld müsse sich und seinen Stil ändern, hieß es aus der Führung. Hitzfeld reagierte. Selbst wenn er es nicht zugeben wolle, sagt Rummenigge, sagt Hoeneß, »Ottmar hat sich gewandelt«. Statt sonst vieler freier (Nachmit-)Tage und großzügigen Müßiggangs verordnete der Chefcoach nun einen proppenvollen Wochenplan, mit häufiger Doppelschicht in Wald und Kraftraum.

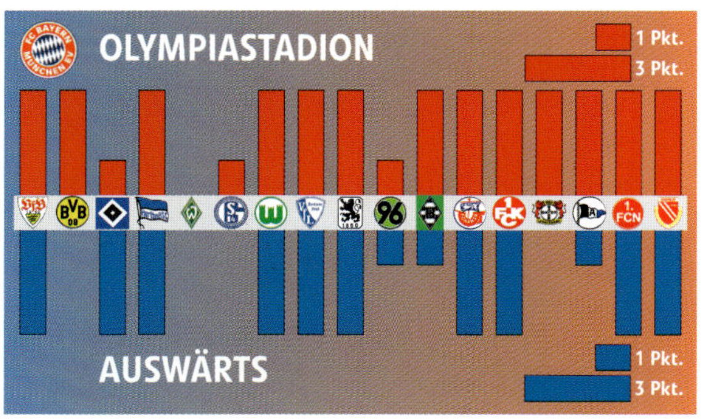

Rechte Seite: Der Torwart-Titan packt zu: In Leverkusen schnappte sich Oliver Kahn Bayer-Stürmer Thomas Brdaric, kam allerdings mit einer Gelben Karte davon.

Disziplinlosigkeiten oder öffentliche, auch noch so zarte Kritik an seiner Person oder Spielweise strafte er ab mit Finanzbußen bis zu 10 000 Euro. Claudio Pizarro musste zahlen wegen öffentlicher Unmutsäußerungen über Hitzfelds Defensivstil; Michael Ballack musste zahlen wegen öffentlicher Unmutsäußerungen über seine Defensivaufgaben; Oliver Kahn musste zahlen wegen eines ausschweifenden Discobesuchs im Krankenstand. Mit diesen autoritären Methoden gerade gegen Stars straffte der so genannte »General« die Konzentration innerhalb der Starvereinigung. Denn selbst Millionen-Verdiener reagieren knauserig, also verärgert auf Geldstrafen. Bei Pizarro und Ballack

hatten die Sanktionen einen weiteren positiven Effekt, beide fügten sich in die taktischen Vorgaben des Trainers und zeigten eine starke zweite Halbserie. »Claudio hat eine hervorragende Rückrunde gespielt«, lobte Rummenigge, und »Ballack war genau der Mann, den wir gebraucht haben«, der Vorbereiter und Vollstrecker, der aus dem Mittelfeld kam.
Und Oliver Kahn? Der Käpt'n durchlebte eine turbulente Saison, eher außerhalb des Platzes als darauf. Dort, in der Bundesliga, wurde ihm bald langweilig, weil die großen Prüfungen ausblieben. Und so saß der Torhüter eines Tages, es war gegen Saisonende, mit Co-Trainer Michael Henke in der Sauna und äußerte den Wunsch, dass es »in der kommenden Saison wieder spannender« werden möge im Wettlauf um die Meisterschaft. »Ich glaube«, meinte Kahn, »die Bundesliga-Konkurrenz ist froh, wenn wir in der Champions League wieder länger vertreten sind.« Gewiss, denn die nationale Meisterschaft allein unterfordert diese hochwertige Bayern-Belegschaft.

Karlheinz Wild

»Junge Wilde« und der rasante Aufstieg zur Champions League

Schon wieder ein Jahr im Zeichen des Abstiegskampfes? Beängstigende Parallelen zur Horror-Saison 2000/01 taten sich auf, als der VfB, über den UI-Cup erfolgreich in den UEFA-Pokal durchgestartet, von den ersten fünf Bundesliga-Partien der Spielzeit 2002/03 nicht eine einzige gewann.

»Wir müssen aufpassen«, sagte Trainer Felix Magath, als die Stuttgarter noch nach dem siebten Spieltag auf Rang 15 herumkrebsten, »dass wir nicht wieder bis zur letzten Minute zittern müssen.« So wie zwei Jahre zuvor, als die Erfolge im UEFA-Pokal von einer rasanten Talfahrt in der Bundesliga überschattet wurden; erst dank Kras-

simir Balakovs Treffer in letzter Sekunde des vorletzten Saisonspiels gegen Schalke zog der VfB damals den Kopf noch aus der Schlinge.
Nun, diesmal kam's anders, ganz anders. Mit dem 4:1-Sieg über 1360 München am achten Spieltag (nach 0:1-Pausenrückstand) drehte sich der Wind; die »jungen Wilden« begannen, die Liga aufzumischen. Der 21-jährige Kevin Kuranyi, zu Saisonbeginn laut Magath noch »meilenweit von der Mannschaft entfernt«, packte die Chance, die ihm eine Verletzung Dundees eröffnete, beim Schopf, erzielte Tor um Tor und belegte am Saisonende mit 15 Treffern den vierten Platz in der Torjägerliste. Der Angreifer sowie der ebenfalls erst 21-jährige Abwehrspieler Andreas Hinkel schafften den Sprung zu Rudi Völlers A-Mannschaft, die gleichaltrigen Hleb und Amanatidis wurden zu Stammspielern der weißrussischen bzw. der griechischen Nationalelf.

Nach der Vorrunde, der VfB stand überraschend auf UEFA-Pokalplatz fünf, schraubte Präsident Manfred Haas das Saisonziel nach oben. »50 Punkte plus X« hatte Rolf Rüssmann vor Saisonbeginn gefordert, »nun«, so Haas, »wollen wir unseren Platz im internationalen Wettbewerb verteidigen«. Apropos Rüssmann: Der Manager, der den finanziell angeschlagenen VfB im Frühjahr 2001 als kränkelnden Krisenklub übernommen, ihm neues Leben eingehaucht und ihn zusammen mit dem von ihm verpflichteten Magath aus der sportlichen Bedeutungslosigkeit ins vordere Tabellendrittel geführt hatte, durfte die Früchte seiner Arbeit nicht mehr ernten. Nach einem tiefen Zerwürfnis mit Haas wurde der erfolgreiche Manager im Dezember »wegen mangelnder Teamfähigkeit« entlassen; Magath übernahm Rüssmanns Aufgaben zunächst kommissarisch mit.

Stuttgarter Jubel-Arien: Links unten freuen sich zwei der »Jungen Wilden«. Der Weißrusse Aliaksandr Hleb und der Neu-Nationalspieler Kevin Kuranyi. Rechts unten wird der Erfolgstrainer Felix Magath von seiner jungen Truppe gefeiert.

Die Mannschaft ließ sich vom hausgemachten Theater der Eitelkeiten nicht beirren, setzte ihren Siegeszug in der Rückrunde fort und steckte auch das Ausscheiden im UEFA-Pokals gegen den späteren Finalisten Celtic Glasgow weg. Am 27. Spieltag kletterten die von den beiden »Alten« Krassimir Balakov (37) und Zvonimir Soldo (35) großartig geführten »Wilden« erstmals seit magischen Dreieckszeiten 1997 wieder auf Rang zwei der Tabelle. Am Neckar begannen, ganz zart zunächst, dann immer heftiger, Träume von der Champions League zu reifen, die sich schließlich erfüllen sollten. Trotz eines Leistungsabfalls in den letzten Wochen eines strapaziösen Jahres sonnte sich der VfB auch am Saisonende auf dem zweiten Platz; Absteiger Cottbus ebnete den Schwaben durch ein 1:1 beim entthronten Meister Dortmund den direkten Weg in die Champions League »Champions League, das ist der absolute Wahnsinn«, jubelte Andreas Hinkel bei der großen Sause nach dem letzten Spiel gegen Wolfsburg (2:0). Alles habe »optimal gepasst«, ergänzte Magath, der den alles andere als einfachen Spagat zwischen Trainer- und Manageramt scheinbar mühelos bewältigt hatte. »Die Mischung zwischen jungen und älteren Spielern stimmte und sicherlich auch das Verhältnis zwischen Trainer und Mannschaft.«

Von Platz 15 in der Saison 2000/01 über Rang acht ein Jahr darauf bis zur Vizemeisterschaft – der rasante Aufstieg des VfB wird in der neuen Saison wohl kaum seine Fortsetzung finden.

Zwar entschied sich Felix Magath kurz nach dem furiosen Finale, ein lukratives Angebot des Bundesliga-Konkurrenten Schalke 04 auszuschlagen und weiterhin, bei stark erhöhten Bezügen, als Teammanager beim VfB zu arbeiten. Die finanzielle Lage des Vereins jedoch hat sich durch die Garantie-Einnahme von mindestens acht Millionen Euro, die der Einzug in die Champions League mit sich bringt, nicht entscheidend verbessert. Ein Budget von nur fünf Millionen Euro bewilligte die Vereinsführung dem Teammanager für die Verstärkung der Mannschaft, die immerhin den Verlust eines Krassimir Balakov (Ende der Karriere) verkraften muss, sowie für die geplante Verlängerung und Aufbesserung der Verträge der drei Aufsteiger Kuranyi, Hinkel und Amanatidis.

Das ursprünglich angepeilte Ziel, schon in der Saison 2003/04 dem FC Bayern den Kampf anzusagen, hat Magath vorerst aus den Augen verloren. »Ohne entsprechende Verstärkungen ist es absolut unrealistisch, an die Meisterschaft zu denken«, sagt der 49-Jährige. Aber vielleicht kommt's ja wieder einmal so ganz anders, als man denkt …

Harald Kaiser

Rechte Seite: Ein brillanter Abgang: Stuttgarts Regisseur Krassimir Balakov verabschiedete sich mit einer hervorragenden Saison. Hier der Bulgare im akrobatischen Einsatz gegen den Rostocker Aduobe.

GOTTLIEB-DAIMLER-STAD.
1 Pkt.
3 Pkt.
AUSWÄRTS
1 Pkt.
3 Pkt.

Selbsterkenntnis gegen die Kübel mit viel Kritik

17 Punkte. 17 Punkte Rückstand auf Bayern München. Eine Demütigung für den ehemaligen Meister. Ein Desaster. Eine Schande. Aus der man in Dortmund Lehren ziehen will. Und muss. Um den neuen Titelträger, wie Manndecker Christian Wörns ankündigt, in der kommenden Saison wieder »frontal anzugreifen. Es kann nicht sein, dass wir den Titel so frühzeitig abhaken wie zuletzt.«

In den Wochen vor der Spielzeit 2003/2004 wurde geredet in Dortmund. Viel geredet. Vorstand, Trainerstab, Spieler. Hart und kontrovers. »In den Armen haben wir uns nicht gelegen«, berichtete Matthias Sammer. »Wir haben das Sommerloch gefüllt«, grollte Manager Michael Meier, »aber leider in einer Form, die wir uns lieber erspart hätten.« Kübelweise war Kritik über den Luxuskader der Borussia verschüttet worden. Protest dagegen meldete niemand an. Weder der Trainer, dessen »Messias-Image« in einer verkorksten Bundesliga-Runde deutlich Schaden nahm, noch die Spieler, die mit dem Absturz auf Platz drei einen gewaltigen Denkzettel verpasst bekamen. »Wir haben diesen Wink verstanden«, behauptet Christoph

Metzelder. »In Zukunft wird man uns sehr kritisch betrachten. Ich hoffe, dass wir dadurch noch mehr Druck bekommen, wacher werden und uns noch mehr aufs Wesentliche konzentrieren.«
Ein weiteres Jahr mit unansehnlichem Fußball, der nicht selten die Schmerzgrenze überschritt, wird die riesige Fangemeinde der Borussia kaum akzeptieren. Platz zwei oder drei wird sie ihrer Mannschaft verzeihen, aber keine übervorsichtige, großen Schwankungen unterworfene Spielweise wie zuletzt.
Die Selbsterkenntnis ist da. Die Selbsterkenntnis, dass Leistungen wie in der Rückrunde niemand mehr zugemutet werden können. »Nur gelegentlich tolle Spiele zu zeigen, das ist zu wenig«, gibt Ex-Kapitän Stefan Reuter zu, »wer ernsthaft um den Titel mitspielen will, braucht mehr Konstanz.«
Anders, das wissen die Protagonisten des sechsmaligen Meisters, lässt sich die Dominanz des FC Bayern nicht brechen. »Nur wenn wir stabiler werden«, ahnt Manager Meier, »können wir als vermeintlicher Königsmörder auftreten.«
Wenn, ja wenn. Wenn sie stabiler werden. Wenn die vorwiegend jungen Fußballer die Talente, die in ihnen schlummern, dem Publikum weniger häufig vorenthalten. Wenn der Trainer, der so viel von seinem Sport, aber weniger von wirksamer Außendarstellung versteht, neben Fitness und Disziplin auch Spaß und Spielfreude fördert. Eben diese Eigenschaften sind den Dortmunder Profis weitgehend abhanden gekommen.
Die Mannschaft habe nur »in einem mittleren Bereich« gespielt, zürnte Klubchef Dr. Gerd Niebaum, »das reicht nicht, um Erster oder Zweiter zu werden.« Kraftakte wie gegen Real Madrid, als Borussia Dortmund trotz unbefriedigenden Ausgangs (1:1) eine hinreißende Darbietung inszenierte, sind nicht beliebig oft reproduzierbar, »An einem guten Tag können wir gegen jeden Klub der Welt mithalten«, versichert Christian Wörns. Was er unausgesprochen lässt: An einem schlechten Tag springen die Schwarz-Gelben selbst unter einer Latte wie Cottbus durch. Und blamieren sich dabei bis auf die Knochen.
Diese Labilität ist es, die bekämpft werden soll. Dazu konzipierte Sammer eine neue Taktik (4-4-2), dazu änderte er die Mannschaftshierarchie, in dem er Christoph Metzelder (22) zum Kapitän und den gleich alten Tomas Rosicky zu dessen Stellvertreter ernannte. Das Vertrauen in die aufstre-

Niedergeschlagenheit in Gelb-Schwarz: Der tschechische Spielmacher Tomas Rosicky liegt am Boden, die Hände vor den Augen verschränkt. Die Leistungen entsprachen keineswegs den Erwartungen.

Nonverbale Kommunikation: Dortmunds brasilianischer Stürmer Amoroso und sein Trainer Matthias Sammer – entweder sprachen sie zuwenig miteinander oder gar nicht.

bende Generation von Fußballern hat trotz aller offenkundigen Mängel keinen so großen Schaden genommen, dass die Verantwortlichen die Notwendigkeit zu umwälzenden Veränderungen sahen. »Ich warne davor, jetzt alles über den Haufen zu werfen«, sagt Sportmanager Michael Zorc. »Frei nach dem Motto: Fünf müssen weg, und fünf Neue müssen her.«

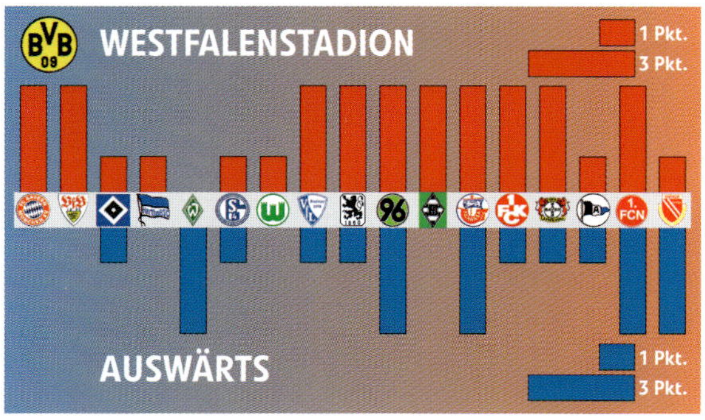

Handeln, wenn auch in kleinem Rahmen, mussten Borussias Bosse schon. Nach dem dänischen Nationalspieler Niclas Jensen (28, Manchester City), der als Außenverteidiger oder im linken Mittelfeld zum Einsatz kommen soll, verpflichteten sie mit Guillaume Warmuz (33) einen neuen Torhüter. Jens Lehmann (zum FC Arsenal) sagte Servus. Zum Leidwesen der Kollegen. Stefan Reuter: »Mit ihm verlieren wir einen unglaublich ehrgeizigen und starken Keeper.«
Lehmanns Weggang überraschte, die Nachricht von den Kreuzbandrissen, die sich Evanilson und Torsten Frings zuvor in einer Begegnung des Ligapokals zugezogen hatten, schockierte. Gleichwohl lehnt es Sammer ab, die Tragik dieser Verletzungen als Vorab-Alibi zu akzeptieren. Er sagt: »Bei uns sollte Realismus einkehren. Aber ich bin nicht bereit, unsere Ziele aus den Augen zu verlieren.«

Thomas Hennecke

»König Kurt« fand den richtigen Weg

Volle Fahrt voraus: Mit dem Österreicher Kurt Jara fand der Hamburger SV wieder in die Erfolgsspur zurück und qualifizierte sich für den UEFA-Cup.

Von der Bierdusche wurde keiner verschont. Die Spieler nicht und der Trainer schon mal gar nicht. Mit freiem Oberkörper stand Kurt Jara auf der Bühne, vor der Hamburgs Fans nach dem Einzug in den internationalen Wettbewerb, den UEFA-Cup, nach dem 34. Spieltag der vergangenen Saison feierten.

Glücklich, klitschnass und heiser, nachdem er der jubelnden Menge zugerufen hatte, er sei stolz, HSV-Trainer zu sein. Und noch etwas war da. Ein kleines Stück Ungläubigkeit. Er, der Österreicher, den die Anhänger im Herbst 2002 noch mit orkanartigen Pfiffen aus dem Stadion zu vertreiben versucht hatten, dem ein anderer Fan auf dem täglichen Arbeitsweg von seinem Wohnhaus zum Trainingszentrum in Ochsenzoll Wegweiser in seine österreichische Heimat aufgestellt hatte.

»Es hat lange gedauert«, sagte Jara mit ein wenig Abstand, »es ist ein wenig Zeit vergangen, bis die Fans und ich aufeinander zugegangen sind. Aber was länger dauert, hält auch länger.«

Kurt Jara ist angekommen in Hamburg. »Ich selbst war vom ersten Tag an voll da.« Nur die Akzeptanz nicht. Bei den Profis hatte er sie eigentlich immer, »weil er auch in der schwierigen Zeit nie seine Linie verloren hat, das hat uns Spie-

Rechte Seite: Eleganz am Ball: Der Iraner Mehdi Mahdavikia war einer der Schlüsselspieler für den Erfolgsweg der Hamburger.

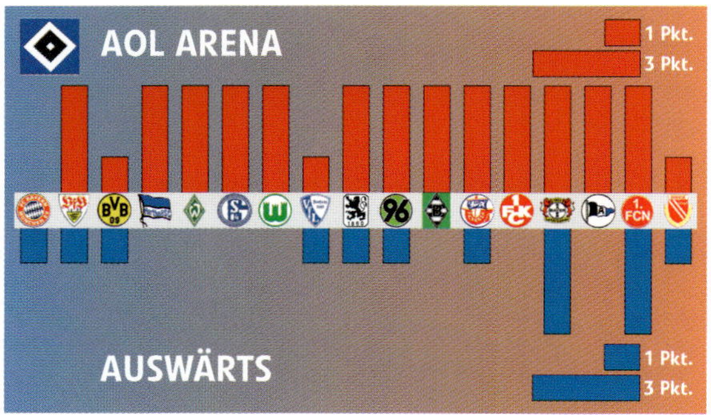

ler beeindruckt«, wie der erfahrene und knorrige Bernd Hollerbach sagt, bei den Fans nicht. »Ich bin halt keiner, der jedesmal zu den Anhängern in die Kurve rennt«, erklärt der gebürtige Innsbrucker.

Seit dem Einzug ins internationale Geschäft, seit der nicht für möglich gehaltenen »Klettertour« seiner Mannschaft aus dem Keller an die Spitze, weist Jara niemand mehr den Weg in die Alpen. Die »Hamburger Morgenpost« druckte nach Platz vier gar eine Serie mit dem Titel »König Kurt« und jener Fan, der einst die Hinweisschilder Richtung Österreich entworfen hatte, entschuldigte sich gar persönlich beim Erfolgstrainer, dessen Verdienst es war, dass er sich tatsächlich nie verbiegen ließ, obwohl er mit der Ausmusterung von Jörg Albertz und der Integration von Marcel Maltritz sowie des Namibiers Collin Benjamin personelle Korrekturen vornahm. Und der das Glück hatte, dass der argentinische Spielmacher Rodolfo Cardoso im richtigen Moment zurückgekehrt war.

Cardoso war im heißen Herbst jener Mann, der einer solide arbeitenden, aber einfach berechenbaren Mannschaft Glanz verlieh, der sie auch später führte, als er selbst nicht mehr glänzte. »Er macht den Unterschied«, sagt Jara. Trotz dessen Verletzungsanfälligkeit und der Verpflichtung von Stefan Beinlich erhielt der Regisseur einen neuen Vertrag. »Allein seine Anwesenheit verleiht der Mannschaft Sicherheit«, sagt Maltritz, wie Benjamin und der international umworbene Tomas Ujfalusi einer jener Youngster, die im abgelaufenen Jahr Highlights setzten. Und Kurt Jara gleich doppelt Recht geben. Schrittweise sollte er den überalterten Kader verjüngen und wieder in den UEFA-Cup führen. Gleich in seiner ersten Saison von Beginn an gelang ihm beides mit einer gesunden Mischung aus Jung und Alt, aus Kämpfern und Künstlern und mit einer Hierarchie, an deren Spitze Kapitän Nico Hoogma rechtzeitig zum Spätsommer seiner Karriere noch mal in Frühjahrsform kam. Ähnlich wie Cardoso hatte der Abwehrchef in den zwei Jahren zuvor immer wieder mit Verletzungen zu kämpfen, fiel zwar nie komplett aus, war aber selten fit und somit nicht immer eine Hilfe für die Hamburger.

»Zuletzt hat er wohl seine beste Saison gespielt, seit dem er in Deutschland ist«, schwärmt Jara von seinem verlängerten Arm auf dem Platz. Und der schwärmt ebenfalls. Vom internationalen Fußball. »Dass ich in meiner letzten Saison noch mal mit dem HSV im UEFA-Cup spiele, ist ein Traum.« Und auf alle Fälle eine Bierdusche wert.

Sebastian Wolff

Ein Japaner an der Elbe: Stürmer Naohiro Takahara wurde von Interims-Präsident Wulff und vom Sportlichen Leiter Dietmar Beiersdorfer in der Hansestadt begrüßt.

TV
SPIELFILM
LIGA

Nur Marcelinho überstrahlt ein Jahr ohne Goldrand

Als es für die Seinen um alles ging, als nämlich Hertha BSC am vorletzten Spieltag der Saison in Wolfsburg den entscheidenden Schritt in Richtung UEFA-Cup gehen wollte, da schaute der am höchsten dekorierte Berliner zu. Luizao, dem Weltmeister, blieb nur ein Platz auf der Bank.

Und aus dem Problem-Fall war endgültig eine chronische Krisen-Personalie erwachsen. Statt des Brasilianers stürmte ein Nobody: Nando Rafael, angolanischer Waisenjunge, ausgebildet bei Ajax Amsterdam, 19 Jahre und mit jeder Menge Talent gesegnet.

Bei der 0:2-Niederlage in Wolfsburg, wo Trainer Huub Stevens den Jungspund erstmals in die Anfangsformation berief, war von Rafael noch nicht viel zu sehen. Dafür schlug er sieben Tage später gegen Kaiserslautern zu: Sein Doppelpack bescherte Hertha das Last-Minute-Ticket für den UEFA-Cup. Weil sich Rivale Bremen in Mönchengladbach vorführen ließ, kletterten die Hauptstädter im Schlussklassement doch noch auf den fünften Platz. »Es war gut, dass mich der Trainer so lange warten ließ«, sprach Rafael. »Ich brauchte diese Zeit, um mich an den deutschen Fußball zu gewöhnen.«

Diese Ansicht muss man nicht teilen. Denn angesichts der kollektiven Schaffenskrise seiner Angreifer hätte Stevens nicht viel falsch gemacht, wenn er Rafael mehr Einsatzzeit gegönnt hätte. Am ehesten genügte noch Michael Preetz den Ansprüchen in der Abteilung Attacke. Mit einer gelungenen Rückrunde rundete Herthas Kapitän seine Profi-Laufbahn ab, den Traum vom Titelgewinn nimmt er freilich mit in seine neue Aufgabe im Klub-Management.

Alex Alves dagegen, dem man noch im Februar nach tollen Auftritten erste Symptome der Reife bescheinigen wollte, fiel alsbald wieder zurück in seinen alten Trott. Manager Dieter Hoeneß hatte genug: Im Mai verscherbelte er den Stürmer, der dreieinhalb Jahre zuvor umgerechnet fast acht Millionen Euro teuer war, für 500 000 Euro zu Atletico Mineiro. »Er hat«, räumte Hoeneß zerknirscht ein, »sein großes Potenzial bei uns leider nie über einen längeren Zeitraum umsetzen können.«

Der Manager sollte diesen Satz vorläufig nicht aus seinem Repertoire streichen. Denn Luizao, wenngleich charakterlich deutlich gefestigter als die Dauer-Diva Alves, floppte sportlich gesehen ebenfalls. Noch im Sommer 2002, beim Championat in Japan und Südkorea, hatte er sich mit der brasilianischen Auswahl auf dem Wahrnehmungsolymp gesonnt. Irgendwo im Nebel der Zeiten aber verflüchtigte sich die Form des Straf-

raum-Stürmers, der in Berlin zum Strafraum-Steher wurde. »Es ist eine neue Situation für mich, immer wieder auf der Bank zu sitzen«, sagte Luizao. Er tat freilich wenig, um dies zu ändern. Andere machten nachhaltiger auf sich aufmerksam. Arne Friedrich, soeben erst aus Bielefeld geholt, nahm eine Abkürzung auf dem Weg in die nationale Spitze: Nach nur zwei Bundesliga-Einsätzen gab der schnelle Verteidiger seinen Einstand im DFB-Team. Auch Friedrichs Abwehrkollegen Michael Hartmann und Josip Simunic entwickelten sich weiter, obschon sie nicht die Konstanz des Youngsters aufwiesen. Und in der Offensive überstrahlte Marcelinho alle. Der brasilianische Mittelfeldspieler nutzte die Freiheiten, die ihm sein Coach ließ, zu 25 Scorerpunkten – und tummelte sich mit diesem Wert inmitten der besten Stürmer, die diese Liga zu bieten hat. Dies alles summierte sich zu Platz fünf in einer Saison, »in der mehr möglich war für uns«, wie Manager Hoeneß eingestand, »Platz zwei«. Und so wird dieses erste Jahr unter Huub Stevens ohne Goldrand in den Annalen Erwähnung finden, aber schamhaft verschwiegen werden muss es auch nicht. Hertha qualifizierte sich zum fünften Mal in Folge für den Europapokal. »Das«, erklärte Hoeneß, »verdient Respekt.« Nicht mehr. Aber auch nicht weniger.

Steffen Rohr

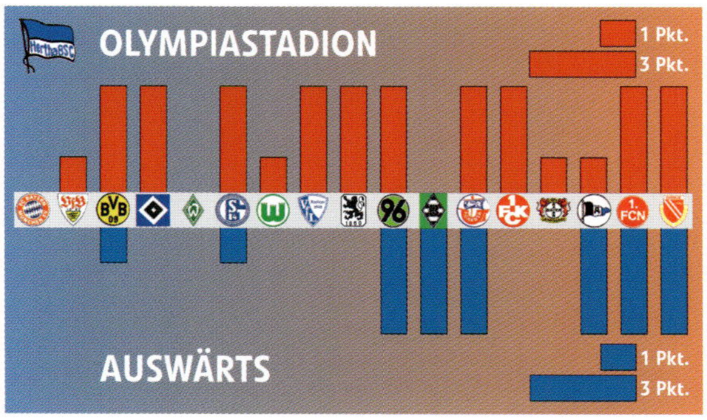

Berliner Freuden auf der Bank: Manager Dieter Hoeneß (links) und Trainer Huub Stevens umjubeln ihren brasilianischen Star Marcelinho, der entscheidenden Anteil an der UEFA-Cup-Qualifikation hatte.

Die Renaissance endet im Cup für »Arme Leute«

Die Bremer Kommando-Zentrale: Trainer Thomas Schaaf (links) und Sportdirektor Klaus Allofs.

Als alles vorbei war, trugen sie Trauer. Der Gladbacher Bökelberg, Ort des finalen Spiels um einen Platz im internationalen Geschäft, erwies sich für die Bremer so unüberwindbar wie die Eiger Nordwand für Normaltouristen.

»Wir haben eine riesengroße Chance verpasst«, stöhnte Klaus Allofs, nachdem sie am Saisonziel vorbei geschrammt waren. Werder in der Endabrechnung nur auf Platz sechs, von Hertha noch überholt. Endstation: UI-Cup. Ende schlecht, alles schlecht. Wie im Vorjahr entpuppten sich die Hanseaten als »Meister des Winterschlafs«, wie es im Finale-Sonderheft des kicker formuliert worden ist. So haben die Jungs von der Weser einmal mehr den Start in die Rückrunde verpennt und leichtfertig die glänzende Ausgangsposition verspielt, die sie sich in der Hinserie erspielt hatten. Platz zwei für Werder zur Jahreswende, nur überflügelt von den übermächtigen Bayern. Bremen als der hauptsächliche Konkurrent der Münchner. Es nahm sich aus wie eine »Weser-Renaissance«, wie in den guten alten Zeiten, als »Otto, der Große« Rehhagel das Regiment führte und die Bayern ärgerte.
»Wir haben gewiss über unsere Verhältnisse gespielt«, hielten Sportdirektor Allofs und Trainer Thomas Schaaf unisono den Ball flach nach diesem glänzenden Zwischenresultat. Niemand hatte

dem unter chronischem Finanzmangel leidenden Erstligisten aus der Hansestadt diese Hauptrolle auf der Liga-Bühne zugetraut. Ohne Rost (zu Schalke für 6,25 Millionen Euro) und ohne Frings (zu Dortmund für 8,5 Millionen Euro), die mit ihren Verkäufen den Etat ausglichen, zudem ohne den aufs Altenteil wechselnden Marco Bode schuf Schaaf eine harmonische Einheit, die den Verlust dieser Stars und Führungsleute vergessen machte.

Zur neuen Leitfigur avancierte Johan Micoud, den Frankreich-Experte Allofs besorgt hat. Ablösefrei gekommen, wuchs der Nationalspieler des Europameisters zum Kopf der neuen Werder-Elf. Spielmacher und Passgeber in einer Person. Bis auf das gescheiterte Experiment mit dem Ex-Kölner Marco Reich und das Pech, dass Manuel Friedrich (Neuzugang aus Mainz für 2,5 Millionen Euro) zwei Mal das Kreuzband riss – Werder hatte Glück mit den Neuen: Markus Daun, Leihgabe aus Leverkusen, ein Gewinn, Angelos Charisteas, drei Millionen schwerer Grieche, ein Volltreffer. Dazu der dritte Frühling des Oldtimers Frank Verlaat, die Steigerung des Serben Mladen Krstajic, der Aufschwung bei Fabian Ernst.

Ein Team wie aus einem Guss, sieht man mal von den Problemen zwischen den Pfosten ab. Es gibt einige, die behaupten, mit einem gescheiten Torwart hätte Bremen sogar Bayern noch mehr Konkurrenz machen können. Erst spät stabilisierte sich Pascal Borel, zu einem Zeitpunkt, als die Kollegen abfielen. Stotterstart nach der Winterpause. Verletzungen, Formschwäche der Stars, auch beim Top-Torjäger Ailton, Unstimmigkeiten im Team, Aufbegehren der Führungsspieler Verlaat und Micoud, die die Arbeit des Trainers öffentlich kritisierten Werder gab alles aus der Hand.

Am Ende stand der »Arme-Leute-Cup«, der Umweg nach Europa. Einzig erfreuliches Merkmal: Diesmal müssen keine Stars verkauft werden. Nur Verlaat, der Altmeister, wird gehen. Mit dem früheren Lauterer Andreas Reinke wurde ein zuverlässiger Keeper verpflichtet. Auf ein Neues, Thomas Schaaf! Der nächste Anlauf zu neuem Ruhm und neuen Taten.

Hans-Günter Klemm

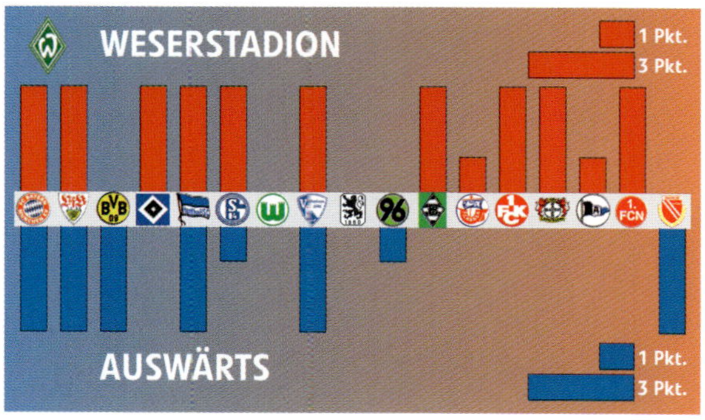

Filigraner Werder-Regisseur: Der Franzose Johan Micoud, in guten Tagen ein Erfolgsgarant der Bremer.

Mit Jupp Heynckes gegen den drohenden Absturz

Oben: Trost für den Interims-Trainer: Schalkes Manager Rudi Assauer (links) im Gespräch mit dem Belgier Marc Wilmots.

Was für ein Jahr auf Schalke! Oben angreifen wollte der Revierclub, sich weiter entwickeln zur dritten Kraft im Land, wie Manager Rudi Assauer es oft formulierte. Die Wahrheit: Sie wurden nach unten durchgereicht nach einer Saison voller Rückschläge und Affären, landeten letztlich mit Ach und Krach im UI-Cup. Eine Enttäuschung, die einer eingehenden Analyse bedarf.

Viele behaupten, Marc Wilmots (34) werde es noch langweilig werden im belgischen Senat, wo er als politischer Jungfuchs zwischen älteren Herren eine neue Karriere startet. Was wird dem Belgier alles durch den Kopf schwirren, wenn er an seine letzte Saison auf Schalke zurückdenkt: die Reibereien mit dem jungen Trainer Frank Neubarth, von dem er sich »rasiert« fühlte, die »Spionage-Affäre« um Jörg Böhme, der die Aufstellung an den Gegner Leverkusen verraten haben soll, Kneipenschlägereien zwischen Spielern kurz vor der Entlassung von Neubarth im Frühjahr, eine Maulwurf-Affäre, eine Schmuggler-Affäre, letztlich der Trainerwechsel von Neubarth zu Wilmots und doch der Absturz ins Mittelmaß der Liga.

Einfach Wahnsinn. Schalke fast wie der FC Hollywood. Manager Rudi Assauer nennt das »ein Katastrophenjahr«, in dem er fürchten musste, dass die Mannschaft vieles von dem kaputt machte, »was wir in zehn Jahren aufgebaut haben«. Tolle Jahre hatte der Traditionsverein aus dem Revier zuletzt hinter sich, seit der Jahrtausendwende ging es nur bergauf, dem zweiten Platz in der Meisterschaft 2001 folgten zwei Pokalsiege.

Jetzt der überraschende Absturz. Gründe gibt es viele. Dabei ging es gut los im Jahr eins nach der Ära Huub Stevens. Der neue Trainer Frank Neubarth blieb in den ersten sechs Meisterschaftsspielen ungeschlagen. Der Hanseate etablierte

Rechts: Ärger für den Neuling: Frank Neubarth scheiterte bei seiner ersten Profi-Station – nicht zuletzt wegen viel Verletzungspech.

seine neue Mannschaft, die mit Frank Rost, Christian Poulsen, Gustavo Varela und Dario Rodriguez für etwa 20 Millionen Euro verstärkt wurde, in der nationalen Spitze.
Und dann ging alles schief. Erst verletzten sich bis zu acht Stammspieler – das konnte der Kader nicht auffangen. Es folgten die sportlichen Rückschläge. Das Aus im UEFA-Cup daheim mit 1:4 gegen Wisla Krakau, das Aus im DFB-Pokal, wenn auch unglücklich, im Elfmeterschießen beim FC Bayern. Trotzdem rangierte Schalke dank der schwächelnden Konkurrenten in der Winterpause noch auf dem vierten Platz. Doch das ständige Theater im Umfeld kostete letztlich Nerven auf

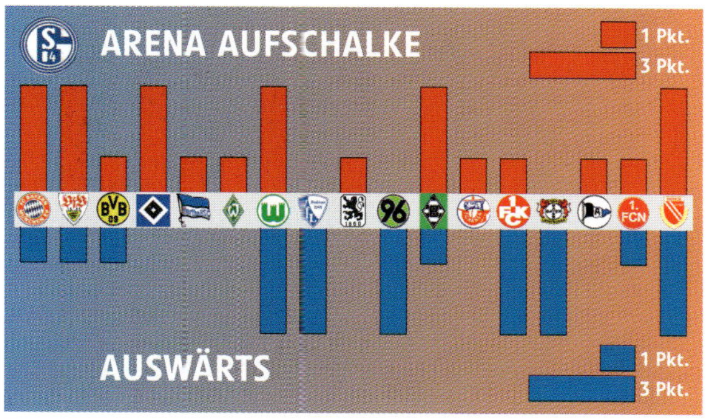

dem Feld. Auch wenn Neubarth vor seiner Entlassung zurecht auf mehrere haarsträubende Fehlentscheidungen von Schiedsrichtern verweisen konnte, die etliche Punkte kosteten. Diese fehlenden Zähler, ein hierarchisches Durcheinander im Team, etliche Disziplinlosigkeiten und eine miese Heimbilanz bescherten dem am Ende zu kühl wirkenden Trainer-Neuling im März die Beurlaubung.
Wilmots machte dessen Job nur acht Wochen. Wesentlich länger, bis Mitte Juni nämlich, brauchte Manager Rudi Assauer, um einen neuen, starken Trainer zu verpflichten – und sorgte für einen Knaller: Wunschkandidat Jupp Heynckes (zuletzt Bilbao), unterschrieb nach einer spektakulären Trainersuche und Absagen von Felix Magath (Stuttgart) und Christian Gross (Basel) doch noch einen Zweijahresvertrag. Bei Disziplin-Verfechter Heynckes glaubt Assauer seine Mannschaft »in guten Händen«. Der erfahrene Trainer freut sich über die Herausforderung: »Schalke ist Adrenalin pur. Ich bin sicher, dass ich mit Rudi Assauer den FC Schalke wieder zum Erfolg führe.« Es gibt leichtere Aufgaben.

Jean-Julien Beer

Ein neuer Messias auf Schalke: Der erfahrene Jupp Heynckes soll die Mannschaft wieder auf Trab bringen, nachdem sich zuletzt der Schlendrian eingeschlichen hatte.

Retter Röber und ein »neuer Maradona«

Ein neuer, schillernder Star, ein neues, schmuckes Stadion – eigentlich ideale Voraussetzungen für eine glorreiche Zukunft. Doch der VfL Wolfsburg musste 2002/03 zunächst erfahren, dass der sportliche Erfolg dennoch nur bedingt planbar ist.

Trotz der Verpflichtung des Ex-Münchners Stefan Effenberg und trotz der Stimmung in der modernen Volkswagen Arena gelang es vorerst nicht, das Image der Grauen Maus abzustreifen. Erst nach der Amtsübernahme von Trainer Jürgen Röber deuteten die Niedersachsen an, das Mittelmaß der Liga überwinden zu können.
Der Coup mit Effenberg im August 2002 unterstrich den Ernst des Wolfsburger Vorhabens, sich Stück für Stück der Bundesliga-Spitze nähern, mittelfristig die Champions League erreichen zu wollen. Nach einigen ansprechenden Vorstellungen des zuvor in München ausgemusterten Regisseurs jedoch tauchte dieser ab. Erst auf dem Rasen, dann im April vorzeitig aus Wolfsburg und der Bundesliga, um seinen vielleicht letzten lukrativen Vertrag im Scheichtum Katar zu signieren.
An der Strategie, mit einem namhaften Top-Mann nach oben zu streben, hielt der VfL fest. Wenige Monate nach Effenbergs Demission setzte der Klub ein neues, noch nachhaltigeres Ausrufezeichen auf dem Transfermarkt. Für die Rekordsumme von neun Millionen Euro wurde vom argentinischen Kooperationspartner River Plate Buenos Aires Mittelfeldspieler Andres D'Alessandro verpflichtet – Sponsor Volkswagen und dessen südamerikanische Sektion VW Argentina halfen dabei

Teuerster Einkauf der Vereinsgeschichte: Trainer Jürgen Röber (links) und Manager Peter Pander begrüßen den Argentinier Andrès D'Alessandro, der für 9 Millionen Euro von River Plate aus Buenos Aires kam.

kräftig mit. Mit dem 22-jährigen D'Alessandro, den selbst der große Diego Maradona für seinen legitimen möglichen Nachfolger und neuen Superstar Argentiniens hält, sollte ein neuer Dreh- und Angelpunkt für das Spiel der »Wölfe« gefunden sein, sollte die im Dezember 2002 eingeweihte Arena endlich zur Festung werden. Dort nämlich war anfänglich nicht so eifrig gepunktet worden wie im alten VfL-Stadion nebenan. Und da auch auswärts bei den Wolfsburgern wenig lief, drohte im Frühjahr 2002 sogar der Abstiegskampf. Im Kader kriselte es, die Spieler folgten ihrem Trainer Wolfgang Wolf nicht mehr. Dieser hatte früh seinen Ausstieg zum Saisonende bekannt gegeben, litt nun unter Autoritätsverlust. Zwei Ereignisse brachten die Wende. Der Abgang von Effenberg, vor allem aber der Wechsel zu Jürgen Röber. Dabei war der ehemalige Hertha-Coach gar nicht Wunschkandidat von VfL-Manager Pander. Dieser hatte sich lange erfolglos um diverse Trainer bemüht und geriet im März, als die Erfolge ausblieben, plötzlich unter Zugzwang. Da stand Röber bereit, mobilisierte in kurzer Zeit das im Kader schlummernde Potenzial, indem er taktisch und personell ein glückliches Händchen bewies. So rettete Röber im Endspurt mit Platz acht die Hoffnung, über den UI-Cup doch noch den vor der Saison als erklärtes Ziel ausgegebenen UEFA-Pokal-Platz zu erreichen. Während der VfL ein Jahr in der Grauzone verlebte, sorgten einige Spieler auch für positive Schlagzeilen. Youngster Tobias Rau behauptete seinen 2002 errungenen Stammplatz so souverän, dass ihn Rudi Völler zum A-Nationalspieler machte und Uli Hoeneß zum FC Bayern holte. Auch Torjäger Tomislav Maric blühte auf, verdiente sich mit zwölf Treffern einen neuen Vertrag. Fast tragisch dagegen, wie ein anderer seinen Job verlor: Torwart-Oldie Claus Reitmaier (39) wurde zuerst unabsichtlich vom Bochumer Vahid Hashemian schwer verletzt. Als er sich fit zurück meldete, erfuhr er, dass der Verein in Zukunft nicht mehr mit ihm, sondern mit dem Münchner Simon Jentzsch zwischen den Pfosten plant.

Michael Richter

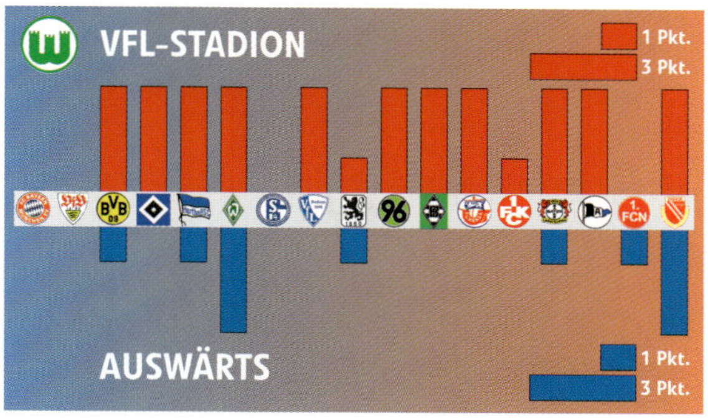

Temperamentvoller Trainer: Der ehrgeizige Jürgen Röber soll neuen Wind in den Wolfsburger Kader bringen. Hier bedankt er sich bei Pablo Thiam.

Schön, offensiv und erfolgreich – das Ende der »grauen Maus«

Platz Eins. Tabellenführung. Der Bochumer Fan, an den Kampf um den Klassenerhalt gewöhnt, musste sich im falschen Film wähnen. Gewiss, es war nur eine Momentaufnahme, die den VfL am zweiten und dritten Spieltag als Branchenführer auswies.

Aber der Aufsteiger platzierte sich im End-Klassement auf dem respektablen Platz neun – und verblüffte viele Experten. Denn natürlich galt der VfL von 1848 wieder mal als Mauerblümchen. Die einstmals Unabsteigbaren sind ohnehin seit Alters her auf den Abstiegskampf festgelegt. Inzwischen hat sich ein anderes Bild in die Köpfe der Fußball-Fans geschlichen, das der Fahrstuhl-Mannschaft, die zwar zu stark für die Zweite, aber auch zu schwach für die Erste Liga scheint. Ein Bild, das der VfL korrigierte und mit Platz neun die beste Platzierung seit dem Erreichen des UEFA-Cups 1997 schaffte.
»Wir müssen zur unverwechselbaren Marke werden im Revier«, fordert Peter Neururer, der als Baumeister des Aufschwungs rund um die Castroper Straße steht. »Nur so können wir zwischen den großen Nachbarn Schalke und Dortmund bestehen.«
Neururer schaffte zunächst den Last-Minute-Aufstieg aus der Zweiten Liga und erreichte auch in der höchsten Klasse die selbst vorgegebene Marke, eine Platzierung

Sinnbild für Bochumer Kampfkraft: Eigengewächs Sebastian Schindzielorz (links im Zweikampf mit dem Schalker Varela) war ein wichtiger Bestandteil des VfL-Spiels.

in der oberen Tabellenhälfte. »Natürlich bin ich anfangs belächelt worden, als wir solche vermeintlich zu optimistischen Ziele formuliert haben«, erinnert sich der Trainer. »Aber dann haben wir alle überrascht, und was mich besonders stolz macht: Da haben uns die Experten zu recht für den schönsten Fußball der Liga gelobt.«

Schön, offensiv, und dazu noch erfolgreich – so hat der VfL in der Tat neue Maßstäbe gesetzt. »Wer jetzt noch von einer grauen Maus spricht, der hat keine Ahnung«, findet Neururer, der eine beachtliche Mannschaft aufgebaut hat, ohne Ablösesummen zu zahlen. Den Sparkurs muss er konsequent weiter verfolgen, denn schon traditionell werden in Bochum finanzielle Risiken strikt gemieden. So besteht der Kader aus dem Minimum von 22 Mann, »und damit kommen wir aus. Schließlich spielen wir nicht in der Champions League«, betont Neururer.

Erneut aber muss sich der VfL mächtig strecken, wenn eine annähernd erfolgreiche Saison folgen soll. Denn es gilt, zwei wichtige Säulen des Teams zu ersetzen: Torjäger Thomas Christiansen, der 21 Treffer zum Klassenerhalt beisteuerte, geht nun für Hannover 96 auf die Pirsch, und Sebastian Schindzielorz verabschiedete sich nach 15 Jahren in Bochum zum 1. FC Köln. Vor allem im Mittelfeld glauben sich die Bochumer gewappnet für den Kampf, sich wieder in der höchsten Klasse zu etablieren.

Der bereits im Winter verpflichtete Sunday Oliseh steht für gehobene Güte im Spielaufbau, und dort hat der gebürtige Nigerianer sein Können trotz langer Verletzungspause schon angedeutet. An seiner Seite soll sich neben Regisseur Dariusz Wosz auch Neuerwerbung Thomas Zdebel um Spielkultur bemühen, ein erfahrener Mann, der mit Genclerbirligi aus Ankara zuletzt lange im Titelkampf der Türkei mitmischte und zuvor bei Lierse SK sogar in der Champions League Erfahrungen sammelte. Ganz so hoch sind die Erwartungen in Bochum nicht. Aber Platz neun hat die Fans auf den Geschmack gebracht. Es muss ja nicht gleich wieder die Tabellenführung sein.

Oliver Bitter

Jubel in Blau-Weiß: Die Bochumer Kalla, Meichelbeck, Fahrenhorst, Buckley, Kapitän Wosz und Torjäger Christiansen feiern einen der zahlreichen Erfolge.

Falko Götz führt die »Löwen« auf einem schmalen Grat

Rechte Seite: Ein letzter Antritt eines »alten Löwen«: Weltmeister Thomas Häßler erhielt nach der Saison kein neues Angebot von den Münchnern.

So nach und nach hatten sich die Löwen in den letzten Jahren ein unverwechselbares Gesicht erworben. Martin Max, Thomas Häßler, Simon Jentzsch oder Davor Suker – sie stachen heraus aus dem üblichen Allerlei. Sie hatten Wiedererkennungswert.

Doch sie alle fielen dem Rotstift zum Opfer. Weil dem TSV München 1860 wegen des Zusammenbruchs des Kirch-Imperiums alleine in der Spielzeit 2003/04 acht Millionen Euro fest einkalkulierter TV-Gelder fehlen, musste mit der Axt ran gegangen und rigoros gespart werden. Aus der finanziellen Not sollte gleich eine sportliche Tugend gemacht werden. Junge, hoffnungsvolle Talente wurden verpflichtet, zudem der eigene Unterbau nicht außer Acht gelassen. Immerhin hat sich die U-19 der Löwen den Titel in der Regionalliga Süd mit 16 Punkten Vorsprung vor dem FC Bayern gesichert. Aus dieser Truppe rückte Daniel Baier (18) auf, vom VfB Stuttgart kam Matthias Lehmann (20), aus Newcastle der Ire Joseph Kendrick (19), vom RSC Anderlecht Stürmer Christophe Lepoint (18); damit Trainer Falko Götz nicht nur eine Rasselbande befehligen muss, wurden noch der finnische Nationalspieler Janne Saarinen (26, Rosenborg Trondheim) und als Torhüter André Lenz (29, Energie Cottbus) verpflichtet.

Der Umbruch bei den Löwen wurde mit großer Risikobereitschaft durchgezogen. »Wir sparen uns nicht zu Tode«, beschwichtigte Präsident Karl-Heinz Wildmoser alle Kritiker, die ihm eine ganz schwere Saison prophezeiten. Zumal da der alte Kader mit den namhaften Akteuren auch nur Platz zehn landete und damit nichts erreicht hatte. Nicht mal den UI-Cup, dabei hätte Götz den Einzug in den UEFA-Cup schaffen sollen. Deshalb wurde Peter Pacult entlassen, weil man es dem Österreicher nicht mehr zutraute, das Team auf internationale Plätze zu führen.

Den im Sommer erfolgten Kahlschlag hätte Pacult ebenso mitmachen müssen. Denn Wildmoser ist viel zu sehr Geschäftsmann, als dass er den Verein in unkontrollierbare Ausgaben stürzt. Sportdirektor Dirk Dufner, einst beim VfB Stuttgart tätig, träumte im Vorfeld der neuen Runde schon mal von einem ähnlichen Erfolg wie jenem der Schwaben in der vergangenen, wenngleich er realistischerweise die Saison 2003/04 als Jahr des Übergangs bezeichnete.

Kann sich die junge Truppe ein- und freispielen und weiterhin in der Bundesliga behaupten, dann geht 1860 gestärkt aus der Verjüngungskur hervor. Doch es gibt genug warnende Beispiele, wo ein personeller Neuaufbau einen Negativlauf schnurstracks in die Zweite Liga provozierte. Mit Blick auf das Jahr 2005, in dem die neue Allianz-Arena eingeweiht wird, ein Albtraum.

Doch sie vertrauen den verbliebenen Stars, allen voran Benny Lauth, dessen Aufstieg aus dem Nichts kommend in der Nationalmannschaft endete. Oder auch Markus Schroth, der mit 14 Treffern erstmals eine Saison im zweistelligen Bereich abschloss. Das sind die neuen Gesichter der Löwen. Auch der Chinese Jiayi Shao, der Brasilianer Rodrigo Costa oder der Schweizer Remo Meyer sind Typen. Sollten nun aus dem Pool der Jungen noch der eine oder andere dazukommen, könnte sich 1860 endlich mit seinem Jugendstil klar vom FC Bayern distanzieren. Aber es ist ein schmaler Grat auf dem Falko Götz und seine Truppe wandeln.

Martin Messerer

Der neue »Löwen-Sturm«: Markus Schroth und der neue Shootingstar Benjamin Lauth, der sich mit seinen Toren in die Nationalmannschaft katapultierte.

BUNDES LIGA
1860
LIQUI MOLY
10
OLYMPIASTADION
1 Pkt.
3 Pkt.
AUSWÄRTS
1 Pkt.
3 Pkt.

Hannover 96

Ein Express, der die Achterbahnfahrt noch überlebte

Im Eiltempo war Hannover 96 durch die zweite Liga gedampft, doch eine Klasse höher hatte der Aufstiegs-Express auf einmal gewaltige Verspätung. Ehe die Niedersachsen in der Erstklassigkeit so richtig »ankamen«, waren fast schon alle Chancen verspielt.

Eigenwillige Zeichensprache: Hannovers Trainer Ralf Rangnick, der nach dem Aufstieg keine leichte Aufgabe zu bewältigen hatte.

Mit vier Pleiten startete Hannover in die Saison, prompt stand Erfolgstrainer Ralf Rangnick – zum ersten aber längst nicht zum letzten Mal im Verlauf einer denkwürdigen Spielzeit – kurz vor dem Rauswurf. Letztendlich rettete den Coach eine vor allem vom neuen Sportdirektor Ricardo Moar angezettelte Personal-Revolution. »Nicht wettbewerbsfähig« hatte das vernichtende Urteil von Vereins-Boss Martin Kind über Rangnicks Wunsch-Formation gelautet. Moar handelte auf breiter Front – und mit durchschlagendem Erfolg.
Vor allem die Verpflichtung von Fredi Bobic (31) erwies sich als entscheidender Coup. Der in Dortmund aufs Abstellgleis geschobene Torjäger startete bei 96 ein sensationelles Comeback, seine 14 Saisontreffer brachten Hannover effektiv über 18 Punkte – der Garant für den Klassenerhalt. Die ebenfalls nachträglich rekrutierten Routiniers Kostas Konstantinidis und Jaime trugen ihr Übriges bei zum »Lernprozess« (Kapitän Altin Lala), dem sich die teils blutigen Bundesliga-Neulinge im Dress der Niedersachsen unterwerfen mussten.
Die mangelnde Konstanz der 96er symbolisierte vor allem der Mann, mit dem sich zunächst die größten Hoffnungen verbunden hatten: Jiri Stajner, Nationalspieler und Torschützenkönig aus Tschechien, bei einer Ablösesumme von 3,1 Millionen Euro, die an Slovan Liberec überwiesen wurde, zudem der teuerste Einkauf der Vereinsgeschichte. Der Angreifer enttäuschte zunächst böse, war schlampig trainiert und ließ sich schwer integrieren – sportlich wie menschlich. In der Rückrunde folgte ein steter Aufwärtstrend, und am vorletzten Spieltag avancierte Stajner tatsächlich noch zum gefeierten Helden: In letzter Minute traf er zum erlösenden 2:2 gegen Mönchengladbach, das den Klassenerhalt besiegelte.
Große Erleichterung nach einer halsbrecherischen Achterbahnfahrt für alle Beteiligten: Dem miserablen Start folgte eine fabelhafte Serie von 16 Zählern aus acht Partien. Nach dem zwölften Spieltag (1:0 in Kaiserslautern) wähnten Hannover einige schon eher als einen UEFA-Cup- denn einen Abstiegskandidaten. In den nächsten fünf Spielen gelang den Niedersachsen dann jedoch kein einziger Treffer – und mit einem enttäuschenden 0:0 gegen Bielefeld noch das einzige zählbare Resultat. Die Diskussion um Rangnick erlebte ihren zweiten Höhepunkt, erst spät konnte sich Präsident Kind zur Grundsatz-Entscheidung durchringen, mit dem Coach weiter zu machen. Dass Torwart-Denkmal Jörg Sievers abtreten und dem jungen Gerhard Tremmel Platz machen musste, geriet bei all dem Tohuwabohu nur noch zum Randaspekt.
In einer starken Rückrunde – Hannover 96 war mit 27 Zählern sechsbestes Team der zweiten Saisonhälfte – wurden letztlich alle Entscheidungen gerechtfertigt. Sogar die Verpflichtung des so lange umstrittenen Jiri Stajners. *Thiemo Müller*

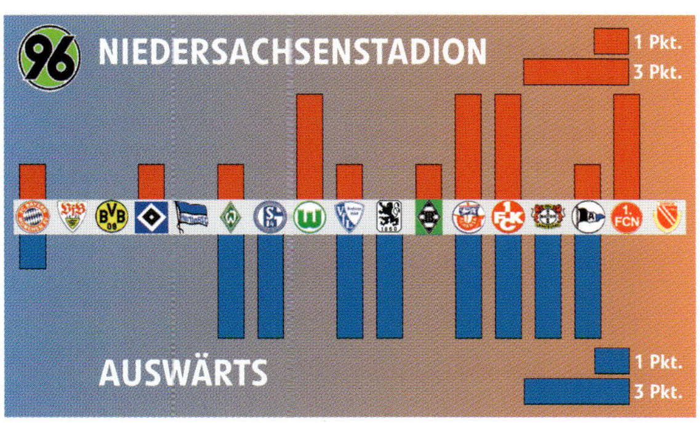

Linke Seite: Ein Routinier als entscheidende Verstärkung: Mit Fredi Bobic holten sich die Hannoveraner quasi eine »Nicht-Abstiegs-Garantie« – seine Tore halfen ihm auch bei der Nationalmannschaft zum Comeback.

Ein Befreiungsschlag durch Forssell und Ewald Lienen

Diese Szene bleibt noch lange nach diesem 24. Mai 2002 in Erinnerung. Ewald Lienen und Hans Meyer stehen gemeinsam auf dem Rasen des Bökelbergs inmitten der jubelnden Menge, die nach einem 4:1 über Bremen den Klassenerhalt feiert.

Der Trainer und sein Vorgänger, Arm in Arm. Zusammen stimmen sie vor der Fankurve die Welle an und »schreiben in diesem Moment Bundesliga-Geschichte« wie es Sportdirektor Christian Hochstätter pathetisch formuliert. Eintracht und Glückseligkeit herrschte beleibe nicht immer in der abgelaufenen Saison. Dennoch dachte der Sportdirektor insgeheim selbst nicht daran, dass die Borussia in die größte Krise seit Meyers Antritt schlittern würde.

Zunächst sah es auch nicht danach aus. Platz sechs nach fünf Spieltagen ließen die Hoffnungen gedeihen, der Traditionsklub könnte im zweiten Jahr nach der Bundesliga-Rückkehr frei von Abstiegssorgen durch die Runde kommen. Zumal sich die Neuzugänge problemlos ins Gefüge eingliederten. Jeff Strasser stabilisierte den Abwehrbereich. Joris van Hout ersetzte treffsicher den am Kreuzband operierten Torjäger Arie van Lent, und Youngster Peer Kluge schwang sich nach einer »Schnuppersaison« zu einem adäquaten Nachfolger des abgewanderten Defensivstrategen Peter Nielsen auf.

Die Realität holte die Mannschaft schnell ein. Von Woche zu Woche verabschiedete sich ein Leistungsträger nach dem anderen; das Verletzungspech mit bis zu acht, neun Ausfällen dünnten den Kader aus. »So etwas«, brummelte Hans Meyer in der Vorweihnachtszeit, »habe ich in meiner ganzen Karriere noch nicht erlebt.« Die Folge: Die Mannschaft stürzte in den Tabellenkeller und wurde durch interne Zwistigkeiten durch den divenhaften Markus Münch – der bis dahin eine überragende Serie spielte, aber im Verdacht stand, die Mitspieler gegen Meyer aufzuwiegeln – zusätzlich aus der Bahn geworfen.

Am Abend des 1. März 2003 kam der Befreiungsschlag. Hans Meyer, aufgerieben vom Abstiegskampf, den ständigen Auseinandersetzungen mit Münch sowie den Sticheleien des Boulevards, gab auf. Er machte den Weg frei für Ewald Lienen. Gleichzeitig traf der Klub die mutigste und vielleicht entscheidendste Personalie. Münch wurde aus dem Kader entfernt und gleichzeitig Marcel Witeczek der Laufpass gegeben.

Zwölf Spiele reichten Ewald Lienen, das schlingernde Schiff auf Kurs zu bringen. Ohne großes Tamtam, vielmehr mit Detailarbeit. Personell blieb außer mit der Hereinnahme von Dauer-Tribünen-

Oben: Trainer-Freunde: Nach dem Gladbacher Klassenerhalt freuen sich der zuvor entlassene Hans Meyer (rechts) und sein Nachfolger Ewald Lienen.

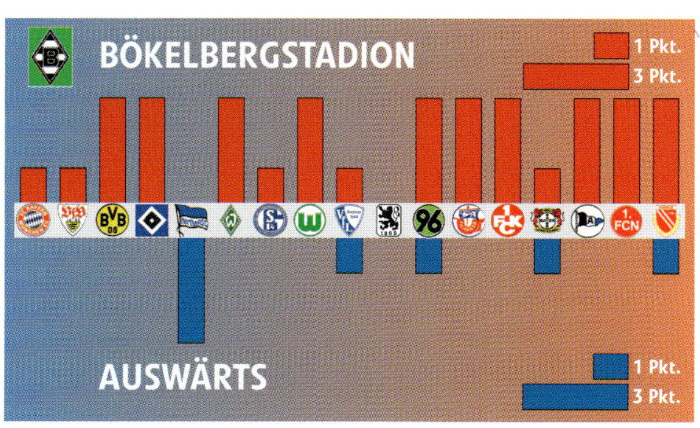

gast Marcel Ketelaer alles beim alten. Abwechslung im Trainingsalltag und das gebetsmühlenartige Einimpfen von Selbstvertrauen genügte, um das im Team schlummernde Potenzial zu wecken. Außerdem kam Mikael Forssell zunehmend in Fahrt. Die Vier-Monats-Leihgabe vom FC Chelsea entpuppte sich als Glücksgriff. »Mikael hat einen großen Anteil am Klassenerhalt, weil er Spiele alleine entschieden hat«, urteilte Hochstätter. Von den Fans verehrt, von den gegnerischen Abwehrspielern gefürchtet. Dank Forssells sieben Treffern blieb die Borussia in der Liga und in den letzten sieben Saisonspielen ohne Niederlage. »Ich kann mir für den Klassenerhalt nicht viel auf die Fahne schreiben, ich habe nur die gute Arbeit von Hans Meyer fortgesetzt«, bilanzierte Lienen nach seiner geglückten Mission.

Mit guter Arbeit wird es in der nächsten Saison allein nicht getan sein. Der Klassenerhalt allein ist den Verantwortlichen im Hinblick auf das neue Stadion 2004 zu wenig. Die Borussia will sich schnellstmöglich – und dann langfristig – in der oberen Tabellenhälfte festsetzen.

Jan Lustig

Ein Finne spaziert durch die Abwehr: Der vom FC Chelsea ausgeliehene Mikael Forssell (rechts gegen Kehl) machte die entscheidenden Treffer im Abstiegskampf.

Armin Veh und sein Zynismus wegen der Stürmer

Der FC Hansa startete beeindruckend in die Saison. Vier Siege aus den ersten fünf Spielen – plötzlich stand Trainer Armin Veh mit seiner Elf auf Platz zwei in der Tabelle. Der Absturz folgte, weil die Mannschaft wie in den Vorjahren das Tor nicht traf.

Symptomatisch für den Verlauf der Saison war die Form von Millionen-Mann Rade Prica, dem teuersten Einkauf der Vereinsgeschichte. Wenn er einer von ihnen gewesen wäre, hätte er vielleicht mitgemacht. Doch was blieb Armin Veh anderes übrig, als die Pfiffe der Fans zu verurteilen. Rade Prica war der Angriffspunkt. 2,2 Millionen Euro kostete der Schwede dem FC Hansa, doch warum der Verein so viel an Helsingborgs IF zahlte, blieb lange fraglich. Rade Pricas Saison war so wie die Saison von Hansa Rostock. Die Erwartungen waren hoch, am Ende ging es halbwegs gut, doch die Begeisterung über Getanes hielt sich in Grenzen.

Nach dem Traumstart mit vier Siegen aus fünf Spielen ging es schnell bergab – weil die Mannschaft das Tor nicht traf. Ein altes Problem. Deswegen blätterte der Verein auch so viel Geld hin zur Behebung des Problems. Für Rade Prica eben. Aber der 22-Jährige hatte Umstellungsprobleme, kam lange mit dem Tempo nicht zurecht, seine technischen Mängel waren unübersehbar. Am Ende hatte Prica sieben Tore erzielt, doch hätten

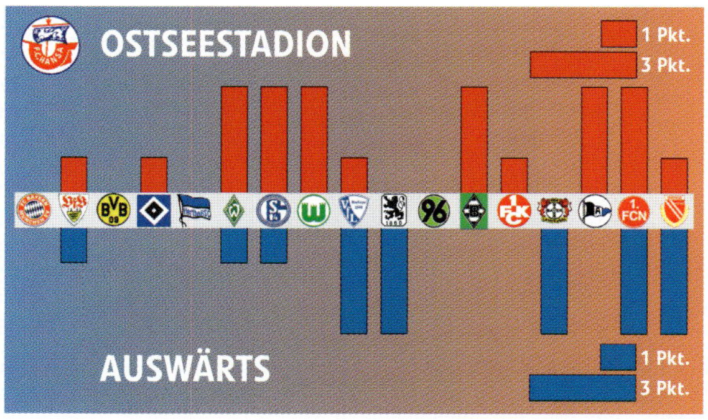

es 15, ja 20 sein können, sein müssen. Die Chancenverwertung.
Der Stürmer sorgte außerhalb des Platzes wenigstens für den Satz der Saison. Getreu einem gängigen Spruch in seiner Heimat sagte Prica: »Ich bin wie eine Flasche Ketchup. Erst schlägt man drauf, es kommt nichts, dann kommt plötzlich alles auf einmal.« Witzig, diese Skandinavier.
Und die anderen Angreifer? Markus Beierle war völlig chancenlos und wurde in der Winterpause an Eintracht Frankfurt verkauft. Ohne Einsatz blieb auch U-20-Nationalspieler Marcel Schied. Magnus Arvidsson, Antonio di Salvo und Bachirou Salou ließen jegliche Konstanz vermissen. Amateur Marco Vorbeck begann stark, tauchte zwischendurch unter und durfte erst am Ende wieder ran.
Ja, Trainer Armin Veh verzweifelte an der Abschlussschwäche seiner Angreifer. »Vielleicht sollte ich beim nächsten Mal sechs oder sieben Stürmer aufstellen«, sagte er mal zwischendurch in seiner zynischen Art. Oder auf die Frage, wen er denn gedenke vorne aufzustellen, merkte der 42-Jährige an: »Wer vorne das Tor nicht trifft, ist egal.« So ist der Armin Veh.
In den letzten Wochen der Saison gab sich der Trainer dann selber einen Maulkorb, Kritik war verboten, er versuchte seine Spieler starkzureden – mit Erfolg. Hansa Rostock schaffte den Klassenerhalt. Wieder mal kurz vor Ultimo. Am 33. Spieltag nach einem 3:0 gegen Arminia Bielefeld. Unter den Torschützen: Marco Vorbeck und Antonio di Salvo, zwei Stürmer. Es geht doch.

Sebastian Karkos

Ein zufriedener Chef der Hansa-Kogge: Trainer Armin Veh.

Links: Torjäger von der Außenbahn: Hansas Routinier René Rydlewicz erwies sich zum Saisonbeginn als äußerst treffsicher.

Linke Seite: Befreiender Jubel: Am schwedischen Stürmer Rade Prica schieden sich in Rostock lange Zeit die Geister.

Der Erfolg gab Erik Gerets doch Recht

Rechte Seite: Faustpfand für die Pfälzer: Nationalstürmer Miroslav Klose, hier im Zweikampf mit dem Leverkusener Bierofka, steigerte sich nach einem Durchhänger und blieb dem Klub zunächst erhalten.

Nicht viel hatte gefehlt und der 1. FCK wäre in der 41. Bundesliga-Saison nicht dabei. Mit drei Minuspunkten starten zu müssen, ist das Relikt des turbulentesten Jahres der Klubgeschichte. Die »Roten Teufel« sind wieder im UEFA-Cup vertreten. Mit diesem Ziel war man im Sommer 2002 auf dem Betzenberg angetreten. Dass es erreicht wurde, kommt einem Wunder gleich.

Die Zukunft wird zeigen, ob Ciriaco Sforza mit seiner Vorhersage Recht behält: »Die Krise hat uns gestärkt. Es ist wieder Euphorie da.« Noch ohne »Heimkehrer« Sforza und vor dem Auftaktspiel beim VfB Stuttgart (1:1) war Cheftrainer Reinhard Stumpf beurlaubt worden. Als schwächstes Glied in der Kette der Verantwortungsträger musste als Sündenbock herhalten. Er war es nicht, wie sich schnell herausstellte. Der Fehlstart mit nur einem Punkt aus den ersten drei Begegnungen brachte Steine ins Rollen, die ein Erdbeben auslösten. Team-Manager Andreas Brehme wurde entlassen, Vorstandschef Jürgen Friedrich zum Rücktritt bewegt.

René C. Jäggi und Trainer Erik Gerets hießen die neuen Hoffnungsträger. Das Ausmaß der Aufgabe, die sie übernommen hatten, übertraf alle Befürchtungen. Gerets, zuvor in Eindhoven, Brügge und Lierse als Meistertrainer gefeiert, musste als Liga-Neuling bitteres Lehrgeld zahlen. Was er voraussetzte, war nicht vorhanden. Den Pfälzer Profis mangelte es an körperlicher Fitness, Selbstvertrauen, Disziplin, taktischem Verständnis und Teamgeist. Die Mannschaft war in sich zerstritten, hatte keine Hierarchie, beherrschte nicht einmal ein Spielsystem! Ein hoffnungsloser Fall?

Lange sah es danach aus. Die Zwischenbilanz von Gerets nach elf Spielen fiel ernüchternd aus: Nur ein Sieg bei sieben Niederlagen. Der Belgier war fast schon entlassen, bevor ihm mit einem 2:0-Heimsieg gegen Wolfsburg doch noch die Wende gelang. Vom 15. Spieltag an ging Gerets stur seinen Weg. Er duldete keine Kompromisse mehr, erklärte das antiquierte Spiel mit Libero für beendet, setzte konsequent auf sein System mit Viererkette, nahm auf prominente Namen keine Rücksicht. Selbst der von ihm ernannte Führungsspieler Sforza musste erst das Gefühl des Zuschauens auf der harten Ersatzbank erleben, ehe der Schweizer doch den Erwartungen gerecht wurde. Ein Mario Basler blieb ebenso auf der Strecke wie Stammtorwart Georg Koch, der seinen Platz dem in der Liga noch völlig unerfahrenen Tim Wiese überlassen musste.

Der Erfolg gab Erik Gerets Recht. Nur 13 Zähler bei Halbzeit der Saison – es waren nicht wenige, die den 1. FCK in der Winterpause schon abgeschrieben hatten. Der Rückschlag zu Beginn der Rückrunde mit einer Heimniederlage gegen Stuttgart (1:2) schien die Skeptiker in ihrer Einschätzung zu bestärken. Dann aber startete der 1. FCK doch noch durch. Harry Kochs Ausgleich in der Nachspielzeit beim 2:2 auf Schalke löste die alles entscheidende Aufholjagd aus. Zehn Spiele in Folge blieben die Pfälzer ungeschlagen. Ganz neben bei zog man mit Siegen in Bochum und gegen Bremen ins DFB-Pokalfinale ein.

Die Zitterpartie dauerte noch bis zum 33. Spieltag, ehe ein 0:0 gegen Dortmund die Rettung der »Roten Teufel« bedeutete. Da Bayern München Meister wurde, war der 1. FCK bereits als Pokal-Finalist im UEFA-Cup. Die 1:3-Niederlage in Berlin schmeichelte, war ein Rückfall in bewältigte geglaubte Zeiten. Eine deutliche Warnung, dass es beim 1. FCK noch jede Menge zu tun gibt auf dem Weg zurück in bessere Zeiten. *Uli Gerke*

Den Teufel fest im Griff: FCK-Vorstand René C. Jäggi (rechts) und Trainer Erik Gerets, der als Retter am Betzenberg gefeiert wurde.

RWE
13
FRITZ-WALTER-STADION
1 Pkt.
3 Pkt.
AUSWÄRTS
1 Pkt.
3 Pkt.

Ein Traum, der zum Albtraum wurde

Bayer Leverkusen hätte kaum höher hinaus kommen können: Finale der Champions League, Titelkampf in der Bundesliga, Pokalfinale. Und sie hätten binnen einem Jahr kaum tiefer abstürzen können: Erst mit dem Schlusspfiff der Saison war der Sturz in die Zweitklassigkeit vermieden.

Ja, so stellte sich Reiner Calmund das Saisonfinale vor. In seinen kühnsten Träumen. Damals, zu Saisonbeginn. An den letzten Spieltag dachte Calmund, ohne laut darüber zu sprechen, an das Spiel in Nürnberg. An den Schlusspfiff. Stellte sich grenzenlosen Leverkusener Jubel vor, endlich. Wie seine gut bezahlten Stars in die Fankurve hetzen, sich die Trikots vom Leib reißen und mit den euphorischen Fans feiern. Was für ein Bild!
Es kam tatsächlich so an jenem 24. Mai im Nürnberger Frankenstadion. Schlusspfiff, und grenzenloser Leverkusener Jubel. Doch die Fußballer, die sich auf dem Rasen die Bayer-Trikots vom Leib rissen, waren nicht etwa die Meister der Saison. Es waren die Versager des Jahres. Der nackte Wahnsinn. Gerade so dem Abstieg entronnen, dank eines 1:0-Sieges, und dank der gleichzeitigen Niederlage des Konkurrenten Bielefelds gegen Hannover.
Calmund wirkte in diesen Minuten angeschlagen wie nie zuvor. Er schien zunächst gar nicht zu begreifen, dass der Spuk des Abstiegsgespensts vorbei ist. Erst eine halbe Stunde später und nur auf lautstarken Wunsch der Fans ließ er sich in der Kurve blicken und tat etwas, was nach feiern aussah. Kurz die Welle, kurz winken. In Wirklichkeit war ihm nicht nach Feiern.
Im Gegenteil. In ihm brodelte sogar Hass. Auf Teile der Mannschaft vor allem, die ihn so schamlos im Stich gelassen hatten. Diese Ansammlung von Nationalspielern, die ohne die verletzten Füh-

Der Dank an höhere Mächte: Weltmeister Lucio nach dem entscheidenden Sieg beim 1. FC Nürnberg.

Rettung in höchster Not: Bayers Argentinier Diego Placente klärt vor dem Hertha-Stürmer Michael Preetz. Juan beobachtet die Situation ängstlich im Hintergrund.

rungsspieler Jens Nowotny und Lucio über Monate konstant versagten. Erst in der Champions League, wo Bayer mit Ach und Krach die Zwischenrunde erreichte und sich dort zum Gespött Europas machte. Später auch in der Bundesliga, als in der Rückrunde statt der angekündigten Aufholjagd der Sturz auf die Abstiegsränge geschafft wurde. Bittere Monate für Bayer, in denen sich die Spielerberater wie die Geier auf den Kader stürzten, während Calmund sein Lebenswerk zu retten versuchte – sei es durch die Trennung von den Trainern Klaus Toppmöller (Februar) und Thomas Hörster (Mai), sei es durch die Verpflichtung der Weltmeister Jürgen Kohler als Sportdirektor und Klaus Augenthaler als drittem Trainer.

Die gröbsten Fehler lagen da schon weit zurück. Im Sommer wurden sie gemacht, vor Saisonbeginn. Sie mussten die Erfolgsgaranten Michael Ballack und Zé Roberto zum FC Bayern ziehen lassen und glaubten, diese Abgänge irgendwie ersetzen zu können. Diesmal klappte es nicht. Weil sie bei Bayer im Erfolg träumten. Toppmöller träumte vom Tschechen Simak und bekam ihn für knapp sieben Millionen Euro. Calmund träumte vom brasilianischen Torjäger Franca und kaufte ihn für die Bayer-Rekordablöse von 8,5 Millionen Euro, obwohl die Scouts vor dessen Integrationsproblemen warnten. Zwei sehr teure Flops.

Und teure Folgen: Weil das internationale Geschäft verpasst wurde, musste der Kader verkleinert werden. Das Ziel, laut Calmund: 25 bis 30 Millionen Euro einsparen. Neues Denken für einen Verein, der solche Zahlen gewöhnlich auf der Einnahmenseite verbuchte. Aber auch eine Chance, wieder etwas aufzubauen. Ohne Fehler.

Jean-Julien Beer

Volker Finke und eine Rolle rückwärts in der Rollenverteilung

Die Vorgabe war klar, eindeutig und unmissverständlich. »Das Ziel ist der direkte Wiederaufstieg«, so lautete die Aussage aller Entscheidungsträger in Freiburg nach dem »Betriebsunfall«, der am Ende der Saison 2002/2003 stand.

Ein Jahr zuvor war der SC noch Sechster geworden. Aus dieser Mannschaft hatte lediglich Sebastian Kehl den Verein verlassen, doch insgesamt 13 Langzeit-Verletzungen in der Rückrunde waren nicht zu kompensieren. Da aber alle Leistungsträger nach dem Abstieg gehalten werden konnten, galt Freiburg als klarer Favorit für einen der ersten drei Plätze. Eine ungewohnte Rolle für diesen Klub, der über ein Jahrzehnt unter Volker Finke für seine Verhältnisse so große Erfolge hatte, dass er sich in Regionen bewegte, in denen er stets als Außenseiter gehandelt wurde. Nun war der Stempel ein anderer, die Breisgauer wurden als »Bayern München« oder gar »Real Madrid der Zweiten Liga« bezeichnet.
Dies ließ eine Erwartungshaltung von innen und von außen entstehen, die naturgemäß nicht erfüllt werden konnte. Auch der Erstligakader des SC konnte eine Klasse tiefer nicht jede Mannschaft nach Belieben »wegfideln«. Die Stimmung im Umfeld war gespannt, Rückschläge wie das 0:2 gegen Frankfurt oder das 1:4 gegen Reutlingen zu Hause im Dreisamstadion ließen es knistern. Doch das Team blieb auf Kurs. »Im Schnitt zwei Punkte aus einem Spiel« forderte Finke. Eine Maßgabe, die weitgehend eingehalten wurde, so dass Freiburg nur selten die drei Aufstiegsplätze verließ. Doch erst in der zweiten Hälfte der Saison gewann der SC Dominanz und ging als beste Rückrunden-Mannschaft sicher durchs Ziel. Nach dem Heimsieg über den 1. FC Köln am 2. Mai stand der Aufstieg praktisch fest. Ausgerechnet in Duisburg, wo die Freiburger in ihrem ersten Bundesligajahr 1993/94 am letzten Spieltag mit dem dritten Sieg in Serie einen scheinbar schon fest stehenden Abstieg noch abwenden konnten, wurden sie dieses Mal Meister – trotz einer Niederlage. Die Aufstiegsfeier hatte zuvor in Burghausen schon stattgefunden. Die Tatsache, Erster geworden zu sein, wurde wohlwollend, aber nicht euphorisch hingenommen. »Natürlich war es ein schönes Gefühl, als wir den Wimpel in die Hand gedrückt bekamen«, sagte Kapitän Richard Golz. Mehr aber auch nicht.
Das Ziel war erreicht, Freiburg wieder Erstligist und Volker Finke neuer Rekordhalter in Deutschland. Noch nie zuvor war ein Trainer mit dem gleichen Verein drei Mal in die Bundesliga aufgestiegen. Auch interessant zu wissen: Der SC war in seiner Geschichte noch nie erstklassig gewesen, bevor der mittlerweile 55-Jährige im Jahr

1991 an die Dreisam kam. Dennoch steht zur neuen Saison eine Rolle rückwärts an, was die Rollenverteilung betrifft. Jetzt ist Freiburg wieder der Underdog. Einen Etat von 24 Millionen hat der Verein bei der Lizenzvergabe angegeben. Zwar wurde diese – eine große Ausnahme im deutschen Profifußball – von der DFL ohne jede Auflage oder Bedingung erteilt, dennoch weiß Volker Finke: »Wir stehen damit am unteren Ende der Geld-Rangliste. Es ist eine Tatsache, dass die sportliche Tabelle ein Spiegelbild der wirtschaftlichen Potenz darstellt. Es gibt manchmal in einer Saison einen Ausreißer nach oben und einen nach unten, aber im Großen und Ganzen ist das so.«

Verkraften muss Freiburg den Verlust des georgischen Nationalspielers Levan Kobiaschwili, der nach fünf Jahren im Breisgau zu Schalke 04 wechselte. Doch der Rest des Kaders konnte erneut gehalten werden, er ist von der Erfahrung und von der Altersstruktur durchaus konkurrenzfähig. »Im Abstiegsjahr hatten wir unheimlich großes Verletzungspech, im Aufstiegsjahr kamen wir fast ungeschoren davon. Vielleicht pendelt es sich jetzt in der Mitte ein«, hofft Richard Golz. Denn in diesem Falle hat der SC Freiburg eine gute Chance, die Klasse relativ sorgenfrei zu halten.

Thomas Roth

Alles genau im Blick: Freiburgs Trainer Volker Finke, seit zwölf Jahren in der Verantwortung, schaffte erneut den Aufstieg.

Ausgelassene Freude nach dem Aufstieg: Nach dem Spiel in Burghausen ging der Zug mit Iaschwili und Bajramovic an der Spitze in Richtung Bundesliga.

Friedhelm Funkel und Fragezeichen nach Comeback

Der 1. FC Köln ist wieder da, wo nicht nur er selbst glaubt, selbstverständlich hinzugehören. Dem ersten Meister der mittlerweile 40 Jahre alten Bundesliga gelang das souveräne Comeback in die Eliteliga.

Ausgelassene Freude nach dem geschafften Wiederaufstieg: Nach dem 2:2-Sieg gegen den FC St. Pauli feiern die Kölner Profis feucht-fröhlich.

Zwar war die Rückkehr der Geißböcke ins Oberhaus von allen Seiten erwartet worden. Selbstverständlich war sie jedoch nicht, auch wenn sie mit einem neuen Startrekord von 25 Spielen ohne Niederlage rein statistisch spielerisch leicht anmutete. Trotz des höchsten Zweitliga-Etats standen Trainer Friedhelm Funkel zum Saisonstart nur 14 gesunde und zweitligaerfahrene Spieler zur Verfügung. Doch der Kader erwies sich schließlich als qualitativ hochwertig besetzt.
Besonders, weil sich einige Akteure stärker ins Rampenlicht spielten als man es erwarten durfte: Matthias Scherz avancierte zum Torjäger und traf allein in der Vorrunde zwölf Mal. Florian Kringe, 20-jährige Leihgabe von Borussia Dortmunds Amateuren, wurde nicht nur Stammspieler im defensiven Mittelfeld, sondern schwang sich sogar über weite Strecken im Schatten des als Torschützen und Vorlagengeber überragenden Dirk Lottner zum Leistungsträger mit Vollstrecker-Qualitäten auf. »Florian ist für mich neben Matthias Scherz der Gewinner der Saison«, urteilte Funkel. Von seinem Kapitän, Dirk Lottner, so der Trainer, »habe ich nichts anderes erwartet«.
Nach der Vorrunde hatte der FC bereits neun Zähler Vorsprung auf einen Nicht-Aufstiegsplatz. Davon zehrte die Mannschaft in der zweiten Saisonhälfte. Bereits vier Spieltage vor Schluss war das Projekt sofortiger Wiederaufstieg trotz einer nur noch durchwachsenen Rückrunde erfolgreich beendet. Dass sich die Mannschaft danach mit vier Niederlagen und zum Teil peinlichen Auftritten noch den Meistertitel in der Zweiten Liga nehmen ließ, rief nicht ohne Grund die Kritiker auf den Plan, die dieser Mannschaft keine Zukunft in der Bundesliga zutrauten. Schnelligkeitsprobleme, fußballerische Schwächen in der Defensive und mangelnde taktische Flexibilität wurden deutlich.
Doch der Traditionsklub stemmt sich dagegen, zur Fahrstuhlmannschaft zu degenerieren, nachdem zum zweiten Mal nach 2000 der Wiederaufstieg glückte. »Wir werden alles dafür tun, dass der FC nicht wieder absteigt«, versprach Kapitän Dirk Lottner nach dem vollbrachten Aufstieg. Das zur Rückrunde fertiggestellte RheinEnergieStadion sollte künftig nur noch für erstklassigen Fußball die WM-reife Bühne bieten.
Dazu hatte auch Manager Andreas Rettig bereits frühzeitig seine Vorarbeit geliefert. Mit sechs ablösefreien Zugängen, die allesamt frühzeitig feststanden, wurde die Aufstiegsmannschaft verstärkt: Der 24-jährige Stefan Wessels, bei Meister und Pokalsieger Bayern München die Nummer zwei hinter Nationaltorhüter Oliver Kahn, kam als Konkurrent für Aufstiegs-Keeper Alexander Bade. Der bei Fenerbahce Istanbul in der Champions League erprobte Innenverteidiger Mustafa Dogan (27) sowie Dortmunds Ex-Nationalspieler Jörg Heinrich (33) wurden als erfahrene Spieler für die in der Zweiten Liga wiederholt wackelige Defensive verpflichtet, ebenso wie Sebastian Schindzielorz (24, VfL Bochum) als Abräumer vor der Abwehr. Mit dem Mainzer Torjäger Andrej Woronin (20 Treffer) und Duisburgs Mittelstürmer Marius Ebbers (15) angelte sich der Aufsteiger gleich zwei Knipser aus dem Unterhaus.
Ob das Duo, das mit FC-Torjäger Matthias Scherz (18) und Regisseur Dirk Lottner (13) eine 66-Tore-Offensive bildet, auf Dauer in der Bundesliga für Furore sorgen kann? *Stephan von Nocks*

Linke Seite: Bierdusche inklusive: Kölns Trainer Friedhelm Funkel nach dem vollbrachten Werk. Der Stolz in den Augen ist unverkennbar.

Willi Reimann mit viel Geduld und »glücklichem Händchen«

Rechte Seite: Der entscheidende Torschütze: Der Frankfurter Bub' Alexander Schur öffnete mit seinem späten Tor in der 93. Minute das Tor zur Bundesliga.

Frankfurts Ex-Nationalspieler Uwe Bein brachte es auf den Punkt: »Wenn wir 1992 nur zehn Prozent des Glücks besessen hätten, das die Eintracht diesen Sommer am letzten Zweitliga-Spieltag hatte, wären wir Deutscher Meister geworden.«

Mit einem sensationellen 6:3 überflügelte die Eintracht am 25. Mai 2003 durch ein Tor des »Frankfurter Bubs« Alexander Schur in der 93. Minute den FSV Mainz 05 als Tabellendritten, der in Braunschweig »nur« 4:1 gewann. Damit war die Bundesliga-Rückkehr perfekt.
Genau wie nach dem ersten Abstieg des Gründungsmitglieds im Jahr 1996 dauerte es zwei Jahre. Ähnlich wie damals hatte die Mannschaft den Sommer vor der Rückkehr einen großen personellen Umbruch zu verkraften. Beide Male ging eine sehr enttäuschende Saison vorher, in der der direkte Wiederaufstieg misslungen war. 2003 und 1998 gelang der Sprung am Ende einer Spielzeit, in der die Erwartungen gering waren. Vor fünf Jahren schaffte es Horst Ehrmantraut aus einem Haufen erfolgloser Großverdiener in der Zweiten Liga eine funktionsfähige Mannschaft zu formen, diesmal gelang dieses Kunststück Willi Reimann. Der 53 Jahre alte Fußball-Lehrer kehrte nach zweijähriger Pause in den Profi-Fußball zurück. Diese hatte er sich genommen, um nach der schweren Krankheit und dem Tod seiner Frau dem Sohn einen erfolgreichen Start ins Berufsleben zu ermöglichen. Finanziell weitgehend unabhängig wartete Reimann im Sommer 2002 geduldig, bis der Lizenz-Krimi entschieden war. Zugunsten der Eintracht, die erst vor dem Ständigen Neutralen Schiedsgericht die Zulassung zur Zweite Liga bekam. Die DFL hatte sie zunächst verweigert, weil eine Vier-Millionen-Euro-Bürgschaft der Hessischen Landesbank mit Rückbürgschaften versehen war und damit als nicht ausreichend erachtet wurde.
Während Vorstandsboss Volker Sparmann in Frankfurt um die Zulassung kämpfte, hielt Reimann seine Wunschspieler bei Laune, die ohne Lizenz arbeitslos gewesen wären. Der Trainer griff bei der Auswahl weitgehend auf Profis zurück, mit denen er bereits zusammengearbeitet hatte. Allen voran Jens Keller, der 1997 mit Reimann in Wolfsburg das »Kunststück« Aufstieg vollbracht hatte. Reimann ernannte Keller zu seinem Abwehrchef, machte ihn zum Kapitän und der beim 1. FC Köln ausgemusterte Routinier wurde seinen Führungsaufgaben vollauf gerecht. Hinzu kamen Henning Bürger und Jean-Clotaire Tsoumou-Madza, die Reimann aus der Zeit beim FC St. Pauli kannte sowie Sven Günther (früher Nürnberg). In der Winterpause holte der Trainer dann Markus Beierle von Hansa Rostock, nachdem Rolf-Christel Guié-Mien im Januar überraschend von seiner Ausstiegsklausel Gebrauch gemacht hatte und zum direkten Konkurrenten SC Freiburg gewechselt war.
Unter der Ägide von Sparmann war der Name in Frankfurt Programm. Die wirtschaftliche Konsolidierung der »Diva vom Main« wird auch nach dem Aufstieg fortgesetzt. Der Etat steigt von zwölf auf 24 Millionen Euro angesichts der Klassenunterschiedes moderat, auf das gleiche Niveau, das der SC Freiburg hat – sicherlich kein Krösus der Liga. Bei der Auswahl der Neuzugänge wurde mehr Wert auf Ablösefreiheit als auf große Namen gelegt. Markus Kreuz, Markus Pröll (beide 1. FC Köln), Stefan Lexa (zuletzt CD Teneriffa), Mehmet Dragusha (Eintracht Trier), Nico Frommer (SSV Reutlingen) und Jurica Plujiz (Hajduk Split) kamen alle ohne Transferentschädigung.

Michael Ebert

Willi, der große Triumphator: Vor der Saison hatte es Trainer Willi Reimann kaum jemand zugetraut, dass er die Eintracht wieder ins Oberhaus führt.

FILA
Fraport
24
FILA

Christiansen, ein »Torero« der Bälle lächeln lässt

Als Thomas Christiansen am letzten Spieltag die geforderte Norm doch noch erfüllte, geschah dies auf eine für ihn gänzlich untypische Weise. Denn zum Saison-Kehraus stolperte der Bochumer Torjäger den Ball beim Spiel gegen München 1860 quasi über die Linie.

Der Treffer erfüllte seinen Zweck: Tor Nummer 21 bescherte dem gebürtigen Dänen gemeinsam mit Giovane Elber Platz Eins im Kampf um die »kicker«-Torjägerkanone. Untypisch aber war dieses finale Erfolgserlebnis vor allem deshalb, weil Bochums Mittelstürmer als einer der elegantesten seiner Zunft gilt, als ein Angreifer, bei dem die Bälle eigentlich lächelnd ins Netz fliegen müssten. Kein Zweifel: Für eine Mannschaft wie den VfL 21 Tore zu schießen, das stellt eine außergewöhnliche Zahl dar.

»Die Kunst besteht darin, nicht nur ab und zu mal zwei, drei Tore zu schießen, sondern regelmäßig zur Stelle zu sein«, erzählt Christiansen, Sohn eines Dänen und einer Spanierin, der seit Jahren den spanischen Pass besitzt. Trotz hartnäckiger Rückenbeschwerden traf der »Torero« nicht mäßig, sondern regelmäßig, und so hielt sich der Zorn der Bochumer Fans sogar in Grenzen, als Christiansens Wechsel nach Hannover bekannt gegeben wurde.

Denn nach 13 (!) Stationen im Profi-Fußball machte der Wandervogel nie ein Hehl daraus, dass er gegen Ende seiner Karriere noch mal richtig kassieren wollte, und strich allein schon für seinen Transfer ein Handgeld von einer Million Euro ein. In Barcelona wird sich für Christiansen »in drei oder vier Jahren« der Kreis schließen. Hier fasste er, entdeckt von Johan Cruyff, als 19-Jähriger Fuß im Profi-Geschäft, hier wird er sich mit seiner Familie später niederlassen. Dann, wenn alle Tore geschossen sind. Erlebt hat Christiansen auf seiner Europa-Tournee aber jetzt schon so viel, dass es für vier oder fünf Leben reichen würde.

Oliver Bitter

Der »Torero« mit der Torjäger-Kanone: Bochums spanischer Däne Thomas Christiansen.

Elber – drei Titel, aber nicht alles war normal

Passt irgendwie nicht, ist aber so. Da räumt dieser Giovane Elber drei Titel ab nach dieser Spielzeit, um dann zu nörgeln: »Restlos zufrieden bin ich nicht.«

Er hat das deutsche Double geholt, zum zweiten Mal nach 2000. Und er ist Torschützenkönig geworden, zum ersten Mal. »Nicht normal« nennt der Brasilianer diese vergangene Saison – nicht wegen dieser Triumphe. Sondern weil er in sechs Bundesligaspielen hintereinander kein Tor erzielt hat. »Drei Monate ohne Treffer«, meint Elber, »das darf nicht sein.«
Dazu kommt das seltsame Phänomen, dass es ihm ewig und drei Spiele lang nicht gelang, in einem Stadion außerhalb Münchens den Ball ins Tor zu lenken. Erst am 25. Spieltag geschah das nicht mehr Erwartete, die Nummer neun des FC Bayern köpfelte dieses Billard-Tor in Bochum. In Berlin bewies er acht Wochen später, dass er es sehr wohl versteht, in fremder Umgebung erfolgreich zu vollenden: Elber ist als dreimaliger Torschütze verbucht, 6:3 bei Hertha BSC.
Überhaupt bündelte der 15malige brasilianische Nationalspieler seine Erfolgserlebnisse, wenn schon, denn schon: jene (Berliner) drei, gegen Bielefeld gar vier, vier Mal zwei. 15 Tore insgesamt wollte Elber in die Jahresbilanz 2002/03 eintragen, es wurden 21, neben Christiansen Bestmarke in der Liga, kicker-Torjäger-Kanone. Elber jubelt: »Endlich habe ich es geschafft.« Neun lange Jahre musste dieser technisch raffinierte, trotz vergleichsweise geringer 1,80 Meter Größe kopfballstarke Angreifer in der Bundesliga diesem persönlichen Titel hinterher hecheln.
Für den VfB Stuttgart schoss er acht, 16 und 17 Tore; ebenso linear ist der Anstieg seiner Quote beim FC Bayern: 11, 13, 14, 15, 17, nun 21. Macht in der Addition 132 Bundesliga-Tore für Elber, mehr als für jeden anderen ausländischen Stürmer in 40 Jahren Bundesliga. Und jetzt dieser persönliche Rekord in einer Saison, in der er nach dem frühen Aus in der Champions League »keine Lust mehr« hatte, »mir war alles egal«. Fürwahr, alles nicht normal. *Karlheinz Wild*

Brasilianische Befreiung: Erstmals konnte sich Bayern-Goalgetter Giovane Elber den Titel holen.

Felix Magath: Als »Feuerwehrmann« in die Champions League

Seit nunmehr 14 Jahren sitzt er auf der Bank am Rande des Rasens. 1989, bei Zweitligist 1. FC Saarbrücken, begann die Trainer-Laufbahn des Felix Magath, der zuvor in seiner glanzvollen Karriere als Fußball-Profi 306 Bundesligaspiele (46 Tore) für den Hamburger SV und 43 Länderspiele (drei Tore) bestritten hatte.

Mehr als ein Jahrzehnt lang blieb der heute 49-Jährige auf einer der mittleren Stufen der Karriereleiter kleben. Magath haftete das Image eines »Feuerwehrmannes« an: Ein Trainer mit der Fähigkeit, einen Verein kurzfristig aus dem Abstiegsstrudel zu ziehen, doch nicht in der Lage, mit einer Mannschaft längerfristig zusammenzuarbeiten. Ob nun beim Hamburger SV, bei Werder Bremen oder Eintracht Frankfurt, die Geschichte wiederholte sich: Magath übernahm einen verzweifelt ums Überleben kämpfenden Bundesligisten, befreite ihn aus den Klauen des Abstiegs, um wenig später selbst entlassen zu werden.
»Ein Profi braucht Druck, um Höchstleistungen zu bringen«: Mit diesem, seinem Credo gelang es ihm stets aufs Neue, schnell das Optimale aus seinen Mannschaften herauszukitzeln, doch ebenso regelmäßig schaffte er es binnen kurzer Zeit, das Tischtuch zwischen sich und den Spielern zu zerschneiden; Trennung hieß die unvermeidliche Konsequenz.
Dann kam Stuttgart. Als Nachfolger des erfolglosen Ralf Rangnick wechselte Magath im Februar 2001, nur rund einen Monat nach seinem Hinauswurf in Frankfurt, auf den Cannstatter Wasen; genau wissend, dass ihm VfB-Manager Rolf Rüssmann mit einem Eineinhalbjahresvertrag die große, die vielleicht letzte Chance eröffnete, sich von seinem ungeliebten Retter-und-dann-Schluss-Image zu lösen. Spät, aber nicht zu spät hatte Magath begriffen, dass er als Trainer ein anderer werden musste, wollte er sein Ziel, in einem Klub auch langfristig Erfolge zu feiern, endlich verwirklichen. »Meine grundsätzliche Einstellung hat sich nicht verändert«, sagt er heute. »Doch ich habe erkannt, dass ich nicht in jeder Trainingseinheit so viel Druck ausüben muss.«
Ja, und plötzlich ist alles anders, Magath ist ganz weit nach oben geklettert auf der Karriereleiter. Seit zweieinhalb Jahren hat er nun schon das Sagen auf dem Cannstatter Wasen, auf keiner seiner früheren Trainerstationen hatte er sich auch nur annähernd so lange halten können. Nach dem glücklichen Klassenerhalt 2001 und Platz acht im Jahr darauf feierte der neue Felix M. nun in der Saison 2002/03 seinen bisher größten Er-

Abklatschen mit dem Kapitän: Stuttgarts Erfolgstrainer Felix Magath und sein bulgarischer Star Krassimir Balakov, der ihm in Zukunft assistieren wird.

folg als Trainer: Obgleich in der Rückrunde nach der Entlassung Rüssmanns als Teammanager doppelt belastet, führte er die junge Mannschaft um die beiden Korsettstangen Krassimir Balakov und Zvonimir Soldo sensationell zur Vizemeisterschaft und damit schnurstracks in die Champions League.

»Ein Wunder«, meint er, habe er da mit den VfB-Profis vollbracht; denn nichts anderes sei Platz zwei in der Bundesliga vor Vereinen wie Dortmund, Berlin, Hamburg, Bremen, Leverkusen und Schalke »die allesamt ganz andere finanzielle Möglichkeiten haben als wir und wo ganz anders verdient wird«. Magath muss es wissen, legte ihm der Liga-Konkurrent aus Gelsenkirchen doch zum Ende der Erfolgssaison 2002/03 ein lukratives Angebot vor, das er um ein Haar angenommen hätte. Die Stuttgarter Spieler jedenfalls gingen vor dem letzten Saisonspiel gegen den VfL Wolfsburg hundertprozentig davon aus, dass Magath nach dem Abpfiff seinen Abschied verkünden würde. Es kam anders, aus welchen Gründen auch immer, Magath band sich für zwei weitere Jahre an den VfB und sucht nun die Herausforderung, »aus bescheidenen Mitteln das Optimale zu machen«. Trotz des Einzugs in die Champions League sind die finanziellen Möglichkeiten gering. Sein Traumziel, schon in der Saison 2003/04 dem alles beherrschenden Liga-Krösus Bayern München den Kampf anzusagen und um die Deutsche Meisterschaft mitzuspielen, hat Magath jedenfalls erst mal aus den Augen verloren. »Wir können Bayern nur gefährden, wenn wir in der Lage sind, Qualität von außen hinzuzukaufen«, sagt er. Dies sei in diesem Sommer nicht der Fall gewesen.

So wird der Fußball-Lehrer Felix M. noch ein bisschen warten müssen, bis er die nächste, die oberste Stufe der Leiter erklimmen kann – die eines Meistertrainers. *Harald Kaiser*

Das Comeback der Saison

Der »Dino« HSV ist zurück im internationalen Geschäft

Im 40. Bundesliga-Jahr drang das einzig durchgängig vertretene Gründungsmitglied wieder in die Phalanx der Großen ein, bewegt sich wieder in Sphären, in die es nach eigenem Anspruch hingehört. Der Hamburger SV ist wieder wer.

Besser hätte die Rückkehr des Bundesliga-Dinos auf die internationale Bühne nicht inszeniert werden können. In Hagenbecks Tierpark hatten die Verantwortlichen des HSV zum 20. Jahrestag die Europapokal-Helden von gestern, genauer gesagt von 1983, eingeladen. Wenige Stunden vor dem Festakt brachten die HSV-Profis von heute wieder internationales Flair in die Hansestadt nach Hamburg und erreichten am 24. Mai 2003 durch ein 2:0 gegen Hansa Rostock Platz vier und damit die Teilnahme am UEFA-Cup.
Der HSV ist wieder oben – aber kann er dort auch bleiben? »Das darf keine Eintagsfliege gewesen sein«, warnt Trainer Kurt Jara, »dieser Verein muss dauerhaft oben mitspielen.« Um das zu realisieren, wurde der Kader aufgerüstet. Mit dem Ex-Nationalspieler Stefan Beinlich (von Hertha BSC), mit Bastian Reinhardt (von Arminia Bielefeld), mit Alexander Meier (vom Lokalrivalen FC St. Pauli) und mit Björn Schlicke, dem U-21-Nationalspieler von der SpVgg Greuther Fürth. Zufrieden zeigte sich der Österreicher damit, hätte aber gern noch mehr nachgebessert und Leverkusens Nationalstürmer Oliver Neuville verpflichtet, stieß aber an die in Hamburg gesteckten wirtschaftlichen Grenzen.
Der HSV boomt in der Hansestadt durch die imposante Heimat der AOL-Arena, stellte dreimal in Folge einen neuen vereinseigenen Zuschauerrekord (44 680 kamen im Schnitt) auf, über die Geldmittel der Konkurrenz aus München, Dortmund, Berlin oder Schalke aber verfügt er nicht. Und hat sich dies in erster Linie selbst zuzuschreiben. Nach der letzten Qualifikation für das internationale Geschäft im Jahr 2000 hatte sich der Dino eine Kette von Fehlern geleistet, zunächst den Kader für die Champions League aufgebläht und schließlich nach den Abgängen der beiden Galionsfiguren Jörg Butt und Niko Kovac mit Rückkehrer Jörg Albertz voll daneben gegriffen. Teure Sünden aus der Vergangenheit, die in der Gegenwart und der Zukunft teuer bezahlt werden. Vor einer Todesspirale hatte Ex-Vorstandsvorsitzender Werner Hackmann gewarnt, falls der Verein nicht international vertreten sei. Der neue Klubboss will genau diese Abhängigkeit nicht. »Aus sportlicher Sicht müssen wir oben dabei sein, um für den Fan attraktiv zu sein, aber unsere Planungen dürfen künftig nicht mehr vom Erreichen der internationalen Plätze abhängig sein«, sagt Bernd Hoffmann. »Wirkliches Geld gibt es

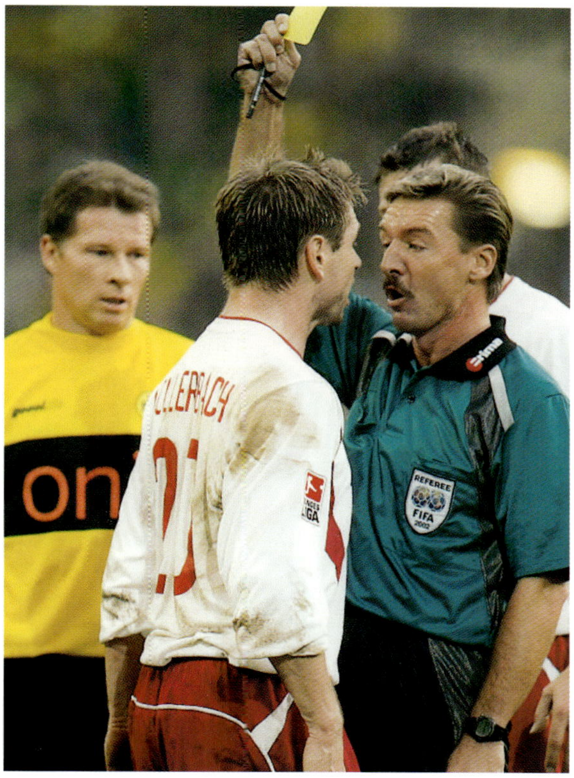

doch ohnehin erst ab der dritten oder vierten Runde im UEFA-Cup zu verdienen«, weiß der frühere Geschäftsführer vom Vermarkter-Riesen Sportfive, dass es nach Rekordverlusten von 14,5 Millionen Euro für seinen Klub im erreichten Wettbewerb vor allem um Reputation, zunächst aber nicht um Millionen geht. Doch genau die benötigt der Verein, um Kurt Jaras ehrgeizigen Zielen, dauerhaft international dabei zu sein, gerecht zu werden.
Kapitän Nico Hoogma glaubt, dass das dennoch klappen kann. »Der Klub hat aus den Fehlern der Vergangenheit gelernt.« Und vor allem die handelnden Personen ausgetauscht, mit Hoffmann und dem neuen Sportchef Dietmar Beiersdorfer zwei Männer auf den Chefsesseln, die in ihrer ersten Saison das nötige Augenmaß bewiesen, den Verein sympathischer verkauften – und natürlich vom Erfolg profitierten. An dem Anspruch, den HSV nun auch wieder dauerhaft in der nationalen Spitze zu etablieren und ihn finanziell konkurrenzfähig zu machen, müssen Hoffmann und Beiersdorfer sich und ihre Arbeit künftig messen lassen.

Sebastian Wolff

Kampf-Maschine und »böser Bube«: HSV-Verteidiger Bernd Hollerbach.

Klarer Blick trotz blauem Auge: Der tschechische Abwehrrecke Tomas Ujfalusi (hier rechts gegen den Cottbuser Topic) war eine der Säulen des HSV-Spiels.

Jäggi löschte den »teuflischen« Brandherd Betzenberg

Mit voller Wucht gegen den drohenden Abstieg: Energisch fährt der Lauterer Dimitrios Grammozis (rechts) dem Bochumer Delron Buckley in die Parade.

»Wir haben ein Defizit an Durchblick – alle!« Der Spruch von Dr. Robert Wieschemann am 18. August 2002 im »DSF-Doppelpass« ging in die Geschichte der 40. Bundesligasaison ein.

Der verbale Blackout des ehemaligen Aufsichtsratschef bescherte dem 1. FC Kaiserslautern einen beispiellosen Höllentrip. Ungewollt leitete der Vorsitzende des höchsten Klubgremiums durch seine Entgleisung bei der Diskussionsrunde im Fernsehen einen Machtwechsel ein, der den Verein im 103. Jahr seines Bestehens in seinen Grundfesten erschütterte. Aufgedeckt wurde eine in der Bundesliga wohl einmalige Misswirtschaft, die der Vorstand mit Jürgen Friedrich und Gerhard Herzog sowie der auf Insolvenzrecht spezialisierte Jurist Dr. Wieschemann betrieben hatten.

Dass der Verein an der erdrückenden Schuldenlast von über 60 Millionen Euro nicht zu Grunde ging, verdankt er den Sanierungskünsten des Schweizers René C. Jäggi. Paradox: Ausgerechnet Dr. Wieschemann hatte den neuen Mann als Vorstand ins Gespräch gebracht, der die Verfehlungen der bisherigen Verantwortungsträger schonungslos öffentlich machte. Wieschemanns Fauxpas, sportlicher Niedergang und Formierung einer Opposition. Turbulenzen auf allen Ebenen erforderten dringend Konsequenzen.

Die kamen mit Jäggi, der am 25. August erstmals mit am Tisch saß bei einem Krisengipfel des Aufsichtsrats. »In dieser vergifteten Atmosphäre möchte ich meine Arbeit nicht länger fortsetzen«. Jürgen Friedrich reagierte noch beleidigt, als er nach Jäggis Berufung und der Entlassung des von ihm gestützten Teammanagers Andreas Brehme zum Rücktritt vom Vorstandsposten bewegte wurde. Von Schuldgefühlen keine Spur. Ein von Jäggi auch zum Selbstschutz in Auftrag gegebenes Gutachten der Wirtschaftsprüfungsgesellschaft PwC Deutsche Revision AG enthüllte, wie es in der Ära Friedrich/Wieschemann auf dem Betzenberg zugegangen war. Weil unter anderem verdeckte Gehaltszahlungen ins Ausland an Profis geleistet wurden, ermittelte die Steuerfahndung. Derartige Methoden bei der Entlohnung von Youri Djorkaeff oder Taribo West waren kein Einzelfall. Allein dieses Vorgehen kostete den 1. FCK knapp neun Millionen Euro. Am 1. Oktober legte Jäggi die Finanzlage offen. Angesichts eines sich abzeichnenden Planverlusts von 9,4 Millionen Euro für diese Saison war die Existenz des Klubs und das Fritz-Walter-Stadion als WM-Standort bedroht. Die notwendige sofortige Finanzspritze wurde auf ungewöhnliche Art erzielt: Die Transfer-Rechte von Vize-Weltmeister Miroslav Klose gingen für fünf Millionen Euro an Lotto Rheinland-Pfalz. Jäggis nächster Schachzug war eine Solidaritätsaktion der Spieler. Diese »überredete« er, zur Vermeidung eines Konkurses auf 1,5 Millionen Euro an Prämien und Gehalt zu verzichten. Am 5. November rechneten die Mitglieder mit der alten Vereinsführung ab, der die Entlastung verweigert wird. Den meisten Vertrauensbeweis bei der Wahl eines neuen Aufsichtsrates erhielt Hans-Peter Briegel. Doch nur 19 Tage später kam es zum Bruch zwischen Jäggi und Briegel, der nach der sportlichen Bankrotterklärung gegen Bayern München eine erneute Trainerdiskussion entfachte. Jäggi verband sein Bleiben mit dem von Erik Gerets und gewann die Machtprobe.

Es war der Durchbruch bei der Rettung der »Roten Teufel«, der Anfang vom Ende der Höllenfahrt. Jäggi gelang es, den teuflischen Brandherd auf dem Betzenberg zu löschen. Wenngleich für einen hohen Preis. Mit Übertragung des Stadions und Trainingszentrums Sportpark »Rote Teufel« an eine Betreibergesellschaft unter Federführung der Stadt Kaiserslautern war der 1. FCK seinen Schuldenberg, gleichzeitig aber auch seine Vermögenswerte los. Der Ligaverbleib und die Teilnahme am UEFA-Cup als DFB-Pokalfinalist bieten trotz drei Minuspunkten immerhin vielversprechende Perspektiven für einen Neuanfang.

Uli Gerke

Die Probleme im Griff: Der Schweizer Sanierer René C. Jäggi ist zuversichtlich, die Roten Teufel bald aus den roten Zahlen herausführen zu können.

Ein Bild des Grauens und Jammers unterm Bayer-Kreuz

Was für eine Saison für Bayer Leverkusen! Was für ein Absturz aus den internationalen Träumen bis fast in die Zweitklassigkeit! Und was für ein Chaos in den auf dem Papier so gut besetzten Führungsetagen der Bayer 04 Leverkusen Fußball GmbH. Die Saison 2002/2003 – ein Bild des Grauens und Jammers unterm Bayer-Kreuz.

Wenn es denn überhaupt so etwas wie Gewinner gibt bei Bayer Leverkusen in dieser schlimmen, aber letztlich noch glücklichen Saison, dann dürfen sich diese Gewinner auch Weltmeister nennen: Lucio, der Brasilianer, der nach langer Verletzungspause so sensationell aufspielte, als ginge ihn das erbärmliche Gekicke vieler seiner Mannschaftskameraden nichts an. Und Klaus Augenthaler, der Bayer, der mit Bayer dank zwei Siegen gegen die bayrischen Vereine TSV München 1860 und 1. FC Nürnberg den kaum mehr für möglich gehaltenen Klassenerhalt schaffte.
Zwei Gewinner also, die im direkten Duell mit den Verlierern freilich keine Chance hätten. Denn das sind zu viele. An der Spitze Reiner Calmund. Der Geschäftsführer, Mr. Leverkusen, machte aus der lange belächelten »Werkself« einen international angesehenen Verein mit modernsten Strukturen und gewaltigen Umsätzen. Doch zuletzt machte er auch Fehler, oder besser: Er gönnte sie sich. Weil er sich etwas zurückziehen wollte nach Jahren der Schinderei, die Führungsetage gut besetzt wähnte mit all den »absoluten Topleuten«, die er im Laufe der Jahre verpflichtete. Er zog sich zu weit zurück. Verpasste so den Zeitpunkt, sich von Klaus Toppmöller zu trennen, dem »Trainer des Jahres«, dem das Glück abhanden gekommen war. Der zu sehr Freund der Spieler war, als ihr knallharter Antreiber. Der sich zuletzt nur noch in Durchhalteparolen flüchtete, statt mit Konzepten auch gegenüber der Mannschaft zu überzeugen.
Calmund machte in Thomas Hörster ein Bayer-Eigengewächs zum Nachfolger, der dieser Rolle sel-

ten gewachsen war und der sich in der Medienwelt des Fußballs kaum schlechter hätte verkaufen können. Intern gemobbt oder zumindest gegängelt, nach Außen ohne Lobby und ohne die Gabe, sich und sein Denken darstellen zu können – so musste Hörster zwei Spieltage vor Saisonende aufhören, nachdem er in einem Fernsehinterview Hoffnungslosigkeit geäußert hatte. Calmund erhoffte sich vom neuen Sportdirektor Jürgen Kohler Entlastung, zukunftsfähige Konzepte und eine positivere Außendarstellung – und wurde zunächst ebenfalls enttäuscht.

Mit Klaus Augenthaler landete Bayer endlich einen Volltreffer. Dieser Trainer brachte Bayer binnen zwei Wochen das zurück, was während der gesamten Saison auf allen Ebenen fehlte: Souveränität, Ruhe, Geradlinigkeit. Während sich die Macher in der Geschäftsführung, die Fußball-»Ahnungslosen« von der Bayer-AG und auch die Spieler gegenseitig und äußerst medienwirksam die Köpfe einschlugen, schaffte Augenthaler mit zwei Siegen die Rettung.

Das nun ist für viele bei Bayer eine Chance. Für Augenthaler selbst, um als Trainer etwas Großes aufbauen zu können. Und für Calmund, um seine Führungsetage besser zu ordnen und dann vielleicht wirklich kürzer treten zu können. Das freilich gelingt nur, wenn der Sportdirektor Jürgen Kohler durchstartet und der viel gelobte Manager Ilja Kaenzig nicht nur im Hintergrund, sondern auch medienwirksam Toparbeit leistet. Das Zeug dazu hat der junge Schweizer, nicht ohne Grund sagt Calmund: »Der Kaenzig ist besser als ich. Das wird einer der Topmanager in Europa.« Und es ist auch eine Chance für die Bayer AG, ihren Gesandten Meinolf Sprink in positivere Bahnen zu lenken. Mit Kommentaren zur Unzeit und Stimmungsmache sorgte dieser für weit mehr Unruhe und Schaden, als es der AG lieb sein kann. Christoph Daum, einst erfolgreicher Leverkusener Trainer, formuliert das so: »Kennen Sie den Sportbeauftragten des VW-Konzerns? Nein. Weil der gute Arbeit leistet.«

All das ergab ein Chaos, das fast im totalen K.o. endete, im Bayer-GAU. Der wurde vermieden. Wenn aber das Chaos im Umfeld nicht behoben wird, kann dieser GAU aber jederzeit noch eintreten. Allen Weltmeistern und Topleuten zum Trotz.

Jean-Julien Beer

Linke Seite: Weltmeister als Bayer-Rettungsanker: Sportchef Jürgen Kohler und Trainer Klaus Augenthaler (am Ball) verhinderten am Ende das Schlimmste.

Glückloser Dirigent: Trainer Thomas Hörster (unten) bekam die Probleme der Werkself nicht in den Griff. Sehr zum Leidwesen von Bayer-Geschäftsführer Reiner Calmund (links), der leidvolle Momente durchlebte.

Time to say good-bye

Er hat mit sich gerungen und gekämpft, monatelang. Von Beginn der Saison 2002/03 an schob Krassimir Balakov die Entscheidung vor sich her, die er heute als »die schwerste meines Lebens« bezeichnet.

Im Frühjahr dann, nach einer Vielzahl von Unterhaltungen, Gesprächen und Verhandlungen mit Freunden, Beratern, Familie und mit Teammanager Felix Magath, fasste der bulgarische Spielmacher seinen Entschluss: Der 37-Jährige verzichtete auf das Ziehen einer Option, mittels derer er seinen im Juni 2003 auslaufenden Vertrag beim VfB Stuttgart um ein weiteres Jahr hätte verlängern können, und beendete seine Laufbahn als Profi, um als Assistent Magaths die Zeit danach anzugehen.
20 Jahre lang hat Balakov sein Geld als aktiver Fußballer verdient, die letzten acht beim VfB in der Bundesliga. In ihm verlieren die Schwaben ihren Regisseur, der ihnen mit überragenden Leistungen in seiner letzten Saison sensationell den Weg in die Champions League ebnete (Magath: »Um einen Ersatz für Bala zu holen, müsste ich zehn Millionen Euro auf den Tisch legen und die haben wir nicht«), und die Bundesliga einen Spieler, der fast ein Jahrzehnt lang Glanzlichter setzte, so als kreativer Kopf des »magischen Dreiecks« Balakov/Bobic/Elber Mitte der neunziger Jahre.
Time to say good-bye – nicht nur auf die Zauberpässe und Kunststücke eines Balakov muss die Liga in der Saison 2003/04 verzichten. Auch ein Thomas Häßler wirbelt nicht mehr auf Deutschlands Fußballfeldern. Am 1. Juli meldete sich der ebenfalls 37-jährige Weltmeister von 1990 arbeitslos, in die Wüste geschickt von seinem letzten Arbeitgeber München 1860, für den er seit 1999 die Stiefel geschnürt hatte. Dass der kleine Dribbelkünstler, trotz seiner nur 1,66 Meter einer der ganz Großen des deutschen Fußballs, einen ruhmlosen, ja unwürdigen Abschied aus der Bundesliga erleben würde, hatte sich bereits im Winter angedeutet, als »Löwen«-Präsident Karl-Heinz Wildmoser anfing, kleine Nadelstiche gegen den um einen neuen Vertrag kämpfenden »Icke« auszuteilen. Im Lauf der Wochen wurde Wildmosers Ton rau und rauer; schließlich, nach dem Heimspiel gegen Dortmund (0:0), verstieg sich der Präsident zu der mehr als peinlichen Aussage: »Wofür will Häßler 1,5 Millionen Euro Jahresgehalt? Nichts bringen kann ich auch.« Nun, der

Arm in Arm mit dem Manager: Mit Herthas Michael Preetz verabschiedete sich der erfolgreichste Bundesliga-Torschütze der Berliner. Er geht in Zukunft Dieter Hoeneß zur Hand.

Und tschüß! Mit dem Schalker Andreas Möller (ganz links), dem Münchner »Löwen« Thomas Häßler (Mitte) und Mario Basler (1. FC Kaiserslautern) verließen schillernde Figuren die Bühne der Bundesliga.

stille, in sich gekehrte Häßler steckte die niveaulosen Attacken klaglos weg, fraß alles still trauernd in sich hinein und beendete am letzten Spieltag gegen Bochum mit seinem 400. Einsatz und dem an Wildmoser gerichteten Satz »Man sieht sich im Leben immer zwei Mal« seine Bundesliga-Karriere. Wie's weitergeht mit Publikumsliebling »Icke«? Fragezeichen.

Stefan Effenberg und Mario Basler hingegen haben ihre Zukunft geregelt, die, zumindest in den nächsten beiden Jahren, im Scheichtum Katar liegt. Auch für die zwei Lautsprecher, von ihrem Naturell her das krasse Gegenteil eines Thomas Häßler, bedeutete der Schlusspfiff nach dem 34. Spieltag der Saison 2002/03 den Abpfiff in der Bundesliga: Effenberg, zuletzt beim VfL Wolfsburg in Lohn und Brot, erhielt dort ebenso keinen neuen Vertrag mehr wie Basler in Kaiserslautern. Doch wo Häßler still und leise »Servus« sagte, da gingen die beiden extrovertierten Ex-Nationalspieler mit viel Getöse. Effenberg, dessen überraschende Verpflichtung zu Beginn der Saison 2002/03 den VfL sportlich nicht einen Millimeter nach vorne gebracht hat, verabschiedete sich mit der Veröffentlichung seiner Biografie »Ich hab's allen gezeigt«. Die Frage, wer jene »alle« sind, bleibt offen in dem in trivialster Gossensprache abgefassten Werk; dennoch schaffte das krude Sammelsurium aus eitler Selbstbeweihräucherung, belanglosen Intimitäten und billigen Angriffen unter die Gürtellinie prominenter Ex-Mitspieler den Sprung ganz nach oben in den Verkaufslisten deutscher Buchläden.

Basler schließlich wurde nicht damit fertig, dass ihm FCK-Trainer Erik Gerets im verlorenen Pokalfinale gegen den FC Bayern die Geste verweigerte, seine Zeit in Kaiserslautern als Spieler auf dem Rasen zu beschließen. Der Mann, der sich selbst so gern als »einer der letzten Typen« bezeichnet, eine noch viel größere Karriere aber auf Grund seines wenig profihaften Lebenswandels verschlampte, zischte nach dem Abpfiff noch auf dem Gang in die Kabine das erste Weizenbier, ließ kein gutes Haar an seinen Kollegen (»Bei dem, was die heute gespielt haben, hätte ich nichts kaputtmachen können«) und stand nicht einmal zu seinem gegebenen Wort, sein letztes FCK-Trikot höchst bietend zu Gunsten einer AIDS-Hilfsorganisation versteigern zu lassen. Alles andere als ein starker Abgang. *Harald Kaiser*

Die Saison 2002/2003 Namen, Daten, Ergebnisse

1. Spieltag

9. August 2002

Borussia Dortmund – Hertha BSC 2:2 (2:1)

Dortmund: Lehmann (3) – Metzelder (2,5) – Evanilson (4,5), Fernandez (4,5) – Heinrich (3) – Kehl (2), Frings (2,5) – Rosicky (2,5) – O. Addo (3,5), Ewerthon (3) – Koller (3,5) – **Trainer:** Sammer
Hertha: Kiraly (3) – Schmidt (4,5), A. Friedrich (3,5), Simunic (3,5), Neuendorf (3,5) – Marx (3,5), Dardai (4) – Marcelinho (3,5) – Alex Alves (3), Goor (2,5) – Preetz (4) – **Trainer:** Stevens
Eingewechselt: 74. Oliseh (-) für Ewerthon, 89. Odonkor (-) für O. Addo – 66. Pinto (-) für Dardai
Tore: 0:1 Goor (1., Linksschuss, Vorarbeit Preetz), 1:1 Frings (4., Rechtsschuss, Koller), 2:1 Ewerthon (36., Rechtsschuss), 2:2 Neuendorf (85., Rechtsschuss, Marcelinho)
Chancenverhältnis: 9:6
Eckenverhältnis: 3:3
SR: Merk, Dr. (Kaiserslautern) – **Zuschauer:** 68000 – **Spielnote:** 2,5

10. August 2002

Energie Cottbus – Bayer Leverkusen 1:1 (0:0)

Cottbus: Piplica (2,5) – da Silva (3,5) – Beeck (3) – Hujdurovic (4,5), Akrapovic (4), Löw (3,5) – Kaluzny (4) – Schröter (3), Miriuta (3,5) – Topic (3,5), Juskowiak (4) – **Trainer:** Geyer
Leverkusen: J. Butt (3) – Zivkovic (3), Lucio (3,5), Juan (4), Placente (4,5) – Ramelow (4) – Balitsch (3) – B. Schneider (3), Bastürk (3,5), Simak (2,5) – Berbatov (4) – **Trainer:** Toppmöller
Eingewechselt: 59. Feldhoff (4) für Juskowiak, 64. Sebök (-) für da Silva, 80. Reichenberger (-) für Topic – 46. Sebescen (4) für Placente, 67. Brdaric (-) für Berbatov, 82. Neuville (-) für Balitsch
Tore: 0:1 Simak (64., Linksschuss, Vorarbeit B. Schneider), 1:1 Sebök (79., Kopfball, Miriuta)
Chancenverhältnis: 8:7
Eckenverhältnis: 6:8
SR: Dr. Fleischer (Ulm) – **Zuschauer:** 13750 – **Spielnote:** 3

10. August 2002

Bor. M'gladbach – Bayern München 0:0

Gladbach: Stiel (2) – Eberl (3), Kluge (3), Strasser (2,5), Münch (4) – Korell (3) – Hausweiler (3) – Ulich (3,5) – Korzynietz (3,5), Van Hout (3,5), Van Houdt (4) – **Trainer:** Meyer
Bayern: Kahn (2) – Sagnol (2), R. Kovac (4), T. Linke (3), Tarnat (4) – Jeremies (3) – Ballack (3) – Salihamidzic (2,5), Zé Roberto (4,5) – Scholl (3,5) – Elber (4) – **Trainer:** Hitzfeld
Eingewechselt: 67. Ketelaer (-) für Ulich, 77. Witeczek (-) für Van Hout, 80. Aidoo (-) für Van Houdt – 67. Zickler (-) für Zé Roberto, 75. Hargreaves (-) für Scholl, 80. Pizarro (-) für Elber
Chancenverhältnis: 5:5
Eckenverhältnis: 5:8
SR: Krug (Gelsenkirchen) – **Zuschauer:** 34500 (ausverkauft) – **Spielnote:** 3

10. August 2002

FC Schalke 04 – VfL Wolfsburg 1:0 (0:0)

Schalke: F. Rost (3,5) – Asamoah (4,5), Hajto (3,5), van Hoogdalem (3), Matellan (4,5) – Poulsen (2,5) – Vermant (4) – Möller (3), Böhme (3,5) – Sand (4,5), Agali (3,5) – **Trainer:** Neubarth
Wolfsburg: Reitmaier (3,5) – Rytter (3), K. Madsen (3), Schnoor (3), Weiser (3) – Karhan (3,5), Akonnor (4) – Ponte (4) – Präger (3,5), Maric (5), Petrov (4) – **Trainer:** Wolf
Eingewechselt: 67. Mpenza (-) für Böhme – 80. Sarpei (-) für Präger, 83. S. Müller (-) für Ponte
Tor: 1:0 Vermant (89., Rechtsschuss, Vorarbeit Agali)
Chancenverhältnis: 6:2
Eckenverhältnis: 5:3
SR: Stark (Ergolding) – **Zuschauer:** 58645 – **Spielnote:** 4

10. August 2002

VfB Stuttgart – 1. FC Kaiserslautern 1:1 (1:0)

Stuttgart: Hildebrand (3) – T. Schneider (3), Meira (2,5), Bordon (3) – Soldo (4), Meißner (3) – Hleb (4,5), Balakov (3,5), Gerber (4) – Seitz (3,5), Dundee (3) – **Trainer:** Magath
K'lautern: Wiese (2) – T. Reuter (3), Lembi (3,5), H. Koch (3) – Malz (5) – Grammozis (3,5), Ramzy (4) – Anfang (3,5) – Basler (2,5) – Lokvenc (4,5), Klose (3) – **Trainer:** Brehme
Eingewechselt: 63. Todt (-) für Soldo, 80. Hinkel (-) für T. Schneider – 63. Dominguez (-) für Lokvenc, 86. Mifsud (-) für Klose
Tore: 1:0 Dundee (45., Kopfball, Vorarbeit T. Schneider), 1:1 Klose (51., Rechtsschuss, Anfang)
Chancenverhältnis: 7:5
Eckenverhältnis: 2:3
SR: Fröhlich (Berlin) – **Zuschauer:** 28000 – **Spielnote:** 3

10. August 2002

1. FC Nürnberg – VfL Bochum 1:3 (0:2)

Nürnberg: Kampa (4) – Sanneh (6), Kos (6), Petkovic (6), Popovic (6) – Frey (4,5) – Paßlack (4), L. Müller (4,5) – Jarolim (4) – Belic (4), Ciric (2) – **Trainer:** Augenthaler
Bochum: Van Duijnhoven (3) – Colding (2), Kalla (2,5), Fahrenhorst (3), Meichelbeck (3) – Gudjonsson (2,5), Tapalovic (3) – Freier (2,5), Wosz (2,5), Buckley (2) – T. Christiansen (1,5) – **Trainer:** Neururer
Eingewechselt: 46. Cacau (3,5) für Paßlack, 71. Driller (-) für Belic, 71. Larsen (-) für Jarolim – 71. Hashemian (-) für T. Christiansen, 77. Reis (-) für Meichelbeck, 86. Dickhaut (-) für Buckley
Tore: 0:1 T. Christiansen (6., Linksschuss, Vorarbeit Gudjonsson), 0:2 T. Christiansen (20., Linksschuss, Buckley), 1:2 Ciric (51., Kopfball, Jarolim), 1:3 Hashemian (83., Linksschuss, Reis)
Chancenverhältnis: 7:14
Eckenverhältnis: 2:4
SR: Weiner (Hildesheim) – **Zuschauer:** 31000 – **Spielnote:** 2,5

11. August 2002

Hamburger SV – Hannover 96 2:1 (0:1)

HSV: Pieckenhagen (3) – Hertzsch (3), Baur (3,5), Ujfalusi (3), Hollerbach (3,5) – Wicky (4), Albertz (2) – Kitzbichler (5), Rahn (4,5) – Meijer (5), Heinz (2) – **Trainer:** Jara
Hannover: Sievers (2,5) – Cherundolo (3), C. Linke (4), Zuraw (3,5), van Hintum (4) – Lala (3), Krupnikovic (3) – Stajner (3) – Stendel (4), N'Kufo (3), Stefulj (3,5) – **Trainer:** Rangnick
Eingewechselt: 46. Ledesma (3) für Rahn, 46. Antar (2,5) für Kitzbichler, 75. Fukal (-) für Hollerbach – 59. Idrissou (3,5) für N'Kufo, 71. N'Diaye (-) für Cherundolo, 86. Schuler (-) für van Hintum
Tore: 0:1 Zuraw (6., Rechtsschuss, Vorarbeit Stefulj), 1:1 Albertz (82., Foulelfmeter, Linksschuss, Heinz), 2:1 Albertz (84., Linksschuss, Heinz)
Chancenverhältnis: 10:3
Eckenverhältnis: 2:2
SR: Albrecht (Kaufbeuren) – **Zuschauer:** 52139 – **Gelbe Karte:** Fukal – **Spielnote:** 2,5

11. August 2002

Arminia Bielefeld – Werder Bremen 3:0 (1:0)

Bielefeld: Hain (2,5) – Murawski (2,5), Reinhardt (2,5), Bogusz (3,5) – Kauf (3), Dabrowski (4), Dammeier (4) – Brinkmann (3,5), Albayrak (4) – Vata (4) – Wichniarek (3,5) – **Trainer:** Möhlmann
Bremen: Borel (3) – Stalteri (3), Verlaat (3,5), Skripnik (4) – Tjikuzu (4), Magnin (4) – Banovic (2,5), F. Ernst (4,5) – Charisteas (3,5), Daun (5) – Ailton (4) – **Trainer:** Schaaf
Eingewechselt: 71. Bogdanovic (-) für Vata, 83. Diabang (-) für Brinkmann, 86. Porcello (2,5) für Dammeier – 56. Borowski (4) für Daun, 77. Lisztes (-) für Stalteri, 85. Reich (-) für Magnin
Tore: 1:0 Reinhardt (16., Kopfball, Vorarbeit Dabrowski), 2:0 Porcello (90., direkter Freistoß, Rechtsschuss), 3:0 Wichniarek (90., Rechtsschuss, Porcello)
Chancenverhältnis: 8:6
Eckenverhältnis: 6:10
SR: Fandel (Kyllburg) – **Zuschauer:** 25148 – **Gelb-Rote Karte:** F. Ernst (52.) – **Rote Karten:** Tjikuzu (90., Notbremse) – **Spielnote:** 3,5

14. August 2002

1860 München – Hansa Rostock 0:2 (0:1)

1860: Jentzsch (3) – Costa (4,5), Ehlers (4,5), Pürk (4,5) – Cerny (5,5) – Schwarz (4), Kurz (4), Weissenberger (5) – Häßler (4) – Suker (5), Max (4) – **Trainer:** Pacult
Rostock: Schober (3) – Wimmer (4), Jakobsson (3), Kientz (3,5), Maul (3,5) – Aduobe (2) – Rydlewicz (3), Lantz (2,5), Persson (4) – Vorbeck (2,5), Prica (4) – **Trainer:** Veh
Eingewechselt: 46. Borimirov (4) für Schwarz, 46. Agostino (4,5) für Häßler, 58. Wiesinger (4) für Suker – 67. Wibran (-) für Vorbeck, 81. Salou (-) für Rydlewicz, 89. Hansen (-) für Maul
Tore: 0:1 Vorbeck (44., Kopfball, Vorarbeit Wimmer), 0:2 Lantz (54., Rechtsschuss)
Chancenverhältnis: 3:6
Eckenverhältnis: 5:1
SR: Kinhöfer (Herne) – **Zuschauer:** 22800 – **Gelbe Karte:** Max – **Gelb-Rote Karte:** Kurz (85.) – **Spielnote:** 3,5

2. Spieltag

17. August 2002

Hertha BSC – VfB Stuttgart 1:1 (0:1)

Hertha: Kiraly (3,5) – A. Friedrich (3), Simunic (3), Nené (4) – Marx (4), Dardai (4,5), Neuendorf (5) – Marcelinho (4,5) – Goor (4,5) – Alex Alves (4), Preetz (4,5) – **Trainer:** Stevens
Stuttgart: Hildebrand (2,5) – Hinkel (4), Meira (2,5), Wenzel (3), Gerber (4) – Mutzel (4,5), Todt (4), Meißner (4) – Hleb (4,5), Balakov (4) – Dundee (3) – **Trainer:** Magath
Eingewechselt: 55. Pinto (3,5) für Neuendorf, 71. Luizao (-) für Dardai, 78. Konstantinidis (-) für Marx – 69. Amanatidis (-) für Hleb, 78. Kuranyi (-) für Dundee
Tore: 0:1 Dundee (14., Linksschuss, Vorarbeit Hinkel), 1:1 A. Friedrich (85., Rechtsschuss, Luizao)
Chancenverhältnis: 6:4
Eckenverhältnis: 7:2
SR: Meyer (Braunschweig) – **Zuschauer:** 49202 – **Spielnote:** 4

17. August 2002

Bayern München – Arminia Bielefeld 6:2 (3:0)

Bayern: Kahn (3) – Sagnol (2,5), Kuffour (3), T. Linke (2), Hargreaves (3) – Jeremies (2) – Ballack (2) – Salihamidzic (2,5), Zé Roberto (2,5) – Pizarro (2,5) – Elber (1) – **Trainer:** Hitzfeld
Bielefeld: Hain (3) – Murawski (5), Reinhardt (5), Bogusz (-) – Kauf (5), Albayrak (4,5) – Dabrowski (5,5) – Dammeier (4,5) – Brinkmann (5) – Vata (3,5) – Wichniarek (5) – **Trainer:** Möhlmann
Eingewechselt: 74. Fink (-) für Jeremies, 74. Scholl (-) für Zé Roberto, 81. Zickler (-) für Salihamidzic – 27. Lense (4) für Bogusz, 67. Diabang (-) für Brinkmann, 83. Sinisterra (-) für Vata
Tore: 1:0 Elber (18., Kopfball, Vorarbeit Pizarro), 2:0 Ballack (26., Rechtsschuss, Elber), 3:0 Elber (41., Rechtsschuss, Jeremies), 3:1 Wichniarek (51., Rechtsschuss, Vata), 4:1 Elber (65., Linksschuss, Jeremies), 5:1 Pizarro (81., Rechtsschuss, Scholl), 6:1 Elber (85., Kopfball, Ballack), 6:2 Diabang (89., Rechtsschuss)
Chancenverhältnis: 13:2
Eckenverhältnis: 7:1
SR: Gagelmann (Bremen) – **Zuschauer:** 60000 – **Spielnote:** 2

17. August 2002

Hannover 96 – 1860 München 1:3 (1:2)

Hannover: Sievers (4) – Cherundolo (4), C. Linke (5), Zuraw (5), van Hintum (4) – Lala (3,5), Krupnikovic (3) – Stajner (4) – Stendel (3), Stefulj (4), N'Kufo (4) – **Trainer:** Rangnick
1860: Jentzsch (2,5) – Cerny (3), Ehlers (4), Costa (2), Pürk (5) – Hoffmann (4) – Borimirov (3), Weissenberger (2,5) – Häßler (2,5) – Schroth (2,5), Max (3) – **Trainer:** Pacult
Eingewechselt: 65. Schuler (-) für van Hintum, 74. Kaufman (-) für N'Kufo, 80. N'Diaye (-) für Stendel – 65. Meyer (-) für Ehlers, 80. Lauth (-) für Häßler
Tore: 0:1 Borimirov (6., Kopfball, Vorarbeit Weissenberger), 1:1 Stajner (28., Kopfball, Stendel), 1:2 Max (41., Rechtsschuss, Schroth), 1:3 Lauth (90., Rechtsschuss, Schroth)
Chancenverhältnis: 4:6
Eckenverhältnis: 7:7
SR: Jansen (Essen) – **Zuschauer:** 42123 – **Spielnote:** 3

17. August 2002

Hansa Rostock – 1. FC Nürnberg 2:0 (1:0)

Rostock: Schober (3) – Wimmer (3,5), Jakobsson (3,5), Kientz (2), Maul (3) – Aduobe (3) – Lantz (3,5) – Rydlewicz (2), Persson (3,5) – Prica (4), Vorbeck (4,5) – **Trainer:** Veh
Nürnberg: Kampa (2,5) – Nikl (4,5), Sanneh (3,5), Kos (4), Popovic (4,5) – Frey (3,5) – Paßlack (4), Larsen (4), L. Müller (4) – Jarolim (3,5) – Ciric (3) – **Trainer:** Augenthaler
Eingewechselt: 78. Wibran (-) für Vorbeck, 85. Salou (-) für Prica, 89. Meggle (-) für Rydlewicz – 63. Cacau (-) für Larsen, 70. Belic (-) für Paßlack, 78. Driller (-) für Ciric
Tore: 1:0 Rydlewicz (37., Rechtsschuss, Vorarbeit Persson), 2:0 Rydlewicz (83., Rechtsschuss, Prica)
Chancenverhältnis: 8:4
Eckenverhältnis: 3:2
SR: Keßler (Höhenkirchen) – **Zuschauer:** 19600 – **Spielnote:** 4

17. August 2002

VfL Bochum – Energie Cottbus 5:0 (3:0)

Bochum: Van Duijnhoven (3) – Colding (3), Kalla (3), Fahrenhorst (3), Meichelbeck (3) – Gudjonsson (2,5), Tapalovic (3) – Freier (2), Wosz (2), Buckley (2,5) – T. Christiansen (1) – **Trainer:** Neururer
Cottbus: Piplica (4,5) – Sebök (6) – Hujdurovic (5,5), Beeck (5,5), Löw (5) – Akrapovic (5) – Schröter (4,5), Miriuta (5) – Feldhoff (5), Vagner (4,5) – Topic (4,5) – **Trainer:** Geyer
Eingewechselt: 50. Hashemian (3) für Buckley, 66. Schindzielorz (-) für Tapalovic, 76. Bemben (-) für Colding – 46. Thielemann (4,5) für Feldhoff, 46. Rozgonyi (4,5) für Hujdurovic, 73. Reghecampf (-) für Vagner
Tore: 1:0 T. Christiansen (26., Linksschuss, ohne Vorarbeit), 2:0 Freier (33., Rechtsschuss), 3:0 T. Christiansen (35., Linksschuss, Meichelbeck), 4:0 Hashemian (64., Kopfball, Freier), 5:0 T. Christiansen (84., direkter Freistoß, Linksschuss)
Chancenverhältnis: 12:2
Eckenverhältnis: 7:6
SR: Kemmling (Kleinburgwedel) – **Zuschauer:** 22201 – **Gelbe Karte:** Wosz – **Spielnote:** 2

17. August 2002

Bayer Leverkusen – Borussia Dortmund 1:1 (1:0)

Leverkusen: J. Butt (3) – Zivkovic (4), Juan (3), Lucio (3), Placente (3) – Ramelow (3) – B. Schneider (2,5), Bastürk (3,5), Simak (2,5) – Berbatov (4), Neuville (4) – **Trainer:** Toppmöller
Dortmund: Lehmann (1,5) – Metzelder (3,5) – Evanilson (2,5), Heinrich (4), Dede (-) – Kehl (3), Frings (4,5) – Rosicky (3,5) – O. Addo (4,5), Ewerthon (2,5), Koller (3) – **Trainer:** Sammer

Eingewechselt: 68. Bierofka (-) für Neuville, 73. Brdaric (-) für Berbatov – 26. Madouni (3) für Dede, 75. Odonkor (-) für O. Addo, 87. Oliseh (-) für Frings
Tore: 1:0 Placente (23., Linksschuss, Vorarbeit B. Schneider), 1:1 Koller (61., Kopfball, Ewerthon)
Chancenverhältnis: 10:5
Eckenverhältnis: 5:4
SR: Wack, Dr. (Biberbach) – **Zuschauer:** 22500 (ausverkauft) – **Spielnote:** 2,5

17. August 2002
1. FC Kaiserslautern – FC Schalke 04 1:3 (1:0)
K'lautern: G. Koch (5) – H. Koch 4,5), Sforza (4), Lembi (4) – Ramzy (4), Grammozis (4,5) – Riedl (3), Anfang (2,5) – Basler (4) – Lokvenc (5), Klose (5) – **Trainer:** Brehme
Schalke: F. Rost (2) – Hajto (3), van Hoogdalem (3), Matellan (3) – Asamoah (4), Poulsen (2,5) – Vermant (5) – Möller (3), Böhme (3) – Sand (2,5), Agali (1,5) – **Trainer:** Neubarth
Eingewechselt: 67. Dominguez (-) für Lembi – 74. Kmetsch (-) für Möller, 78. Mpenza (-) für Agali
Tore: 1:0 Riedl (34., Rechtsschuss, ohne Vorarbeit), 1:1 Böhme (48., Foulelfmeter, Linksschuss, Agali), 1:2 Agali (56., Kopfball, Möller), 1:3 Sand (90., Rechtsschuss, Böhme)
Chancenverhältnis: 7:4
Eckenverhältnis: 13:1
SR: Strampe (Handorf) – **Zuschauer:** 39300 (ausverkauft) – **Spielnote:** 2,5

18. August 2002
VfL Wolfsburg – Bor. M'gladbach 1:0 (0:0)
Wolfsburg: Reitmaier (3) – Rytter (4), K. Madsen (3), Schnoor (3), Weiser (3) – Karhan (3,5), Akonnor (4,5) – Ponte (4) – Maric (5), Klimowicz (4), Petrov (3) – **Trainer:** Wolf
Gladbach: Stiel (2,5) – Eberl (4), Korell (2,5), Strasser (2), Münch (3,5) – Hausweiler (3), Kluge (4,5) – Ulich (4) – Korzynietz (4), Van Hout (4,5), Van Houdt (5) – **Trainer:** Meyer
Eingewechselt: 62. Präger (-) für Maric, 82. Sarpei (-) für Petrov, 87. Rau (-) für Ponte – 70. Witeczek (-) für Korell, 71. Küntzel (-) für Korzynietz, 78. Aidoo (-) für Van Houdt
Tor: 1:0 Petrov (67., Rechtsschuss, ohne Vorarbeit)
Chancenverhältnis: 3:1
Eckenverhältnis: 6:2
SR: Kircher (Rottenburg) – **Zuschauer:** 16039 – **Spielnote:** 4

18. August 2002
Werder Bremen – Hamburger SV 2:1 (1:1)
Bremen: Borel (3) – Stalteri (3), Verlaat (3), Krstajic (1,5) – Wehlage (3,5), Borowski (2,5), Banovic (3,5), Skripnik (4) – Lisztes (4) – Charisteas (2,5), Daun (3) – **Trainer:** Schaaf
HSV: Pieckenhagen (4) – Hertzsch (4), Ujfalusi (2) – Groth (3,5), Ledesma (3), Baur (4), Hollerbach (4) – Wicky (3), Albertz (3) – Romeo (4), Heinz (4,5) – **Trainer:** Jara
Eingewechselt: 68. Reich (-) für Banovic, 76. Ailton (-) für Daun, 88. Klasnic (-) für Charisteas – 56. Meijer (4) für Groth, 68. Antar (-) für Hollerbach, 81. Kitzbichler (-) für Wicky
Tore: 1:0 Charisteas (9., Rechtsschuss, ohne Vorarbeit), 1:1 Ujfalusi (20., Kopfball, Groth), 2:1 Wehlage (50., Rechtsschuss, Daun)
Chancenverhältnis: 9:4
Eckenverhältnis: 5:5
SR: Steinborn (Sinzig) – **Zuschauer:** 33000 – **Spielnote:** 3

3. Spieltag

24. August 2002
Energie Cottbus – Hansa Rostock 0:4 (0:2)
Cottbus: Piplica (4) – Sebök (4) – Beeck (5,5), Löw (4,5) – Reghecampf (5,5), Kaluzny (5,5), T. Rost (5,5) – Schröter (5,5) – Miriuta (5) – Juskowiak (5,5), Topic (4,5) – **Trainer:** Geyer
Rostock: Schober (3) – Wimmer (3), Jakobsson (2,5), Kientz (3), Maul (3) – Aduobe (2) – Lantz (2,5), Persson (3) – Rydlewicz (1,5) – Vorbeck (4,5), Prica (2,5) – **Trainer:** Veh
Eingewechselt: 46. Hujdurovic (5,5) für T. Rost, 51. Franklin (5,5) für Juskowiak, 60. Feldhoff (5) für Topic – 39. Wibran (3) für Persson, 71. Salou (-) für Vorbeck, 79. Meggle (-) für Prica
Tore: 0:1 Rydlewicz (17., Rechtsschuss, Vorarbeit Jakobsson), 0:2 Prica (27., Rechtsschuss, Aduobe), 0:3 Wibran (47., Rechtsschuss, Rydlewicz), 0:4 Rydlewicz (64., Rechtsschuss, Prica)
Chancenverhältnis: 3:8
Eckenverhältnis: 7:5
SR: Aust (Köln) – **Zuschauer:** 14076 – **Spielnote:** 3,5

24. August 2002
1860 München – Werder Bremen 3:0 (1:0)
1860: Jentzsch (2) – Cerny (3), Meyer (3), Costa (2), Pürk (3) – Kurz (3) – Borimirov (4), Weissenberger (4,5) – Häßler (3) – Max (2,5), Schroth (2) – **Trainer:** Pacult
Bremen: Borel (4) – Baumann (5), Verlaat (3,5), Krstajic (5) – Stalteri (3,5), F. Ernst (4), Skripnik (4) – Borowski (3,5) – Lisztes (4,5) – Charisteas (4), Daun (3) – **Trainer:** Schaaf
Eingewechselt: 57. Ehlers (3) für Weissenberger, 71. Lauth (-) für Häßler, 82. Wiesinger (-) für Kurz – 46. Reich (4,5) für Lisztes, 60. Ailton (4) für Skripnik, 71. Tjikuzu (-) für Daun
Tore: 1:0 Schroth (33., Rechtsschuss, Vorarbeit Pürk), 2:0 Cerny (63., Rechtsschuss), 3:0 Max (68., Rechtsschuss, Häßler)
Chancenverhältnis: 10:4
Eckenverhältnis: 10:0
SR: Merk, Dr. (Kaiserslautern) – **Zuschauer:** 24000 – Besonderes Vorkommnis: Jentzsch hält Foulelfmeter von Borowski (55.) – **Spielnote:** 3

24. August 2002
Hamburger SV – Bayern München 0:3 (0:1)
HSV: Pieckenhagen (3,5) – Hertzsch (3,5), Hoogma (4,5), Ujfalusi (4,5), Hollerbach (4) – Baur (4) – Wicky (3,5), Albertz (3,5) – Heinz (4) – Romeo (5), Meijer (4,5) – **Trainer:** Jara
Bayern: Kahn (3) – Hargreaves (3,5), R. Kovac (2,5), T. Linke (2), Tarnat (3,5) – Jeremies (3), Ballack (4) – Zé Roberto (3) – Salihamidzic (2) – Pizarro (1,5) – Elber (3) – **Trainer:** Hitzfeld
Eingewechselt: 68. Antar (-) für Wicky, 68. Ledesma (-) für Baur, 78. Kitzbichler (-) für Hertzsch – 73. Thiam (-) für Tarnat, 76. Scholl (-) für Zé Roberto, 88. Zickler (-) für Pizarro
Tore: 0:1 Pizarro (25., Kopfball, Vorarbeit Hargreaves), 0:2 Pizarro (85., Rechtsschuss, Salihamidzic), 0:3 Zickler (90., Rechtsschuss)
Chancenverhältnis: 3:6
Eckenverhältnis: 7:3
SR: Fröhlich (Berlin) – **Zuschauer:** 55516 (ausverkauft) – **Spielnote:** 3

24. August 2002
Arminia Bielefeld – VfL Wolfsburg 1:0 (1:0)
Bielefeld: Hain (3) – Lense (2), Reinhardt (2,5), Hansén (3) – Dabrowski (4) – Kauf (3,5), Dammeier (3,5) – Porcello (4,5) – Brinkmann (2), Wichniarek (4) – Bogdanovic (4) – **Trainer:** Möhlmann
Wolfsburg: Reitmaier (2,5) – Rytter (4), K. Madsen (3), Schnoor (3), Weiser (3,5) – Karhan (3), Akonnor (4) – Effenberg (4) – Ponte (2,5), Petrov (3,5) – Klimowicz (3,5) – **Trainer:** Wolf
Eingewechselt: 46. Albayrak (3) für Porcello, 64. Diabang (-) für Bogdanovic, 84. Vata (-) für Brinkmann – 58. Präger (3) für Rytter, 58. Maric (4) für Petrov, 76. Rau (-) für Weiser
Tor: 1:0 Brinkmann (43., Rechtsschuss, Vorarbeit Reinhardt)
Chancenverhältnis: 5:5
Eckenverhältnis: 4:8
SR: Wagner (Hofheim) – **Zuschauer:** 20369 – **Spielnote:** 4

24. August 2002
Bor. M'gladbach – 1. FC Kaiserslautern 3:0 (2:0)
Gladbach: Stiel (3) – Eberl (3), Korell (3), Strasser (3), Münch (1,5) – Kluge (2,5) – Hausweiler (2) – Ulich (2) – Aidoo (3), Van Hout (1,5), Van Houdt (3) – **Trainer:** Meyer
K'lautern: Wiese (2) – T. Reuter (5), H. Koch (5), Knavs (5), Grammozis (5) – Ramzy (5,5), Riedl (5) – Basler (6), Anfang (5,5) – Lokvenc (4,5), Klose (5) – **Trainer:** Brehme
Eingewechselt: 57. Ketelaer (3) für Aidoo, 81. Witeczek (-) für Kluge, 81. Skoubo (-) für Ulich – 39. Ratinho (5,5) für Basler, 55. Teber (5) für Lokvenc, 74. Malz (-) für Ratinho
Tore: 1:0 Van Hout (23., Rechtsschuss, Vorarbeit Münch), 2:0 Münch (36., Rechtsschuss), 3:0 Van Hout (48., Rechtsschuss)
Chancenverhältnis: 12:2
Eckenverhältnis: 11:1
SR: Stark (Ergolding) – **Zuschauer:** 27100 – **Gelbe Karte:** Ratinho – **Spielnote:** 2,5

24. August 2002
Bayer Leverkusen – VfL Bochum 2:4 (1:3)
Leverkusen: J. Butt (4) – Zivkovic (5), Lucio (5), Juan (5), Placente (5) – Ramelow (5) – B. Schneider (4,5), Bastürk (5), Simak (4,5) – Berbatov (-), Neuville (5) – **Trainer:** Toppmöller
Bochum: Van Duijnhoven (3) – Colding (3), Kalla (2,5), Fahrenhorst (2), Meichelbeck (3) – Gudjonsson (1,5), Tapalovic (2) – Freier (4), Wosz (1,5), Buckley (1,5) – T. Christiansen (1,5) – **Trainer:** Neururer
Eingewechselt: 24. Franca (4,5) für Berbatov, 46. Balitsch (4) für Placente, 61. Bierofka (-) für Bastürk – 63. Hashemian (-) für T. Christiansen, 71. Reis (-) für Buckley, 74. Bemben (-) für Freier
Tore: 1:0 Simak (10., Linksschuss, Vorarbeit Ramelow), 1:1 Gudjonsson (13., Linksschuss, T. Christiansen), 1:2 Wosz (33., Linksschuss, T. Christiansen), 1:3 Fahrenhorst (43., Kopfball, Gudjonsson), 1:4 T. Christiansen (60., Rechtsschuss, Buckley), 2:4 Franca (75., Rechtsschuss, Bierofka)
Chancenverhältnis: 5:9
Eckenverhältnis: 7:6
SR: Albrecht (Kaufbeuren) – **Zuschauer:** 22500 (ausverkauft) – **Spielnote:** 2,5

24. August 2002
Borussia Dortmund – VfB Stuttgart 3:1 (1:0)
Dortmund: Lehmann (3) – Evanilson (2,5), Metzelder (2,5), S. Reuter (3), Dede (2,5) – Heinrich (3,5), Frings (3,5), Kehl (4) – Rosicky (2) – Koller (3), Ewerthon (3,5) – **Trainer:** Sammer
Stuttgart: Hildebrand (3,5) – Gerber (3,5), Meira (2), Wenzel (4), Hinkel (4) – Todt (4) – Mutzel (4), Meißner (-) – Seitz (4), Amanatidis (4), Dundee (3) – **Trainer:** Magath
Eingewechselt: 79. Madouni (-) für Kehl, 85. O. Addo (-) für Frings, 88. Fernandez (-) für Dede – 16. T. Schneider (3) für Meißner, 46. Kuranyi (4,5) für Gerber, 79. Hleb (-) für Mutzel

Neue Umgebung: Bayers Brasilianer Franca gegen Bochums Paul Freier.

Tore: 1:0 Koller (38., Rechtsschuss, Vorarbeit Evanilson), 2:0 Dede (66., Linksschuss), 2:1 Dundee (77., Foulelfmeter, Rechtsschuss, Amanatidis), 3:1 Ewerthon (87., Kopfball, Metzelder)
Chancenverhältnis: 6:3
Eckenverhältnis: 7:3
SR: Weiner (Hildesheim) – **Zuschauer:** 66000 – **Spielnote:** 3,5

25. August 2002
1. FC Nürnberg – Hannover 96 3:1 (2:0)
Nürnberg: Kampa (2) – Nikl (3), Sanneh (2,5), Kos (3,5), Popovic (3,5) – Larsen (3) – Frey (3), L. Müller (3,5) – Jarolim (2,5) – Cacau (1), Ciric (1,5) – **Trainer:** Augenthaler
Hannover: Sievers (3) – Cherundolo (4,5), C. Linke (5,5), Oswald (5,5), Schuler (4,5) – Lala (4,5), Krupnikovic (5), Stefulj (4,5) – Stendel (5), Stajner (3) – N'Kufo (4) – **Trainer:** Rangnick
Eingewechselt: 64. Michalke (-) für Ciric, 72. Paßlack (-) für Popovic, 83. Petkovic (-) für Jarolim – 46. de Guzman (4,5) für Stefulj, 46. Diouf (5) für C. Linke, 71. N'Diaye (-) für Stendel
Tore: 1:0 Ciric (16., Foulelfmeter, Linksschuss, Vorarbeit Cacau), 2:0 Ciric (36., Kopfball, Jarolim), 3:0 Cacau (49., Rechtsschuss, Jarolim), 3:1 N'Diaye (82., Handelfmeter, Rechtsschuss)
Chancenverhältnis: 8:5
Eckenverhältnis: 8:4
SR: Krug (Gelsenkirchen) – **Zuschauer:** 25800 – **Gelbe Karte:** Lala – **Spielnote:** 3

25. August 2002
FC Schalke 04 – Hertha BSC 0:0
Schalke: F. Rost (3) – Asamoah (3,5), Hajto (4), van Hoogdalem (3,5), Matellan (4,5) – Kmetsch (4), Poulsen (3) – Möller (3), Böhme (4) – Sand (4,5), Agali (5) – **Trainer:** Neubarth
Hertha: Kiraly (3) – Schmidt (3), A. Friedrich (3), Simunic (3), Nené (3) – Marx (4), Beinlich (4) – Marcelinho (4) – Hartmann (4), Goor (4), Alex Alves (3,5) – **Trainer:** Stevens
Eingewechselt: 69. Mpenza (-) für Kmetsch, 85. Varela (-) für Böhme – 41. Preetz (3,5) für Alex Alves, 64. Neuendorf (-) für Nené, 79. Dardai (-) für Beinlich
Chancenverhältnis: 3:4
Eckenverhältnis: 4:6
SR: Fandel (Kyllburg) – **Zuschauer:** 60601 (ausverkauft) – **Spielnote:** 4

4. Spieltag

10. September 2002
Hertha BSC – Bor. M'gladbach 1:2 (0:1)
Hertha: Kiraly (3,5) – A. Friedrich (4,5), Rehmer (5), Nené (-) – Marx (5), Beinlich (5,5) – Hartmann (5,5), Marcelinho (5), Goor (5) – Preetz (4), Luizao (5,5) – **Trainer:** Stevens
Gladbach: Stiel (3) – Eberl (3), Korell (3), Strasser (2,5), Münch (2) – Kluge (3) – Hausweiler (2,5) – Ulich (3,5) – Aidoo (3), Van Hout (2,5), Van Houdt (4) – **Trainer:** Meyer
Eingewechselt: 28. Dardai (5) für Nené, 46. Alex Alves (-) für Beinlich, 56. Karwan (4,5) für Alex Alves – 34. Korzynietz (4,5) für Aidoo, 84. Demo (-) für Van Houdt
Tore: 0:1 Münch (9., Foulelfmeter, Linksschuss, Vorarbeit Aidoo), 0:2 Van Hout (58., Rechtsschuss, Münch), 1:2 Preetz (80., Kopfball, Marcelinho)
Chancenverhältnis: 3:4
Eckenverhältnis: 6:3
SR: Sippel (München) – **Zuschauer:** 40102 – **Spielnote:** 4

10. September 2002
Bayern München – 1860 München 3:1 (1:1)
Bayern: Kahn (3) – Sagnol (3), Kuffour (3,5), T. Linke (3), Lizarazu (4) – Jeremies (2) – Ballack (2,5) – Salihamidzic (2), Zé Roberto (2,5) – Pizarro (2), Elber (2) – **Trainer:** Hitzfeld
1860: Jentzsch (1) – Meyer (5), Riseth (4), Costa (3,5), Pürk (4,5) – Kurz (4) – Borimirov (3,5), Cerny (5) – Häßler (3) – Max (3,5), Schroth (4,5) – **Trainer:** Pacult
Eingewechselt: 74. Hargreaves (-) für Zé Roberto, 83. Fink (-) für Jeremies – 60. Suker (4) für Pürk, 67. Ehlers (-) für Riseth, 79. Lauth (-) für Borimirov
Tore: 0:1 Max (14., Kopfball, Vorarbeit Borimirov), 1:1 Salihamidzic (41., Rechtsschuss, Sagnol), 2:1 Pizarro (52., Linksschuss, Zé Roberto), 3:1 Elber (76., Rechtsschuss, Pizarro)
Chancenverhältnis: 13:3
Eckenverhältnis: 12:5
SR: Aust (Köln) – **Zuschauer:** 69000 (ausverkauft) – **Spielnote:** 2

10. September 2002
VfL Bochum – Borussia Dortmund 0:0
Bochum: Van Duijnhoven (2,5) – Colding (3,5), Kalla (4,5), Fahrenhorst (2,5), Meichelbeck (3) – Gudjonsson (4), Tapalovic (2,5) – Freier (2), Wosz (2,5), Buckley (4,5) – T. Christiansen (4) – **Trainer:** Neururer
Dortmund: Lehmann (2) – Metzelder (2,5), S. Reuter (2,5) – Kehl (4) – Evanilson (2,5), Dede (4) – Frings (4), Heinrich (4,5) – Rosicky (3) – Koller (4), Ewerthon (3) – **Trainer:** Sammer
Eingewechselt: 73. Hashemian (-) für T. Christiansen, 90. Bemben (-) für Gudjonsson, 90. Reis (-) für Buckley – 83. Reina (-) für Ewerthon
Chancenverhältnis: 4:7
Eckenverhältnis: 2:5
SR: Steinborn (Sinzig) – **Zuschauer:** 32645 (ausverkauft) – **Spielnote:** 3

10. September 2002
Werder Bremen – 1. FC Nürnberg 4:1 (1:0)
Bremen: Borel (3) – Baumann (3), Verlaat (2,5), Krstajic (3,5) – Stalteri (3,5), F. Ernst (2,5), Skripnik (3) – Lisztes (2), Micoud (1,5) – Daun (3), Ailton (1) – **Trainer:** Schaaf
Nürnberg: Kampa (2) – Frey (5), Kos (6), Sanneh (6), Popovic (5,5) – Larsen (5) – Petkovic (5,5), L. Müller (3) – Jarolim (5) – Cacau (5), Ciric (4) – **Trainer:** Augenthaler
Eingewechselt: 60. Charisteas (3) für Daun, 73. Borowski (-) für Micoud, 80. Klasnic (-) für Ailton –
Tore: 1:0 Ailton (30., Foulelfmeter, Linksschuss, Vorarbeit Daun), 1:1 Ciric (54., Kopfball, L. Müller), 2:1 Micoud (59., Rechtsschuss, Skripnik), 3:1 Ailton (63., Linksschuss), 4:1 Ailton (78., Linksschuss, F. Ernst)
Chancenverhältnis: 17:2
Eckenverhältnis: 8:4
SR: Kemmling (Kleinburgwedel) – **Zuschauer:** 25785 – Gelbe Karten: Baumann – Sanneh – Besonderes Vorkommnis: Micoud schießt Foulelfmeter an den Pfosten (38.) – **Spielnote:** 2

11. September 2002
VfL Wolfsburg – Hamburger SV 2:1 (0:0)
Wolfsburg: Reitmaier (3) – K. Madsen (3), Schnoor (3), Franz (3), Rau (3) – Karhan (2), Akonnor (3,5) – Effenberg (3) – Präger (3,5), Petrov (2,5) – Klimowicz (4,5) – **Trainer:** Wolf
HSV: Pieckenhagen (3) – Jacobsen (3,5), Hoogma (3,5), Ujfalusi (3), Hollerbach (4) – Wicky (4), Baur (4) – Antar (4), Albertz (4,5) – Romeo (4,5), Heinz (5,5) – **Trainer:** Jara
Eingewechselt: 52. Biliskov (3) für K. Madsen, 68. Ponte (-) für Präger, 75. Sarpei (2,5) für Karhan – 64. Ledesma (-) für Wicky, 64. Christensen (-) für Hollerbach, 84. Benjamin (-) für Antar
Tore: 1:0 Effenberg (51., Foulelfmeter, Rechtsschuss, Vorarbeit Klimowicz), 1:1 Antar (71., Rechtsschuss, Romeo), 2:1 Sarpei (83., Rechtsschuss, Petrov)
Chancenverhältnis: 6:3
Eckenverhältnis: 5:5
SR: Wack, Dr. (Biberbach) – **Zuschauer:** 17546 – **Gelbe Karte:** Petrov – **Spielnote:** 3

11. September 2002
Hannover 96 – Energie Cottbus 1:3 (1:1)
Hannover: Sievers (3) – Cherundolo (3,5), C. Linke (3,5), Diouf (4), Fernando (4,5) – Lala (3,5), Jaime (3) – Krupnikovic (4,5) – Stajner (4) – Bobic (5), Idrissou (5) – **Trainer:** Rangnick
Cottbus: Piplica (3) – Kaluzny (4) – da Silva (4,5), Beeck (3,5), Berhalter (4,5) – Akrapovic (4) – Schröter (4), Löw (4,5) – Miriuta (4,5) – Reghecampf (5) – Topic (3) – **Trainer:** Geyer
Eingewechselt: 69. Stendel (-) für Bobic, 79. Gorges (-) für Lala, 81. N'Diaye (-) für Stajner – 64. Vagner (-) für Reghecampf, 76. Jungnickel (-) für Topic, 88. Thielemann (-) für Miriuta
Tore: 0:1 Topic (8., Rechtsschuss, ohne Vorarbeit), 1:1 Idrissou (24., Linksschuss, Cherundolo), 1:2 Idrissou (63., Eigentor, Kopfball), 1:3 Jungnickel (90., Rechtsschuss)
Chancenverhältnis: 5:3
Eckenverhältnis: 5:1
SR: Stark (Ergolding) – **Zuschauer:** 35506 – **Spielnote:** 4

11. September 2002
Hansa Rostock – Bayer Leverkusen 1:3 (0:2)
Rostock: Schober (3,5) – Wimmer (4,5), Jakobsson (4), Kientz (3,5), Maul (4,5) – Aduobe (4) – Lantz (4,5), Persson (4,5) – Rydlewicz (3,5) – Vorbeck (5), Prica (4) – **Trainer:** Veh
Leverkusen: J. Butt (3) – Lucio (2), Juan (2,5) – Balitsch (4), Zivkovic (4) – Ramelow (3) – B. Schneider (3,5), Bastürk (3,5) – Simak (3) – Brdaric (-), Neuville (3) – **Trainer:** Toppmöller
Eingewechselt: 63. Salou (-) für Vorbeck, 73. Hansen (-) für Persson – 29. Bierofka (4) für Brdaric, 69. Vranjes (-) für Bastürk, 90. Babic (-) für Neuville
Tore: 0:1 Neuville (5., Rechtsschuss, Vorarbeit Ramelow), 0:2 Brdaric (22., Rechtsschuss), 1:2 Kientz (74., Kopfball, Hansen), 1:3 Wimmer (87., Eigentor, Kopfball, B. Schneider)
Chancenverhältnis: 2:7
Eckenverhältnis: 6:6
SR: Strampe (Handorf) – **Zuschauer:** 25000 – **Rote Karten:** Lantz (88., Schiedsrichterbeleidigung) – **Spielnote:** 3,5

11. September 2002
VfB Stuttgart – FC Schalke 04 1:1 (1:0)
Stuttgart: Hildebrand (1,5) – Hinkel (4), Marques (3,5), Bordon (3), Wenzel (4) – Meira (2,5), Soldo (3,5) – Hleb (4,5), Balakov (4,5), Seitz (4,5) – Ganea (5) – **Trainer:** Magath
Schalke: F. Rost (2) – Hajto (3,5), van Hoogdalem (3,5) – Varela (4), Poulsen (2,5), Rodriguez (4) – Wilmots (3,5), Vermant (4,5), Trojan (4) – Asamoah (3,5) – Sand (4,5) – **Trainer:** Neubarth
Eingewechselt: 71. Mutzel (-) für Soldo, 89. Kuranyi (-) für Ganea – 57. Oude Kamphuis (4) für Trojan, 67. Kmetsch (-) für Vermant, 76. Matellan (-) für Wilmots
Tore: 1:0 Bordon (33., direkter Freistoß, Linksschuss, ohne Vorarbeit), 1:1 Hajto (87., Foulelfmeter, Rechtsschuss, Asamoah)
Chancenverhältnis: 4:5
Eckenverhältnis: 2:2
SR: Gagelmann (Bremen) – **Zuschauer:** 26500 – **Spielnote:** 4,5

11. September 2002
1. FC Kaiserslautern – Arminia Bielefeld 1:1 (0:0)
K'lautern: G. Koch (4,5) – H. Koch (4), Lembi (3,5), Knavs (4) – Hengen (3,5) – Sforza (5), Riedl (4) – Basler (3,5), Lincoln (3) – Klose (3,5), Lokvenc (3,5) – **Trainer:** Gerets
Bielefeld: Hain (3) – Hansén (3), Reinhardt (2), Bogusz (3) – Dabrowski (3), Albayrak (4) – Kauf (4), Dammeier (3,5) – Cha (4), Vata (3,5) – Diabang (3,5) – **Trainer:** Möhlmann
Eingewechselt: 66. Dominguez (-) für Lincoln, 71. Ratinho (-) für Sforza – 74. Bogdanovic (-) für Cha, 74. Lense (-) für Vata, 90. Murawski (-) für Diabang
Tore: 1:0 Basler (56., Rechtsschuss, Vorarbeit Klose), 1:1 Diabang (59., Rechtsschuss, Reinhardt)
Chancenverhältnis: 5:4
Eckenverhältnis: 5:1
SR: Dr. Fleischer (Ulm) – **Zuschauer:** 32200 – **Spielnote:** 3,5

5. Spieltag

14. September 2002
Energie Cottbus – Werder Bremen 0:1 (0:0)
Cottbus: Piplica (5) – Kaluzny (3,5) – da Silva (4), Beeck (4) – Berhalter (5), Akrapovic (4,5) – Schröter (4), Löw (4,5) – Miriuta (5) – Jungnickel (5), Topic (5) – **Trainer:** Geyer
Bremen: Borel (3) – Baumann (3), Verlaat (3), Krstajic (4) – F. Ernst (4) – Stalteri (4,5), Skripnik (4,5) – Lisztes (4), Micoud (5) – Charisteas (5), Ailton (5) – **Trainer:** Schaaf
Eingewechselt: 56. Vagner (4,5) für Jungnickel, 66. Juskowiak (-) für Topic, 71. Reghecampf (-) für Berhalter – 84. Klasnic (-) für Charisteas
Tor: 0:1 Piplica (51., Eigentor, Vorarbeit Lisztes)
Chancenverhältnis: 3:2
Eckenverhältnis: 5:3
SR: Jansen (Essen) – **Zuschauer:** 12070 – **Spielnote:** 5

14. September 2002
1. FC Nürnberg – Bayern München 1:2 (1:1)
Nürnberg: Kampa (2,5) – Petkovic (3) – Nikl (3), Kos (3,5) – Sanneh (4,5) – Frey (5), Larsen (4) – L. Müller (3) – Jarolim (4) – Cacau (4), Ciric (3) – **Trainer:** Augenthaler
Bayern: Kahn (3) – Sagnol (2,5), R. Kovac (3), T. Linke (2,5), Tarnat (3) – Jeremies (2) – Salihamidzic (3), Ballack (1) – Zé Roberto (2,5) – Elber (4), Pizarro (3,5) – **Trainer:** Hitzfeld
Eingewechselt: 69. Driller (-) für Ciric, 73. Stehle (-) für Nikl, 82. Todorovic (-) für Frey – 78. Hargreaves (-) für Zé Roberto, 81. Zickler (-) für Pizarro, 90. Fink (-) für Jeremies
Tore: 0:1 Ballack (12., Kopfball, Vorarbeit Zé Roberto), 1:1 Ciric (36., Foulelfmeter, Linksschuss, Jarolim), 1:2 Ballack (53., Linksschuss, Elber)
Chancenverhältnis: 4:7
Eckenverhältnis: 10:6
SR: Merk, Dr. (Kaiserslautern) – **Zuschauer:** 44767 (ausverkauft) – **Spielnote:** 2,5

14. September 2002
1860 München – VfL Wolfsburg 2:2 (0:0)
1860: Jentzsch (1,5) – Ehlers (4,5), Meyer (4,5), Costa (3,5), Pürk (4) – Kurz (3) – Wiesinger (2,5), Cerny (3,5) – Häßler (3) – Max (4), Schroth (3) – **Trainer:** Pacult
Wolfsburg: Reitmaier (2,5) – K. Madsen (5), Schnoor (4), Franz (4,5), Rau (4) – Karhan (2,5), Akonnor (3) – Effenberg (3) – Präger (4), Petrov (2,5) – Klimowicz (3) – **Trainer:** Wolf
Eingewechselt: 59. Hoffmann (4) für Wiesinger, 65. Borimirov (-) für Ehlers, 79. Riseth (-) für Max – 59. Ponte (3,5) für Präger, 59. Munteanu (4) für Franz, 77. Maric (-) für Petrov
Tore: 1:0 Wiesinger (47., Rechtsschuss, Vorarbeit Cerny), 2:0 Schroth (64., Rechtsschuss, Max), 2:1 Ponte (77., Rechtsschuss, Klimowicz), 2:2 Klimowicz (87., Kopfball, Effenberg)
Chancenverhältnis: 7:12
Eckenverhältnis: 1:11
SR: Krug (Gelsenkirchen) – **Zuschauer:** 20800 – **Spielnote:** 3,5

14. September 2002
Arminia Bielefeld – Hertha BSC 0:1 (0:0)
Bielefeld: Hain (2) – Lense (3,5), Reinhardt (3), Hansén (4) – Kauf (3), Dabrowski (3,5), Dammeier (3,5) – Brinkmann (3,5), Albayrak (4,5) – Wichniarek (4), Vata (4) – **Trainer:** Möhlmann
Hertha: Kiraly (2) – A. Friedrich (3,5), Sverrisson (3,5), Rehmer (3), Hartmann (4) – Dardai (3) – Beinlich (4) – Marcelinho (1,5), Neuendorf (3,5) – Goor (4,5), Luizao (4) – **Trainer:** Stevens
Eingewechselt: 70. Diabang (-) für Vata, 70. Cha (-) für Lense, 79. Bogdanovic (-) für Dammeier – 64. Karwan (-) für Luizao, 68. Marx (-) für Beinlich, 85. Pinto (-) für Marcelinho
Tor: 0:1 Marcelinho (52., Linksschuss, Vorarbeit Beinlich)
Chancenverhältnis: 7:3
Eckenverhältnis: 9:1
SR: Albrecht (Kaufbeuren) – **Zuschauer:** 22147 – **Spielnote:** 3,5

14. September 2002
Bor. M'gladbach – VfB Stuttgart 1:1 (0:0)
Gladbach: Stiel (2,5) – Eberl (5), Kluge (3), Strasser (4,5), Münch (2,5) – Korell (3) – Hausweiler (3,5) – Ulich (4) – Aidoo (3,5), Van Hout (3), Van Houdt (4) – **Trainer:** Meyer
Stuttgart: Hildebrand (4) – Hinkel (3), Marques (3,5), Bordon (4), Wenzel (4,5) – Meira (3), Soldo (4) – Hleb (3,5), Balakov (3), Seitz (3) – Kuranyi (3) – **Trainer:** Magath
Eingewechselt: 56. Demo (4) für Aidoo, 80. Skoubo (-) für Van Houdt, 80. Witeczek (-) für Ulich – 46. Carnell (3) für Wenzel,

Revier-Derby: Dortmunds hünenhafter Stürmer Koller (rechts) gegen den Schalker Van Hoogdalem.

65. Amanatidis (-) für Soldo, 81. Tiffert (-) für Hleb
Tore: 1:0 Münch (50., direkter Freistoß, Linksschuss, ohne Vorarbeit), 1:1 Kuranyi (71., Rechtsschuss)
Chancenverhältnis: 4:6
Eckenverhältnis: 5:9
SR: Fandel (Kyllburg) – **Zuschauer:** 27700 – **Gelbe Karte:** Seitz – **Rote Karten:** Eberl (53., Tätlichkeit) – **Spielnote:** 3

14. September 2002
Bayer Leverkusen – Hannover 96 1:3 (1:1)
Leverkusen: J. Butt (5) – Lucio (4), Juan (-) – Balitsch (5), Zivkovic (5) – Ramelow (4) – B. Schneider (4), Bastürk (5), Simak (5,5) – Neuville (5), Kirsten (4,5) – **Trainer:** Toppmöller
Hannover: Sievers (2) – Cherundolo (3), C. Linke (3,5), Diouf (3,5), Fernando (4,5) – Lala (3), Jaime (4) – Krupnikovic (3) – Stajner (3), Idrissou (2,5) – Bobic (2) – **Trainer:** Rangnick
Eingewechselt: 26. Ojigwe (5) für Juan, 58. Bierofka (5,5) für Balitsch, 73. Franca (-) für Kirsten – 46. Schuler (3,5) für Fernando, 72. Stendel (-) für Stajner, 89. Stefulj (-) für Bobic
Tore: 1:0 Bastürk (11., Rechtsschuss, Vorarbeit Neuville), 1:1 Bobic (42., Kopfball, Krupnikovic), 1:2 Bobic (80., Rechtsschuss, Stendel), 1:3 Idrissou (83., Linksschuss)
Chancenverhältnis: 3:7
Eckenverhältnis: 2:5
SR: Keßler (Höhenkirchen) – **Zuschauer:** 22500 (ausverkauft) – **Spielnote:** 3,5

14. September 2002
Borussia Dortmund – FC Schalke 04 1:1 (0:0)
Dortmund: Lehmann (3) – Wörns (3,5) – Metzelder (4,5), Dede (3,5) – S. Reuter (3,5) – Heinrich (4,5), Kehl (4) – Evanilson (3), Rosicky (3) – Ewerthon (3) – Koller (5) – **Trainer:** Sammer
Schalke: F. Rost (3) – Oude Kamphuis (4), Hajto (3), van Hoogdalem (3), Rodriguez (4) – Kmetsch (3,5), Poulsen (3) – Möller (4,5) – Asamoah (4), Varela (3) – Sand (4,5) – **Trainer:** Neubarth
Eingewechselt: 43. Madouni (3,5) für Wörns, 74. Frings (-) für Rosicky – 68. Agali (2,5) für Asamoah, 82. Wilmots (-) für Möller
Tore: 0:1 Agali (70., Rechtsschuss, ohne Vorarbeit), 1:1 Ewerthon (71., Kopfball, Evanilson)
Chancenverhältnis: 5:3
Eckenverhältnis: 3:6
SR: Fröhlich (Berlin) – **Zuschauer:** 68600 (ausverkauft) – **Spielnote:** 4

15. September 2002
VfL Bochum – Hansa Rostock 0:1 (0:1)
Bochum: Van Duijnhoven (2,5) – Colding (3), Kalla (3), Fahrenhorst (3), Meichelbeck (3,5) – Gudjonsson (3), Tapalovic (4,5) – Freier (3), Wosz (2,5), Buckley (4) – T. Christiansen (4) – **Trainer:** Neururer
Rostock: Schober (2) – Wimmer (3), Jakobsson (3,5), Kovar (3,5), Maul (4) – Kientz (3,5), Aduobe (2,5) – Hansen (4) – Rydlewicz (2,5), Prica (5) – Salou (4) – **Trainer:** Veh
Eingewechselt: 69. Hashemian (-) für Meichelbeck, 77. Bemben (-) für Gudjonsson, 86. Graulund (-) für Tapalovic – 46. Wibran (4) für Hansen, 64. Hill (-) für Prica, 78. Vorbeck (-) für Salou
Tor: 0:1 Salou (32., Rechtsschuss, Vorarbeit Rydlewicz)
Chancenverhältnis: 11:4
Eckenverhältnis: 8:5
SR: Meyer (Braunschweig) – **Zuschauer:** 25000 – **Spielnote:** 3

15. September 2002
Hamburger SV – 1. FC Kaiserslautern 2:0 (0:0)
HSV: Pieckenhagen (3) – Hoogma (3,5), Baur (4), Ujfalusi (4) – Jacobsen (4,5), Wicky (3), Antar (4), Kling (4) – Benjamin (4) – Romeo (2,5), Heinz (5) – **Trainer:** Jara
K'lautern: G. Koch (4) – H. Koch (4), Sforza (5), Lembi (4) – Hengen (4), Ratinho (4) – Basler (4), Grammozis (5) – Lincoln (4) – Klose (5), Lokvenc (5) – **Trainer:** Gerets
Eingewechselt: 35. Ledesma (3,5) für Antar, 69. Meijer (-) für Kling, 75. Hertzsch (-) für Heinz – 51. Knavs (4) für Lembi, 65. Dominguez (-) für Basler
Tore: 1:0 Romeo (66., Linksschuss, Vorarbeit Wicky), 2:0 Romeo (77., Rechtsschuss, Ledesma)
Chancenverhältnis: 7:2
Eckenverhältnis: 4:3
SR: Weiner (Hildesheim) – **Zuschauer:** 39807 – **Spielnote:** 4,5

6. Spieltag

21. September 2002
Hertha BSC – Hamburger SV 2:0 (0:0)
Hertha: Kiraly (3) – Rehmer (3,5), Sverrisson (-), A. Friedrich (3) – Hartmann (3,5) – Marx (3), Dardai (3) – Marcelinho (2,5) – Neuendorf (4,5), Goor (3) – Preetz (4) – **Trainer:** Stevens
HSV: Pieckenhagen (3,5) – Hoogma (5), Baur (5,5) – Hertzsch (5), Ujfalusi (4) – Wicky (4,5) – Benjamin (5), Ledesma (5) – Barbarez (4,5) – Heinz (5), Romeo (4,5) – **Trainer:** Jara
Eingewechselt: 20. van Burik (3,5) für Sverrisson, 65. Pinto (-) für Neuendorf, 86. Maas (-) für Dardai – 56. Jacobsen (5) für Heinz, 63. Kling (-) für Hertzsch
Tore: 1:0 Marcelinho (50., direkter Freistoß, Linksschuss, ohne Vorarbeit), 2:0 Goor (52., Linksschuss, Marx)
Chancenverhältnis: 8:2
Eckenverhältnis: 8:6
SR: Krug (Gelsenkirchen) – **Zuschauer:** 41200 – **Gelb-Rote Karte:** Baur (54.) – **Spielnote:** 3,5

21. September 2002
VfL Wolfsburg – 1. FC Nürnberg 0:2 (0:0)
Wolfsburg: Reitmaier (4) – K. Madsen (4), Schnoor (2,5), Biliskov (4) – Karhan (3,5), Akonnor (3,5), Rau (4,5) – Effenberg (4,5) – Ponte (5), Petrov (5) – Klimowicz (4,5) – **Trainer:** Wolf
Nürnberg: Kampa (2) – Petkovic (3) – Sanneh (3,5), Kos (4), Popovic (4) – Larsen (2,5) – L. Müller (3,5) – Frey (4,5), Jarolim (4) – Cacau (4,5), Driller (5,5) – **Trainer:** Augenthaler
Eingewechselt: 60. Maric (5) für Schnoor, 60. Präger (5) für Ponte, 69. Munteanu (-) für Akonnor – 71. Ciric (-) für Driller, 81. Villa (-) für Cacau, 87. Stehle (-) für Frey
Tore: 0:1 Sanneh (65., Kopfball, Vorarbeit L. Müller), 0:2 Petkovic (68., Elfmeter im Nachschuß, Rechtsschuss)
Chancenverhältnis: 9:5
Eckenverhältnis: 8:2
SR: Fandel (Kyllburg) – **Zuschauer:** 12414 – Besonderes Vorkommnis: Reitmaier hält Foulelfmeter von Petkovic (68.) – **Spielnote:** 4

21. September 2002
Bayern München – Energie Cottbus 3:1 (1:1)
Bayern: Kahn (3,5) – Salihamidzic (5), Kuffour (4), R. Kovac (2,5), Tarnat (2,5) – Fink (3) – Hargreaves (4), Zé Roberto (3) – Ballack (2) – Elber (3,5), Zickler (3) – **Trainer:** Hitzfeld
Cottbus: Piplica (2) – Kaluzny (5) – Beeck (4,5), Berhalter (4) – da Silva (5) – Akrapovic (5) – Schröter (5), Latoundji (5) – Reghecampf (4,5), Vagner (-) – Rink (3) – **Trainer:** Geyer
Eingewechselt: 46. Jeremies (3) für Kuffour, 79. N. Kovac (-) für Ballack, 83. T. Linke (-) für Zé Roberto – 18. Jungnickel (4) für Vagner, 66. Thielemann (-) für Reghecampf, 79. Juskowiak (-) für Rink
Tore: 0:1 Rink (19., Rechtsschuss, Vorarbeit Jungnickel), 1:1 Zickler (45., Rechtsschuss, Zé Roberto), 2:1 Ballack (47., Linksschuss, Tarnat), 3:1 Elber (76., Rechtsschuss, Tarnat)
Chancenverhältnis: 10:1
Eckenverhältnis: 10:4
SR: Kinhöfer (Herne) – **Zuschauer:** 43000 – **Spielnote:** 4

21. September 2002
Werder Bremen – Bayer Leverkusen 3:2 (3:2)
Bremen: Borel (2) – Baumann (4), Verlaat (3), Krstajic (5) – F. Ernst (3) – Stalteri (3,5), Skripnik (3,5) – Lisztes (3,5), Micoud (2,5) – Ailton (3,5), Charisteas (2) – **Trainer:** Schaaf
Leverkusen: Juric (4) – Lucio (3), Ramelow (2,5), Zivkovic (3,5) – Vranjes (4,5), Balitsch

(3,5) – B. Schneider (3,5), Bastürk (2), Simak (4,5) – Neuville (3,5), Brdaric (3,5) – **Trainer:** Toppmöller
Eingewechselt: 39. Borowski (5) für Baumann, 89. Klasnic (-) für Ailton – 46. Berbatov (-) für Vranjes, 72. Franca (-) für Balitsch, 75. Bierofka (-) für Simak
Tore: 0:1 Brdaric (11., Linksschuss, Vorarbeit Neuville), 1:1 Ailton (25., Foulelfmeter, Linksschuss, Ailton), 2:1 Charisteas (27., Linksschuss, Krstajic), 3:1 Charisteas (31., Rechtsschuss, Micoud), 3:2 Stalteri (41., Eigentor, Linksschuss, Ramelow)
Chancenverhältnis: 6:6
Eckenverhältnis: 3:4
SR: Stark (Ergolding) – **Zuschauer:** 28160 – **Gelbe Karte:** Lucio – **Rote Karten:** Berbatov (57., Tätlichkeit), Micoud (57., Tätlichkeit) – **Spielnote:** 2

21. September 2002
Hannover 96 – VfL Bochum 2:2 (1:1)
Hannover: Sievers (4) – Cherundolo (3), C. Linke (2,5), Zuraw (3,5), Schuler (3,5) – Lala (3), Jaime (3) – Krupnikovic (3) – Stajner (2,5), Bobic (3), Idrissou (2,5) – **Trainer:** Rangnick
Bochum: Van Duijnhoven (2) – Colding (4,5), Kalla (3,5), Fahrenhorst (3), Meichelbeck (5) – Gudjonsson (4), Tapalovic (3) – Freier (3), Wosz (4), Buckley (4,5) – T. Christiansen (5) – **Trainer:** Neururer
Eingewechselt: 83. Stendel (-) für Stajner, 88. Stefulj (-) für Krupnikovic – 30. Schindzielorz (3) für Gudjonsson, 65. Hashemian (-) für T. Christiansen, 69. Bemben (-) für Meichelbeck
Tore: 0:1 Fahrenhorst (24., Kopfball, Vorarbeit Gudjonsson), 1:1 Bobic (44., Rechtsschuss, Schuler), 2:1 C. Linke (73., Kopfball, Krupnikovic), 2:2 Tapalovic (89., Rechtsschuss, Bemben)
Chancenverhältnis: 9:5
Eckenverhältnis: 10:4
SR: Merk, Dr. (Kaiserslautern) – **Zuschauer:** 34742 – **Spielnote:** 3

21. September 2002
Hansa Rostock – Borussia Dortmund 0:1 (0:1)
Rostock: Schober (2) – Wimmer (4,5), Jakobsson (4), Kientz (4), Maul (4) – Aduobe (3,5) – Rydlewicz (3,5), Persson (4), Wibran (4) – Salou (5), Prica (5) – **Trainer:** Veh
Dortmund: Lehmann (2,5) – Madouni (3), Metzelder (2) – Fernandez (5), Dede (3) – Kehl (4) – S. Reuter (3,5), Frings (4) – Ewerthon (4), Reina (2,5), Koller (3,5) – **Trainer:** Sammer
Eingewechselt: 56. Meggle (5) für Wibran, 67. Arvidsson (-) für Salou – 46. Evanilson (2,5) für Fernandez, 67. Wörns (-) für Reina, 88. Herrlich (-) für Koller
Tor: 0:1 Koller (12., Rechtsschuss, Vorarbeit Reina)
Chancenverhältnis: 3:8
Eckenverhältnis: 9:2
SR: Sippel (München) – **Zuschauer:** 28600 – **Spielnote:** 4

21. September 2002
1. FC Kaiserslautern – 1860 München 0:0
K'lautern: G. Koch (3) – H. Koch (3,5), Hengen (3,5), Knavs (4) – Teber (3), Riedl (2,5), Grammozis (3,5) – Lokvenc (3), Lincoln (3,5) – Basler (4), Klose (4) – **Trainer:** Gerets
1860: Jentzsch (2) – Meyer (2,5), Rafael (3,5), Costa (2,5) – Cerny (3,5), Kurz (3,5) – Wiesinger (4), Häßler (4), Weissenberger (4) – Lauth (4), Schroth (4) – **Trainer:** Pacult
Eingewechselt: 61. Bjelica (-) für Teber, 65. Dominguez (-) für Basler – 62. Pfuderer (-) für Rafael, 76. Borimirov (-) für Wiesinger, 86. Schwarz (-) für Weissenberger
Chancenverhältnis: 8:5
Eckenverhältnis: 5:3
SR: Kircher (Rottenburg) – **Zuschauer:** 34310 – **Gelbe Karte:** Kurz – **Spielnote:** 3,5

22. September 2002
FC Schalke 04 – Bor. M'gladbach 2:1 (2:1)
Schalke: F. Rost (2) – Oude Kamphuis (3), Hajto (3,5), Matellan (3), Rodriguez (3) – Poulsen (2,5) – Möller (2) – Asamoah (4), Varela (2) – Agali (2,5), Sand (4) – **Trainer:** Neubarth
Gladbach: Stiel (2) – Kluge (4), Korell (4), Strasser (3,5), Münch (3) – Stassin (3,5) – Hausweiler (3,5), Ulich (4) – Korzynietz (5), Van Houdt (3,5) – Van Hout (2,5) – **Trainer:** Meyer
Eingewechselt: 57. van Hoogdalem (3) für Rodriguez, 77. Kmetsch (-) für Agali, 82. Wilmots (-) für Asamoah – 46. Skoubo (4) für Korzynietz, 66. Aidoo (-) für Ulich, 66. Pletsch (-) für Strasser
Tore: 1:0 Poulsen (15., Kopfball, Vorarbeit Möller), 1:1 Van Hout (30., Kopfball, Stassin), 2:1 Agali (45., Kopfball, Möller)
Chancenverhältnis: 6:3
Eckenverhältnis: 5:3
SR: Wack, Dr. (Biberbach) – **Zuschauer:** 60597 (ausverkauft) – Besonderes Vorkommnis: Stiel hält Handelfmeter von Hajto (36.) – **Spielnote:** 3

Überrascht: Bayers Bierofka (rechts) bezwingt Oliver Kahn. Zé Roberto kommt zu spät.

22. September 2002
VfB Stuttgart – Arminia Bielefeld 3:0 (1:0)
Stuttgart: Hildebrand (2,5) – Hinkel (2,5), Marques (4), Bordon (3), Carnell (4) – Meira (3), Soldo (3) – Amanatidis (3,5), Balakov (4), Seitz (4) – Kuranyi (1) – **Trainer:** Magath
Bielefeld: Hain (3) – Hansén (5,5), Reinhardt (3,5), Bogusz (3,5) – Dabrowski (3) – Kauf (3), Dammeier (4) – Brinkmann (4,5), Vata (4), Diabang (4) – Wichniarek (4) – **Trainer:** Möhlmann
Eingewechselt: 58. Hleb (3,5) für Seitz, 65. Meißner (-) für Soldo, 80. Tiffert (-) für Amanatidis – 61. Cha (-) für Vata, 61. Albayrak (-) für Brinkmann, 71. Porcello (-) für Wichniarek
Tore: 1:0 Kuranyi (5., Kopfball, Vorarbeit Balakov), 2:0 Kuranyi (64., Rechtsschuss), 3:0 Kuranyi (69., Rechtsschuss)
Chancenverhältnis: 10:6
Eckenverhältnis: 0:3
SR: Strampe (Handorf) – **Zuschauer:** 17500 – **Spielnote:** 3

7. Spieltag

28. September 2002
Energie Cottbus – VfL Wolfsburg 0:1 (0:0)
Cottbus: Piplica (4,5) – da Silva (4) – Beeck (4), Berhalter (4) – Akrapovic (4) – Schröter (3,5), Löw (4,5) – Miriuta (4,5), Kaluzny (3,5) – Rink (4,5), Topic (4) – **Trainer:** Geyer
Wolfsburg: Reitmaier (3) – K. Madsen (3,5), Schnoor (3) – Rau (4) – Rytter (4), Karhan (4) – Effenberg (4), Sarpei (3,5) – Ponte (4,5) – Maric (3), Klimowicz (4,5) – **Trainer:** Wolf
Eingewechselt: 53. Hujdurovic (4,5) für Beeck, 65. Juskowiak (-) für Rink, 72. Latoundji (-) für Berhalter – 76. Munteanu (-) für Ponte, 85. Präger (-) für Maric, 89. Biliskov (-) für Klimowicz
Tor: 0:1 Maric (55., Rechtsschuss, Vorarbeit K. Madsen)
Chancenverhältnis: 5:6
Eckenverhältnis: 11:4
SR: Steinborn (Sinzig) – **Zuschauer:** 11605 – **Spielnote:** 4

28. September 2002
1860 München – Hertha BSC 1:0 (1:0)
1860: Jentzsch (4) – Meyer (3,5), Rafael (2), Costa (2,5) – Cerny (4), Hoffmann (2,5), Kurz (4), Weissenberger (4) – Häßler (4) – Lauth (3,5), Schroth (3,5) – **Trainer:** Pacult
Hertha: Kiraly (2,5) – A. Friedrich (4), Rehmer (4,5), van Burik (3,5), Hartmann (3) – Marx (3,5), Dardai (4) – Marcelinho (4,5) – Neuendorf (2,5), Preetz (4,5), Goor (3) – **Trainer:** Stevens
Eingewechselt: 46. Borimirov (3,5) für Kurz, 70. Schwarz (-) für Häßler, 76. Pürk (-) für Weissenberger – 60. Karwan (3) für Neuendorf, 60. Luizao (3,5) für Preetz, 74. Pinto (-) für Dardai
Tor: 1:0 Schroth (15., angeschossene linke Hand, ohne Vorarbeit)
Chancenverhältnis: 5:5
Eckenverhältnis: 6:11
SR: Gagelmann (Bremen) – **Zuschauer:** 25200 – **Spielnote:** 4

28. September 2002
Hamburger SV – VfB Stuttgart 3:2 (2:2)
HSV: Pieckenhagen (3) – Fukal (4), Hertzsch (4), Hoogma (4,5), Ujfalusi (4) – Wicky (3), Kling (4,5) – Mahdavikia (4), Barbarez (3) – Romeo (2), Heinz (4) – **Trainer:** Jara
Stuttgart: T. Ernst (4) – Marques (5), Bordon (3,5), Meira (4), Hinkel (4) – Carnell (4,5), Soldo (4) – Seitz (3), Balakov (3), Hleb (2) – Kuranyi (4) – **Trainer:** Magath
Eingewechselt: 67. Meijer (-) für Heinz, 80. Kitzbichler (-) für Kling, 88. Ledesma (-) für Barbarez – 46. Amanatidis (4) für Seitz, 46. Meißner (4,5) für Marques, 67. Wenzel (-) für Carnell
Tore: 0:1 Seitz (9., Rechtsschuss, Vorarbeit Hleb), 1:1 Romeo (14., Linksschuss, Heinz), 2:1 Barbarez (23., Kopfball, Fukal), 2:2 Hleb (26., Rechtsschuss, Balakov), 3:2 Romeo (86., Rechtsschuss, Mahdavikia)
Chancenverhältnis: 5:6
Eckenverhältnis: 2:4
SR: Kemmling (Kleinburgwedel) – **Zuschauer:** 36740 – **Spielnote:** 4

28. September 2002
Arminia Bielefeld – FC Schalke 04 2:1 (1:1)
Bielefeld: Hain (3) – Murawski (3), Reinhardt (3,5) – Kauf (4), Albayrak (3) – Dabrowski (3), Dammeier (3) – Vata (4) – Cha (5), Wichniarek (5), Diabang (3) – **Trainer:** Möhlmann
Schalke: F. Rost (3) – Oude Kamphuis (3,5), Hajto (4), van Hoogdalem (3), Rodriguez (4) – Poulsen (4) – Asamoah (-), Möller (3,5), Varela (3) – Wilmots (5), Sand (4,5) – **Trainer:** Neubarth
Eingewechselt: 46. Brinkmann (3,5) für Cha, 82. Porcello (-) für Vata, 90. Lense (-) für Diabang – 29. Matellan (5) für Asamoah, 75. Trojan (-) für Rodriguez, 75. Hanke (-) für Wilmots
Tore: 1:0 Albayrak (7., Foulelfmeter, Linksschuss, Vorarbeit Albayrak), 1:1 Varela (19., Foulelfmeter, Rechtsschuss, Oude Kamphuis), 2:1 Diabang (68., Rechtsschuss, Dammeier)
Chancenverhältnis: 4:4
Eckenverhältnis: 7:5
SR: Weiner (Hildesheim) – **Zuschauer:** 26601 (ausverkauft) – **Spielnote:** 4

28. September 2002
Hansa Rostock – Hannover 96 1:2 (1:2)
Rostock: Schober (2) – Wimmer (5), Jakobsson (4,5), Kientz (4,5), Maul (4) – Aduobe (3,5) – Persson (4), Wibran (3,5) – Rydlewicz (4) – Arvidsson (4,5), Prica (4) – **Trainer:** Veh
Hannover: Sievers (1,5) – Cherundolo (4), C. Linke (4), Zuraw (4), Schuler (5) – Lala (3), Jaime (3,5) – Krupnikovic (4) – Stajner (4,5), Idrissou (2), Bobic (3) – **Trainer:** Rangnick
Eingewechselt: 46. Vorbeck (4,5) für Arvidsson, 72. Hansen (-) für Persson, 79. Salou (-) für Wimmer – 24. Stefulj (3) für Schuler, 61. Stendel (-) für Stajner, 87. Nehrbauer (-) für Krupnikovic
Tore: 1:0 Wibran (10., Rechtsschuss, Vorarbeit Rydlewicz), 1:1 Idrissou (32., Kopfball, Krupnikovic), 1:2 Bobic (43., Rechtsschuss, Idrissou)
Chancenverhältnis: 10:8
Eckenverhältnis: 6:6
SR: Fröhlich (Berlin) – **Zuschauer:** 19000 – **Spielnote:** 3

28. September 2002
Bayer Leverkusen – Bayern München 2:1 (1:0)
Leverkusen: J. Butt (2) – Ramelow (3), Lucio (1) – Zivkovic (3), Ojigwe (3) – Balitsch (2,5) – B. Schneider (2), Babic (3,5) – Neuville (3,5) – Bastürk (2) – Brdaric (4) – **Trainer:** Toppmöller
Bayern: Kahn (4) – R. Kovac (4), Jeremies (3,5), T. Linke (3,5) – Thiam (4,5), Hargreaves (4) – N. Kovac (4,5) – Ballack (4) – Salihamidzic (5), Zé Roberto (5) – Pizarro (4) – **Trainer:** Hitzfeld
Eingewechselt: 60. Bierofka (2,5) für Neuville, 84. Vranjes (-) für B. Schneider, 90. Simak (-) für Bastürk – 46. Tarnat (4,5) für Hargreaves, 46. Elber (4) für Jeremies, 73. Feulner (-) für Thiam

Tore: 1:0 Lucio (8., Rechtsschuss, ohne Vorarbeit), 2:0 Bierofka (63., Kopfball, Bastürk), 2:1 Salihamidzic (89., Rechtsschuss)
Chancenverhältnis: 2:6
Eckenverhältnis: 1:5
SR: Krug (Gelsenkirchen) – **Zuschauer:** 22500 (ausverkauft) – **Gelbe Karte:** Zivkovic – **Spielnote:** 3,5

28. September 2002

Borussia Dortmund – Bor. M'gladbach 1:0 (0:0)

Dortmund: Lehmann (2) – Metzelder (4), Wörns (3), Dede (3) – S. Reuter (4) – Heinrich (3), Kehl (4) – Rosicky (3,5) – Evanilson (4), Ewerthon (2,5), Koller (3,5) – **Trainer:** Sammer
Gladbach: Stiel (2) – Witeczek (2,5), Korell (3,5), Strasser (2,5), Münch (4) – Hausweiler (3,5) – Kluge (3) – Ulich (4) – Aidoo (4), Van Houdt (4) – Van Hout (3,5) – **Trainer:** Meyer
Eingewechselt: 39. Frings (3) für S. Reuter, 69. Amoroso (-) für Evanilson, 88. Madouni (-) für Ewerthon – 72. Skoubo (-) für Aidoo, 79. Pletsch (-) für Kluge, 88. Ketelaer (-) für Van Houdt
Tor: 1:0 Ewerthon (85., Rechtsschuss, Vorarbeit Koller)
Chancenverhältnis: 9:5
Eckenverhältnis: 4:4
SR: Keßler (Höhenkirchen) – **Zuschauer:** 68600 (ausverkauft) – **Spielnote:** 3,5

29. September 2002

1. FC Nürnberg – 1. FC Kaiserslautern 1:0 (0:0)

Nürnberg: Kampa (2) – Petkovic (3) – Kos (3,5), Popovic (2,5) – Sanneh (3) – Frey (4), Larsen (3) – Jarolim (4), L. Müller (3) – Cacau (4), Ciric (4) – **Trainer:** Augenthaler
K'lautern: G. Koch (4,5) – H. Koch (4), Hengen (4), Knavs (4,5) – Bjelica (4), Riedl (3,5), Grammozis (4,5) – Teber (5,5), Dominguez (3,5) – Lokvenc (4,5), Klose (5) – **Trainer:** Gerets
Eingewechselt: 30. David (4,5) für Cacau, 70. Nikl (-) für Frey, 83. Driller (-) für Ciric – 54. Ratinho (4,5) für Dominguez, 65. T. Reuter (-) für Bjelica, 78. Mifsud (-) für H. Koch
Tor: 1:0 Sanneh (69., Linksschuss, Vorarbeit Larsen)
Chancenverhältnis: 7:1
Eckenverhältnis: 7:4
SR: Meyer (Braunschweig) – **Zuschauer:** 30200 – Besonderes Vorkommnis: Kampa hält Foulelfmeter von Ratinho (86.) – **Spielnote:** 3,5

29. September 2002

VfL Bochum – Werder Bremen 1:4 (1:2)

Bochum: Van Duijnhoven (3) – Colding (5), Tapalovic (5), Fahrenhorst (4,5), Mandreko (5) – Schindzielorz (4), Gudjonsson (4) – Freier (3), Wosz (4), Buckley (5) – T. Christiansen (4) – **Trainer:** Neururer
Bremen: Borel (3) – Stalteri (2,5), Verlaat (3), Krstajic (3), Skripnik (3,5) – F. Ernst (2) – Borowski (3) – Reich (4), Lisztes (3) – Charisteas (2), Ailton (1,5) – **Trainer:** Schaaf
Eingewechselt: 44. Reis (4) für Fahrenhorst, 66. Hashemian (-) für Wosz, 70. Graulund (-) für Buckley – 68. Daun (-) für Reich, 86. Klasnic (-) für Charisteas, 90. Magnin (-) für Ailton
Tore: 0:1 Ailton (16., Rechtsschuss, Vorarbeit Skripnik), 1:1 Freier (22., Rechtsschuss, T. Christiansen), 1:2 Charisteas (37., Rechtsschuss, Ailton), 1:3 Ailton (50., Linksschuss), 1:4 Krstajic (87., Kopfball, Lisztes)
Chancenverhältnis: 4:8
Eckenverhältnis: 10:6
SR: Dr. Fleischer (Ulm) – **Zuschauer:** 26171 – **Spielnote:** 3

8. Spieltag

5. Oktober 2002

Hertha BSC – 1. FC Nürnberg 2:1 (0:1)

Hertha: Fiedler (2,5) – A. Friedrich (3,5), Rehmer (4), van Burik (4) – Hartmann (3) – Marx (4), Neuendorf (3,5) – Marcelinho (2) – Pinto (4), Goor (4), Preetz (4,5) – **Trainer:** Stevens
Nürnberg: Kampa (2,5) – Petkovic (4) – Kos (4) – Sanneh (3,5), Larsen (4,5), Popovic (4) – Nikl (4), L. Müller (4,5) – Jarolim (3,5) – Driller (4,5), Ciric (3) – **Trainer:** Augenthaler
Eingewechselt: 46. Lapaczinski (4) für van Burik, 66. Karwan (-) für Pinto, 68. Luizao (-) für Preetz – 66. Frey (5,5) für Driller, 73. Villa (-) für Ciric, 87. David (-) für Jarolim
Tore: 0:1 Ciric (42., Linksschuss, Vorarbeit Nikl), 1:1 Marcelinho (75., Linksschuss, Hartmann), 2:1 Marcelinho (83., Linksschuss, Goor)
Chancenverhältnis: 11:4
Eckenverhältnis: 7:2
SR: Strampe (Handorf) – **Zuschauer:** 38568 – Gelbe Karten: Neuendorf, Pinto – **Spielnote:** 4

5. Oktober 2002

VfL Wolfsburg – Bayer Leverkusen 2:0 (1:0)

Wolfsburg: Reitmaier (3) – Rytter (2,5), K. Madsen (3), Schnoor (2,5), Rau (3,5) – Karhan (3), Sarpei (3) – Ponte (4), Effenberg (1,5) – Maric (2,5), Klimowicz (4) – **Trainer:** Wolf
Leverkusen: J. Butt (3) – Zivkovic (4,5), Lucio (3) – Ramelow (4), Balitsch (4) – Ojigwe (3,5), B. Schneider (4), Bastürk (4), Babic (5) – Neuville (5), Berbatov (5) – **Trainer:** Toppmöller
Eingewechselt: 73. Petrov (-) für Ponte, 73. Akonnor (-) für Klimowicz, 83. S. Müller (-) für Maric – 46. Franca (5) für Babic, 60. Simak (3) für Neuville, 73. Preuß (-) für Balitsch
Tore: 1:0 Maric (6., Linksschuss, Vorarbeit Klimowicz), 2:0 Effenberg (74., Rechtsschuss, Maric)
Chancenverhältnis: 9:2
Eckenverhältnis: 3:7
SR: Sippel (München) – **Zuschauer:** 14234 – **Spielnote:** 3

5. Oktober 2002

Bayern München – VfL Bochum 4:1 (2:0)

Bayern: Kahn (3) – Sagnol (3), Kuffour (3,5), T. Linke (3), Tarnat (3,5) – Jeremies (3,5) – Ballack (4) – Salihamidzic (4) – Zé Roberto (4) – Pizarro (2,5), Elber (2,5) – **Trainer:** Hitzfeld
Bochum: Vander (5) – Colding (3,5), Reis (5), Fahrenhorst (5), Bemben (5) – Schindzielorz (3), Tapalovic (3), Gudjonsson (3,5) – Freier (4,5), Buckley (4) – Wosz (4,5) – **Trainer:** Neururer
Eingewechselt: 68. Lizarazu (-) für Tarnat, 68. Hargreaves (-) für Salihamidzic, 77. Scholl (-) für Zé Roberto – 46. T. Christiansen (4) für Gudjonsson, 75. Hashemian (-) für Buckley, 75. Vriesde (-) für Bemben
Tore: 1:0 Elber (27., Kopfball, Vorarbeit Sagnol), 2:0 Pizarro (39., Kopfball, Salihamidzic), 3:0 Pizarro (66., Kopfball, Zé Roberto), 3:1 Schindzielorz (77., Rechtsschuss), 4:1 Elber (90., Kopfball, Hargreaves)
Chancenverhältnis: 10:4
Eckenverhältnis: 5:4
SR: Fandel (Kyllburg) – **Zuschauer:** 63000 (ausverkauft) – **Spielnote:** 3

5. Oktober 2002

Hannover 96 – Borussia Dortmund 0:3 (0:1)

Hannover: Sievers (4) – Cherundolo (4), C. Linke (3,5), Diouf (5), Stefulj (4,5) – Lala (4), de Guzman (3) – Krupnikovic (3,5) – Stendel (4), Stajner (4,5) – Idrissou (4) – **Trainer:** Rangnick
Dortmund: Lehmann (2) – Madouni (3), Wörns (3) – Evanilson (4), Dede (3) – Kehl (4) – Frings (2) – Rosicky (4) – Ricken (4) – Koller (3), Ewerthon (3,5) – **Trainer:** Sammer
Eingewechselt: 72. Kaufman (-) für de Guzman, 72. Casey (-) für Stajner, 87. Nehrbauer (-) für Krupnikovic – 72. Heinrich (-) für Ricken, 76. S. Reuter (-) für Ewerthon, 84. Amoroso (-) für Rosicky
Tore: 0:1 Frings (42., Handelfmeter, Rechtsschuss, ohne Vorarbeit), 0:2 Koller (63., Rechtsschuss, Ewerthon), 0:3 Amoroso (87., Rechtsschuss, Heinrich)
Chancenverhältnis: 6:6
Eckenverhältnis: 9:5
SR: Albrecht (Kaufbeuren) – **Zuschauer:** 48696 – **Gelbe Karte:** C. Linke – **Rote Karten:** Diouf (78., Tätlichkeit) – Besonderes Vorkommnis: Stajner schießt Foulelfmeter am Tor vorbei (68.) – **Spielnote:** 3

5. Oktober 2002

Bor. M'gladbach – Arminia Bielefeld 3:0 (2:0)

Gladbach: Stiel (3) – Eberl (3), Witeczek (3), Strasser (2,5), Münch (2,5) – Korell (3) – Kluge (1,5), Ulich (-) – Aidoo (1,5), Van Houdt (3), Van Hout (3) – **Trainer:** Meyer
Bielefeld: Hain (3) – Lense (5,5), Reinhardt (4,5), Albayrak (4,5) – Kauf (4,5), Murawski (5,5) – Dabrowski (5), Dammeier (4,5) – Brinkmann (4,5), Vata (5) – Bogdanovic (5) – **Trainer:** Möhlmann
Eingewechselt: 13. Demo (3,5) für Ulich, 66. Stassin (-) für Kluge, 72. Ketelaer (-) für Aidoo – 46. Cha (4,5) für Bogdanovic, 46. Diabang (4,5) für Murawski, 70. Hansén (-) für Lense
Tore: 1:0 Aidoo (32., Linksschuss, Vorarbeit Kluge), 2:0 Van Houdt (45., Rechtsschuss, Aidoo), 3:0 Aidoo (60., Rechtsschuss, Van Houdt)
Chancenverhältnis: 11:1
Eckenverhältnis: 7:6
SR: Meyer (Braunschweig) – **Zuschauer:** 26600 – **Spielnote:** 3

5. Oktober 2002

FC Schalke 04 – Hamburger SV 3:0 (3:0)

Schalke: F. Rost (3) – Oude Kamphuis (3), Hajto (3), van Hoogdalem (3), Rodriguez (3,5) – Poulsen (3,5) – Asamoah (2,5), Möller (3), Varela (3) – Sand (2), Agali (2) – **Trainer:** Neubarth
HSV: Pieckenhagen (3) – Baur (5,5) – Fukal (5), Hoogma (5,5), Hertzsch (5), Kling (4,5) – Wicky (4,5), Ujfalusi (5,5) – Mahdavikia (5) – Barbarez (4,5), Romeo (5) – **Trainer:** Jara
Eingewechselt: 63. Hanke (-) für Agali, 83. Matellan (-) für Varela – 77. Christensen (-) für Hertzsch, 82. Rahn (-) für Barbarez
Tore: 1:0 Agali (9., Linksschuss, Vorarbeit Rodriguez), 2:0 Sand (15., Rechtsschuss, Oude Kamphuis), 3:0 Asamoah (45., Rechtsschuss, Sand)
Chancenverhältnis: 6:2
Eckenverhältnis: 3:6
SR: Stark (Ergolding) – **Zuschauer:** 60601 (ausverkauft) – **Spielnote:** 3,5

5. Oktober 2002

1. FC Kaiserslautern – Energie Cottbus 4:0 (1:0)

K'lautern: G. Koch (3) – H. Koch (3,5), Hengen (3,5), Knavs (3) – Teber (4), Riedl (3,5) – Basler (2,5), Grammozis (2,5) – Lincoln (4,5) – Klose (1,5), Lokvenc (3,5) – **Trainer:** Gerets
Cottbus: Piplica (3) – da Silva (4,5) – Beeck (4,5), Berhalter (5) – Löw (5), Akrapovic (4,5) – Gebhardt (5), Thielemann (4,5) – Reghecampf (5) – Rink (5), Topic (5,5) – **Trainer:** Geyer
Eingewechselt: 52. Timm (3) für Teber, 68. Ratinho (-) für Lincoln, 77. Bjelica (-) für Basler – 26. Hujdurovic (5,5) für Löw, 58. Jungnickel (5) für Akrapovic, 76. T. Rost (-) für Gebhardt
Tore: 1:0 Klose (18., Kopfball, Vorarbeit Grammozis), 2:0 Knavs (49., Kopfball, Basler), 3:0 Klose (72., Linksschuss, Lokvenc), 4:0 Hujdurovic (76., Eigentor, Kopfball, Timm)
Chancenverhältnis: 12:4
Eckenverhältnis: 12:3
SR: Krug (Gelsenkirchen) – **Zuschauer:** 33246 – **Spielnote:** 3

6. Oktober 2002

Werder Bremen – Hansa Rostock 0:0

Bremen: Borel (3) – Stalteri (3,5), Verlaat (2,5), Krstajic (4) – F. Ernst (3), Borowski (4), Skripnik (4) – Lisztes (3,5), Micoud (4) – Charisteas (4), Ailton (4) – **Trainer:** Schaaf
Rostock: Schober (1,5) – Wimmer (4), Jakobsson (3), Kovar (3), Maul (3,5) – Aduobe (3,5) – Rydlewicz (4,5), Lantz (3,5), Persson (4) – Vorbeck (5), Prica (5,5) – **Trainer:** Veh
Eingewechselt: 74. Klasnic (-) für Ailton, 79. Daun (-) für Lisztes – 79. Salou (-) für Prica, 87. Hirsch (-) für Persson, 90. Wibran (-) für Vorbeck
Chancenverhältnis: 11:2
Eckenverhältnis: 11:3
SR: Wack, Dr. (Biberbach) – **Zuschauer:** 32300 – **Spielnote:** 4

6. Oktober 2002

VfB Stuttgart – 1860 München 4:1 (0:1)

Stuttgart: Hildebrand (3) – Hinkel (4), Meira (3), Bordon (3), Gerber (3,5) – Soldo (4), Hleb (2,5) – Tiffert (5), Balakov (2,5), Seitz (3) – Kuranyi (2) – **Trainer:** Magath
1860: Jentzsch (2) – Cerny (5), Rafael (5), Costa (5), Meyer (4) – Hoffmann (4), Kurz (-) – Weissenberger (5) – Häßler (5) – Lauth (4), Schroth (4) – **Trainer:** Pacult
Eingewechselt: 46. Ganea (1,5) für Tiffert, 69. Meißner (-) für Balakov, 83. Amanatidis (-) für Kuranyi – 29. Borimirov (4) für Kurz, 52. Pfuderer (4) für Rafael, 55. Agostino (4) für Häßler
Tore: 0:1 Schroth (22., Kopfball, Vorarbeit Lauth), 1:1 Kuranyi (46., Kopfball, Ganea), 2:1 Kuranyi (49., Linksschuss, Seitz), 3:1 Ganea (50., Linksschuss, Hleb), 4:1 Ganea (90., Rechtsschuss, Hleb)
Chancenverhältnis: 13:2
Eckenverhältnis: 13:1
SR: Jansen (Essen) – **Zuschauer:** 23000 – Besonderes Vorkommnis: Jentzsch hält Foulelfmeter von Soldo (34.) – **Spielnote:** 2,5

9. Spieltag

19. Oktober 2002

Energie Cottbus – Hertha BSC 0:2 (0:2)

Cottbus: Piplica (5) – da Silva (3,5) – Beeck (3,5) – T. Rost (3,5), Löw (4) – Reghecampf (3), Kaluzny (4) – Miriuta (4), Gebhardt (2,5) – Topic (4), Rink (5) – **Trainer:** Geyer
Hertha: Kiraly (2,5) – A. Friedrich (2,5), Sverrisson (3,5), Rehmer (3,5) – Hartmann (4) – Madlung (4) – Neuendorf (3,5) – Pinto (2), Goor (4,5) – Marcelinho (3) – Alex Alves (3) – **Trainer:** Stevens
Eingewechselt: 67. Schröter (-) für Kaluzny, 67. Jungnickel (-) für Rink, 79. Franklin (-) für Miriuta – 71. Dardai (-) für Neuendorf, 82. Maas (-) für Goor, 87. Preetz (-) für Alex Alves
Tore: 0:1 Marcelinho (22., direkter Freistoß, Linksschuss, ohne Vorarbeit), 0:2 Alex Alves (44., Rechtsschuss, A. Friedrich)
Chancenverhältnis: 8:7
Eckenverhältnis: 10:1
SR: Fandel (Kyllburg) – **Zuschauer:** 13612 – **Spielnote:** 3

19. Oktober 2002

1860 München – FC Schalke 04 3:0 (0:0)

1860: Jentzsch (2) – Cerny (4), Votava (2,5), Costa (2,5), Pürk (4,5) – Meyer (1,5), Kurz (4,5) – Häßler (3), Suker (4) – Lauth (1,5), Schroth (2) – **Trainer:** Pacult
Schalke: F. Rost (3) – Oude Kamphuis (4), Hajto (4,5), van Hoogdalem (5), Rodriguez (3) – Poulsen (4) – Asamoah (4), Varela (5) – Möller (5) – Sand (4,5), Mpenza (4) – **Trainer:** Neubarth
Eingewechselt: 64. Borimirov (-) für Häßler, 73. Weissenberger (-) für Suker, 83. Max (-) für Lauth – 61. Wilmots (-) für Mpenza, 78. Hanke (-) für Rodriguez
Tore: 1:0 Lauth (60., Rechtsschuss, Vorarbeit Schroth), 2:0 Lauth (76., Linksschuss, Weissenberger), 3:0 Schroth (80., Rechtsschuss, Lauth)
Chancenverhältnis: 10:4
Eckenverhältnis: 3:7
SR: Strampe (Handorf) – **Zuschauer:** 30000 – **Rote Karten:** Kurz (29., unsportliches Verhalten), Varela (29., unsportliches Verhalten) – **Spielnote:** 2,5

19. Oktober 2002

Hamburger SV – Bor. M'gladbach 1:0 (0:0)

HSV: Pieckenhagen (3) – Fukal (3,5), Ujfalusi (4), Kling (3,5) – Hoogma (3,5) – Ledesma (4), Wicky (3,5) – Mahdavikia (3), Rahn (4,5) – Meijer (3), Romeo (5) – **Trainer:** Jara
Gladbach: Stiel (4) – Eberl (4,5), Korell (3), Strasser (4), Münch (4) – Witeczek (3,5) – Hausweiler (4), Kluge (4) – Aidoo (4,5), Van Houdt (5), Van Hout (5) – **Trainer:** Meyer
Eingewechselt: 86. Hertzsch (-) für Romeo, 89. Heinz (-) für Meijer – 31. Demo (4) für Kluge, 54. Stassin (4) für Eberl, 71. Skoubo (-) für Hausweiler
Tor: 1:0 Meijer (47., Kopfball, ohne Vorarbeit)
Chancenverhältnis: 6:2
Eckenverhältnis: 5:5
SR: Merk, Dr. (Kaiserslautern) – **Zuschauer:** 51616 – **Spielnote:** 4

19. Oktober 2002

Hannover 96 – Werder Bremen 4:4 (2:1)

Hannover: Sievers (4,5) – Cherundolo (4,5), C. Linke (5), Zuraw (5), Stefulj (4) – Lala (3), Jaime (3) – Krupnikovic (3) – Stendel (3),

Idrissou (4), Bobic (1,5) – **Trainer:** Rangnick
Bremen: Borel (5) – Stalteri (3), Verlaat (4), Krstajic (4), Skripnik (4) – Baumann (5) – F. Ernst (2,5) – Lisztes (3,5) – Micoud (3) – Charisteas (3,5), Ailton (4) – **Trainer:** Schaaf
Eingewechselt: 70. Stajner (-) für C. Linke, 70. de Guzman (-) für Jaime – 85. Borowski (-) für Lisztes, 89. Daun (-) für Ailton
Tore: 1:0 Krupnikovic (6., Linksschuss, Vorarbeit Bobic), 1:1 Verlaat (10., Kopfball, Micoud), 2:1 Idrissou (39., Linksschuss, Stendel), 2:2 Ailton (52., Linksschuss, Lisztes), 2:3 Charisteas (60., Kopfball, Krstajic), 2:4 Micoud (67., Rechtsschuss, Ailton), 3:4 Bobic (81., Kopfball, Krupnikovic), 4:4 Bobic (83., Rechtsschuss, Stajner)
Chancenverhältnis: 8:4
Eckenverhältnis: 12:4
SR: Aust (Köln) – **Zuschauer:** 45958 – **Spielnote:** 2

19. Oktober 2002
Hansa Rostock – Bayern München 0:1 (0:0)
Rostock: Schober (4,5) – Wimmer (4), Jakobsson (3), Kovar (3,5), Maul (4,5) – Aduobe (3,5) – Lantz (4,5), Persson (4) – Rydlewicz (4), Prica (4,5) – Salou (4) – **Trainer:** Veh
Bayern: Kahn (3) – Sagnol (3), Kuffour (3), R. Kovac (3), Tarnat (3) – Jeremies (2,5) – Ballack (4) – Hargreaves (3,5), Zé Roberto (3) – Pizarro (4) – Elber (4) – **Trainer:** Hitzfeld
Eingewechselt: 76. Vorbeck (-) für Persson, 86. Arvidsson (-) für Rydlewicz, 86. Meggle (-) für Aduobe – 68. Scholl (-) für Hargreaves, 76. Santa Cruz (-) für Pizarro, 86. T. Linke (-) für Ballack
Tor: 0:1 Zé Roberto (73., Linksschuss, Vorarbeit Ballack)
Chancenverhältnis: 1:6
Eckenverhältnis: 6:6
SR: Weiner (Hildesheim) – **Zuschauer:** 30000 (ausverkauft) – **Spielnote:** 3,5

19. Oktober 2002
Bayer Leverkusen – 1. FC Kaiserslautern 1:0 (1:0)
Leverkusen: J. Butt (1,5) – Sebescen (3), Lucio (2), Zivkovic (5), Placente (2,5) – Ramelow (3,5) – Balitsch (3,5), Ojigwe (3,5) – Bastürk (2,5) – Neuville (4), Brdaric (4) – **Trainer:** Toppmöller
K'lautern: G. Koch (3) – H. Koch (4,5), Hengen (3), Knavs (4) – Riedl (3) – Basler (2,5), Grammozis (4) – Lokvenc (4) – Teber (5,5), Timm (5), Klose (4) – **Trainer:** Gerets
Eingewechselt: 65. Bierofka (-) für Brdaric, 84. Juan (-) für Neuville, 90. Simak (-) für Bastürk – 46. Bjelica (5) für H. Koch, 54. Dominguez (5) für Timm, 63. Lincoln (-) für Teber
Tor: 1:0 Brdaric (19., Rechtsschuss, ohne Vorarbeit)
Chancenverhältnis: 5:4
Eckenverhältnis: 5:4
SR: Kemmling (Kleinburgwedel) – **Zuschauer:** 22500 (ausverkauft) – **Gelbe Karte:** Balitsch – **Gelb-Rote Karte:** Zivkovic (33.) – **Spielnote:** 4

19. Oktober 2002
Borussia Dortmund – Arminia Bielefeld 0:0
Dortmund: Lehmann (2) – Evanilson (4), Wörns (3), Metzelder (3,5), Dede (4,5) – S. Reuter (4) – Frings (2,5) – Rosicky (2,5) – Ewerthon (3), Amoroso (5), Koller (4) – **Trainer:** Sammer
Bielefeld: Hain (1) – Hansén (3,5), Reinhardt (2,5), Bogusz (3,5) – Dabrowski (4) – Kauf (3), Dammeier (3) – Brinkmann (4), Albayrak (4) – Diabang (3), Wichniarek (4,5) – **Trainer:** Möhlmann
Eingewechselt: 46. Madouni (3) für Metzelder, 82. Heinrich (-) für Rosicky, 82. Ricken (-) für Amoroso – 65. Cha (-) für Brinkmann, 76. Vata (-) für Wichniarek, 80. Porcello (-) für Dammeier
Chancenverhältnis: 9:2
Eckenverhältnis: 13:2
SR: Stark (Ergolding) – **Zuschauer:** 68600 (ausverkauft) – **Spielnote:** 3

20. Oktober 2002
VfL Bochum – VfL Wolfsburg 4:2 (1:2)
Bochum: Van Duijnhoven (3) – Colding (3,5), Kalla (3), Fahrenhorst (4), Meichelbeck (4) – Schindzielorz (4), Tapalovic (-) – Wosz (2,5) – Freier (3), Buckley (4) – T. Christiansen (2) – **Trainer:** Neururer
Wolfsburg: Reitmaier (3,5) – Rytter (4), K. Madsen (5,5), Schnoor (4), Rau (5) – Karhan (4), Sarpei (4) – Effenberg (3) – Ponte (3) – Maric (3), Klimowicz (3,5) – **Trainer:** Wolf
Eingewechselt: 22. Gudjonsson (3) für Tapalovic, 65. Hashemian (-) für Buckley, 73. Bemben (-) für T. Christiansen – 60. Biliskov (-) für K. Madsen, 60. Akonnor (-) für Sarpei, 71. Petrov (-) für Schnoor
Tore: 1:0 T. Christiansen (5., Kopfball, Vorarbeit Colding), 1:1 Klimowicz (6., Kopfball, Effenberg), 1:2 Ponte (37., Rechtsschuss, Maric), 2:2 Fahrenhorst (56., Kopfball, Gudjonsson), 3:2 Freier (57., Rechtsschuss, T. Christiansen), 4:2 Hashemian (82., Rechtsschuss)
Chancenverhältnis: 8:5
Eckenverhältnis: 4:3
SR: Wack, Dr. (Biberbach) – **Zuschauer:** 18858 – **Spielnote:** 2,5

20. Oktober 2002
1. FC Nürnberg – VfB Stuttgart 1:2 (1:0)
Nürnberg: Kampa (3) – Petkovic (4,5) – Kos (3,5), Popovic (4,5) – Nikl (4,5) – Larsen (3) – Sanneh (3,5), Jarolim (2,5), L. Müller (3) – David (4,5), Ciric (3,5) – **Trainer:** Augenthaler
Stuttgart: T. Ernst (4) – Hinkel (3), Marques (3,5), Bordon (3), Gerber (3,5) – Soldo (3), Meißner (3) – Hleb (2,5), Seitz (4) – Kuranyi (2,5), Ganea (3,5) – **Trainer:** Magath
Eingewechselt: 46. Paßlack (3,5) für Nikl, 66. Driller (-) für David – 59. Tiffert (3) für Meißner, 70. Amanatidis (-) für Seitz, 86. Wenzel (-) für Ganea
Tore: 1:0 Jarolim (44., Rechtsschuss, Vorarbeit Ciric), 1:1 Kuranyi (80., Rechtsschuss, Tiffert), 1:2 Amanatidis (84., Rechtsschuss, Ganea)
Chancenverhältnis: 5:9
Eckenverhältnis: 6:8
SR: Wagner (Hofheim) – **Zuschauer:** 29500 – **Spielnote:** 3,5

10. Spieltag

26. Oktober 2002
Hertha BSC – Bayer Leverkusen 1:1 (1:0)
Hertha: Kiraly (3) – A. Friedrich (2,5), Rehmer (3,5) – Madlung (4), Dardai (3,5), Hartmann (4) – Beinlich (4) – Marcelinho (3,5) – Pinto (4), Alex Alves (4,5), Goor (4,5) – **Trainer:** Stevens
Leverkusen: J. Butt (3) – Sebescen (-), Lucio (3,5), Juan (3), Placente (4) – Balitsch (4), Ojigwe (4) – B. Schneider (3,5) – Bastürk (4) – Franca (5), Neuville (4,5) – **Trainer:** Toppmöller
Eingewechselt: 61. Schmidt (-) für Madlung, 65. Luizao (-) für Alex Alves – 25. Babic (4) für Sebescen, 46. Berbatov (3,5) für Franca, 84. Simak (-) für Neuville
Tore: 1:0 A. Friedrich (20., Kopfball, Vorarbeit Marcelinho), 1:1 Juan (54., Rechtsschuss, B. Schneider)
Chancenverhältnis: 6:7
Eckenverhältnis: 9:6
SR: Kircher (Rottenburg) – **Zuschauer:** 43146 – **Spielnote:** 3,5

26. Oktober 2002
Bayern München – Hannover 96 3:3 (1:2)
Bayern: Wessels (4,5) – Sagnol (-), Kuffour (4), R. Kovac (5), Lizarazu (4) – Jeremies (4,5) – Ballack (4) – Salihamidzic (4), Scholl (1,5) – Pizarro (5), Elber (2) – **Trainer:** Hitzfeld
Hannover: Sievers (2) – Cherundolo (4,5), Konstantinidis (4,5), Zuraw (4), Stefulj (4,5) – Lala (4), Jaime (3,5) – Krupnikovic (3) – Stendel (2,5), Idrissou (3), Bobic (3,5) – **Trainer:** Rangnick
Eingewechselt: 14. Thiam (5,5) für Sagnol, 41. Zé Roberto (4) für Salihamidzic, 68. Santa Cruz (-) für Pizarro – 84. de Guzman (-) für Krupnikovic, 90. Stajner (-) für Stendel
Tore: 1:0 Elber (4., Rechtsschuss, Vorarbeit Ballack), 1:1 Zuraw (16., Kopfball, Krupnikovic), 1:2 Stendel (44., Linksschuss, Idrissou), 2:2 Scholl (75., direkter Freistoß, Rechtsschuss), 3:2 Elber (80., Linksschuss, Jeremies), 3:3 Kuffour (82., Eigentor, Stefulj)
Chancenverhältnis: 14:7
Eckenverhältnis: 13:4
SR: Koop (Lüttenmark) – **Zuschauer:** 52000 – **Spielnote:** 2,5

26. Oktober 2002
Werder Bremen – Borussia Dortmund 1:4 (1:1)
Bremen: Borel (4,5) – Baumann (3,5), Verlaat (4), Krstajic (4) – Stalteri (3) – F. Ernst (2), Skripnik (4) – Lisztes (4), Micoud (5) – Charisteas (4), Ailton (4) – **Trainer:** Schaaf
Dortmund: Lehmann (3) – Wörns (2), Metzelder (3) – Dede (3) – S. Reuter (3,5), Kehl (2,5) – Evanilson (3), Frings (2,5) – Rosicky (4) – Koller (3), Amoroso (5) – **Trainer:** Sammer
Eingewechselt: 77. Klasnic (-) für F. Ernst, 83. Borowski (-) für Baumann – 68. Ricken (2) für Rosicky, 74. Ewerthon (1) für Amoroso, 83. Madouni (-) für Dede
Tore: 0:1 Frings (2., Rechtsschuss, Vorarbeit Evanilson), 1:1 F. Ernst (35., Rechtsschuss), 1:2 Dede (71., Linksschuss, Ricken), 1:3 Ewerthon (74., Rechtsschuss, Ricken), 1:4 Ewerthon (85., Rechtsschuss)
Chancenverhältnis: 6:7
Eckenverhältnis: 4:1
SR: Merk, Dr. (Kaiserslautern) – **Zuschauer:** 37100 – **Spielnote:** 2

26. Oktober 2002
Arminia Bielefeld – Hamburger SV 2:1 (1:0)
Bielefeld: Hain (3) – Bogusz (4), Reinhardt (3), Hansén (3,5), Albayrak (3,5) – Dabrowski (3) – Kauf (3,5), Dammeier (4,5) – Brinkmann (-), Vata (3,5) – Wichniarek (4) – **Trainer:** Möhlmann
HSV: Pieckenhagen (4,5) – Fukal (3,5), Hoogma (3,5), Ujfalusi (4), Hollerbach (4) – Ledesma (3), Baur (5,5) – Benjamin (3), Barbarez (4), Rahn (-) – Romeo (4) – **Trainer:** Jara
Eingewechselt: 11. Diabang (2,5) für Brinkmann, 70. Cha (-) für Wichniarek, 90. Porcello (-) für Diabang – 18. Meijer (3,5) für Rahn, 58. Kitzbichler (3,5) für Baur, 82. Heinz (-) für Hoogma
Tore: 1:0 Diabang (11., Kopfball, Vorarbeit Dabrowski), 2:0 Diabang (57., Kopfball, Wichniarek), 2:1 Meijer (66., Linksschuss, Benjamin)
Chancenverhältnis: 4:3
Eckenverhältnis: 5:4
SR: Dr. Fleischer (Ulm) – **Zuschauer:** 25169 – **Spielnote:** 4

26. Oktober 2002
Bor. M'gladbach – 1860 München 0:1 (0:0)
Gladbach: Stiel (3) – Eberl (4), Korell (3,5), Strasser (4), Münch (2,5) – Witeczek (3) – Hausweiler (4) – Demo (4) – Aidoo (5), Van Hout (4), Van Houdt (5) – **Trainer:** Meyer
1860: Jentzsch (2,5) – Cerny (5), Votava (4), Costa (5), Hoffmann (3) – Borimirov (3,5), Meyer (2,5) – Häßler (3), Suker (4) – Lauth (3,5), Schroth (2) – **Trainer:** Pacult
Eingewechselt: 46. Skoubo (5) für Van Houdt, 54. Stassin (4) für Hausweiler, 73. Ketelaer (-) für Aidoo – 58. Ehlers (4) für Suker, 64. Weissenberger (-) für Lauth, 87. Wiesinger (-) für Häßler
Tor: 0:1 Schroth (46., Linksschuss, Vorarbeit Lauth)
Chancenverhältnis: 8:4
Eckenverhältnis: 8:2
SR: Wagner (Hofheim) – **Zuschauer:** 26900 – **Spielnote:** 4

26. Oktober 2002
FC Schalke 04 – 1. FC Nürnberg 1:1 (0:1)
Schalke: F. Rost (3) – Oude Kamphuis (4), Hajto (4), van Hoogdalem (4,5), Rodriguez (5) – Poulsen (5) – Möller (5), Böhme (3,5) – Asamoah (-) – Mpenza (4), Wilmots (5) – **Trainer:** Neubarth
Nürnberg: Kampa (3) – Nikl (4,5), Stehle (3,5), Petkovic (4), Popovic (4,5) – Sanneh (3,5), Larsen (3) – L. Müller (4) – Jarolim (3,5) – Belic (3), Ciric (4) – **Trainer:** Augenthaler
Eingewechselt: 27. Sand (4,5) für Asamoah, 68. Vermant (-) für van Hoogdalem, 80. Hanke (-) für Wilmots – 55. Michalke (4,5) für Belic, 80. Paßlack (-) für Ciric
Tore: 0:1 Ciric (12., Linksschuss, Vorarbeit Belic), 1:1 Vermant (90., Rechtsschuss, Hanke)
Chancenverhältnis: 3:1
Eckenverhältnis: 7:0
SR: Meyer (Braunschweig) – **Zuschauer:** 60601 (ausverkauft) – **Spielnote:** 5

26. Oktober 2002
VfB Stuttgart – Energie Cottbus 0:0
Stuttgart: T. Ernst (3,5) – Hinkel (2,5), Meira (3), Bordon (3), Gerber (3) – Soldo (3), Meißner (3) – Hleb (4), Seitz (4,5) – Ganea (4,5), Kuranyi (4) – **Trainer:** Magath
Cottbus: Lenz (2) – da Silva (3), Kaluzny (3), Beeck (3) – T. Rost (3) – Schröter (4), Löw (4,5) – Reghecampf (5,5), Gebhardt (4,5) – Rink (5), Topic (5) – **Trainer:** Geyer
Eingewechselt: 46. Amanatidis (3,5) für Ganea, 46. Tiffert (3,5) für Seitz, 87. Wenzel (-) für Gerber – 69. Jungnickel (-) für Reghecampf, 78. Thielemann (-) für Rink, 85. Latoundji (-) für Gebhardt
Chancenverhältnis: 12:1
Eckenverhältnis: 6:3
SR: Sippel (München) – **Zuschauer:** 23000 – **Spielnote:** 3,5

27. Oktober 2002
VfL Wolfsburg – Hansa Rostock 1:0 (1:0)
Wolfsburg: Reitmaier (3) – Rytter (3,5), Franz (3), Schnoor (2,5), Rau (3) – Karhan (3), Akonnor (4) – Effenberg (2) – Ponte (3) – Klimowicz (3), Maric (3,5) – **Trainer:** Wolf
Rostock: Schober (3) – Wimmer (4), Jakobsson (4,5), Kovar (3), Maul (4) – Aduobe (4) – Lantz (4,5), Hansen (5) – Rydlewicz (3) – Vorbeck (5), Arvidsson (5) – **Trainer:** Veh
Eingewechselt: 77. Präger (-) für Maric, 81. Sarpei (-) für Ponte – 75. Prica (-) für Arvidsson, 79. Meggle (-) für Hansen
Tor: 1:0 Klimowicz (29., Linksschuss, Vorarbeit Maric)
Chancenverhältnis: 7:3
Eckenverhältnis: 3:4
SR: Krug (Gelsenkirchen) – **Zuschauer:** 11612 – **Spielnote:** 3,5

13. November 2002
1. FC Kaiserslautern – VfL Bochum 0:2 (0:2)
K'lautern: G. Koch (5) – H. Koch (4,5), Lembi (5), Sforza (5,5), Grammozis (5,5) – Bjelica (6), Riedl (4,5) – Malz (5,5) – Timm (5), Lincoln (5) – Klose (3) – **Trainer:** Gerets
Bochum: Van Duijnhoven (3) – Colding (3), Kalla (4), Fahrenhorst (3), Meichelbeck (3) – Schindzielorz (3) – Gudjonsson (3) – Wosz (3) – Freier (2,5), Buckley (3), T. Christiansen (1,5) – **Trainer:** Neururer
Eingewechselt: 46. Klos (5) für Lembi, 46. Mifsud (4) für Malz, 58. Basler (4,5) für Timm – 70. Hashemian (-) für T. Christiansen, 70. Bemben (-) für Gudjonsson, 84. Vriesde (-) für Buckley
Tore: 0:1 T. Christiansen (7., Linksschuss, Vorarbeit Freier), 0:2 T. Christiansen (21., Kopfball, Wosz)
Chancenverhältnis: 4:4
Eckenverhältnis: 10:6
SR: Keßler (Höhenkirchen) – **Zuschauer:** 36209 – **Spielnote:** 3,5

11. Spieltag

2. November 2002
Energie Cottbus – FC Schalke 04 0:1 (0:0)
Cottbus: Lenz (3) – Kaluzny (3) – Beeck (3,5), Berhalter (4,5) – Schröter (3,5), T. Rost (4), Löw (4) – Gebhardt (4,5), Latoundji (5) – Rink (5), Topic (3,5) – **Trainer:** Geyer
Schalke: F. Rost (2,5) – Oude Kamphuis (3,5), van Hoogdalem (3,5), Matellan (4), Rodriguez (4) – Poulsen (3,5), Kmetsch (3,5) – Böhme (4) – Varela (4,5) – Wilmots (5) – Sand (5) – **Trainer:** Neubarth
Eingewechselt: 73. Jungnickel (-) für Rink, 81. Reghecampf (-) für Latoundji, 81. Reichenberger (-) für Gebhardt – 67. Möller (2,5) für Wilmots, 86. Asamoah (-) für Böhme
Tor: 0:1 Möller (79., direkter Freistoß, Rechtsschuss, ohne Vorarbeit)
Chancenverhältnis: 5:3
Eckenverhältnis: 9:2
SR: Dr. Fleischer (Ulm) – **Zuschauer:** 13340 – **Spielnote:** 4,5

2. November 2002
1. FC Nürnberg – Bor. M'gladbach 2:1 (2:0)
Nürnberg: Kampa (2,5) – Nikl (3,5), Kos (3), Petkovic (2,5), Popovic (3) – Larsen (2) –

Ende einer Dienstfahrt: Bremens Charisteas sieht nach einer Tätlichkeit die Rote Karte.

Sanneh (4), Jarolim (3), L. Müller (3,5) – Belic (3), Ciric (2,5) – **Trainer:** Augenthaler
Gladbach: Stiel (2) – Eberl (4), Korell (4), Strasser (3,5), Witeczek (4,5) – Hausweiler (-), Stassin (3,5) – Aidoo (3,5), Van Hout (5), Münch (3) – Skoubo (5) – **Trainer:** Meyer
Eingewechselt: 74. Michalke (-) für Belic, 83. Driller (-) für Ciric, 87. Stehle (-) für Jarolim – 27. Pletsch (4) für Hausweiler, 46. Küntzel (3) für Aidoo, 63. Ketelaer (-) für Eberl
Tore: 1:0 Nikl (8., Kopfball, Vorarbeit Larsen), 2:0 Ciric (22., Foulelfmeter, Linksschuss, Ciric), 2:1 Strasser (75., Linksschuss, Münch)
Chancenverhältnis: 10:9
Eckenverhältnis: 10:8
SR: Kinhöfer (Herne) – **Zuschauer:** 30600 – **Rote Karten:** Stassin (88., grobes Foulspiel) – **Spielnote:** 2,5

2. November 2002
1860 München – Arminia Bielefeld 3:1 (3:1)
1860: Jentzsch (2) – Cerny (3,5), Votava (4), Costa (4), Hoffmann (3) – Borimirov (3), Meyer (3,5) – Häßler (2,5), Suker (3,5) – Lauth (2), Schroth (2,5) – **Trainer:** Pacult
Bielefeld: Hain (3,5) – Reinhardt (4,5), Hansén (5) – Bogusz (4), Albayrak (5) – Dabrowski (4) – Kauf (2,5), Dammeier (3,5) – Vata (3) – Wichniarek (2,5), Diabang (4) – **Trainer:** Möhlmann
Eingewechselt: 54. Kurz (3,5) für Suker, 70. Max (-) für Lauth, 89. Weissenberger (-) für Häßler – 65. Cha (-) für Dammeier, 78. Porcello (-) für Diabang, 78. Bogdanovic (-) für Albayrak
Tore: 1:0 Suker (14., Linksschuss, Vorarbeit Schroth), 1:1 Wichniarek (15., Rechtsschuss, Kauf), 2:1 Lauth (30., Rechtsschuss, Cerny), 3:1 Lauth (38., Rechtsschuss, Schroth)
Chancenverhältnis: 7:5
Eckenverhältnis: 2:3
SR: Kemmling (Kleinburgwedel) – **Zuschauer:** 22500 – **Spielnote:** 2,5

2. November 2002
Hannover 96 – VfL Wolfsburg 3:1 (2:0)
Hannover: Sievers (4) – Cherundolo (3,5), Konstantinidis (2), Zuraw (3), Stefulj (3) – de Guzman (2), Jaime (1,5) – Krupnikovic (2,5) – Stendel (3), Bobic (2,5), Idrissou (3,5) – **Trainer:** Rangnick
Wolfsburg: Reitmaier (2) – Rytter (5), Franz (5), Schnoor (5), Rau (4) – Karhan (4,5), Akonnor (5,5) – Effenberg (4) – Ponte (5) – Klimowicz (5,5), Maric (5) – **Trainer:** Wolf
Eingewechselt: 67. Schuler (-) für Cherundolo, 73. Stajner (-) für Stendel, 85. N'Kufo (-) für Bobic – 46. Petrov (4,5) für Klimowicz, 61. Munteanu (-) für Rytter, 61. Sarpei (-) für Akonnor
Tore: 1:0 Stendel (23., Linksschuss, ohne Vorarbeit), 2:0 Bobic (28., Rechtsschuss, Konstantinidis), 2:1 Munteanu (76., Linksschuss, Ponte), 3:1 Konstantinidis (82., Rechtsschuss, Idrissou)
Chancenverhältnis: 11:2
Eckenverhältnis: 7:5
SR: Jansen (Essen) – **Zuschauer:** 38686 – **Spielnote:** 2,5

2. November 2002
Hansa Rostock – 1. FC Kaiserslautern 2:2 (1:1)
Rostock: Schober (2,5) – Wimmer (4,5), Jakobsson (4), Kovar (4,5), Hill (4) – Lantz (3), Aduobe (3) – Meggle (4) – Rydlewicz (2), Vorbeck (3), Prica (4,5) – **Trainer:** Veh
K'lautern: G. Koch (2,5) – H. Koch (4,5), Lembi (3,5), Hengen (3,5), Grammozis (4) – Riedl (2,5) – Sforza (3,5) – Basler (2,5), Bjelica (4) – Klose (5), Lokvenc (2) – **Trainer:** Gerets
Eingewechselt: 76. Wibran (-) für Meggle, 79. Arvidsson (-) für Vorbeck, 87. Salou (-) für Prica – 44. Mifsud (2) für Klose, 58. T. Reuter (4) für Lembi, 87. Teber (-) für Lokvenc
Tore: 1:0 Rydlewicz (17., direkter Freistoß, Rechtsschuss, ohne Vorarbeit), 1:1 Lokvenc (22., Kopfball, Grammozis), 2:1 Vorbeck (72., Linksschuss, Lantz), 2:2 Mifsud (78., Linksschuss, Riedl)
Chancenverhältnis: 8:9
Eckenverhältnis: 7:2
SR: Aust (Köln) – **Zuschauer:** 18400 – **Spielnote:** 2,5

2. November 2002
Bayer Leverkusen – VfB Stuttgart 0:1 (0:1)
Leverkusen: J. Butt (2) – Sebescen (5), Ramelow (4), Lucio (5), Placente (4,5) – Balitsch (4,5) – B. Schneider (5), Bastürk (5), Babic (5) – Neuville (5), Berbatov (4) – **Trainer:** Toppmöller
Stuttgart: T. Ernst (1,5) – Hinkel (3), Meira (3), Wenzel (2), Gerber (3) – Soldo (3), Meißner (2,5) – Hleb (3), Balakov (3,5), Seitz (3) – Amanatidis (3,5) – **Trainer:** Magath
Eingewechselt: 46. Brdaric (5) für Neuville, 46. Simak (5) für Babic, 60. Bierofka (5) für Balitsch – 46. Ganea (6) für Amanatidis, 59. Mutzel (3) für Seitz, 68. Kuranyi (-) für Ganea
Tor: 0:1 Meißner (19., Rechtsschuss, Vorarbeit Seitz)
Chancenverhältnis: 6:8
Eckenverhältnis: 10:1
SR: Stark (Ergolding) – **Zuschauer:** 22500 (ausverkauft) – **Gelbe Karte:** Bastürk – **Spielnote:** 4

2. November 2002
Borussia Dortmund – Hamburger SV 1:1 (0:0)
Dortmund: Lehmann (2) – Wörns (3), Metzelder (4) – Evanilson (4), Dede (3,5) – S. Reuter (4), Frings (2) – Heinrich (4) – Rosicky (3) – Koller (4,5), Amoroso (5) – **Trainer:** Sammer
HSV: Pieckenhagen (3) – Fukal (3), Hoogma (2,5), Ujfalusi (2,5), Hollerbach (5) – Ledesma (3,5), Maltritz (4) – Benjamin (3,5), Rahn (3) – Meijer (2,5) – Romeo (4,5) – **Trainer:** Jara
Eingewechselt: 62. Ewerthon (-) für Amoroso, 62. Ricken (-) für S. Reuter, 79. Kehl (-) für Heinrich – 80. Christensen (2) für Rahn, 80. Heinz (-) für Ledesma, 90. Hertzsch (-) für Romeo
Tore: 1:0 Rosicky (67., Rechtsschuss, Vorarbeit Heinrich), 1:1 Christensen (89., Rechtsschuss, Meijer)
Chancenverhältnis: 4:6
Eckenverhältnis: 6:2
SR: Wack, Dr. (Biberbach) – **Zuschauer:** 68600 (ausverkauft) – **Rote Karten:** Meijer (90., Schiedsrichterbeleidigung) – **Besonderes Vorkommnis:** Hollerbach schießt Handelfmeter über das Tor (87.) – **Spielnote:** 4

3. November 2002
Werder Bremen – Bayern München 2:0 (1:0)
Bremen: Borel (3) – Baumann (3), Verlaat (3), Krstajic (3) – Stalteri (4), F. Ernst (3), Magnin (4) – Lisztes (2,5), Micoud (3) – Charisteas (4,5), Daun (3) – **Trainer:** Schaaf
Bayern: Kahn (5) – Sagnol (4,5), Kuffour (3), T. Linke (4), Lizarazu (4) – Jeremies (4), Hargreaves (4,5) – Salihamidzic (5), Scholl (4,5) – Santa Cruz (5), Pizarro (5) – **Trainer:** Hitzfeld
Eingewechselt: 52. Skripnik (4) für Verlaat, 76. Reich (-) für Daun, 83. Wehlage (-) für Magnin – 42. Zé Roberto (4,5) für Scholl, 66. Zickler (-) für Santa Cruz, 70. Fink (-) für Jeremies
Tore: 1:0 Daun (17., Rechtsschuss, Vorarbeit Verlaat), 2:0 Krstajic (80., Kopfball, Charisteas)
Chancenverhältnis: 6:3
Eckenverhältnis: 4:1
SR: Krug (Gelsenkirchen) – **Zuschauer:** 40200 (ausverkauft) – **Spielnote:** 2,5

3. November 2002
VfL Bochum – Hertha BSC 3:0 (0:0)
Bochum: Van Duijnhoven (2) – Colding (3,5), Kalla (2), Fahrenhorst (2,5), Meichelbeck (3,5) – Gudjonsson (3), Schindzielorz (3) – Freier (2), Wosz (2), Buckley (3,5) – Hashemian (4,5) – **Trainer:** Neururer
Hertha: Kiraly (4) – A. Friedrich (4,5), Sverrisson (4), Nené (3,5), Hartmann (5) – Schmidt (4), Dardai (4) – Marcelinho (3,5) – Karwan (3,5), Goor (4) – Preetz (5) – **Trainer:** Stevens
Eingewechselt: 71. Bemben (-) für Buckley, 80. T. Christiansen (-) für Wosz, 86. Graulund (-) für Hashemian – 62. Pinto (-) für Sverrisson, 66. Beinlich (-) für Goor, 75. Luizao (-) für Dardai
Tore: 1:0 Wosz (49., Linksschuss, Vorarbeit Freier), 2:0 Freier (80., Linksschuss, Bemben), 3:0 Gudjonsson (90., Linksschuss, Freier)
Chancenverhältnis: 6:5
Eckenverhältnis: 5:6
SR: Weiner (Hildesheim) – **Zuschauer:** 22009 – **Gelbe Karte:** Pinto – **Spielnote:** 2,5

12. Spieltag

9. November 2002
VfL Wolfsburg – Werder Bremen 3:1 (1:0)
Wolfsburg: Reitmaier (2) – Franz (4), Karhan (3,5), Biliskov (4,5) – Sarpei (3), Rau (4) – Munteanu (3,5) – Effenberg (3) – Ponte (2) – Klimowicz (4), Petrov (2) – **Trainer:** Wolf
Bremen: Borel (4) – Skripnik (4), Krstajic (4) – Stalteri (4), Magnin (5) – Baumann (5) – F. Ernst (2,5) – Lisztes (4,5) – Micoud (2) – Charisteas (5), Daun (3,5) – **Trainer:** Schaaf
Eingewechselt: 46. Schnoor (4) für Franz, 64. Greiner (-) für Sarpei, 73. Akonnor (-) für Munteanu – 63. Ailton (-) für Lisztes, 79. Klasnic (-) für Daun
Tore: 1:0 Petrov (28., Linksschuss, Vorarbeit Ponte), 2:0 Ponte (66., Rechtsschuss, Klimowicz), 2:1 Micoud (70., Rechtsschuss, Stalteri), 3:1 Effenberg (84., Linksschuss, Akonnor)
Chancenverhältnis: 6:6
Eckenverhältnis: 5:3
SR: Keßler (Höhenkirchen) – **Zuschauer:** 12613 – **Gelbe Karte:** Petrov – **Rote Karten:** Charisteas (45., Tätlichkeit) – **Spielnote:** 3

9. November 2002
Bayern München – Borussia Dortmund 2:1 (0:1)
Bayern: Kahn (3) – Sagnol (2,5), Kuffour (3,5), T. Linke (3), Lizarazu (2,5) – Jeremies (4), Hargreaves (4,5) – Salihamidzic (3), Ballack (4) – Santa Cruz (2,5), Elber (4) – **Trainer:** Hitzfeld
Dortmund: Lehmann (4) – Wörns (4), Metzelder (2,5) – Dede (4,5) – Frings (3,5), S. Reuter (3) – Heinrich (5) – Rosicky (5) – Ewerthon (4), Amoroso (4), Koller (1,5) – **Trainer:** Sammer
Eingewechselt: 46. Pizarro (4) für Hargreaves, 76. Fink (-) für Jeremies, 80. N. Kovac (-) für Sagnol – 36. Madouni (3) für Dede, 63. Kehl (-) für Metzelder, 63. Ricken (-) für Amoroso
Tore: 0:1 Koller (7., Rechtsschuss, Vorarbeit Amoroso), 1:1 Santa Cruz (62., Rechtsschuss, Elber), 2:1 Pizarro (66., Linksschuss, Sagnol)
Chancenverhältnis: 7:3
Eckenverhältnis: 10:1
SR: Weiner (Hildesheim) – **Zuschauer:** 63000 (ausverkauft) – **Spielnote:** 4

9. November 2002
Hamburger SV – 1860 München 1:0 (1:0)
HSV: Pieckenhagen (3) – Fukal (3), Hoogma (4), Ujfalusi (3), Hollerbach (4) – Ledesma (2,5), Maltritz (3,5) – Mahdavikia (4), Cardoso (2,5), Christensen (4) – Romeo (3,5) – **Trainer:** Jara
1860: Jentzsch (2,5) – Ehlers (4), Votava (2,5), Costa (3), Hoffmann (4) – Kurz (-) – Meyer (5), Suker (4) – Häßler (3,5) – Schroth (4), Lauth (3) – **Trainer:** Pacult
Eingewechselt: 68. Benjamin (-) für Ledesma, 72. Hertzsch (-) für Christensen – 24. Wiesinger (4) für Kurz, 70. Agostino (-) für Ehlers, 78. Weissenberger (-) für Meyer
Tor: 1:0 Romeo (29., Kopfball, Vorarbeit Cardoso)
Chancenverhältnis: 4:5
Eckenverhältnis: 5:5
SR: Krug (Gelsenkirchen) – **Zuschauer:** 36370 – **Spielnote:** 3,5

9. November 2002
Arminia Bielefeld – 1. FC Nürnberg 0:1 (0:0)
Bielefeld: Hain (3) – Reinhardt (3,5), Hansén (3,5) – Dabrowski (4) – Rauw (4,5), Kauf (4), Dammeier (4) – Albayrak (4) – Brinkmann (3,5) – Wichniarek (4), Vata (3) – **Trainer:** Möhlmann
Nürnberg: Kampa (2) – Nikl (5), Kos (3,5), Petkovic (3,5), Popovic (4) – Larsen (4) – Sanneh (5), L. Müller (4) – Jarolim (4) – Ciric

(4), Driller (3,5) – **Trainer:** Augenthaler
Eingewechselt: 64. Porcello (-) für Dammeier, 65. Diabang (-) für Brinkmann, 77. van der Ven (-) für Rauw – 78. Belic (-) für Driller, 86. Stehle (-) für Jarolim
Tor: 0:1 Driller (56., Kopfball, Vorarbeit Larsen)
Chancenverhältnis: 7:1
Eckenverhältnis: 5:0
SR: Aust (Köln) – **Zuschauer:** 18153 – **Gelbe Karte:** Rauw – **Spielnote:** 4,5

9. November 2002
FC Schalke 04 – Bayer Leverkusen 0:1 (0:0)
Schalke: F. Rost (2) – Oude Kamphuis (3,5), Hajto (3,5), van Hoogdalem (2), Matellan (4) – Poulsen (3,5), Vermant (4,5) – Möller (4) – Asamoah (2,5), Mpenza (3,5), Sand (4,5) – **Trainer:** Neubarth
Leverkusen: J. Butt (2) – Zivkovic (3), Lucio (3), Ramelow (2), Placente (2) – Sebescen (4), Balitsch (3,5) – B. Schneider (3) – Bierofka (3,5) – Neuville (4), Berbatov (3,5) – **Trainer:** Toppmöller
Eingewechselt: 79. Böhme (-) für Asamoah, 90. Reck (-) für Vermant, 90. Hanke (-) für Matellan – 74. Brdaric (-) für Neuville, 74. Simak (-) für Berbatov
Tor: 0:1 B. Schneider (90., Foulelfmeter, Rechtsschuss, Vorarbeit Brdaric)
Chancenverhältnis: 4:6
Eckenverhältnis: 6:3
SR: Wack, Dr. (Biberbach) – **Zuschauer:** 60601 (ausverkauft) – **Gelbe Karte:** Brdaric – **Rote Karten:** F. Rost (87., Notbremse) – **Spielnote:** 3

9. November 2002
VfB Stuttgart – VfL Bochum 3:2 (0:0)
Stuttgart: T. Ernst (3) – Hinkel (2,5), Marques (4,5), Meira (3), Gerber (3) – Soldo (3), Meißner (3) – Hleb (3,5), Balakov (4), Seitz (3,5) – Kuranyi (4) – **Trainer:** Magath
Bochum: Van Duijnhoven (3) – Colding (3,5), Kalla (3), Fahrenhorst (3,5), Meichelbeck (4) – Schindzielorz (2,5), Gudjonsson (4,5) – Wosz (4,5) – Freier (2,5), Graulund (5) – Hashemian (4,5) – **Trainer:** Neururer
Eingewechselt: 46. Amanatidis (3) für Meißner, 71. Ganea (1) für Marques – 46. Bemben (4) für Gudjonsson, 58. T. Christiansen (3) für Graulund, 70. Reis (-) für Hashemian
Tore: 0:1 T. Christiansen (67., Linksschuss, Vorarbeit Freier), 1:1 Ganea (74., Linksschuss, Kuranyi), 1:2 Schindzielorz (84., Rechtsschuss, Freier), 2:2 Ganea (86., Handelfmeter, Rechtsschuss), 3:2 Ganea (90., Rechtsschuss, Balakov)
Chancenverhältnis: 7:3
Eckenverhältnis: 8:4
SR: Meyer (Braunschweig) – **Zuschauer:** 21000 – **Spielnote:** 3

9. November 2002
1. FC Kaiserslautern – Hannover 96 0:1 (0:1)
K'lautern: G. Koch (3) – H. Koch (4,5), Klos (5), Sforza (5), Lembi (4) – Hengen (4,5) – Bjelica (5) – Basler (4,5), Lincoln (5) – Klose (5), Timm (5) – **Trainer:** Gerets
Hannover: Sievers (3) – Cherundolo (3), Konstantinidis (2), Zuraw (2), Stefulj (3) – Jaime (2,5) – de Guzman (3), Krupnikovic (2) – Stendel (3), Idrissou (3,5), Bobic (1,5) – **Trainer:** Rangnick
Eingewechselt: 29. Riedl (4) für Bjelica, 42. Mifsud (3) für Klos, 53. Lokvenc (4,5) für Timm – 72. Lala (-) für Krupnikovic, 90. N'Kufo (-) für Bobic
Tor: 0:1 Bobic (40., Rechtsschuss, Vorarbeit Jaime)
Chancenverhältnis: 3:6
Eckenverhältnis: 8:7
SR: Dr. Fleischer (Ulm) – **Zuschauer:** 32231 – **Spielnote:** 3,5

10. November 2002
Hertha BSC – Hansa Rostock 3:1 (2:1)
Hertha: Kiraly (3) – A. Friedrich (2,5), Rehmer (3,5), Nené (3,5), Hartmann (4,5) – Schmidt (3,5) – Marx (3), Beinlich (3,5) – Alex Alves (2), Preetz (5), Goor (3) – **Trainer:** Stevens
Rostock: Schober (3,5) – Kientz (4), Jakobsson (4,5), Kovar (5), Hill (4,5) – Lantz (4), Aduobe (4), Hansen (4,5) – Meggle (3) – Rydlewicz (5), Salou (3) – **Trainer:** Veh
Eingewechselt: 67. Tretschok (-) für Beinlich, 80. Karwan (-) für Alex Alves, 83. Maas (-) für Marx – 46. Maul (4,5) für Hill, 62. Vorbeck (-) für Hansen, 81. Persson (-) für Aduobe
Tore: 1:0 Goor (8., Kopfball, Vorarbeit Alex Alves), 2:0 Alex Alves (10., Rechtsschuss, Marx), 2:1 Salou (15., Rechtsschuss, Meggle), 3:1 A. Friedrich (58., Kopfball, Beinlich)
Chancenverhältnis: 7:5
Eckenverhältnis: 4:2
SR: Merk, Dr. (Kaiserslautern) – **Zuschauer:** 40159 – **Spielnote:** 3

10. November 2002
Bor. M'gladbach – Energie Cottbus 3:0 (3:0)
Gladbach: Stiel (3) – Eberl (3), Korell (2,5), Pletsch (3,5), Münch (3) – Witeczek (2) – Demo (3), Ulich (2) – Aidoo (4), Felgenhauer (2,5) – Van Hout (2) – **Trainer:** Meyer
Cottbus: Lenz (4) – da Silva (5) – Hujdurovic (5,5), Beeck (5), Löw (4,5) – Thielemann (5,5), T. Rost (5) – Reghecampf (5,5), Gebhardt (5) – Juskowiak (5), Reichenberger (5) – **Trainer:** Geyer
Eingewechselt: 71. Skoubo (-) für Ulich, 79. Ketelaer (-) für Aidoo, 88. Küntzel (-) für Felgenhauer – 46. Kobylanski (4,5) für Gebhardt, 59. Latoundji (5) für Hujdurovic, 75. Rozgonyi (-) für Juskowiak
Tore: 1:0 Felgenhauer (2., Rechtsschuss, Vorarbeit Demo), 2:0 Ulich (6., Rechtsschuss, Van Hout), 3:0 Van Hout (22., Rechtsschuss, Witeczek)
Chancenverhältnis: 8:1
Eckenverhältnis: 10:1
SR: Strampe (Handorf) – **Zuschauer:** 23200 – **Spielnote:** 3,5

13. Spieltag

16. November 2002
Energie Cottbus – Arminia Bielefeld 2:1 (1:0)
Cottbus: Lenz (2,5) – Kaluzny (2,5) – Rozgonyi (4), Beeck (4) – T. Rost (4), Schröter (4,5) – Löw (4), Kobylanski (3) – Vagner (5) – Reichenberger (4,5), Topic (3) – **Trainer:** Geyer
Bielefeld: Hain (3,5) – Rauw (5), Reinhardt (4,5), Hansén (4,5) – Dabrowski (5), Kauf (4) – Albayrak (4,5) – Vata (4,5), Dammeier (5) – Diabang (4), Wichniarek (5) – **Trainer:** Möhlmann
Eingewechselt: 43. Berhalter (4,5) für Löw, 62. Jungnickel (-) für Reichenberger, 65. Reghecampf (-) für Vagner – 46. Brinkmann (5) für Dammeier, 64. Bogdanovic (-) für Wichniarek
Tore: 1:0 Kobylanski (8., Linksschuss, Vorarbeit Topic), 2:0 Beeck (66., Kopfball, Kobylanski), 2:1 Kauf (72., Rechtsschuss, Diabang)
Chancenverhältnis: 8:5
Eckenverhältnis: 6:4
SR: Meyer (Braunschweig) – **Zuschauer:** 12628 – **Gelb-Rote Karte:** Beeck (66.) – **Rote Karten:** Dabrowski (90., grobes Foulspiel) – **Spielnote:** 4,5

16. November 2002
1. FC Nürnberg – Hamburger SV 1:3 (1:1)
Nürnberg: Kampa (3) – Kos (3,5), Petkovic (3) – Nikl (5), Popovic (5) – Larsen (4) – Sanneh (5,5) – Jarolim (3), L. Müller (4) – Driller (5), Ciric (4) – **Trainer:** Augenthaler
HSV: Pieckenhagen (3,5) – Fukal (3), Hoogma (2), Ujfalusi (3), Hollerbach (3) – Maltritz (2), Wicky (3,5) – Mahdavikia (2), Cardoso (1,5) – Romeo (3), Barbarez (3) – **Trainer:** Jara
Eingewechselt: 55. Cacau (4,5) für Driller, 70. Junior (-) für Sanneh – 76. Benjamin (-) für Barbarez, 82. Baur (-) für Hoogma, 90. Christensen (-) für Cardoso
Tore: 0:1 Barbarez (26., Rechtsschuss, Vorarbeit Mahdavikia), 1:1 Ciric (40., Foulelfmeter, Linksschuss, Jarolim), 1:2 Maltritz (51., Rechtsschuss, Cardoso), 1:3 Romeo (66., Kopfball, Mahdavikia)
Chancenverhältnis: 4:8
Eckenverhältnis: 5:3
SR: Jansen (Essen) – **Zuschauer:** 26000 – **Spielnote:** 3

16. November 2002
Bayern München – VfL Wolfsburg 1:0 (1:0)
Bayern: Kahn (2) – Salihamidzic (5), Kuffour (4), T. Linke (3), Lizarazu (3) – Jeremies (4,5) – Ballack (3,5) – Scholl (4), Zé Roberto (2) – Santa Cruz (3), Elber (5) – **Trainer:** Hitzfeld
Wolfsburg: Reitmaier (2) – Sarpei (5), Franz (3), Biliskov (4,5), Rau (3,5) – Karhan (3,5), Munteanu (5) – Effenberg (4) – Petrov (4,5), Ponte (3,5) – Klimowicz (3,5) – **Trainer:** Wolf
Eingewechselt: 63. R. Kovac (-) für Salihamidzic, 68. Feulner (-) für Scholl, 87. Pizarro (-) für Elber – 46. Präger (3,5) für Munteanu, 79. Maric (-) für Rau
Tor: 1:0 Santa Cruz (27., Kopfball, Vorarbeit Zé Roberto)
Chancenverhältnis: 7:4
Eckenverhältnis: 10:4
SR: Merk, Dr. (Kaiserslautern) – **Zuschauer:** 44000 – **Spielnote:** 4

16. November 2002
Hannover 96 – Hertha BSC 0:1 (0:1)
Hannover: Sievers (4) – Cherundolo (4), Konstantinidis (3), Zuraw (3), Stefulj (3,5) – de Guzman (4,5), Jaime (3,5) – Krupnikovic (4,5) – Stendel (4), Bobic (3), Idrissou (4,5) – **Trainer:** Rangnick
Hertha: Kiraly (3) – A. Friedrich (2,5), Rehmer (2), Nené (3) – Tretschok (3) – Marx (4), Schmidt (3), Hartmann (3) – Marcelinho (3), Alex Alves (3), Goor (3) – **Trainer:** Stevens
Eingewechselt: 46. Lala (3) für de Guzman, 46. Stajner (2,5) für Stendel, 75. N'Kufo (-) für Jaime – 66. Madlung (-) für Rehmer, 75. Pinto (-) für Alex Alves, 78. Preetz (-) für Marx
Tor: 0:1 Goor (17., Linksschuss, Vorarbeit Alex Alves)
Chancenverhältnis: 4:8
Eckenverhältnis: 11:7
SR: Stark (Ergolding) – **Zuschauer:** 38794 – **Spielnote:** 3

16. November 2002
Hansa Rostock – VfB Stuttgart 1:1 (1:0)
Rostock: Schober (3) – Wimmer (3,5), Jakobsson (4,5), Kovar (4), Maul (3,5) – Kientz (4) – Lantz (5), Meggle (5) – Rydlewicz (4), Prica (4) – Salou (5) – **Trainer:** Veh
Stuttgart: T. Ernst (3) – Hinkel (3,5), Meira (5), Bordon (4), Gerber (3,5) – Soldo (4), Meißner (4,5) – Hleb (3,5), Balakov (5), Seitz (5) – Kuranyi (4) – **Trainer:** Magath
Eingewechselt: 38. Hirsch (3,5) für Kientz, 86. Vorbeck (-) für Meggle – 46. Ganea (4) für Seitz, 46. Mutzel (4,5) für Meißner, 80. Marques (-) für Kuranyi
Tore: 1:0 Prica (4., Rechtsschuss, Vorarbeit Rydlewicz), 1:1 Kuranyi (46., Rechtsschuss, Ganea)
Chancenverhältnis: 3:2
Eckenverhältnis: 4:4
SR: Albrecht (Kaufbeuren) – **Zuschauer:** 13800 – **Rote Karten:** Meira (61., unsportliches Verhalten), Salou (61., grobes Foulspiel) – **Spielnote:** 5

16. November 2002
Bayer Leverkusen – Bor. M'gladbach 2:2 (1:1)
Leverkusen: J. Butt (3) – Zivkovic (4), Ramelow (4), Lucio (5), Placente (5) – Balitsch (3) – B. Schneider (3,5) – Simak (4,5) – Neuville (5,5), Bierofka (2) – Berbatov (5) – **Trainer:** Toppmöller
Gladbach: Stiel (3,5) – Eberl (4), Pletsch (2,5), Witeczek (3), Embers (3) – Hausweiler (3,5) – Demo (3) – Ulich (3) – Aidoo (2,5), Felgenhauer (4), Van Hout (4) – **Trainer:** Meyer
Eingewechselt: 46. Brdaric (5) für Berbatov, 54. Bastürk (4) für Simak, 72. Kirsten (-) für Ramelow – 41. Korzynietz (3) für Van Hout, 61. Van Houdt (-) für Demo, 79. Plate (-) für Felgenhauer
Tore: 0:1 Demo (25., Rechtsschuss, Vorarbeit Ulich), 1:1 Bierofka (29., Kopfball, Simak), 1:2 Korzynietz (71., Rechtsschuss, Van Houdt), 2:2 Bierofka (86., Rechtsschuss, Kirsten)
Chancenverhältnis: 7:5
Eckenverhältnis: 8:3
SR: Gagelmann (Bremen) – **Zuschauer:** 22500 (ausverkauft) – **Rote Karten:** Placente (75., Tätlichkeit) – **Spielnote:** 3,5

16. November 2002
Borussia Dortmund – 1860 München 1:0 (1:0)
Dortmund: Weidenfeller (3) – Wörns (3), Madouni (3) – S. Reuter (2,5), Dede (3) – Kehl (3) – Ricken (2,5) – Rosicky (4) – Reina (4,5), Ewerthon (3,5), Koller (3,5) – **Trainer:** Sammer
1860: Jentzsch (3) – Cerny (4), Votava (3), Costa (3), Hoffmann (4) – Schwarz (4) – Meyer (4), Weissenberger (3) – Häßler (4) – Lauth (5), Schroth (4,5) – **Trainer:** Pacult
Eingewechselt: 72. Amoroso (-) für Reina, 90. Leandro (-) für Ewerthon, 90. Thorwart (-) für Rosicky – 54. Borimirov (3) für Meyer, 54. Suker (4) für Lauth, 79. Agostino (-) für Hoffmann
Tor: 1:0 Ewerthon (5., Linksschuss, Vorarbeit Ricken)
Chancenverhältnis: 9:2
Eckenverhältnis: 7:6
SR: Fandel (Kyllburg) – **Zuschauer:** 68600 (ausverkauft) – **Spielnote:** 4

17. November 2002
VfL Bochum – FC Schalke 04 0:2 (0:0)
Bochum: Van Duijnhoven (3) – Colding (4), Kalla (4), Fahrenhorst (3), Meichelbeck (3,5) – Gudjonsson (4,5), Schindzielorz (3) – Freier (3,5), Wosz (3), Buckley (4) – T. Christiansen (4) – **Trainer:** Neururer
Schalke: Reck (3) – Oude Kamphuis (3,5), Hajto (3), van Hoogdalem (2), Matellan (3,5) – Poulsen (4), Kmetsch (2) – Möller (3) – Asamoah (2,5), Iyodo (4) – Sand (3,5) – **Trainer:** Neubarth
Eingewechselt: 46. Vander (3) für Van Duijnhoven, 78. Hashemian (-) für Gudjonsson – 84. Hanke (-) für Iyodo, 87. Vermant (-) für Kmetsch
Tore: 0:1 Kalla (48., Eigentor, Vorarbeit Möller), 0:2 Asamoah (86., Rechtsschuss, Hanke)
Chancenverhältnis: 5:7
Eckenverhältnis: 6:2
SR: Kircher (Rottenburg) – **Zuschauer:** 32645 (ausverkauft) – **Spielnote:** 3

17. November 2002
Werder Bremen – 1. FC Kaiserslautern 5:3 (1:2)
Bremen: Borel (5) – Baumann (3,5), Verlaat (3,5), Krstajic (3,5) – Stalteri (4), F. Ernst (4), Magnin (4) – Lisztes (4,5), Micoud (3) – Daun (3,5), Ailton (2) – **Trainer:** Schaaf
K'lautern: Wiese (3,5) – Klos (4,5), Hengen (3,5), H. Koch (4) – Sforza (5), Riedl (3,5) – Teber (4), Grammozis (4) – Lincoln (2,5) – Timm (4) – Klose (3) – **Trainer:** Gerets
Eingewechselt: 31. Skripnik (4) für Magnin, 72. Klasnic (-) für Baumann, 90. Reich (-) für Ailton – 74. T. Reuter (-) für Lincoln, 86. Mifsud (-) für Klose
Tore: 0:1 Lincoln (10., Rechtsschuss, Vorarbeit Teber), 1:1 Verlaat (14., Kopfball, Ailton), 1:2 H. Koch (18., Foulelfmeter, Rechtsschuss, Klose), 1:3 Timm (53., Rechtsschuss), 2:3 Klose (61., Eigentor, Kopfball, Daun), 3:3 Ailton (77., Linksschuss, Micoud), 4:3 Ailton (88., Rechtsschuss), 5:3 Klasnic (90., Linksschuss, Krstajic)
Chancenverhältnis: 10:6
Eckenverhältnis: 9:3
SR: Koop (Lüttenmark) – **Zuschauer:** 28300 – **Gelb-Rote Karte:** Sforza (37.) – **Spielnote:** 3,5

14. Spieltag

23. November 2002
Hertha BSC – Werder Bremen 0:1 (0:1)
Hertha: Kiraly (3) – A. Friedrich (4), Rehmer (5), Nené (5) – Schmidt (4,5), Hartmann (5) – Marx (5) – Marcelinho (5), Goor (5) – Alex Alves (3,5), Preetz (5) – **Trainer:** Stevens
Bremen: Borel (3) – Baumann (2,5), Verlaat (2), Krstajic (2,5) – Stalteri (3), F. Ernst (2) – Magnin (4) – Lisztes (3), Micoud (4) – Ailton (3), Daun (4) – **Trainer:** Schaaf
Eingewechselt: 51. Tretschok (5) für Rehmer, 54. Beinlich (5) für Hartmann, 69. Karwan (-) für Marx – 74. Borowski (-) für Daun, 81. Reich (-) für Ailton, 86. Skripnik (-) für Verlaat
Tor: 0:1 Ailton (10., Kopfball, Vorarbeit Lisztes)
Chancenverhältnis: 2:5
Eckenverhältnis: 0:4
SR: Sippel (München) – **Zuschauer:** 40166 – **Spielnote:** 4

23. November 2002
VfL Wolfsburg – Borussia Dortmund 2:0 (1:0)
Wolfsburg: Reitmaier (2) – Rytter (2,5), Franz (2,5), Schnoor (2,5), Rau (2) – Karhan

Fuß-Ballett: Cottbus' Kobylanski (rechts) und der Hamburger Verteidiger Milan Fukal.

(2,5), Sarpei (3) – Effenberg (3) – Präger (3), Ponte (3,5) – Klimowicz (1,5) – **Trainer:** Wolf
Dortmund: Lehmann (4,5) – Metzelder (3,5), Wörns (5), Dede (4) – S. Reuter (4) – Frings (2,5), Kehl (4) – Ricken (5), Rosicky (4,5), Ewerthon (5) – Koller (4,5) – **Trainer:** Sammer
Eingewechselt: 77. Akonnor (-) für Ponte, 80. S. Müller (-) für Präger – 62. Heinrich (-) für S. Reuter, 62. Reina (-) für Metzelder, 74. Amoroso (-) für Kehl
Tore: 1:0 Klimowicz (20., Kopfball, Vorarbeit Ponte), 2:0 Klimowicz (55., Rechtsschuss, Präger)
Chancenverhältnis: 8:4
Eckenverhältnis: 3:1
SR: Steinborn (Sinzig) – **Zuschauer:** 19297 – **Spielnote:** 2,5

23. November 2002
Arminia Bielefeld – Bayer Leverkusen 2:2 (1:1)
Bielefeld: Hain (4,5) – Lense (3), Reinhardt (3), Hansén (4), Bogusz (3,5) – Kauf (3), Murawski (3) – Vata (4), Albayrak (4,5) – Brinkmann (3,5) – Wichniarek (2) – **Trainer:** Möhlmann
Leverkusen: J. Butt (3) – Sebescen (5), Ramelow (4), Lucio (4), Zivkovic (3) – Balitsch (3) – B. Schneider (2,5), Babic (3) – Neuville (4,5), Bierofka (4) – Brdaric (4) – **Trainer:** Toppmöller
Eingewechselt: 56. Diabang (3) für Vata, 80. Porcello (-) für Murawski, 80. Bogdanovic (-) für Albayrak – 75. Simak (-) für Neuville
Tore: 0:1 Brdaric (17., Kopfball, Vorarbeit Neuville), 1:1 Wichniarek (26., Rechtsschuss, Murawski), 1:2 Zivkovic (69., Kopfball, B. Schneider), 2:2 Wichniarek (85., Kopfball, Bogdanovic)
Chancenverhältnis: 6:6
Eckenverhältnis: 3:6
SR: Fandel (Kyllburg) – **Zuschauer:** 24100 – **Spielnote:** 3

23. November 2002
Bor. M'gladbach – VfL Bochum 2:2 (0:0)
Gladbach: Stiel (3) – Eberl (4), Pletsch (3,5), Witeczek (3), Embers (3,5) – Korell (3,5) – Ulich (3), Demo (3,5) – Aidoo (2,5), Van Hout (2), Felgenhauer (3,5) – **Trainer:** Meyer
Bochum: Vander (3) – Colding (3,5), Kalla (3,5), Fahrenhorst (4), Meichelbeck (5) – Schindzielorz (2), Tapalovic (4) – Freier (4,5), Wosz (4), Buckley (4,5) – T. Christiansen (4,5) – **Trainer:** Neururer
Eingewechselt: 71. Stassin (-) für Demo, 81. Van Houdt (-) für Felgenhauer, 88. Korzynietz (-) für Aidoo – 62. Hashemian (-) für Tapalovic, 71. Graulund (1,5) für Buckley, 78. Reis (-) für Meichelbeck
Tore: 1:0 Demo (56., Linksschuss, Vorarbeit Van Hout), 2:0 Van Hout (59., Linksschuss, Felgenhauer), 2:1 Hashemian (86., Rechtsschuss, Graulund), 2:2 Graulund (90., Linksschuss, Schindzielorz)
Chancenverhältnis: 9:6
Eckenverhältnis: 8:4
SR: Dr. Fleischer (Ulm) – **Zuschauer:** 28300 – Spielnote: 3

23. November 2002
FC Schalke 04 – Hansa Rostock 2:2 (2:0)
Schalke: F. Rost (3) – Oude Kamphuis (4,5), Hajto (5), van Hoogdalem (4), Matellan (5) – Poulsen (5) – Möller (3,5) – Asamoah (3,5), Sand (3), Böhme (3,5) – Mpenza (3) – **Trainer:** Neubarth
Rostock: Schober (4,5) – Wimmer (4), Jakobsson (5), Kovar (4), Maul (4,5) – Hirsch (4) – Wibran (3), Lantz (3), Persson (5) – Rydlewicz (-), Meggle (3,5) – **Trainer:** Veh
Eingewechselt: 61. Kmetsch (-) für Möller, 83. Iyodo (-) für Asamoah – 11. Prica (3) für Rydlewicz, 70. Vorbeck (-) für Persson, 84. Arvidsson (-) für Lantz
Tore: 1:0 Sand (5., Rechtsschuss, Vorarbeit van Hoogdalem), 2:0 Mpenza (39., Linksschuss, Böhme), 2:1 Wibran (51., Rechtsschuss), 2:2 Prica (86., Kopfball, Hirsch)
Chancenverhältnis: 5:3
Eckenverhältnis: 5:4
SR: Kemmling (Kleinburgwedel) – **Zuschauer:** 60601 (ausverkauft) – **Spielnote:** 4

23. November 2002
VfB Stuttgart – Hannover 96 3:0 (1:0)
Stuttgart: T. Ernst (2) – Hinkel (2,5), Marques (3), Bordon (2,5), Gerber (3) – Meißner (3), Soldo (2) – Amanatidis (2), Balakov (3), Hleb (2,5) – Kuranyi (3) – **Trainer:** Magath
Hannover: Sievers (4) – Cherundolo (5,5), Konstantinidis (5), Zuraw (4,5) – Stefulj (5) – Lala (5), Jaime (4) – Krupnikovic (5,5) – Stajner (4,5) – Idrissou (4,5), Bobic (4,5) – **Trainer:** Rangnick
Eingewechselt: 69. Mutzel (-) für Meißner, 78. Wenzel (-) für Bordon, 88. Seitz (-) für Balakov – 46. Diouf (5) für Zuraw, 46. de Guzman (5) für Krupnikovic, 62. Stendel (-) für Cherundolo
Tore: 1:0 Amanatidis (35., Rechtsschuss, Vorarbeit Kuranyi), 2:0 Hleb (54., Linksschuss), 3:0 Stefulj (73., Eigentor, Linksschuss, Mutzel)
Chancenverhältnis: 12:3
Eckenverhältnis: 11:5
SR: Krug (Gelsenkirchen) – Zuschauer: 46000 – **Spielnote:** 1,5

23. November 2002
1. FC Kaiserslautern – Bayern München 0:2 (0:2)
K'lautern: Wiese (4) – Basler (4) – Klos (6), Lembi (6) – Riedl (5), Hengen (5), Grammozis (5) – Teber (6), Lincoln (5), Timm (5) – Klose (5) – **Trainer:** Gerets
Bayern: Kahn (2,5) – R. Kovac (3), T. Linke (3) – Kuffour (3), Lizarazu (3,5) – N. Kovac (3,5), Jeremies (3,5) – Ballack (3) – Santa Cruz (3), Scholl (2,5) – Elber (4) – **Trainer:** Hitzfeld
Eingewechselt: 41. Bjelica (5,5) für Lembi, 46. Mifsud (4,5) für Hengen, 67. Ratinho (-) für Teber – 59. Thiam (3,5) für Jeremies, 73. Zé Roberto (-) für Scholl, 73. Pizarro (-) für Elber
Tore: 0:1 Ballack (9., Rechtsschuss, Vorarbeit Scholl), 0:2 Santa Cruz (16., Linksschuss, Scholl)
Chancenverhältnis: 4:3
Eckenverhältnis: 9:8
SR: Fröhlich (Berlin) – **Zuschauer:** 40010 (ausverkauft) – **Spielnote:** 4

24. November 2002
1860 München – 1. FC Nürnberg 2:2 (1:2)
1860: Jentzsch (4) – Costa (5), Votava (4,5), Hoffmann (4) – Stranzl (5), Schwarz (-) – Cerny (3,5), Weissenberger (4,5) – Häßler (4,5) – Schroth (5), Lauth (2) – **Trainer:** Pacult
Nürnberg: Kampa (3) – Stehle (2), Kos (3,5), Petkovic (3,5), Popovic (3,5) – Larsen (3,5) – Todorovic (2,5), L. Müller (2,5) – Jarolim (3,5) – Cacau (3), Ciric (3,5) – **Trainer:** Augenthaler
Eingewechselt: 29. Riseth (4) für Schwarz, 61. Max (-) für Häßler – 62. Nikl (-) für Stehle, 74. Paßlack (-) für Todorovic, 89. Belic (-) für Cacau
Tore: 0:1 Stehle (12., Kopfball, Vorarbeit Larsen), 1:1 Lauth (39., Kopfball, Cerny), 1:2 Stehle (42., Kopfball, Petkovic), 2:2 Lauth (71., Rechtsschuss, Cerny)
Chancenverhältnis: 4:10
Eckenverhältnis: 4:5
SR: Weiner (Hildesheim) – **Zuschauer:** 32000 – Besonderes Vorkommnis: Ciric schießt Foulelfmeter am Tor vorbei (22.) – **Spielnote:** 3

24. November 2002
Hamburger SV – Energie Cottbus 1:1 (0:0)
HSV: Pieckenhagen (2) – Fukal (3), Hertzsch (3), Ujfalusi (3,5), Hollerbach (4) – Ledesma (4,5), Maltritz (3) – Cardoso (3) – Mahdavikia (3) – Romeo (4,5), Barbarez (3) – **Trainer:** Jara
Cottbus: Lenz (2,5) – Kaluzny (3) – Rozgonyi (4,5), da Silva (3), Löw (4,5) – Schröter (4), T. Rost (3,5), Reghecampf (3,5) – Jungnickel (4,5), Kobylanski (4,5), Topic (3,5) – **Trainer:** Geyer
Eingewechselt: 90. Wicky (-) für Barbarez – 58. Vagner (4) für Jungnickel, 67. Latoundji (-) für Kobylanski, 75. Juskowiak (2) für Reghecampf
Tore: 1:0 Cardoso (47., Linksschuss, Vorarbeit Mahdavikia), 1:1 Juskowiak (90., Linksschuss, Latoundji)
Chancenverhältnis: 10:7
Eckenverhältnis: 9:7
SR: Merk, Dr. (Kaiserslautern) – **Zuschauer:** 37403 – **Spielnote:** 3,5

15. Spieltag

30. November 2002
Energie Cottbus – 1860 München 3:4 (0:1)
Cottbus: Lenz (3) – Kaluzny (4,5) – Beeck (4,5), Rozgonyi (5) – Schröter (4), Kobylanski (4,5), Löw (4), T. Rost (3,5) – Reghecampf (4) – Topic (3), Juskowiak (3,5) – **Trainer:** Geyer
1860: Jentzsch (4) – Cerny (3,5), Ehlers (3,5), Votava (4,5), Pürk (3,5) – Meyer (3), Kurz (4), Stranzl (3) – Weissenberger (3,5) – Lauth (2), Schroth (2) – **Trainer:** Pacult
Eingewechselt: 60. Gebhardt (3) für Löw, 60. Rink (3) für Kobylanski – 72. Agostino (-) für Schroth, 81. Rafael (-) für Stranzl, 88. Pfuderer (-) für Weissenberger
Tore: 0:1 Lauth (38., Rechtsschuss, Vorarbeit Meyer), 0:2 Schroth (54., Rechtsschuss, Stranzl), 0:3 Weissenberger (61., Linksschuss, Pürk), 0:4 Schroth (63., Rechtsschuss, Lauth), 1:4 Topic (80., Rechtsschuss, Schröter), 2:4 Kaluzny (85., Rechtsschuss), 3:4 Rink (86., Kopfball, T. Rost)
Chancenverhältnis: 8:6
Eckenverhältnis: 13:3
SR: Wagner (Hofheim) – **Zuschauer:** 10645 – **Spielnote:** 3,5

30. November 2002
1. FC Nürnberg – Borussia Dortmund 1:2 (1:0)
Nürnberg: Kampa (2,5) – Sanneh (4,5), Kos (3,5), Petkovic (4,5), Nikl (3,5) – Larsen (3) – Junior (4), Jarolim (2,5), L. Müller (2) – Ciric (4), Cacau (4) – **Trainer:** Augenthaler
Dortmund: Lehmann (2,5) – Wörns (4), Metzelder (3) – Heinrich (4,5), S. Reuter (2,5), Dede (4) – Frings (4,5) – Rosicky (2,5) – Ricken (3), Amoroso (6) – Koller (3) – **Trainer:** Sammer
Eingewechselt: 46. Schäfer (2,5) für Kampa, 83. Todorovic (-) für Junior – 46. Ewerthon (1,5) für Amoroso, 74. Reina (-) für Ricken, 86. Madouni (-) für Rosicky
Tore: 1:0 Jarolim (3., Rechtsschuss, Vorarbeit Ciric), 1:1 Ricken (54., Linksschuss, Ewerthon), 1:2 Ewerthon (78., Rechtsschuss, Reina)
Chancenverhältnis: 8:10
Eckenverhältnis: 3:5
SR: Merk, Dr. (Kaiserslautern) – **Zuschauer:** 36600 – **Spielnote:** 2

30. November 2002
Bayern München – Hertha BSC 2:0 (1:0)
Bayern: Kahn (3) – Kuffour (4), R. Kovac (4), T. Linke (3), Lizarazu (3) – Jeremies (3,5) – Ballack (2) – Scholl (3,5) – Zé Roberto (3,5) – Santa Cruz (4), Elber (5) – **Trainer:** Hitzfeld
Hertha: Kiraly (4) – Rehmer (4), van Burik (3), Simunic (4) – A. Friedrich (4) – Dardai (3,5), Schmidt (4) – Beinlich (5) – Karwan (5), Goor (5) – Marcelinho (4) – **Trainer:** Stevens
Eingewechselt: 68. Hargreaves (-) für Scholl, 72. Pizarro (-) für Elber, 82. N. Kovac (-) für Jeremies – 58. Pinto (5) für Karwan, 68. Marx (-) für Dardai, 80. Preetz (-) für Simunic

Tore: 1:0 Ballack (40., Linksschuss, Vorarbeit Scholl), 2:0 Ballack (72., Foulelfmeter, Rechtsschuss, Santa Cruz)
Chancenverhältnis: 5:1
Eckenverhältnis: 2:4
SR: Jansen (Essen) – **Zuschauer:** 40000 – **Spielnote:** 4,5

30. November 2002
Hansa Rostock – Bor. M'gladbach 3:1 (1:1)
Rostock: Schober (3,5) – Wimmer (4), Jakobsson (3,5), Kovar (3,5), Maul (3,5) – Lantz (3), Hirsch (4) – Wibran (3,5) – Vorbeck (3) – Meggle (3,5), Prica (1,5) – **Trainer:** Veh
Gladbach: Melka (4,5) – Eberl (4), Pletsch (5), Witeczek (4), Strasser (3,5) – Korell (5,5) – Ulich (4), Demo (3) – Felgenhauer (4,5) – Aidoo (2,5), Van Hout (4,5) – **Trainer:** Meyer
Eingewechselt: 46. Arvidsson (2) für Vorbeck, 72. Persson (-) für Meggle, 90. Möhrle (-) für Lantz – 62. Van Houdt (-) für Felgenhauer, 62. Skoubo (-) für Demo, 72. Stassin (-) für Korell
Tore: 1:0 Vorbeck (19., Rechtsschuss, Vorarbeit Maul), 1:1 Demo (38., Handelfmeter, Rechtsschuss), 2:1 Prica (53., Kopfball, Arvidsson), 3:1 Prica (63., Rechtsschuss, Arvidsson)
Chancenverhältnis: 8:7
Eckenverhältnis: 7:4
SR: Krug (Gelsenkirchen) – **Zuschauer:** 14000 – **Spielnote:** 3

30. November 2002
VfL Bochum – Arminia Bielefeld 0:3 (0:1)
Bochum: Vander (5) – Colding (3,5), Kalla (5), Fahrenhorst (5), Meichelbeck (4,5) – Gudjonsson (3,5), Schindzielorz (3) – Freier (4), Wosz (4), Buckley (5) – T. Christiansen (4) – **Trainer:** Neururer
Bielefeld: Hain (1) – Lense (1,5), Reinhardt (2,5), Hansén (3), Bogusz (4) – Kauf (3) – Murawski (3,5) – Dammeier (3) – Brinkmann (2,5), Albayrak (4) – Wichniarek (3,5) – **Trainer:** Möhlmann
Eingewechselt: 57. Graulund (4,5) für Meichelbeck, 63. Hashemian (-) für Buckley, 63. Bemben (-) für Gudjonsson – 65. Diabang (-) für Albayrak, 72. Porcello (-) für Dammeier, 75. Rauw (-) für Murawski
Tore: 0:1 Lense (3., Kopfball, Vorarbeit Dammeier), 0:2 Vander (53., Eigentor, Reinhardt), 0:3 Diabang (87., Kopfball, Brinkmann)
Chancenverhältnis: 5:5
Eckenverhältnis: 12:2
SR: Strampe (Handorf) – **Zuschauer:** 20071 – Besonderes Vorkommnis: Hain hält Handelfmeter von Christiansen (69.) – **Spielnote:** 3,5

30. November 2002
Bayer Leverkusen – Hamburger SV 2:3 (2:1)
Leverkusen: J. Butt (5) – Kleine (5), Lucio (3), Zivkovic (4) – Ramelow (3,5), Balitsch (3) – B. Schneider (3), Babic (4,5) – Bastürk (4) – Neuville (5), Berbatov (4) – **Trainer:** Toppmöller
HSV: Pieckenhagen (2,5) – Fukal (3,5), Hertzsch (3), Ujfalusi (4), Kling (4) – Maltritz (2,5), Ledesma (5,5) – Cardoso (5) – Mahdavikia (3) – Romeo (2), Barbarez (3) – **Trainer:** Jara
Eingewechselt: 46. Dzaka (5) für Lucio, 73. Bierofka (-) für Bastürk, 73. Brdaric (-) für Berbatov – 46. Wicky (2) für Ledesma, 46. Benjamin (3) für Cardoso, 87. Jacobsen (-) für Mahdavikia
Tore: 0:1 Romeo (3., Linksschuss, Vorarbeit Barbarez), 1:1 Balitsch (11., Rechtsschuss, B. Schneider), 2:1 Bastürk (21., Linksschuss, B. Schneider), 2:2 Romeo (52., Rechtsschuss, Kling), 2:3 Barbarez (76., Linksschuss, Mahdavikia)
Chancenverhältnis: 7:6
Eckenverhältnis: 13:6
SR: Keßler (Höhenkirchen) – **Zuschauer:** 22500 (ausverkauft) – **Spielnote:** 3

30. November 2002
1. FC Kaiserslautern – VfL Wolfsburg 2:0 (1:0)
K'lautern: Wiese (3) – H. Koch (3,5), Basler (2) – Riedl (3), Malz (3,5) – Sforza (3), Grammozis (3) – Timm (3), Dominguez (2,5) – Klose (3), Lokvenc (2,5) – **Trainer:** Gerets
Wolfsburg: Reitmaier (3) – Biliskov (5), Schnoor (5), Franz (4) – Rytter (4,5), Rau (4) – Karhan (4), Sarpei (4) – Präger (5), Ponte (4,5), Klimowicz (5) – **Trainer:** Wolf
Eingewechselt: 31. Lincoln (3) für Klose, 74. Teber (-) für Dominguez, 77. T. Reuter (-) für Malz – 46. K. Madsen (4) für Schnoor, 46. Maric (4,5) für Rau, 65. Munteanu (-) für Klimowicz
Tore: 1:0 Lokvenc (15., Linksschuss, Vorarbeit Dominguez), 2:0 Lincoln (66., Rechtsschuss, Timm)
Chancenverhältnis: 6:3
Eckenverhältnis: 2:2
SR: Stark (Ergolding) – **Zuschauer:** 30264 – **Spielnote:** 3,5

1. Dezember 2002
Werder Bremen – VfB Stuttgart 3:1 (1:0)
Bremen: Borel (4,5) – Baumann (4), Verlaat (3), Krstajic (2,5) – Stalteri (3), F. Ernst (2), Magnin (4,5) – Lisztes (3), Micoud (2,5) – Daun (-), Ailton (2) – **Trainer:** Schaaf
Stuttgart: Hildebrand (2,5) – Hinkel (3), Meira (5), Bordon (4), Gerber (4) – Soldo (3,5) – Mutzel (2,5), Hleb (3) – Balakov (3) – Kuranyi (2,5), Seitz (4) – **Trainer:** Magath
Eingewechselt: 22. Klasnic (2,5) für Daun, 67. Skripnik (-) für Verlaat, 87. Tjikuzu (-) für Lisztes – 46. Amanatidis (3,5) für Seitz, 46. Carnell (5) für Gerber, 53. Meißner (3) für Soldo
Tore: 1:0 Ailton (27., Linksschuss, Vorarbeit Lisztes), 1:1 Kuranyi (55., Kopfball, Balakov), 2:1 Krstajic (80., direkter Freistoß, Linksschuss), 3:1 Ailton (90., Foulelfmeter, Linksschuss, Ailton)
Chancenverhältnis: 6:3
Eckenverhältnis: 5:8
SR: Aust (Köln) – **Zuschauer:** 32437 – **Spielnote:** 2,5

1. Dezember 2002
Hannover 96 – FC Schalke 04 0:2 (0:2)
Hannover: Sievers (4,5) – Cherundolo (4), Zuraw (5), Diouf (4), Stefulj (4) – Lala (4,5), Jaime (4) – Krupnikovic (5) – Stendel (5), Idrissou (4,5), Bobic (4) – **Trainer:** Rangnick
Schalke: F. Rost (2,5) – Asamoah (5), Hajto (3,5), van Hoogdalem (3), Rodriguez (3) – Poulsen (2,5) – Möller (3), Wilmots (3,5), Böhme (2,5) – Sand (3,5), Mpenza (1,5) – **Trainer:** Neubarth
Eingewechselt: 46. Stajner (3,5) für Idrissou, 59. N'Kufo (4) für Stendel, 68. Schuler (-) für Lala – 46. Matellan (3) für Asamoah, 64. Iyodo (-) für Mpenza, 82. Kmetsch (-) für Böhme
Tore: 0:1 Böhme (15., Foulelfmeter, Linksschuss, Vorarbeit Mpenza), 0:2 Mpenza (19., Kopfball, Böhme)
Chancenverhältnis: 6:4
Eckenverhältnis: 7:6
SR: Fandel (Kyllburg) – **Zuschauer:** 48696 (ausverkauft) – **Spielnote:** 3

16. Spieltag

7. Dezember 2002
Hertha BSC – VfL Wolfsburg 2:2 (1:0)
Hertha: Kiraly (5) – Rehmer (4), Simunic (3,5), Nené (4) – A. Friedrich (3) – Dardai (4), Beinlich (3,5) – Marx (4) – Goor (4) – Marcelinho (5) – Preetz (5) – **Trainer:** Stevens
Wolfsburg: Reitmaier (3) – Rytter (4), K. Madsen (3), Schnoor (4), Weiser (4,5) – Karhan (4,5), Munteanu (3,5), Akonnor (3,5) – Effenberg (4) – Ponte (4), Maric (3,5) – **Trainer:** Wolf
Eingewechselt: 78. Pinto (-) für Marx, 89. Sverrisson (-) für Preetz – 58. Petrov (4) für Weiser, 90. Franz (-) für K. Madsen
Tore: 1:0 Simunic (25., Kopfball, Vorarbeit Beinlich), 2:0 Goor (47., Rechtsschuss, A. Friedrich), 2:1 Ponte (63., Kopfball, Maric), 2:2 K. Madsen (90., Kopfball, Munteanu)
Chancenverhältnis: 7:7
Eckenverhältnis: 4:2
SR: Dr. Fleischer (Ulm) – **Zuschauer:** 33163 – **Gelbe Karte:** Simunic – **Spielnote:** 4

7. Dezember 2002
1. FC Nürnberg – Energie Cottbus 2:2 (1:1)
Nürnberg: Kampa (3) – Petkovic (5) – Sanneh (5), Nikl (4), Wolf (4,5) – Larsen (3,5) – Todorovic (4), Jarolim (3), L. Müller (3,5) – Cacau (4), Ciric (4) – **Trainer:** Augenthaler
Cottbus: Lenz (2,5) – Kaluzny (4) – Beeck (4,5), da Silva (4,5) – Schröter (5), T. Rost (5), Löw (5) – Latoundji (4), Reghecampf (4) – Topic (4), Rink (5,5) – **Trainer:** Geyer
Eingewechselt: 87. Junior (-) für Jarolim – 53. Jungnickel (4) für Rink, 61. Rozgonyi (-) für Beeck, 75. Juskowiak (-) für Schröter
Tore: 0:1 Kaluzny (15., Kopfball, Vorarbeit Reghecampf), 1:1 Nikl (41., Rechtsschuss, Jarolim), 2:1 Petkovic (52., Foulelfmeter, Rechtsschuss, Wolf), 2:2 Jungnickel (86., Rechtsschuss, Topic)
Chancenverhältnis: 7:4
Eckenverhältnis: 8:5
SR: Krug (Gelsenkirchen) – **Zuschauer:** 17600 – **Gelb-Rote Karte:** T. Rost (60.) – **Spielnote:** 4,5

7. Dezember 2002
1860 München – Bayer Leverkusen 0:3 (0:1)
1860: Jentzsch (2,5) – Cerny (3,5), Ehlers (4), Votava (5), Pürk (5) – Meyer (2,5) – Stranzl (4), Kurz (3,5) – Weissenberger (4) – Lauth (3,5), Schroth (4,5) – **Trainer:** Pacult
Leverkusen: J. Butt (2) – Zivkovic (3), Ramelow (4), Juan (3,5) – Balitsch (3) – B. Schneider (2), Babic (4,5) – Bastürk (4) – Neuville (2), Franca (5,5), Bierofka (2,5) – **Trainer:** Toppmöller
Eingewechselt: 59. Borimirov (3,5) für Pürk, 59. Suker (3) für Weissenberger, 71. Agostino (-) für Votava – 46. Berbatov (2) für Franca, 71. Kleine (-) für Bastürk, 89. Preuß (-) für B. Schneider
Tore: 0:1 Bierofka (9., Linksschuss, Vorarbeit Neuville), 0:2 Berbatov (51., Linksschuss, Neuville), 0:3 Neuville (89., Rechtsschuss, Berbatov)
Chancenverhältnis: 11:7
Eckenverhältnis: 6:1
SR: Merk, Dr. (Kaiserslautern) – **Zuschauer:** 20000 – **Spielnote:** 3

7. Dezember 2002
Arminia Bielefeld – Hansa Rostock 3:0 (1:0)
Bielefeld: Hain (3) – Lense (3), Reinhardt (2), Hansén (3) – Murawski (2,5), Dabrowski (4,5), Dammeier (2,5) – Brinkmann (2), Vata (3), Diabang (4) – Wichniarek (2) – **Trainer:** Möhlmann
Rostock: Schober (3,5) – Wimmer (4), Jakobsson (5), Kovar (4), Maul (5) – Aduobe (3,5) – Lantz (3,5), Hirsch (5) – Wibran (4,5) – Arvidsson (5), Prica (4,5) – **Trainer:** Veh
Eingewechselt: 74. Albayrak (-) für Diabang, 78. Cha (-) für Vata, 87. Bogusz (-) für Murawski – 46. Meggle (4) für Hirsch, 64. Möhrle (-) für Prica
Tore: 1:0 Wichniarek (45., Rechtsschuss, Vorarbeit Brinkmann), 2:0 Wichniarek (55., Rechtsschuss, Diabang), 3:0 Reinhardt (81., Rechtsschuss, Hansén)
Chancenverhältnis: 7:1
Eckenverhältnis: 4:5
SR: Stark (Ergolding) – **Zuschauer:** 19109 – **Spielnote:** 3,5

7. Dezember 2002
FC Schalke 04 – Werder Bremen 1:1 (1:1)
Schalke: F. Rost (3) – Hajto (4,5), van Hoogdalem (2), Matellan (2) – Oude Kamphuis (4,5), Poulsen (2,5) – Asamoah (3), Möller (3), Vermant (4,5) – Sand (3), Mpenza (5) – **Trainer:** Neubarth
Bremen: Borel (3) – Baumann (3), Verlaat (2), Krstajic (3,5) – Stalteri (2,5), F. Ernst (4), Skripnik (5) – Lisztes (4,5), Micoud (2,5) – Daun (3,5), Ailton (4) – **Trainer:** Schaaf
Eingewechselt: 46. Kmetsch (4) für Oude Kamphuis, 71. van Kerckhoven (-) für Hajto, 83. Iyodo (-) für Asamoah – 74. Charisteas (-) für Daun, 78. Banovic (-) für Lisztes
Tore: 0:1 Daun (3., Rechtsschuss, Vorarbeit Ailton), 1:1 Sand (8., Rechtsschuss, Asamoah)
Chancenverhältnis: 4:2
Eckenverhältnis: 4:1
SR: Fröhlich (Berlin) – **Zuschauer:** 60600 (ausverkauft) – **Gelbe Karte:** Möller – **Spielnote:** 3,5

7. Dezember 2002
VfB Stuttgart – Bayern München 0:3 (0:2)
Stuttgart: Hildebrand (4) – Hinkel (4,5), Meira (4,5), Bordon (3,5), Gerber (5) – Meißner (4) – Tiffert (4,5), Hleb (4,5) – Balakov (3,5) – Amanatidis (3), Kuranyi (4) – **Trainer:** Magath
Bayern: Kahn (2,5) – Hargreaves (3,5), R. Kovac (2), T. Linke (2), Lizarazu (3) – Jeremies (2) – N. Kovac (3), Ballack (2,5) – Santa Cruz (1,5) – Zickler (3), Elber (3) – **Trainer:** Hitzfeld
Eingewechselt: 46. Wenzel (4) für Gerber, 64. Ganea (-) für Tiffert, 72. T. Schneider (-) für Bordon – 78. Zé Roberto (-) für Zickler, 83. Schweinsteiger (-) für N. Kovac, 88. Fink (-) für Jeremies
Tore: 0:1 Zickler (29., Kopfball, Vorarbeit Elber), 0:2 Santa Cruz (33., Linksschuss, Lizarazu), 0:3 Santa Cruz (68., Linksschuss, Ballack)
Chancenverhältnis: 3:6
Eckenverhältnis: 10:1
SR: Steinborn (Sinzig) – **Zuschauer:** 53400 (ausverkauft) – **Spielnote:** 3

7. Dezember 2002
Borussia Dortmund – 1. FC Kaiserslautern 3:1 (1:1)
Dortmund: Lehmann (2,5) – Wörns (3), Metzelder (2,5) – S. Reuter (4) – Evanilson (3,5), Heinrich (4,5) – Frings (3) – Rosicky (2,5) – Ricken (4,5) – Koller (4), Ewerthon (5) – **Trainer:** Sammer
K'lautern: G. Koch (3) – H. Koch (3), Klos (4) – Basler (4,5), Riedl (3) – Sforza (4,5), Ramzy (4) – Timm (5), Dominguez (2,5) – Lincoln (3), Lokvenc (3,5) – **Trainer:** Gerets
Eingewechselt: 63. Amoroso (1,5) für Ewerthon, 63. Reina (-) für Ricken, 81. Madouni (-) für Rosicky – 39. Teber (4) für Sforza, 80. Adzic (-) für Lincoln, 81. T. Reuter (-) für Klos
Tore: 1:0 Rosicky (22., Rechtsschuss, Vorarbeit Ricken), 1:1 Dominguez (24., Linksschuss, Lincoln), 2:1 Amoroso (74., Rechtsschuss, Evanilson), 3:1 Amoroso (78., Rechtsschuss)
Chancenverhältnis: 8:3
Eckenverhältnis: 4:5
SR: Strampe (Handorf) – **Zuschauer:** 68000 – **Gelbe Karte:** Lincoln – Besonderes Vorkommnis: Rosicky schießt Foulelfmeter an die Latte (45.) – **Spielnote:** 3,5

8. Dezember 2002
Hamburger SV – VfL Bochum 1:1 (0:0)
HSV: Pieckenhagen (3) – Fukal (3), Hertzsch (4), Ujfalusi (3), Hollerbach (3,5) – Maltritz (3,5), Benjamin (3) – Cardoso (2,5) – Mahdavikia (4) – Barbarez (4), Christensen (4,5) – **Trainer:** Jara
Bochum: Vander (2,5) – Colding (3), Kalla (3), Fahrenhorst (3,5), Meichelbeck (4,5) – Gudjonsson (4), Schindzielorz (4) – Wosz (-) – Freier (4), T. Christiansen (4) – Hashemian (5) – **Trainer:** Neururer
Eingewechselt: 74. Rahn (-) für Cardoso, 84. Antar (-) für Christensen – 21. Bemben (3,5) für Wosz, 65. Graulund (2,5) für Gudjonsson, 82. Vriesde (-) für Schindzielorz
Tore: 1:0 Barbarez (56., Linksschuss, ohne Vorarbeit), 1:1 Graulund (90., Rechtsschuss, Colding)
Chancenverhältnis: 5:2
Eckenverhältnis: 5:3
SR: Albrecht (Kaufbeuren) – **Zuschauer:** 39028 – **Gelbe Karte:** Fukal – **Spielnote:** 4

8. Dezember 2002
Bor. M'gladbach – Hannover 96 1:0 (1:0)
Gladbach: Melka (2) – Eberl (3,5), Pletsch (3,5), Witeczek (3,5), Strasser (3) – Hausweiler (4) – Demo (2,5) – Ulich (4) – Aidoo (5), Van Hout (4,5), Felgenhauer (5) – **Trainer:** Meyer
Hannover: Sievers (4) – Cherundolo (3,5), Konstantinidis (3,5), Zuraw (4), Oswald (4) – de Guzman (4), Jaime (4) – Krupnikovic (3) – Stajner (4), Bobic (4), Idrissou (5) – **Trainer:** Rangnick
Eingewechselt: 69. Korzynietz (-) für Felgenhauer, 79. Korell (-) für Demo, 85. Münch (-) für Strasser – 46. Schuler (4) für Oswald, 64. Stendel (-) für de Guzman, 82. Kaufman (-) für Stajner
Tor: 1:0 Demo (15., Linksschuss, Vorarbeit Ulich)
Chancenverhältnis: 2:4
Eckenverhältnis: 2:10
SR: Wack, Dr. (Biberbach) – **Zuschauer:** 24500 – **Spielnote:** 4

17. Spieltag

14. Dezember 2002
Energie Cottbus – Borussia Dortmund 0:4 (0:1)

Cottbus: Lenz (2,5) – Kaluzny (5) – Rozgonyi (5) – da Silva (5), Löw (5) – Reghecampf (4,5), Thielemann (5), Kobylanski (5,5) – Latoundji (5) – Topic (4,5), Juskowiak (5) – **Trainer:** Geyer
Dortmund: Lehmann (3) – Wörns (2,5), Metzelder (2,5) – Heinrich (3), Dede (3) – S. Reuter (3) – Frings (2,5), Kehl (3) – Ewerthon (2), Ricken (1,5), Koller (1,5) – **Trainer:** Sammer
Eingewechselt: 52. Gebhardt (4,5) für Kobylanski, 65. Schröter (-) für Thielemann, 65. Jungnickel (-) für Reghecampf – 45. Rosicky (2,5) für Kehl, 57. Madouni (3,5) für Heinrich, 78. Amoroso (-) für Ewerthon
Tore: 0:1 Koller (8., Rechtsschuss, Vorarbeit Ewerthon), 0:2 Ewerthon (47., Rechtsschuss, Ricken), 0:3 Amoroso (82., Rechtsschuss, Ricken), 0:4 Koller (90., Rechtsschuss, Amoroso)
Chancenverhältnis: 3:13
Eckenverhältnis: 7:6
SR: Kemmling (Kleinburgwedel) – **Zuschauer:** 13195 – **Spielnote:** 3

14. Dezember 2002
Bayern München – FC Schalke 04 0:0

Bayern: Kahn (2,5) – Hargreaves (5), R. Kovac (4), T. Linke (4), Lizarazu (3,5) – Jeremies (4,5) – N. Kovac (5) – Ballack (4) – Zé Roberto (3,5) – Santa Cruz (5), Elber (4,5) – **Trainer:** Hitzfeld
Schalke: F. Rost (3) – Oude Kamphuis (4), van Hoogdalem (2), Matellan (3) – Poulsen (4,5), Kmetsch (3,5), Vermant (4), van Kerckhoven (2,5) – Möller (5) – Sand (5), Asamoah (5) – **Trainer:** Neubarth
Eingewechselt: 71. Schweinsteiger (-) für N. Kovac, 81. Feulner (-) für Hargreaves – 46. Hanke (4,5) für Asamoah, 53. Rodriguez (4) für Oude Kamphuis
Chancenverhältnis: 1:2
Eckenverhältnis: 5:5
SR: Aust (Köln) – **Zuschauer:** 51000 – **Spielnote:** 5

14. Dezember 2002
Werder Bremen – Bor. M'gladbach 2:0 (1:0)

Bremen: Borel (3) – Baumann (3,5), Verlaat (3,5), Krstajic (3,5) – Stalteri (3,5), F. Ernst (3), Skripnik (4) – Lisztes (2,5), Micoud (4) – Daun (2,5), Ailton (2) – **Trainer:** Schaaf
Gladbach: Melka (3) – Pletsch (4,5), Witeczek (5), Strasser (4,5) – Eberl (3), Hausweiler (3), Embers (3,5) – Ulich (4) – Demo (3,5) – Aidoo (3,5), Skoubo (3) – **Trainer:** Meyer
Eingewechselt: 55. Banovic (4) für Lisztes, 73. Klasnic (-) für Daun, 83. Charisteas (-) für Ailton – 64. Ketelaer (-) für Witeczek, 73. Küntzel (-) für Demo
Tore: 1:0 Daun (14., Rechtsschuss, Vorarbeit Skripnik), 2:0 Ailton (58., Linksschuss)
Chancenverhältnis: 7:7
Eckenverhältnis: 7:6
SR: Keßler (Höhenkirchen) – **Zuschauer:** 32188 – **Spielnote:** 4

14. Dezember 2002
Hannover 96 – Arminia Bielefeld 0:0

Hannover: Tremmel (3) – Cherundolo (3,5), Konstantinidis (3), Zuraw (4), Schuler (3,5) – Lala (3), Jaime (3,5), Stefulj (4) – Krupnikovic (4) – Stendel (4,5), Bobic (4) – **Trainer:** Rangnick
Bielefeld: Hain (3) – Hansén (3,5), Reinhardt (2,5), Bogusz (4) – Dabrowski (4) – Kauf (2,5), Dammeier (4) – Brinkmann (3,5), Murawski (3,5), Vata (4,5) – Wichniarek (4) – **Trainer:** Möhlmann
Eingewechselt: 61. Stajner (-) für Stendel, 69. José Manuel (-) für Jaime, 79. N'Diaye (-) für Krupnikovic – 46. Diabang (3) für Vata, 85. Cha (-) für Wichniarek, 87. Porcello (-) für Brinkmann
Chancenverhältnis: 4:4
Eckenverhältnis: 8:3
SR: Sippel (München) – **Zuschauer:** 27962 – **Spielnote:** 4

14. Dezember 2002
Hansa Rostock – Hamburger SV 0:0

Rostock: Schober (3) – Wimmer (3,5), Kovar (2,5), Hill (3), Maul (3,5) – Aduobe (3,5) – Lantz (3), Wibran (3,5) – Meggle (5) – Prica (5), Arvidsson (5) – **Trainer:** Veh
HSV: Pieckenhagen (3) – Ujfalusi (2,5), Hertzsch (3) – Fukal (2,5), Hollerbach (3,5) – Maltritz (3) – Cardoso (5), Benjamin (5) – Mahdavikia (4,5), Kitzbichler (5) – Christensen (5) – **Trainer:** Jara
Eingewechselt: 53. Hansen (4) für Wimmer, 59. Vorbeck (5) für Prica, 65. Persson (-) für Aduobe – 68. Heinz (-) für Christensen, 68. Wicky (-) für Cardoso
Chancenverhältnis: 1:1
Eckenverhältnis: 4:5
SR: Wagner (Hofheim) – **Zuschauer:** 21400 – **Spielnote:** 5

14. Dezember 2002
VfL Bochum – 1860 München 1:1 (0:1)

Bochum: Vander (2,5) – Colding (3,5), Kalla (5), Fahrenhorst (3,5), Meichelbeck (4) – Schindzielorz (2,5), Gudjonsson (4,5) – Freier (3,5), T. Christiansen (3), Graulund (5) – Hashemian (4,5) – **Trainer:** Neururer
1860: Jentzsch (2,5) – Cerny (4), Ehlers (3), Votava (3,5), Hoffmann (4) – Meyer (3,5) – Stranzl (4) – Weissenberger (4) – Häßler (3,5) – Schroth (4), Lauth (3) – **Trainer:** Pacult
Eingewechselt: 65. Velardi (-) für Graulund, 74. Reis (-) für Meichelbeck, 81. Bemben (-) für Gudjonsson – 65. Borimirov (-) für Häßler, 74. Pürk (-) für Stranzl
Tore: 0:1 Lauth (14., Kopfball, Vorarbeit Meyer), 1:1 T. Christiansen (76., Kopfball, Reis)
Chancenverhältnis: 6:5
Eckenverhältnis: 5:5
SR: Fandel (Kyllburg) – **Zuschauer:** 18229 – **Spielnote:** 3,5

14. Dezember 2002
Bayer Leverkusen – 1. FC Nürnberg 0:2 (0:0)

Leverkusen: J. Butt (4) – Ramelow (5), Juan (5) – Zivkovic (4), Placente (4,5) – Balitsch (5) – B. Schneider (3,5) – Bastürk (3) – Neuville (3,5), Bierofka (5), Berbatov (5,5) – **Trainer:** Toppmöller
Nürnberg: Kampa (3,5) – Wolf (3), Petkovic (3), Nikl (3), Popovic (4) – Larsen (2) – Jarolim (3) – Todorovic (3,5), L. Müller (3,5) – Cacau (2), Ciric (2) – **Trainer:** Augenthaler
Eingewechselt: 53. Franca (5) für Berbatov, 63. Simak (-) für Bierofka, 85. Brdaric (-) für Ramelow – 58. Junior (2) für Todorovic, 84. Paßlack (-) für Ciric, 88. Frey (-) für Jarolim
Tore: 0:1 Ciric (58., Linksschuss, Vorarbeit Cacau), 0:2 Junior (88., Rechtsschuss)
Chancenverhältnis: 8:10
Eckenverhältnis: 8:4
SR: Kinhöfer (Herne) – **Zuschauer:** 22500 (ausverkauft) – **Spielnote:** 3

15. Dezember 2002
VfL Wolfsburg – VfB Stuttgart 1:2 (0:1)

Wolfsburg: Reitmaier (3) – Rytter (4), K. Madsen (4), Schnoor (3), Rau (4) – Karhan (2,5), Akonnor (4,5) – Effenberg (3,5) – Ponte (3,5), Petrov (4), Maric (4) – **Trainer:** Wolf
Stuttgart: Hildebrand (2) – Hinkel (3), T. Schneider (2,5), Bordon (3), Gerber (3) – Meira (2), Meißner (-) – Amanatidis (4), Hleb (3,5), Seitz (3) – Kuranyi (3) – **Trainer:** Magath
Eingewechselt: 55. Munteanu (2,5) für Rau, 73. Präger (-) für Rytter, 73. Weiser (-) für Schnoor – 17. Rundio (3,5) für Meißner, 46. Balakov (3,5) für Amanatidis, 62. Tiffert (-) für Hleb
Tore: 0:1 T. Schneider (35., Kopfball, Vorarbeit Seitz), 0:2 Meira (55., Rechtsschuss, Kuranyi), 1:2 Maric (76., Foulelfmeter, Rechtsschuss, Effenberg)
Chancenverhältnis: 9:5
Eckenverhältnis: 10:3
SR: Merk, Dr. (Kaiserslautern) – **Zuschauer:** 24147 – **Spielnote:** 3

15. Dezember 2002
1. FC Kaiserslautern – Hertha BSC 2:1 (1:0)

K'lautern: G. Koch (3) – H. Koch (2,5), Klos (2,5), Ramzy (4), Riedl (4) – Sforza (4), Anfang (3) – Timm (4), Dominguez (4) – Lincoln (2,5) – Lokvenc (3) – **Trainer:** Gerets
Hertha: Kiraly (3) – A. Friedrich (3), Rehmer (2,5), van Burik (3,5), Nené (3,5) – Dardai (2,5), Beinlich (4) – Hartmann (4), Goor (4) – Marcelinho (4) – Luizao (4) – **Trainer:** Stevens
Eingewechselt: 46. Klose (5) für Timm, 71. Bjelica (-) für Anfang, 81. Adzic (-) für Dominguez – 58. Pinto (3) für Goor, 77. Schmidt (-) für Nené, 83. Preetz (-) für Luizao
Tore: 1:0 Lokvenc (28., Kopfball, Vorarbeit Lincoln), 1:1 Dardai (64., Rechtsschuss, Luizao), 2:1 H. Koch (87., Foulelfmeter, Rechtsschuss, Lincoln)
Chancenverhältnis: 4:4
Eckenverhältnis: 2:5
SR: Meyer (Braunschweig) – **Zuschauer:** 34142 – **Spielnote:** 3

Weggegrätscht: Der »Löwe« Tomas Votava (unten) im Duell mit Rostocks Rade Prica.

18. Spieltag

25. Januar 2003
VfL Bochum – 1. FC Nürnberg 2:1 (2:1)

Bochum: Van Duijnhoven (2,5) – Colding (3), Kalla (4), Fahrenhorst (4,5), Meichelbeck (3,5) – Schindzielorz (3,5), Oliseh (2) – Freier (2), Wosz (3,5), Buckley (3) – T. Christiansen (2,5) – **Trainer:** Neururer
Nürnberg: Kampa (2,5) – Stehle (3), Kos (3,5), Nikl (3,5), Popovic (4) – Petkovic (5) – Junior (4), Jarolim (4), L. Müller (4) – Ciric (5), Cacau (4) – **Trainer:** Augenthaler
Eingewechselt: 73. Fiel (-) für Buckley, 80. Hashemian (-) für T. Christiansen, 84. Reis (-) für Wosz – 64. Krzynowek (-) für Junior
Tore: 0:1 Cacau (24., Rechtsschuss, ohne Vorarbeit), 1:1 T. Christiansen (27., Kopfball, Wosz), 2:1 Freier (33., Linksschuss, Buckley)
Chancenverhältnis: 5:4
Eckenverhältnis: 5:4
SR: Wagner (Hofheim) – **Zuschauer:** 20280 – **Spielnote:** 3

25. Januar 2003
Hansa Rostock – 1860 München 1:4 (0:3)

Rostock: Schober (3,5) – Wibran (5), Jakobsson (5), Kovar (5,5), Maul (4,5) – Aduobe (3,5) – Lantz (5), Hansen (5) – Rydlewicz (5) – Salou (4), Prica (5) – **Trainer:** Veh
1860: Jentzsch (2,5) – Costa (3), Votava (3,5), Hoffmann (3,5) – Stranzl (3), Meyer (3) – Kurz (3,5) – Cerny (3,5), Weissenberger (2,5) – Lauth (3), Schroth (1) – **Trainer:** Pacult
Eingewechselt: 36. Hill (4) für Hansen, 79. di Salvo (-) für Prica – 60. Borimirov (4) für Stranzl, 83. Ehlers (-) für Kurz
Tore: 0:1 Schroth (6., Rechtsschuss, Vorarbeit Meyer), 0:2 Schroth (20., Rechtsschuss, Stranzl), 0:3 Costa (21., Rechtsschuss), 1:3 Jakobsson (57., Kopfball, Rydlewicz), 1:4 Schroth (71., Kopfball, Weissenberger)
Chancenverhältnis: 6:6
Eckenverhältnis: 9:6
SR: Strampe (Handorf) – **Zuschauer:** 12000 – **Spielnote:** 3

25. Januar 2003
Hannover 96 – Hamburger SV 2:2 (1:0)

Hannover: Tremmel (3,5) – Cherundolo (4), Konstantinidis (3), Vinicius (3), Schuler (4,5) – Lala (3), Jaime (3) – Krupnikovic (3,5) – N'Kufo (4,5), Bobic (2), Idrissou (3,5) – **Trainer:** Rangnick

HSV: Pieckenhagen (3) – Fukal (5), Hoogma (5), Ujfalusi (2,5), Hollerbach (4) – Maltritz (3,5) – Benjamin (4), Antar (5,5) – Mahdavikia (3,5), Barbarez (4), Takahara (4) – **Trainer:** Jara
Eingewechselt: 85. Stendel (-) für Krupnikovic, 85. Stajner (-) für N'Kufo – 54. Meijer (2) für Antar
Tore: 1:0 Bobic (40., Rechtsschuss, ohne Vorarbeit), 2:0 Idrissou (50., Linksschuss, Bobic), 2:1 Ujfalusi (64., Kopfball, Mahdavikia), 2:2 Meijer (78., Linksschuss, Mahdavikia)
Chancenverhältnis: 7:3
Eckenverhältnis: 3:4
SR: Dr. Fleischer (Ulm) – **Zuschauer:** 43183 – **Spielnote:** 4

25. Januar 2003
Werder Bremen – Arminia Bielefeld 2:2 (2:2)
Bremen: Borel (3) – Verlaat (3), Baumann (4) – Stalteri (4), Skripnik (4) – F. Ernst (3) – Banovic (4), Borowski (4,5) – Micoud (3,5) – Ailton (3), Daun (4) – **Trainer:** Schaaf
Bielefeld: Hain (3) – Rauw (4), Reinhardt (3), Hansén (4,5) – Kauf (3), Dabrowski (3,5), Dammeier (4) – Brinkmann (2), Vata (4,5), Cha (2,5) – Diabang (4) – **Trainer:** Möhlmann
Eingewechselt: 60. Lisztes (4) für Borowski, 71. Charisteas (-) für Daun – 65. Heinz (-) für Vata, 78. Porcello (-) für Cha, 87. Bogdanovic (-) für Brinkmann
Tore: 1:0 Skripnik (3., Kopfball, Vorarbeit Micoud), 1:1 Diabang (12., Rechtsschuss, Cha), 2:1 Ailton (36., Foulelfmeter, Linksschuss, Ailton), 2:2 Cha (39., Rechtsschuss, Brinkmann)
Chancenverhältnis: 11:3
Eckenverhältnis: 6:2
SR: Merk, Dr. (Kaiserslautern) – **Zuschauer:** 29604 – **Spielnote:** 3,5

25. Januar 2003
VfL Wolfsburg – FC Schalke 04 1:2 (0:0)
Wolfsburg: Reitmaier (4) – Rytter (4), K. Madsen (4), Franz (4,5), Rau (4,5) – Karhan (3), Thiam (5) – S. Müller (4), Effenberg (4,5) – Maric (4), Petrov (5) – **Trainer:** Wolf
Schalke: F. Rost (3) – Oude Kamphuis (3), Hajto (4), van Hoogdalem (3,5), van Kerckhoven (3,5) – Kmetsch (3), Poulsen (4) – Varela (2,5), Böhme (3) – Sand (2), Mpenza (3) – **Trainer:** Neubarth
Eingewechselt: 55. Präger (4,5) für Rau, 79. Munteanu (-) für Thiam, 84. Quattrocchi (-) für S. Müller – 74. Asamoah (-) für Varela, 79. Agali (-) für Mpenza, 90. Matellan (-) für Böhme
Tore: 0:1 Kmetsch (47., Linksschuss, Vorarbeit Mpenza), 0:2 Varela (50., Rechtsschuss, Böhme), 1:2 Maric (71., Linksschuss)
Chancenverhältnis: 3:6
Eckenverhältnis: 7:9
SR: Koop (Lüttenmark) – **Zuschauer:** 26127 – Gelbe Karten: Petrov, Präger – Hajto – **Spielnote:** 3

25. Januar 2003
1. FC Kaiserslautern – VfB Stuttgart 1:2 (1:1)
K'lautern: Wiese (4) – H. Koch (4,5), Ramzy (5), Knavs (4,5), Tchato (4) – Sforza (5), Grammozis (5) – Basler (5), Adzic (4) – Lokvenc (3,5), Klose (5) – **Trainer:** Gerets
Stuttgart: Hildebrand (3) – Hinkel (3,5), Meira (3,5), Dangelmayr (3), Wenzel (3) – Soldo (3) – Hleb (2,5), Meißner (3,5) – Balakov (2) – Amanatidis (3), Kuranyi (2) – **Trainer:** Magath
Eingewechselt: 56. Riedl (5) für Adzic, 74. Klos (-) für H. Koch, 76. Mifsud (-) für Basler – 69. Carnell (-) für Meißner, 74. Seitz (-) für Amanatidis, 88. Mutzel (-) für Balakov
Tore: 0:1 Kuranyi (29., Rechtsschuss, Vorarbeit Amanatidis), 1:1 Lokvenc (34., Rechtsschuss, Basler), 1:2 Balakov (71., Linksschuss, Hleb)
Chancenverhältnis: 2:5
Eckenverhältnis: 1:3
SR: Krug (Gelsenkirchen) – **Zuschauer:** 36692 – **Spielnote:** 3,5

25. Januar 2003
Hertha BSC – Borussia Dortmund 2:1 (0:0)
Hertha: Kiraly (2,5) – A. Friedrich (3), Rehmer (2,5), Simunic (3) – Hartmann (3) – Dardai (2) – Karwan (4), Marcelinho (2,5), Goor (4) – Alex Alves (4), Luizao (4,5) – **Trainer:** Stevens
Dortmund: Lehmann (3) – Wörns (4), Metzelder (2,5) – Evanilson (4), S. Reuter (4), Frings (3,5), Dede (3,5) – Heinrich (4) – Rosicky (4) – Ewerthon (3,5), Koller (3) – **Trainer:** Sammer
Eingewechselt: 72. Preetz (-) für Luizao, 90. Marx (-) für Alex Alves – 72. Amoroso (-) für Dede, 79. Kehl (-) für Frings
Tore: 1:0 Dardai (69., Rechtsschuss, Vorarbeit Goor), 1:1 Koller (80., Kopfball, Amoroso), 2:1 Marcelinho (90., Kopfball, Preetz)
Chancenverhältnis: 8:4
Eckenverhältnis: 2:2
SR: Fandel (Kyllburg) – **Zuschauer:** 50547 – **Gelbe Karte:** Kiraly – **Spielnote:** 3,5

26. Januar 2003
Bayer Leverkusen – Energie Cottbus 0:3 (0:2)
Leverkusen: J. Butt (6) – Juan (4), Nowotny (3), Placente (5) – Balitsch (5), Ramelow (5) – Preuß (5,5), Babic (5) – Simak (3,5) – Franca (4,5), Neuville (4,5) – **Trainer:** Toppmöller
Cottbus: Lenz (1,5) – Schröter (3,5), da Silva (3,5), Berhalter (4), Löw (3) – Reghecampf (3,5), T. Rost (5), Latoundji (4,5), Gebhardt (4) – Vagner (2,5), Topic (2) – **Trainer:** Geyer
Eingewechselt: 46. Ojigwe (5) für Preuß, 46. Bierofka (5) für Babic, 59. Kleine (4) für Juan – 52. Juskowiak (4) für Topic, 70. Kaluzny (-) für Latoundji, 87. Jungnickel (-) für Vagner
Tore: 0:1 Gebhardt (15., Rechtsschuss, ohne Vorarbeit), 0:2 Topic (32., Linksschuss, Vagner), 0:3 Juskowiak (85., Kopfball, Vagner)
Chancenverhältnis: 6:4
Eckenverhältnis: 10:7
SR: Stark (Ergolding) – **Zuschauer:** 22500 (ausverkauft) – Gelbe Karten: Berhalter, Lenz, Löw, Rozgonyi – **Spielnote:** 3,5

26. Januar 2003
Bayern München – Bor. M'gladbach 3:0 (1:0)
Bayern: Kahn (4) – Hargreaves (2), R. Kovac (3), T. Linke (3), Lizarazu (2,5) – Jeremies (3) – Ballack (4) – Scholl (3), Zé Roberto (3,5) – Pizarro (3,5), Elber (3,5) – **Trainer:** Hitzfeld
Gladbach: Stiel (3) – Eberl (5), Korell (3), Pletsch (4), Witeczek (4) – Hausweiler (3,5), Demo (4), Strasser (4) – Aidoo (5), Korzynietz (5) – Skoubo (5) – **Trainer:** Meyer
Eingewechselt: 80. Zickler (-) für Pizarro, 80. Kuffour (-) für Scholl, 88. Schweinsteiger (-) für Hargreaves – 63. van Lent (-) für Demo, 71. Embers (-) für Korell, 79. Küntzel (-) für Korzynietz
Tore: 1:0 Hargreaves (25., Rechtsschuss, Vorarbeit Scholl), 2:0 Zickler (85., Rechtsschuss, Hargreaves), 3:0 Elber (89., Rechtsschuss, Zé Roberto)
Chancenverhältnis: 11:1
Eckenverhältnis: 6:4
SR: Kircher (Rottenburg) – **Zuschauer:** 40000 – **Spielnote:** 3,5

19. Spieltag

1. Februar 2003
VfB Stuttgart – Hertha BSC 3:1 (1:0)
Stuttgart: Hildebrand (2,5) – Hinkel (2,5), Dangelmayr (3), Bordon (3), Gerber (3,5) – Soldo (3) – Meira (4), Hleb (2) – Balakov (3) – Amanatidis (2), Kuranyi (3) – **Trainer:** Magath
Hertha: Kiraly (3) – A. Friedrich (4,5), Rehmer (3), Simunic (3) – Hartmann (5) – Dardai (3) – Karwan (5), Goor (3) – Marcelinho (2,5) – Alex Alves (3,5), Luizao (5) – **Trainer:** Stevens
Eingewechselt: 56. Ganea (2,5) für Amanatidis, 77. Rundio (-) für Dangelmayr, 89. Tiffert (-) für Balakov – 59. Preetz (4,5) für Luizao, 68. Beinlich (-) für Hartmann, 76. Mladenov (-) für Karwan
Tore: 1:0 Amanatidis (28., Rechtsschuss, Vorarbeit Kuranyi), 2:0 Hleb (69., Rechtsschuss, Kuranyi), 2:1 Marcelinho (80., Kopfball, Alex Alves), 3:1 Ganea (90., Rechtsschuss, Hleb)
Chancenverhältnis: 8:4
Eckenverhältnis: 5:4
SR: Aust (Köln) – **Zuschauer:** 23000 – **Spielnote:** 3

1. Februar 2003
Arminia Bielefeld – Bayern München 0:0
Bielefeld: Hain (3) – Rauw (3), Reinhardt (2,5), Hansén (3) – Kauf (2,5), Dabrowski (2,5), Dammeier (3,5) – Brinkmann (3), Vata (3,5), Cha (3,5) – Diabang (3,5) – **Trainer:** Möhlmann
Bayern: Kahn (3) – Kuffour (3,5), R. Kovac (3), T. Linke (3), Lizarazu (4) – Jeremies (3) – Hargreaves (3), Schweinsteiger (4,5) – Zickler (4,5) – Pizarro (5), Elber (4) – **Trainer:** Hitzfeld
Eingewechselt: 67. Heinz (-) für Cha, 87. Bogdanovic (-) für Vata – 74. Feulner (-) für Schweinsteiger
Chancenverhältnis: 4:1
Eckenverhältnis: 5:3
SR: Kemmling (Kleinburgwedel) – **Zuschauer:** 26601 (ausverkauft) – **Spielnote:** 4

1. Februar 2003
1860 München – Hannover 96 0:1 (0:1)
1860: Jentzsch (3) – Stranzl (4,5), Rafael (4), Costa (3,5), Hoffmann (4) – Meyer (4) – Borimirov (4,5), Kurz (4) – Weissenberger (5) – Lauth (4), Schroth (3,5) – **Trainer:** Pacult
Hannover: Tremmel (2,5) – Cherundolo (4), Konstantinidis (3), Vinicius (3), Schuler (4) – Lala (3), Jaime (3) – Krupnikovic (2) – N'Kufo (3), Idrissou (3,5), Bobic (2,5) – **Trainer:** Rangnick
Eingewechselt: 58. Shao (4) für Borimirov, 70. Max (-) für Weissenberger, 78. Agostino (-) für Meyer – 61. C. Linke (-) für Jaime, 68. Stendel (-) für N'Kufo, 83. de Guzman (-) für Krupnikovic
Tor: 0:1 Krupnikovic (27., Linksschuss, Vorarbeit N'Kufo)
Chancenverhältnis: 5:6
Eckenverhältnis: 4:5
SR: Kinhöfer (Herne) – **Zuschauer:** 18000 – **Spielnote:** 4

1. Februar 2003
1. FC Nürnberg – Hansa Rostock 0:1 (0:1)
Nürnberg: Kampa (3) – Stehle (4), Kos (4), Nikl (3,5), Popovic (5) – Larsen (3,5) – Junior (3,5), Jarolim (4), L. Müller (3,5) – Belic (5), Ciric (4) – **Trainer:** Augenthaler
Rostock: Schober (2,5) – Wimmer (4), Jakobsson (2,5), Hill (3), Maul (4) – Aduobe (3) – Wibran (3,5), Persson (4) – Lantz (3,5) – Arvidsson (4), Prica (3) – **Trainer:** Veh
Eingewechselt: 60. Krzynowek (4) für Belic, 64. Petkovic (-) für Stehle, 82. Todorovic (-) für Junior – 78. Hirsch (-) für Arvidsson, 89. di Salvo (-) für Prica
Tor: 0:1 Prica (42., Rechtsschuss, Vorarbeit Arvidsson)
Chancenverhältnis: 6:2
Eckenverhältnis: 8:4
SR: Steinborn (Sinzig) – **Zuschauer:** 17400 – **Spielnote:** 4,5

1. Februar 2003
Energie Cottbus – VfL Bochum 2:1 (1:0)
Cottbus: Lenz (3) – Schröter (2,5), da Silva (3), Berhalter (2,5), Löw (3) – Reghecampf (2,5), T. Rost (3), Latoundji (2,5), Gebhardt (3) – Vagner (3), Topic (3) – **Trainer:** Geyer
Bochum: Van Duijnhoven (2,5) – Colding (4), Kalla (4,5), Fahrenhorst (4,5), Meichelbeck (4) – Oliseh (4), Schindzielorz (4,5) – Freier (5), Wosz (4), Buckley (5) – T. Christiansen (5) – **Trainer:** Neururer
Eingewechselt: 76. Juskowiak (-) für Topic, 85. Jungnickel (-) für Reghecampf, 89. Kobylanski (-) für Gebhardt – 68. Fiel (-) für Kalla, 74. Hashemian (-) für Buckley, 74. Gudjonsson (-) für Schindzielorz
Tore: 1:0 Reghecampf (2., Rechtsschuss, ohne Vorarbeit), 2:0 Juskowiak (82., Rechtsschuss, Vagner), 2:1 Gudjonsson (90., Rechtsschuss)
Chancenverhältnis: 8:3
Eckenverhältnis: 8:2
SR: Gagelmann (Bremen) – **Zuschauer:** 10804 – Gelbe Karten: Gebhardt – T. Christiansen – **Spielnote:** 3,5

1. Februar 2003
FC Schalke 04 – 1. FC Kaiserslautern 2:2 (1:1)
Schalke: F. Rost (2) – Oude Kamphuis (3), Hajto (3), van Hoogdalem (4), van Kerckhoven (4) – Kmetsch (4), Poulsen (3,5) – Varela (3,5), Böhme (2,5) – Sand (3,5), Agali (1,5) – **Trainer:** Neubarth
K'lautern: Wiese (2) – Klos (4), H. Koch (3,5), Knavs (4), Tchato (3) – Ramzy (4) – Grammozis (4), Anfang (3,5) – Klose (4), Adzic (5), Lokvenc (3,5) – **Trainer:** Gerets
Eingewechselt: 63. Mpenza (-) für Kmetsch, 90. Vermant (-) für Varela – 75. Bjelica (-) für Anfang, 81. Mifsud (-) für Ramzy
Tore: 1:0 Agali (6., Kopfball, Vorarbeit Böhme), 1:1 Klos (31., Kopfball, Lokvenc), 2:1 Agali (70., Linksschuss, Poulsen), 2:2 H. Koch (90., Linksschuss, Klose)
Chancenverhältnis: 10:6
Eckenverhältnis: 11:2
SR: Weiner (Hildesheim) – **Zuschauer:** 60672 (ausverkauft) – **Spielnote:** 3,5

2. Februar 2003
Borussia Dortmund – Bayer Leverkusen 2:0 (2:0)
Dortmund: Lehmann (3) – Wörns (3,5), Metzelder (4) – Evanilson (3), Dede (4) – S. Reuter (2,5), Frings (2,5) – Rosicky (3) – Ewerthon (2,5), Amoroso (4), Koller (1,5) – **Trainer:** Sammer
Leverkusen: J. Butt (2) – Zivkovic (5), Ramelow (5), Juan (6), Placente (5) – Balitsch (5) – Ojigwe (4), B. Schneider (3), Bastürk (-) – Franca (3), Neuville (4,5) – **Trainer:** Toppmöller
Eingewechselt: 61. Kehl (-) für S. Reuter, 71. Ricken (-) für Ewerthon, 86. Madouni (-) für Amoroso – 57. Bierofka (3) für Franca, 57. Babic (4) für Balitsch, 84. Brdaric (-) für Ojigwe
Tore: 1:0 Ewerthon (3., Rechtsschuss, Vorarbeit Amoroso), 2:0 Koller (26., Rechtsschuss)
Chancenverhältnis: 10:1
Eckenverhältnis: 7:4
SR: Fröhlich (Berlin) – **Zuschauer:** 67600 – **Rote Karten:** Bastürk (6., grobes Foulspiel) – **Spielnote:** 2,5

2. Februar 2003
Hamburger SV – Werder Bremen 1:0 (0:0)
HSV: Pieckenhagen (3) – Fukal (4), Hoogma (4), Ujfalusi (2,5), Hollerbach (3) – Benjamin (2), Maltritz (3,5) – Cardoso (3) – Mahdavikia (3), Barbarez (2,5), Takahara (3,5) – **Trainer:** Jara
Bremen: Borel (3,5) – Stalteri (4), Verlaat (4,5), Krstajic (3), Skripnik (2,5) – Tjikuzu (4), F. Ernst (3) – Lisztes (3,5), Micoud (4) – Ailton (3), Daun (2) – **Trainer:** Schaaf
Eingewechselt: 77. Wicky (-) für Cardoso, 90. Meijer (-) für Takahara – 64. Banovic (-) für Stalteri, 73. Charisteas (-) für Tjikuzu, 85. Klasnic (-) für Lisztes
Tor: 1:0 Barbarez (55., Linksschuss, Vorarbeit Mahdavikia)
Chancenverhältnis: 6:5
Eckenverhältnis: 5:1
SR: Jansen (Essen) – **Zuschauer:** 46742 – **Spielnote:** 3

19. Februar 2003
Bor. M'gladbach – VfL Wolfsburg 2:0 (1:0)
Gladbach: Stiel (3) – Eberl (3), Korell (3,5), Pletsch (3,5), Embers (4) – Kluge (3,5) – Ulich (4), Münch (3) – Demo (3) – Forssell (3), Aidoo (2) – **Trainer:** Meyer
Wolfsburg: Reitmaier (2,5) – Sarpei (5), Quattrocchi (5), Schnoor (5), Weiser (4) – Thiam (4) – S. Müller (3,5), Munteanu (-) – Effenberg (5) – Präger (5), P. Madsen (4) – **Trainer:** Wolf
Eingewechselt: 74. van Lent (-) für Ulich, 83. Asanin (-) für Pletsch, 90. Schlaudraff (-) für Aidoo – 19. Petrov (4) für Munteanu, 63. Klimowicz (-) für Sarpei
Tore: 1:0 Schnoor (33., Eigentor, Linksschuss, Vorarbeit Demo), 2:0 Aidoo (71., Linksschuss, Forssell)
Chancenverhältnis: 5:2
Eckenverhältnis: 3:4
SR: Albrecht (Kaufbeuren) – **Zuschauer:** 22950 – **Spielnote:** 3,5

20. Spieltag

8. Februar 2003
Hansa Rostock – Energie Cottbus 0:0
Rostock: Schober (3) – Wimmer (4,5), Jakobsson (3), Hill (3,5), Maul (4) – Aduobe (3,5) – Rydlewicz (4), Lantz (3,5), Wibran

(4,5) – Prica (5), Arvidsson (4,5) – **Trainer:** Veh
Cottbus: Lenz (3) – Schröter (4,5), Rozgonyi (3,5), Berhalter (3,5), Löw (3,5) – Latoundji (4,5), T. Rost (4,5) – Reghecampf (4), Gebhardt (3,5) – Topic (4,5), Vagner (5) – **Trainer:** Geyer
Eingewechselt: 69. di Salvo (-) für Aduobe, 80. Salou (-) für Arvidsson – 66. Juskowiak (-) für Vagner, 74. Kobylanski (-) für Reghecampf, 82. Rink (-) für Topic
Chancenverhältnis: 5:2
Eckenverhältnis: 7:6
SR: Merk, Dr. (Kaiserslautern) – **Zuschauer:** 17000 – **Rote Karten:** Prica (86., grobes Foulspiel) – **Spielnote:** 4,5

8. Februar 2003
Hannover 96 – 1. FC Nürnberg 4:2 (3:1)
Hannover: Tremmel (3,5) – Cherundolo (3,5), Konstantinidis (3,5), Vinicius (3), Schuler (3,5) – de Guzman (3), Lala (2) – Krupnikovic (3) – Stajner (2,5), Idrissou (1), Kaufman (2,5) – **Trainer:** Rangnick
Nürnberg: Kampa (4) – Stehle (5,5), Kos (5,5), Petkovic (5,5), L. Müller (5) – Junior (3,5), Nikl (4), Krzynowek (4) – Larsen (4) – Ciric (4), Cacau (5) – **Trainer:** Augenthaler
Eingewechselt: 46. Popescu (3) für Konstantinidis, 66. Stefulj (-) für Krupnikovic, 84. Casey (-) für Kaufman – 78. Michalke (-) für Cacau
Tore: 1:0 Idrissou (9., Linksschuss, Vorarbeit Kaufman), 2:0 Idrissou (21., Linksschuss, Kaufman), 3:0 Idrissou (24., Rechtsschuss, Stajner), 3:1 Junior (32., Rechtsschuss), 3:2 Ciric (52., Rechtsschuss, Krzynowek), 4:2 Stefulj (71., Rechtsschuss, Stajner)
Chancenverhältnis: 12:3
Eckenverhältnis: 7:3
SR: Keßler (Höhenkirchen) – **Zuschauer:** 26157 – **Spielnote:** 3

8. Februar 2003
Werder Bremen – 1860 München 1:2 (1:0)
Bremen: Borel (5) – Baumann (3,5), Verlaat (3), Krstajic (3,5) – Stalteri (4,5), F. Ernst (3), Banovic (3), Skripnik (4,5) – Micoud (2,5) – Charisteas (3), Klasnic (2,5) – **Trainer:** Schaaf
1860: Jentzsch (2,5) – Hoffmann (4), Votava (3), Costa (4) – Stranzl (3) – Meyer (3,5) – Cerny (4), Borimirov (2,5), Weissenberger (3) – Schroth (4), Lauth (2,5) – **Trainer:** Pacult
Eingewechselt: 59. Ailton (5) für Banovic, 76. Daun (-) für Verlaat, 90. Lisztes (-) für Klasnic – 72. Pfuderer (-) für Costa, 84. Suker (-) für Schroth, 90. Ehlers (-) für Lauth
Tore: 1:0 Klasnic (45., Linksschuss, Vorarbeit Charisteas), 1:1 Lauth (53., Rechtsschuss, Stranzl), 1:2 Borimirov (83., Rechtsschuss, Pfuderer)
Chancenverhältnis: 10:7
Eckenverhältnis: 10:6
SR: Kircher (Rottenburg) – **Zuschauer:** 34000 – **Spielnote:** 2,5

8. Februar 2003
VfL Wolfsburg – Arminia Bielefeld 2:0 (1:0)
Wolfsburg: Reitmaier (3) – Rytter (4), Franz (3), Schnoor (2,5), Rau (3) – Karhan (4), Thiam (4) – Effenberg (4), Munteanu (3) – Ponte (2,5), Maric (2,5) – **Trainer:** Wolf
Bielefeld: Hain (3,5) – Rauw (4), Reinhardt (4), Hansén (4) – Kauf (3,5), Dabrowski (4), Dammeier (4) – Brinkmann (5), Vata (4), Cha (5) – Diabang (5) – **Trainer:** Möhlmann
Eingewechselt: 77. Präger (-) für Ponte, 84. Sarpei (-) für Rytter, 88. S. Müller (-) für Maric – 46. Wichniarek (5) für Cha, 67. Heinz (-) für Brinkmann, 81. Bogdanovic (-) für Vata
Tore: 1:0 Schnoor (24., Kopfball, Vorarbeit Effenberg), 2:0 Maric (50., Rechtsschuss)
Chancenverhältnis: 7:3
Eckenverhältnis: 5:6
SR: Fandel (Kyllburg) – **Zuschauer:** 15976 – **Spielnote:** 4

8. Februar 2003
1. FC Kaiserslautern – Bor. M'gladbach 2:0 (1:0)
K'lautern: Wiese (3) – H. Koch (4,5), Knavs (3) – Grammozis (4,5), Tchato (4) – Ramzy (3,5) – Bjelica (4,5) – Anfang (4) – Klose (3,5), Mifsud (3,5), Lokvenc (4) – **Trainer:** Gerets
Gladbach: Stiel (4) – Eberl (4), Korell (4), Pletsch (3), Strasser (4) – Hausweiler (5) – Kluge (3,5), Ulich (4,5) – Demo (4,5) – Skoubo (5), Forssell (3) – **Trainer:** Meyer
Eingewechselt: 69. Basler (-) für Tchato, 84. Sforza (-) für Anfang, 87. Teber (-) für Lokvenc – 58. van Lent (4) für Skoubo, 58. Münch (4) für Demo, 83. Küntzel (-) für Hausweiler
Tore: 1:0 Knavs (35., Linksschuss, ohne Vorarbeit), 2:0 Klose (88., Foulelfmeter, Rechtsschuss, Teber)
Chancenverhältnis: 3:2
Eckenverhältnis: 6:3
SR: Sippel (München) – **Zuschauer:** 38199 – **Spielnote:** 4

In der Zange: Dortmunds Rosicky wird von den Stuttgartern Bordon (links) und Balakov attackiert.

8. Februar 2003
Hertha BSC – FC Schalke 04 4:2 (2:1)
Hertha: Kiraly (3,5) – A. Friedrich (3), Rehmer (-), Simunic (4), Hartmann (2) – Dardai (3) – Marx (3), Goor (4) – Marcelinho (2,5) – Alex Alves (1,5), Preetz (2,5) – **Trainer:** Stevens
Schalke: F. Rost (3) – Oude Kamphuis (3), Hajto (4), Matellan (5), van Kerckhoven (3,5) – Kmetsch (3), Poulsen (3) – Varela (5,5), Böhme (4) – Sand (5), Mpenza (3) – **Trainer:** Neubarth
Eingewechselt: 25. van Burik (4) für Rehmer, 89. Schmidt (-) für Marx, 90. Beinlich (-) für Hartmann – 46. Agali (3,5) für Sand, 63. Vermant (-) für Matellan, 82. Waldoch (-) für Kmetsch
Tore: 0:1 Mpenza (1., Linksschuss, Vorarbeit Kmetsch), 1:1 Preetz (28., Kopfball, Alex Alves), 2:1 Alex Alves (39., Rechtsschuss, A. Friedrich), 3:1 Matellan (51., Eigentor, Linksschuss, Marcelinho), 3:2 Oude Kamphuis (68., Rechtsschuss, Agali), 4:2 Marcelinho (88., Linksschuss, Alex Alves)
Chancenverhältnis: 12:6
Eckenverhältnis: 10:4
SR: Strampe (Handorf) – **Zuschauer:** 39962 – **Gelb-Rote Karte:** Varela (61.) – **Spielnote:** 2

8. Februar 2003
VfL Bochum – Bayer Leverkusen 2:1 (0:0)
Bochum: Van Duijnhoven (2) – Colding (4), Vriesde (3,5), Fahrenhorst (3), Reis (3) – Gudjonsson (4), Schindzielorz (4) – Freier (3,5), Wosz (2), Fiel (5) – T. Christiansen (4) – **Trainer:** Neururer
Leverkusen: J. Butt (3) – Zivkovic (3,5), Juan (-), Cris (3,5), Placente (2,5) – Kaluzny (2,5), Babic (3) – B. Schneider (3,5) – Neuville (4), Bierofka (3), Berbatov (4) – **Trainer:** Toppmöller
Eingewechselt: 46. Buckley (2) für Fiel, 60. Hashemian (1) für T. Christiansen, 79. Meichelbeck (-) für Schindzielorz – 27. Kleine (4) für Juan, 62. Simak (-) für Neuville, 68. Sebescen (-) für Placente
Tore: 1:0 Hashemian (68., Rechtsschuss, Vorarbeit Gudjonsson), 1:1 Babic (78., Linksschuss, Berbatov), 2:1 Hashemian (84., Linksschuss, Buckley)
Chancenverhältnis: 6:11
Eckenverhältnis: 7:7
SR: Steinborn (Sinzig) – **Zuschauer:** 20643 – **Spielnote:** 2,5

9. Februar 2003
VFB Stuttgart – Borussia Dortmund 1:0 (0:0)
Stuttgart: Hildebrand (3) – Hinkel (2,5), Meira (3), Bordon (3,5), Gerber (2,5) – Soldo (2) – Meißner (3), Hleb (4) – Balakov (2,5) – Amanatidis (3,5), Kuranyi (3,5) – **Trainer:** Magath
Dortmund: Lehmann (3) – Wörns (2,5), Metzelder (3) – Evanilson (4), Dede (3,5) – S. Reuter (3), Frings (3,5) – Rosicky (3) – Ewerthon (4), Amoroso (4,5) – Koller (3) – **Trainer:** Sammer
Eingewechselt: 78. Ganea (-) für Amanatidis, 88. Tiffert (-) für Balakov, 90. Dangelmayr (-) für Kuranyi – 75. Ricken (-) für Rosicky, 80. Reina (-) für S. Reuter, 88. Herrlich (-) für Evanilson
Tor: 1:0 Soldo (77., Kopfball, Vorarbeit Balakov)
Chancenverhältnis: 4:4
Eckenverhältnis: 5:4
SR: Dr. Fleischer (Ulm) – **Zuschauer:** 43000 – **Spielnote:** 3

9. Februar 2003
Bayern München – Hamburger SV 1:1 (1:0)
Bayern: Kahn (3) – Kuffour (3,5), R. Kovac (4), T. Linke (3), Lizarazu (3) – Hargreaves (3,5), N. Kovac (3) – Scholl (3,5), Zé Roberto (3) – Pizarro (2,5), Elber (3,5) – **Trainer:** Hitzfeld
HSV: Pieckenhagen (4) – Fukal (4,5), Hoogma (3,5), Ujfalusi (3,5), Hollerbach (3) – Maltritz (3), Benjamin (3) – Cardoso (4) – Mahdavikia (4), Takahara (3,5) – Barbarez (4) – **Trainer:** Jara
Eingewechselt: 86. Deisler (-) für Zé Roberto, 90. Zickler (-) für Scholl – 63. Meijer (-) für Cardoso
Tore: 1:0 Pizarro (11., Kopfball, Vorarbeit Zé Roberto), 1:1 Takahara (90., Kopfball, Mahdavikia)
Chancenverhältnis: 7:2
Eckenverhältnis: 10:4
SR: Wagner (Hofheim) – **Zuschauer:** 40000 – **Gelbe Karte:** Ujfalusi – **Spielnote:** 3,5

21. Spieltag

15. Februar 2003
Hamburger SV – VfL Wolfsburg 2:0 (1:0)
HSV: Pieckenhagen (3) – Fukal (3,5), Hoogma (3), Ujfalusi (3), Hollerbach (3) – Benjamin (3), Maltritz (3) – Mahdavikia (2,5), Cardoso (2,5), Takahara (3) – Barbarez (2,5) – **Trainer:** Jara
Wolfsburg: Reitmaier (2,5) – Sarpei (3,5), Franz (3), Schnoor (4), Weiser (4) – Thiam (4) – Effenberg (4,5), Munteanu (3,5) – Ponte (5), Petrov (5) – Maric (4) – **Trainer:** Wolf
Eingewechselt: 77. Meijer (-) für Cardoso, 87. Wicky (-) für Barbarez – 42. Karhan (3,5) für Petrov, 63. Präger (-) für Munteanu, 63. P. Madsen (-) für Thiam
Tore: 1:0 Cardoso (39., Kopfball, Vorarbeit Mahdavikia), 2:0 Benjamin (90., Rechtsschuss, Hollerbach)
Chancenverhältnis: 8:3
Eckenverhältnis: 5:3
SR: Kinhöfer (Herne) – **Zuschauer:** 34057 – **Gelbe Karte:** Hollerbach – **Rote Karten:** Ponte (36., Tätlichkeit) – **Spielnote:** 3

15. Februar 2003
1860 München – Bayern München 0:5 (0:0)
1860: Jentzsch (4) – Stranzl (5,5), Votava (5), Hoffmann (3) – Cerny (5), Kurz (3,5) – Meyer (5) – Borimirov (5), Weissenberger (5) – Lauth (4,5), Schroth (5) – **Trainer:** Pacult
Bayern: Kahn (3) – Hargreaves (4), R. Kovac (2,5), T. Linke (2), Lizarazu (2) – Jeremies (2,5), Ballack (2,5) – Scholl (1), Schweinsteiger (4) – Elber (4,5), Pizarro (2) – **Trainer:** Hitzfeld
Eingewechselt: 65. Suker (-) für Lauth – 61. Zé Roberto (-) für Schweinsteiger, 76. Sagnol (-) für Hargreaves, 79. Deisler (-) für Elber
Tore: 0:1 Scholl (58., direkter Freistoß, Rechtsschuss, ohne Vorarbeit), 0:2 Scholl (69., Rechtsschuss, Pizarro), 0:3 Lizarazu (73., Kopfball, Zé Roberto), 0:4 Pizarro (78., Rechtsschuss, Ballack), 0:5 Scholl (80., Linksschuss, Deisler)
Chancenverhältnis: 2:11
Eckenverhältnis: 3:6
SR: Fröhlich (Berlin) – **Zuschauer:** 64000 – **Spielnote:** 2

15. Februar 2003
1. FC Nürnberg – Werder Bremen 1:0 (1:0)
Nürnberg: Kampa (2,5) – Petkovic (4) – Nikl (3), Wolf (3) – Frey (3) – Junior (2,5), Larsen

(3), L. Müller (2,5) – Jarolim (3) – Driller (3), Cacau (4) – **Trainer:** Augenthaler
Bremen: Wierzchowski (5) – Stalteri (3,5), Verlaat (3,5), Krstajic (4,5) – Tjikuzu (4,5), Banovic (3,5), F. Ernst (4), Skripnik (4,5) – Micoud (4,5) – Daun (5), Ailton (4) – **Trainer:** Schaaf
Eingewechselt: 77. Krzynowek (-) für Driller, 80. Michalke (-) für Cacau, 86. Kos (-) für Larsen – 46. Schulz (3,5) für Skripnik, 63. Charisteas (-) für Ailton, 73. Lisztes (-) für Verlaat
Tor: 1:0 L. Müller (41., Linksschuss, Vorarbeit Larsen)
Chancenverhältnis: 7:4
Eckenverhältnis: 4:6
SR: Kemmling (Kleinburgwedel) – **Zuschauer:** 17500 – **Rote Karten:** Daun (57., grobes Foulspiel) – **Spielnote:** 3,5

15. Februar 2003
Bayer Leverkusen – Hansa Rostock 1:2 (1:2)
Leverkusen: J. Butt (4) – Zivkovic (5), Ramelow (5,5), Cris (5,5), Placente (5) – Kaluzny (5), Babic (4) – B. Schneider (5) – Neuville (5,5), Berbatov (5,5), Bierofka (4) – **Trainer:** Toppmöller
Rostock: Schober (3) – Wimmer (-), Jakobsson (3), Hill (3), Maul (3,5) – Lantz (2), Persson (3,5) – Rydlewicz (4), Wibran (4) – Meggle (4) – Salou (1,5) – **Trainer:** Veh
Eingewechselt: 46. Kleine (4) für Ramelow, 46. Schoof (4) für Berbatov – 29. di Salvo (4) für Wimmer, 85. Hirsch (-) für Salou, 89. Aduobe (-) für Meggle
Tore: 0:1 Salou (35., Rechtsschuss, Vorarbeit Lantz), 1:1 Babic (38., Rechtsschuss, Cris), 1:2 Salou (41., Linksschuss, Lantz)
Chancenverhältnis: 3:7
Eckenverhältnis: 5:3
SR: Albrecht (Kaufbeuren) – **Zuschauer:** 22500 (ausverkauft) – **Spielnote:** 3,5

15. Februar 2003
Borussia Dortmund – VfL Bochum 4:1 (3:1)
Dortmund: Lehmann (3) – Metzelder (3), Wörns (2), Dede (2) – S. Reuter (3) – Evanilson (3,5), Frings (2) – Rosicky (2) – Ewerthon (4,5), Reina (3) – Koller (1,5) – **Trainer:** Sammer
Bochum: Van Duijnhoven (2) – Colding (3), Kalla (4,5), Fahrenhorst (4), Reis (4) – Gudjonsson (3,5), Oliseh (-) – Wosz (4,5) – Freier (4), Buckley (3,5) – T. Christiansen (5) – **Trainer:** Neururer
Eingewechselt: 65. Madouni (-) für Evanilson, 71. Ricken (-) für Rosicky, 80. Herrlich (-) für Koller – 13. Bemben (5) für Oliseh, 46. Hashemian (5) für T. Christiansen, 65. Vriesde (-) für Fahrenhorst
Tore: 0:1 Buckley (8., Linksschuss, Vorarbeit Freier), 1:1 Reina (33., Linksschuss, Koller), 2:1 Koller (42., Rechtsschuss, Rosicky), 3:1 Frings (45., Foulelfmeter, Rechtsschuss, Koller), 4:1 Frings (67., Handelfmeter, Rechtsschuss)
Chancenverhältnis: 9:3
Eckenverhältnis: 9:6
SR: Aust (Köln) – **Zuschauer:** 66000 – **Spielnote:** 2

15. Februar 2003
FC Schalke 04 – VfB Stuttgart 2:0 (2:0)
Schalke: F. Rost (3) – Hajto (2), Waldoch (1,5) – Oude Kamphuis (3), van Kerckhoven (3,5) – Poulsen (3), Kmetsch (3) – Böhme (3) – Vermant (3,5) – Agali (1), Mpenza (2) – **Trainer:** Neubarth
Stuttgart: Hildebrand (2,5) – Hinkel (4), Meira (4,5), Bordon (5), Gerber (5) – Soldo (4) – Meißner (4,5), Hleb (3,5) – Balakov (3,5) – Kuranyi (4,5), Amanatidis (5) – **Trainer:** Magath
Eingewechselt: 87. Rodriguez (-) für Kmetsch, 90. Trojan (-) für Vermant – 46. Tiffert (4) für Amanatidis, 46. Ganea (4) für Meißner, 78. Seitz (-) für Gerber
Tore: 1:0 Mpenza (3., Rechtsschuss, Vorarbeit Agali), 2:0 Hajto (45., Rechtsschuss)
Chancenverhältnis: 12:3
Eckenverhältnis: 3:4
SR: Meyer (Braunschweig) – **Zuschauer:** 60678 – **Spielnote:** 2,5

15. Februar 2003
Arminia Bielefeld – 1. FC Kaiserslautern 1:1 (1:1)
Bielefeld: Hain (2,5) – Rauw (4), Reinhardt (2,5), Hansén (4) – Dabrowski (3) – Kauf (3,5), Murawski (4) – Brinkmann (3,5), Cha (5) – Heinz (4,5) – Wichniarek (4,5) – **Trainer:** Möhlmann
K'lautern: Wiese (3) – Grammozis (2,5), H. Koch (4,5), Knavs (2), Tchato (3) – Ramzy (4) – Bjelica (3), Anfang (3,5) – Lincoln (3,5) – Klose (2,5), Lokvenc (3) – **Trainer:** Gerets
Eingewechselt: 55. Porcello (4,5) für Murawski, 78. Diabang (-) für Heinz – 81. Mifsud (-) für Lincoln
Tore: 0:1 Lokvenc (27., Rechtsschuss, Vorarbeit Bjelica), 1:1 Reinhardt (35., Kopfball, Brinkmann)
Chancenverhältnis: 3:5
Eckenverhältnis: 2:3
SR: Koop (Lüttenmark) – **Zuschauer:** 19237 – **Spielnote:** 4

16. Februar 2003
Bor. M'gladbach – Hertha BSC 0:2 (0:2)
Gladbach: Stiel (4) – Asanin (5), Witeczek (5), Pletsch (4), Münch (5) – Hausweiler (5) – Kluge (4,5) – Demo (5) – Aidoo (4), Forssell (4,5), van Lent (4,5) – **Trainer:** Meyer
Hertha: Kiraly (3) – A. Friedrich (2,5), van Burik (3,5), Simunic (3), Hartmann (2,5) – Dardai (3) – Marx (3,5), Goor (3) – Marcelinho (1,5) – Alex Alves (1,5), Preetz (4) – **Trainer:** Stevens
Eingewechselt: 46. Ulich (5) für Witeczek, 72. Skoubo (-) für Aidoo – 76. Mladenov (-) für Alex Alves, 85. Madlung (-) für Marx, 88. Luizao (-) für Marcelinho
Tore: 0:1 Alex Alves (9., Linksschuss, Vorarbeit Marx), 0:2 Alex Alves (14., Rechtsschuss, Marcelinho)
Chancenverhältnis: 5:6
Eckenverhältnis: 4:2
SR: Krug (Gelsenkirchen) – **Zuschauer:** 24200 – **Spielnote:** 3,5

16. Februar 2003
Energie Cottbus – Hannover 96 3:0 (0:0)
Cottbus: Lenz (3) – Schröter (3,5), da Silva (2), Berhalter (3), Löw (3,5) – Reghecampf (2), T. Rost (3,5), Latoundji (3,5), Gebhardt (4) – Topic (3), Vagner (4,5) – **Trainer:** Geyer
Hannover: Tremmel (3) – Stefulj (4,5), Popescu (4), Vinicius (4), Schuler (5) – Lala (4), Jaime (4) – Krupnikovic (4,5) – Stajner (3), Idrissou (4), Bobic (5) – **Trainer:** Rangnick
Eingewechselt: 72. Kobylanski (-) für Gebhardt, 72. Juskowiak (-) für Vagner, 88. Rozgonyi (-) für Reghecampf – 78. Kaufman (-) für Jaime, 83. Stendel (-) für Stajner, 83. de Guzman (-) für Schuler
Tore: 1:0 da Silva (74., Kopfball, Vorarbeit Reghecampf), 2:0 Reghecampf (77., Rechtsschuss, Kobylanski), 3:0 Topic (82., Linksschuss)
Chancenverhältnis: 9:3
Eckenverhältnis: 4:1
SR: Wack, Dr. (Biberbach) – **Zuschauer:** 14000 – **Rote Karten:** Bobic (89., Schiedsrichterbeleidigung) – **Spielnote:** 3

22. Spieltag

22. Februar 2003
Werder Bremen – Energie Cottbus 0:1 (0:1)
Bremen: Wierzchowski (3) – Stalteri (3), Verlaat (4,5), Skripnik (5) – Tjikuzu (2,5), F. Ernst (4), Schulz (4) – Banovic (5), Lisztes (5) – Ailton (6), Charisteas (5) – **Trainer:** Schaaf
Cottbus: Lenz (3) – Schröter (3), da Silva (2), Berhalter (3), Löw (3) – Kobylanski (4), T. Rost (4), Latoundji (4), Gebhardt (4,5) – Topic (2), Vagner (4) – **Trainer:** Geyer
Eingewechselt: 65. Reich (-) für Banovic, 73. Borowski (-) für Skripnik, 82. Haedo Valdez (-) für Schulz – 57. Rink (5) für Topic, 70. Reichenberger (-) für Vagner, 81. Jungnickel (-) für Gebhardt
Tor: 0:1 Topic (5., Rechtsschuss, ohne Vorarbeit)
Chancenverhältnis: 5:4
Eckenverhältnis: 10:4
SR: Steinborn (Sinzig) – **Zuschauer:** 29700 – **Spielnote:** 4

22. Februar 2003
Bayern München – 1. FC Nürnberg 2:0 (1:0)
Bayern: Kahn (3) – Hargreaves (3,5), R. Kovac (3), T. Linke (3), Lizarazu (2) – Jeremies (3,5) – Ballack (3,5) – Scholl (3), Zé Roberto (2,5) – Pizarro (4), Elber (3,5) – **Trainer:** Hitzfeld
Nürnberg: Kampa (4,5) – Petkovic (5,5) – Wolf (3), Nikl (3) – Stehle (3), Larsen (4,5) – Junior (4,5), Jarolim (4,5), L. Müller (4,5) – Driller (5), Ciric (-) – **Trainer:** Augenthaler
Eingewechselt: 68. Sagnol (-) für Hargreaves, 77. Deisler (-) für Zé Roberto, 86. Zickler (-) für Scholl – 18. Cacau (4,5) für Ciric, 46. Krzynowek (5) für Nikl, 79. Michalke (-) für Driller
Tore: 1:0 Lizarazu (17., Kopfball, Vorarbeit Scholl), 2:0 Elber (59., Linksschuss, Scholl)
Chancenverhältnis: 9:3
Eckenverhältnis: 7:4
SR: Jansen (Essen) – **Zuschauer:** 45000 – **Spielnote:** 4

22. Februar 2003
VfL Wolfsburg – 1860 München 1:1 (0:0)
Wolfsburg: Reitmaier (3) – Biliskov (4), Schnoor (4), Quattrocchi (3) – S. Müller (3), Karhan (4), Sarpei (5), Weiser (3,5) – Effenberg (4) – Maric (4), Klimowicz (3,5) – **Trainer:** Wolf
1860: Jentzsch (2,5) – Costa (4), Votava (4), Stranzl (3), Hoffmann (3,5) – Cerny (4), Borimirov (4), Kurz (4), Weissenberger (5) – Lauth (3,5), Schroth (4) – **Trainer:** Pacult
Eingewechselt: 60. P. Madsen (4) für S. Müller, 64. Petrov (-) für Effenberg, 79. Präger (-) für Klimowicz – 80. Meyer (-) für Weissenberger, 87. Max (-) für Cerny
Tore: 0:1 Lauth (51., Rechtsschuss, Vorarbeit Weissenberger), 1:1 Klimowicz (71., Rechtsschuss, Petrov)
Chancenverhältnis: 3:3
Eckenverhältnis: 8:5
SR: Merk, Dr. (Kaiserslautern) – **Zuschauer:** 15326 – Gelbe Karten: Weiser – Stranzl – **Rote Karten:** Petrov (84., Tätlichkeit), Sarpei (86., grobes Foulspiel) – **Spielnote:** 4,5

22. Februar 2003
1. FC Kaiserslautern – Hamburger SV 2:0 (0:0)
K'lautern: Wiese (2,5) – Grammozis (3), Ramzy (2,5), Knavs (3), Tchato (2,5) – Sforza (2,5), Anfang (2) – Lincoln (4) – Klose (3,5), Dominguez (3,5), Lokvenc (2) – **Trainer:** Gerets
HSV: Pieckenhagen (3,5) – Fukal (3,5), Hoogma (4,5), Ujfalusi (4,5), Hollerbach (3,5) – Benjamin (4,5), Maltritz (-) – Cardoso (4,5) – Mahdavikia (3,5), Takahara (4), Barbarez (4) – **Trainer:** Jara
Eingewechselt: 78. Teber (-) für Lincoln, 84. Bjelica (-) für Anfang, 89. H. Koch (-) für Sforza – 25. Wicky (4,5) für Maltritz, 58. Meijer (4,5) für Cardoso, 75. Christensen (-) für Hollerbach
Tore: 1:0 Lokvenc (51., Rechtsschuss, Vorarbeit Klose), 2:0 Klose (58., Rechtsschuss, Anfang)
Chancenverhältnis: 9:4
Eckenverhältnis: 6:6
SR: Keßler (Höhenkirchen) – **Zuschauer:** 34882 – **Spielnote:** 2,5

22. Februar 2003
Hansa Rostock – VfL Bochum 1:1 (1:0)
Rostock: Schober (3) – Lange (4), Jakobsson (3,5), Hill (3,5), Maul (4) – Wibran (4), Lantz (2,5), Persson (2,5) – Meggle (4) – Salou (4), di Salvo (3) – **Trainer:** Veh
Bochum: Van Duijnhoven (2,5) – Colding (3), Vriesde (4), Fahrenhorst (4), Reis (4) – Bemben (4,5), Tapalovic (4), Gudjonsson (3,5) – Buckley (4) – Hashemian (3), Fischer (4) – **Trainer:** Neururer
Eingewechselt: 71. Arvidsson (-) für di Salvo, 78. Aduobe (-) für Wibran – 60. T. Christiansen (4) für Bemben, 71. Fiel (-) für Fischer, 85. Mandreko (-) für Buckley
Tore: 1:0 di Salvo (31., Rechtsschuss, Vorarbeit Lantz), 1:1 Hashemian (61., Kopfball, Gudjonsson)
Chancenverhältnis: 7:2
Eckenverhältnis: 8:5
SR: Stark (Ergolding) – **Zuschauer:** 14800 – **Spielnote:** 4

22. Februar 2003
Hannover 96 – Bayer Leverkusen 1:2 (1:0)
Hannover: Tremmel (3) – Cherundolo (4), Konstantinidis (3,5), Vinicius (3), Schuler (5) – Popescu (3) – Lala (2,5), de Guzman (3) – Stajner (3,5), Kaufman (4), Idrissou (4) – **Trainer:** Rangnick
Leverkusen: J. Butt (1) – Balitsch (5), Kaluzny (3,5), Zivkovic (3,5), Placente (5) – Ramelow (3), Babic (3,5) – Simak (3) – B. Schneider (4,5), Brdaric (5) – Franca (5) – **Trainer:** Hörster
Eingewechselt: 64. Casey (-) für Kaufman – 46. Neuville (4) für Placente, 61. Schoof (2,5) für Franca, 89. Preuß (-) für Brdaric
Tore: 1:0 Popescu (14., Rechtsschuss, ohne Vorarbeit), 1:1 Schoof (80., Linksschuss, Babic), 1:2 Simak (90., Linksschuss, Neuville)
Chancenverhältnis: 12:2
Eckenverhältnis: 9:5
SR: Kircher (Rottenburg) – **Zuschauer:** 35879 – **Gelbe Karte:** Tremmel – **Spielnote:** 3

22. Februar 2003
FC Schalke 04 – Borussia Dortmund 2:2 (2:0)
Schalke: F. Rost (2,5) – Hajto (4), Waldoch (4) – Oude Kamphuis (4,5), van Kerckhoven (3,5) – Vermant (2,5), Poulsen (3) – Möller (4,5), Böhme (4) – Agali (5), Mpenza (4,5) – **Trainer:** Neubarth
Dortmund: Lehmann (5) – Wörns (2,5), Madouni (3), Metzelder (2,5) – Frings (3,5), Kehl (3,5), S. Reuter (3), Dede (3) – Rosicky (3) – Koller (3), Ewerthon (3,5) – **Trainer:** Sammer
Eingewechselt: 46. Varela (5) für Böhme, 46. van Hoogdalem (2,5) für Möller, 87. Sand (-) für Mpenza – 46. Amoroso (4) für Madouni, 79. Ricken (-) für Ewerthon, 82. Weidenfeller (-) für Amoroso
Tore: 1:0 Vermant (13., Rechtsschuss, ohne Vorarbeit), 2:0 van Kerckhoven (16., Linksschuss, Oude Kamphuis), 2:1 Koller (52., Kopfball, Dede), 2:2 Ewerthon (58., Rechtsschuss, Metzelder)
Chancenverhältnis: 3:8
Eckenverhältnis: 3:5
SR: Fandel (Kyllburg) – **Zuschauer:** 60878 (ausverkauft) – **Rote Karten:** Agali (37., Tätlichkeit) – **Spielnote:** 2

23. Februar 2003
Hertha BSC – Arminia Bielefeld 0:0
Hertha: Kiraly (2) – A. Friedrich (3), van Burik (3), Simunic (3,5), Hartmann (4) – Marx (4), Dardai (4,5), Beinlich (4,5) – Marcelinho (4,5) – Alex Alves (5), Preetz (4) – **Trainer:** Stevens
Bielefeld: Hain (3) – Lense (4), Reinhardt (3,5), Hansén (3,5), Borges (3) – Kauf (4), Dabrowski (4), Rauw (3,5) – Brinkmann (4,5) – Diabang (4,5), Wichniarek (5) – **Trainer:** Möhlmann
Eingewechselt: 67. Goor (-) für Beinlich, 71. Karwan (-) für Alex Alves – 78. Cha (-) für Brinkmann, 81. Heinz (-) für Wichniarek, 90. Porcello (-) für Diabang
Chancenverhältnis: 7:3
Eckenverhältnis: 8:6
SR: Wagner (Hofheim) – **Zuschauer:** 30987 – **Spielnote:** 4,5

23. Februar 2003
VfB Stuttgart – Bor. M'gladbach 4:0 (2:0)
Stuttgart: Hildebrand (3) – Hinkel (2,5), Dangelmayr (3), Bordon (3), Gerber (3,5) – Soldo (3) – Meira (3), Hleb (3,5) – Balakov (3) – Amanatidis (2,5), Kuranyi (2) – **Trainer:** Magath
Gladbach: Stiel (3) – Pletsch (5), Embers (5) – Eberl (5), Korell (4,5), Münch (4,5) – Kluge (4), Ulich (5) – Demo (5,5) – Aidoo (4), Forssell (4) – **Trainer:** Meyer
Eingewechselt: 46. Wenzel (3,5) für Gerber, 46. Ganea (3) für Balakov, 78. Heldt (-) für Hleb – 46. Hausweiler (4) für Embers, 46. van Lent (4) für Demo, 55. Strasser (4) für Aidoo
Tore: 1:0 Kuranyi (8., Rechtsschuss, Vorarbeit Bordon), 2:0 Amanatidis (24., Kopfball, Kuranyi), 3:0 Ganea (86., Rechtsschuss, Heldt), 4:0 Kuranyi (88., Rechtsschuss, Hinkel)
Chancenverhältnis: 9:1
Eckenverhältnis: 4:5
SR: Weiner (Hildesheim) – **Zuschauer:** 25500 – **Rote Karten:** Korell (49., Notbremse) – **Spielnote:** 3

Eingeklemmt: Der Ball zwischen den Köpfen des Bremers Mladen Krstajic (links) und Leverkusens Sebastian Schoof.

23. Spieltag

1. März 2003

1. FC Nürnberg – VfL Wolfsburg 1:1 (1:0)

Nürnberg: Kampa (3) – Stehle (4), Wolf (3), Kos (4), Popovic (4) – Larsen (3) – Junior (4), L. Müller (2) – Jarolim (4) – Driller (4), Cacau (4,5) – **Trainer:** Augenthaler
Wolfsburg: Reitmaier (3) – Biliskov (3,5), Schnoor (3), Quattrocchi (3,5) – S. Müller (4,5), Karhan (3,5), Thiam (4), Weiser (4,5) – Ponte (4,5) – Klimowicz (4,5), Maric (3,5) – **Trainer:** Wolf
Eingewechselt: 46. Paßlack (4) für Junior, 58. Nikl (3,5) für Stehle, 76. Krzynowek (-) für Cacau – 63. Präger (-) für Thiam, 74. Janicki (-) für Weiser, 78. Rytter (-) für S. Müller
Tore: 1:0 L. Müller (25., Foulelfmeter, Linksschuss, Vorarbeit Popovic), 1:1 Maric (90., Rechtsschuss, Klimowicz)
Chancenverhältnis: 5:4
Eckenverhältnis: 5:6
SR: Fröhlich (Berlin) – **Zuschauer:** 18500 – **Spielnote:** 4,5

1. März 2003

Energie Cottbus – Bayern München 0:2 (0:1)

Cottbus: Lenz (2,5) – Schröter (3,5), da Silva (4,5), Berhalter (3,5), Löw (4) – T. Rost (3,5) – Reghecampf (4), Latoundji (4), Gebhardt (4,5) – Topic (3), Vagner (5) – **Trainer:** Geyer
Bayern: Kahn (3) – Hargreaves (3,5), R. Kovac (3), T. Linke (2,5), Lizarazu (4) – Jeremies (-) – Ballack (1,5) – Scholl (2,5), Zé Roberto (3) – Pizarro (3), Elber (3,5) – **Trainer:** Hitzfeld
Eingewechselt: 67. Juskowiak (-) für Vagner, 75. Kobylanski (-) für Reghecampf – 28. N. Kovac (3,5) für Jeremies, 81. Sagnol (-) für Scholl, 81. Deisler (-) für Elber
Tore: 0:1 Ballack (33., Kopfball, Vorarbeit Lizarazu), 0:2 Ballack (58., Linksschuss, Elber)
Chancenverhältnis: 5:9
Eckenverhältnis: 6:6
SR: Aust (Köln) – **Zuschauer:** 18250 (ausverkauft) – **Spielnote:** 3

1. März 2003

Bayer Leverkusen – Werder Bremen 3:0 (1:0)

Leverkusen: J. Butt (2) – Balitsch (3,5), Zivkovic (2,5), Juan (2), Placente (3,5) – Ramelow (1,5) – Babic (2) – Simak (3) – B. Schneider (3,5), Bierofka (3) – Neuville (3,5) – **Trainer:** Hörster
Bremen: Wierzchowski (5) – Tjikuzu (5), Verlaat (3,5), Krstajic (4), Skripnik (4,5) – Stalteri (4), F. Ernst (5,5) – Lisztes (5) – Micoud (5) – Ailton (5), Charisteas (5) – **Trainer:** Schaaf
Eingewechselt: 46. Schoof (2,5) für Bierofka, 68. Ojigwe (-) für Simak, 80. Franca (-) für Neuville – 46. Borowski (5) für Lisztes, 68. Banovic (-) für Tjikuzu, 71. Haedo Valdez (-) für Charisteas
Tore: 1:0 Bierofka (11., Kopfball, Vorarbeit B. Schneider), 2:0 Schoof (50., Kopfball, Babic), 3:0 Juan (61., Kopfball, Babic)
Chancenverhältnis: 8:3
Eckenverhältnis: 6:9
SR: Krug (Gelsenkirchen) – **Zuschauer:** 22500 (ausverkauft) – Besonderes Vorkommnis: Wierzchowski hält Foulelfmeter von B. Schneider (14.) – **Spielnote:** 3

1. März 2003

VfL Bochum – Hannover 96 1:2 (0:2)

Bochum: Van Duijnhoven (3) – Colding (4), Vriesde (4,5), Fahrenhorst (4), Reis (4,5) – Gudjonsson (3,5), Tapalovic (5) – Wosz (3) – Hashemian (5,5), Buckley (3) – T. Christiansen (3,5) – **Trainer:** Neururer
Hannover: Tremmel (3,5) – Cherundolo (4), Konstantinidis (3,5), Vinicius (2,5), van Hintum (3,5) – Popescu (2,5) – Lala (2), Stefulj (4) – Stajner (3,5), Idrissou (4,5), Bobic (3) – **Trainer:** Rangnick
Eingewechselt: 75. Fischer (-) für Gudjonsson, 83. Bemben (-) für Tapalovic, 90. Fiel (-) für Reis – 67. C. Linke (-) für Idrissou, 76. Krupnikovic (-) für Stefulj, 80. Stendel (-) für Stajner
Tore: 0:1 Vinicius (5., Kopfball, Vorarbeit Stajner), 0:2 Bobic (36., Kopfball, Stefulj), 1:2 T. Christiansen (62., Linksschuss, Hashemian)
Chancenverhältnis: 7:5
Eckenverhältnis: 5:3
SR: Koop (Lüttenmark) – **Zuschauer:** 20248 – **Spielnote:** 3,5

1. März 2003

Borussia Dortmund – Hansa Rostock 2:0 (1:0)

Dortmund: Weidenfeller (2,5) – Wörns (3) – Metzelder (4), Dede (2,5) – S. Reuter (3,5), Kehl (4) – Evanilson (5), Heinrich (4) – Ricken (5) – Ewerthon (4,5), Koller (4) – **Trainer:** Sammer
Rostock: Schober (4) – Wimmer (3), Jakobsson (3,5), Hill (3), Maul (3,5) – Wibran (4,5), Lantz (3), Persson (4) – Meggle (3) – di Salvo (3,5) – Salou (4) – **Trainer:** Veh
Eingewechselt: 56. Madouni (2,5) für Evanilson, 68. Demel (-) für Ricken, 85. Leandro (-) für Dede – 68. Vorbeck (-) für di Salvo, 84. Arvidsson (-) für Maul
Tore: 1:0 Dede (42., Linksschuss, ohne Vorarbeit), 2:0 Madouni (82., Linksschuss, Demel)
Chancenverhältnis: 4:4
Eckenverhältnis: 3:3
SR: Meyer (Braunschweig) – **Zuschauer:** 65000 – **Spielnote:** 4

1. März 2003

Bor. M'gladbach – FC Schalke 04 2:2 (0:1)

Gladbach: Stiel (4) – Eberl (3,5), Pletsch (3,5), Strasser (3), Embers (4,5) – Kluge (3,5) – Demo (3), Ulich (4) – Aidoo (3,5), Forssell (4), van Lent (2,5) – **Trainer:** Meyer
Schalke: F. Rost (2) – Hajto (3,5), Waldoch (3) – Oude Kamphuis (3), van Kerckhoven (3,5) – Kmetsch (4), Poulsen (3) – Varela (4) – Vermant (4) – Hanke (4), Sand (4) – **Trainer:** Neubarth
Eingewechselt: 71. Korzynietz (-) für Aidoo, 82. Skoubo (-) für Forssell, 82. Schlaudraff (-) für Kluge – 42. van Hoogdalem (3) für Sand
Tore: 0:1 Waldoch (26., Rechtsschuss, Vorarbeit Poulsen), 1:1 Kluge (57., Rechtsschuss, van Lent), 1:2 Hajto (64., Linksschuss, Hanke), 2:2 Demo (68., Linksschuss, van Lent)
Chancenverhältnis: 8:5
Eckenverhältnis: 6:4
SR: Dr. Fleischer (Ulm) – **Zuschauer:** 33000 – **Gelbe Karte:** Varela – **Spielnote:** 4

1. März 2003

1860 München – 1. FC Kaiserslautern 0:0

1860: Jentzsch (2,5) – Costa (3), Votava (4), Hoffmann (4) – Meyer (5), Borimirov (5), Kurz (4) – Cerny (3,5), Weissenberger (3,5) – Lauth (5), Schroth (4) – **Trainer:** Pacult
K'lautern: Wiese (3) – Grammozis (4), Ramzy (3,5), Knavs (4), Tchato (4,5) – Sforza (3) – Bjelica (5), Anfang (4) – Lincoln (4) – Klose (3,5), Lokvenc (5) – **Trainer:** Gerets
Eingewechselt: 71. Shao (-) für Borimirov, 80. Görlitz (-) für Cerny, 88. Max (-) für Lauth – 46. H. Koch (4) für Sforza, 58. Teber (4) für Lincoln, 87. Riedl (-) für Bjelica
Chancenverhältnis: 6:6
Eckenverhältnis: 8:4
SR: Kemmling (Kleinburgwedel) – **Zuschauer:** 23000 – **Spielnote:** 5

2. März 2003

Hamburger SV – Hertha BSC 1:0 (0:0)

HSV: Pieckenhagen (2) – Fukal (3,5), Hoogma (2,5), Ujfalusi (3), Rahn (4,5) – Benjamin (2), Maltritz (3) – Cardoso (3) – Mahdavikia (2,5), Barbarez (3,5) – Romeo (3) – **Trainer:** Jara
Hertha: Kiraly (3,5) – A. Friedrich (3), Rehmer (3,5), Simunic (2,5), Nené (5) – Dardai (3) – Marx (2), Beinlich (3) – Marcelinho (4), Goor (3) – Luizao (4,5) – **Trainer:** Stevens
Eingewechselt: 79. Takahara (-) für Romeo, 85. Wicky (-) für Cardoso, 90. Jacobsen (-) für Mahdavikia – 59. van Burik (3,5) für Rehmer, 72. Preetz (-) für Dardai, 76. Alex Alves (-) für Nené
Tor: 1:0 Hoogma (55., Kopfball, Vorarbeit Cardoso)
Chancenverhältnis: 11:7
Eckenverhältnis: 7:3
SR: Wack, Dr. (Biberbach) – **Zuschauer:** 38354 – **Spielnote:** 2

2. März 2003

Arminia Bielefeld – VfB Stuttgart 0:1 (0:1)

Bielefeld: Hain (2,5) – Hansén (4), Reinhardt (3,5), Borges (4) – Dabrowski (4,5) – Kauf (4), Rauw (4) – Brinkmann (5), Heinz (5,5), Diabang (5,5) – Wichniarek (3,5) – **Trainer:** Möhlmann

Stuttgart: T. Ernst (3) – Hinkel (3), Meira (3,5), Bordon (3,5), Gerber (3,5) – Soldo (2) – Mutzel (3,5), Meißner (2,5) – Hleb (3) – Amanatidis (5), Kuranyi (4) – **Trainer:** Magath
Eingewechselt: 46. Porcello (4) für Heinz, 69. Cha (-) für Diabang, 69. Bogdanovic (-) für Borges – 46. Ganea (3) für Amanatidis, 55. Heldt (3,5) für Mutzel, 74. Tiffert (-) für Hleb
Tor: 0:1 Meißner (15., Rechtsschuss, Vorarbeit Kuranyi)
Chancenverhältnis: 4:4
Eckenverhältnis: 6:3
SR: Strampe (Handorf) – **Zuschauer:** 22150 – **Spielnote:** 4

24. Spieltag

8. März 2003
VfL Wolfsburg – Energie Cottbus 3:2 (2:2)
Wolfsburg: Reitmaier (3,5) – Rytter (3,5), Schnoor (3,5), Biliskov (4) – Thiam (3), Weiser (3) – Präger (2,5), Munteanu (2), Rau (3) – Ponte (3,5), Maric (2,5) – **Trainer:** Röber
Cottbus: Lenz (2,5) – Schröter (4), da Silva (5), Berhalter (4), Löw (5) – Reghecampf (3), Latoundji (4,5), T. Rost (4), Gebhardt (3,5) – Rink (4,5), Vagner (4) – **Trainer:** Geyer
Eingewechselt: 65. S. Müller (-) für Munteanu, 79. Quattrocchi (-) für Rau, 90. Lorenz (-) für Maric – 63. Kobylanski (-) für Gebhardt, 68. Jungnickel (-) für Latoundji, 77. Reichenberger (-) für Reghecampf
Tore: 1:0 Maric (6., Linksschuss, Vorarbeit Weiser), 1:1 Rink (7., Linksschuss, T. Rost), 1:2 Reghecampf (16., Foulelfmeter, Rechtsschuss, Gebhardt), 2:2 Präger (29., Rechtsschuss, Maric), 3:2 Ponte (62., Linksschuss, Rau)
Chancenverhältnis: 8:5
Eckenverhältnis: 10:5
SR: Krug (Gelsenkirchen) – **Zuschauer:** 17136 – **Gelb-Rote Karte:** Löw (80.) – **Spielnote:** 3

8. März 2003
Hertha BSC – 1860 München 6:0 (3:0)
Hertha: Kiraly (3) – A. Friedrich (3), van Burik (2,5), Simunic (3), Hartmann (2,5) – Dardai (2), Beinlich (2) – Marx (2), Marcelinho (1,5) – Preetz (1,5), Luizao (2,5) – **Trainer:** Stevens
1860: Jentzsch (5,5) – Stranzl (5,5), Votava (6), Costa (6) – Hoffmann (5,5) – Cerny (5,5), Borimirov (6), Kurz (5,5) – Weissenberger (5) – Lauth (5,5), Schroth (5) – **Trainer:** Pacult
Eingewechselt: 63. Schmidt (-) für Dardai, 71. Karwan (-) für Preetz, 76. Goor (-) für Marcelinho – 37. Wiesinger (4,5) für Borimirov, 69. Shao (-) für Weissenberger, 71. Meyer (-) für Lauth
Tore: 1:0 Marcelinho (7., Foulelfmeter, Linksschuss, Vorarbeit Preetz), 2:0 Preetz (26., Linksschuss, Dardai), 3:0 Marcelinho (35., Rechtsschuss, Luizao), 4:0 Preetz (55., Kopfball, Marcelinho), 5:0 Luizao (62., Foulelfmeter, Rechtsschuss, Luizao), 6:0 Jentzsch (79., Eigentor)
Chancenverhältnis: 13:2
Eckenverhältnis: 8:2
SR: Weiner (Hildesheim) – **Zuschauer:** 32493 – **Gelb-Rote Karte:** Stranzl (69.) – **Spielnote:** 2,5

8. März 2003
VfB Stuttgart – Hamburger SV 1:1 (1:1)
Stuttgart: T. Ernst (3) – Hinkel (2), Meira (3,5), Bordon (3), Gerber (3) – Meißner (3,5), Soldo (3) – Hleb (2), Seitz (4) – Amanatidis (4), Kuranyi (3,5) – **Trainer:** Magath
HSV: Pieckenhagen (2,5) – Fukal (3,5), Hoogma (3), Ujfalusi (3), Rahn (5) – Benjamin (3), Maltritz (4) – Cardoso (4,5) – Mahdavikia (2,5), Barbarez (4), Romeo (4) – **Trainer:** Jara
Eingewechselt: 58. Rundio (4) für Soldo, 58. Mutzel (3,5) für Seitz, 64. Ganea (-) für Amanatidis – 46. Jacobsen (4) für Rahn, 61. Takahara (-) für Cardoso, 82. Wicky (-) für Romeo
Tore: 1:0 Kuranyi (20., Kopfball, Vorarbeit Hinkel), 1:1 Mahdavikia (43., Rechtsschuss, Barbarez)
Chancenverhältnis: 8:3
Eckenverhältnis: 4:3
SR: Merk, Dr. (Kaiserslautern) – **Zuschauer:** 37000 – Besonderes Vorkommnis: Pieckenhagen hält Foulelfmeter von Kuranyi (35.) – **Spielnote:** 3,5

8. März 2003
FC Schalke 04 – Arminia Bielefeld 1:1 (0:0)
Schalke: F. Rost (2) – Oude Kamphuis (2,5), Hajto (5), Waldoch (5,5), van Kerckhoven (-) – Kmetsch (3) – Varela (5), Vermant (3,5), Böhme (4,5) – Hanke (4,5), Sand (4) – **Trainer:** Neubarth
Bielefeld: Hain (3) – Rauw (3), Reinhardt (3), Hansén (4), Borges (3) – Dabrowski (4) – Kauf (3), Dammeier (3) – Diabang (4), Vata (4,5), Wichniarek (4,5) – **Trainer:** Möhlmann
Eingewechselt: 17. Rodriguez (6) für van Kerckhoven, 67. Asamoah (-) für Rodriguez, 80. van Hoogdalem (-) für Hanke – 78. Brinkmann (-) für Diabang, 79. Bogdanovic (-) für Vata, 83. Porcello (-) für Wichniarek
Tore: 0:1 Waldoch (57., Eigentor, Kopfball, Vorarbeit Dammeier), 1:1 Vermant (90., Rechtsschuss, Asamoah)
Chancenverhältnis: 9:6
Eckenverhältnis: 8:4
SR: Keßler (Höhenkirchen) – **Zuschauer:** 60886 (ausverkauft) – **Spielnote:** 4

8. März 2003
Werder Bremen – VfL Bochum 2:0 (0:0)
Bremen: Borel (2) – Stalteri (4), Verlaat (3,5), Krstajic (3,5), Skripnik (4) – F. Ernst (3,5) – Banovic (3), Lisztes (4) – Micoud (2) – Charisteas (4), Ailton (2) – **Trainer:** Schaaf
Bochum: Van Duijnhoven (3) – Colding (3), Vriesde (3,5), Fahrenhorst (3,5), Meichelbeck (4,5) – Tapalovic (4,5), Reis (4) – Gudjonsson (4) – Wosz (3,5) – Freier (2), Buckley (5) – **Trainer:** Neururer
Eingewechselt: 82. Schulz (-) für Lisztes – 46. T. Christiansen (5) für Gudjonsson, 61. Hashemian (-) für Wosz, 68. Bemben (-) für Tapalovic
Tore: 1:0 Ailton (52., Linksschuss, Vorarbeit Micoud), 2:0 Banovic (56., Linksschuss, Micoud)
Chancenverhältnis: 6:6
Eckenverhältnis: 5:6
SR: Sippel (München) – **Zuschauer:** 29600 – **Spielnote:** 3,5

8. März 2003
Bayern München – Bayer Leverkusen 3:0 (2:0)
Bayern: Kahn (3) – Sagnol (3), R. Kovac (3), Kuffour (4), Lizarazu (4) – Jeremies (3,5) – Ballack (-) – Scholl (4), Zé Roberto (4) – Pizarro (4), Elber (1,5) – **Trainer:** Hitzfeld
Leverkusen: J. Butt (4) – Balitsch (5), Zivkovic (4), Juan (5), Placente (5) – Ramelow (4), Babic (5) – B. Schneider (5), Bastürk (5) – Bierofka (5) – Neuville (4) – **Trainer:** Hörster
Eingewechselt: 22. N. Kovac (4) für Ballack, 67. Schweinsteiger (-) für Scholl, 78. Santa Cruz (-) für Zé Roberto – 46. Schoof (4,5) für Neuville, 65. Brdaric (-) für Bierofka
Tore: 1:0 Pizarro (2., Rechtsschuss, Vorarbeit Elber), 2:0 Elber (22., Rechtsschuss, R. Kovac), 3:0 Elber (75., Linksschuss, Zé Roberto)
Chancenverhältnis: 6:1
Eckenverhältnis: 5:6
SR: Fandel (Kyllburg) – **Zuschauer:** 50000 – **Spielnote:** 4,5

8. März 2003
Bor. M'gladbach – Borussia Dortmund 1:0 (0:0)
Gladbach: Stiel (3) – Eberl (4), Pletsch (2), Strasser (2,5), Embers (3,5) – Kluge (3,5) – Demo (4), Ulich (4) – Aidoo (3,5), Forssell (2), van Lent (-) – **Trainer:** Lienen
Dortmund: Lehmann (3) – Madouni (3), Wörns (4), Dede (4) – Metzelder (3), S. Reuter (4), Kehl (5) – Evanilson (5), Frings (4,5) – Ewerthon (5) – Koller (4) – **Trainer:** Sammer
Eingewechselt: 13. Ketelaer (3,5) für van Lent, 73. Asanin (-) für Ulich, 79. Korzynietz (-) für Aidoo – 56. Heinrich (-) für Evanilson, 70. Amoroso (-) für Heinrich, 75. Odonkor (-) für Madouni
Tor: 1:0 Forssell (63., Kopfball, Vorarbeit Demo)
Chancenverhältnis: 4:3
Eckenverhältnis: 9:4
SR: Stark (Ergolding) – **Zuschauer:** 33700 – **Gelbe Karte:** Kehl – **Spielnote:** 4,5

9. März 2003
1. FC Kaiserslautern – 1. FC Nürnberg 5:0 (2:0)
K'lautern: G. Koch (3) – Basler (3), Ramzy (2,5), Knavs (3), Tchato (3) – Sforza (3), Anfang (3,5) – Lokvenc (3) – Lincoln (3,5), Dominguez (3) – Klose (2) – **Trainer:** Gerets
Nürnberg: Kampa (4,5) – Petkovic (5,5) – Wolf (5), Nikl (5), L. Müller (5,5) – Frey (4,5) – Todorovic (5), Krzynowek (5) – Jarolim (5) – Cacau (5), Driller (5) – **Trainer:** Augenthaler
Eingewechselt: 63. Timm (-) für Lincoln, 67. Bjelica (-) für Dominguez, 72. Klos (-) für Basler – 60. Michalke (5) für Driller
Tore: 1:0 Lokvenc (19., Rechtsschuss, Vorarbeit Klose), 2:0 Klose (25., Foulelfmeter, Rechtsschuss, Dominguez), 3:0 Dominguez (62., Linksschuss, Lincoln), 4:0 Timm (64., Rechtsschuss, Klose), 5:0 Bjelica (88., direkter Freistoß, Rechtsschuss)
Chancenverhältnis: 10:3
Eckenverhältnis: 5:6
SR: Kircher (Rottenburg) – **Zuschauer:** 35527 – **Spielnote:** 3,5

9. März 2003
Hannover 96 – Hansa Rostock 3:1 (2:1)
Hannover: Tremmel (3) – Cherundolo (3), Konstantinidis (2,5), Vinicius (3), van Hintum (3) – Popescu (3) – Lala (1,5), Krupnikovic (4) – Stajner (3), Bobic (3), Idrissou (3) – **Trainer:** Rangnick
Rostock: Schober (3) – Wimmer (3), Jakobsson (5), Hill (4), Hirsch (4) – Wibran (4), Persson (4), Aduobe (4) – Meggle (4) – di Salvo (5) – Salou (4,5) – **Trainer:** Veh
Eingewechselt: 61. Stefulj (-) für Krupnikovic, 85. Stendel (-) für Stajner, 88. Schuler (-) für Idrissou – 43. Lange (3,5) für Wimmer, 61. Prica (-) für Aduobe
Tore: 0:1 Meggle (39., Rechtsschuss, Vorarbeit Jakobsson), 1:1 Bobic (41., Kopfball, Cherundolo), 2:1 Idrissou (45., Kopfball, Krupnikovic), 3:1 Konstantinidis (66., Kopfball, Stajner)
Chancenverhältnis: 8:2
Eckenverhältnis: 9:4
SR: Steinborn (Sinzig) – **Zuschauer:** 29001 – **Spielnote:** 3,5

25. Spieltag

15. März 2003
Bayer Leverkusen – VfL Wolfsburg 1:1 (0:0)
Leverkusen: J. Butt (3) – Balitsch (3,5), Zivkovic (3), Juan (3,5), Ojigwe (3,5) – Ramelow (2,5) – B. Schneider (5) – Bastürk (4) – Neuville (5), Bierofka (3,5) – Berbatov (5) – **Trainer:** Hörster
Wolfsburg: Reitmaier (1,5) – Karhan (4,5), Biliskov (5), Schnoor (5), Rytter (3,5) – Thiam (3), Weiser (4) – Rau (4,5) – Munteanu (3,5) – Maric (4), Ponte (3) – **Trainer:** Röber
Eingewechselt: 46. Babic (4,5) für Ojigwe, 60. Schoof (4) für Berbatov, 76. Brdaric (-) für Bierofka – 52. S. Müller (3) für Munteanu, 73. Klimowicz (-) für Schnoor, 83. Quattrocchi (-) für Ponte
Tore: 1:0 Ramelow (68., Rechtsschuss, Vorarbeit B. Schneider), 1:1 Maric (81., Kopfball, Ponte)
Chancenverhältnis: 6:2
Eckenverhältnis: 9:3
SR: Dr. Fleischer (Ulm) – **Zuschauer:** 22500 (ausverkauft) – Besonderes Vorkommnis: Reitmaier hält Foulelfmeter von B. Schneider (9.) – **Spielnote:** 4

Im Getümmel: Gladbachs Keeper Jörg Stiel und Jeff Strasser blocken Dortmunds Koller ab.

15. März 2003

VfL Bochum – Bayern München 1:4 (0:2)

Bochum: Van Duijnhoven (4) – Reis (4,5) – Vriesde (5), Tapalovic (5) – Colding (5), Meichelbeck (5) – Gudjonsson (4) – Freier (4), Wosz (5), Buckley (5) – Hashemian (5) – **Trainer:** Neururer
Bayern: Kahn (3) – Sagnol (2,5), R. Kovac (3), T. Linke (3), Lizarazu (3) – Hargreaves (2) – N. Kovac (2,5) – Schweinsteiger (2,5), Zé Roberto (1,5) – Pizarro (3), Elber (2,5) – **Trainer:** Hitzfeld
Eingewechselt: 61. T. Christiansen (-) für Hashemian, 69. Mandreko (-) für Meichelbeck, 90. Fahrenhorst (-) für Wosz – 78. Deisler (-) für Schweinsteiger, 78. Santa Cruz (-) für Pizarro, 87. Zickler (-) für Zé Roberto
Tore: 0:1 Pizarro (19., Kopfball, Vorarbeit Schweinsteiger), 0:2 Elber (37., Kopfball, Schweinsteiger), 0:3 N. Kovac (49. Rechtsschuss, Zé Roberto), 0:4 Sagnol (87., Rechtsschuss, Lizarazu), 1:4 T. Christiansen (90., direkter Freistoß, Linksschuss)
Chancenverhältnis: 4:9
Eckenverhältnis: 5:9
SR: Merk, Dr. (Kaiserslautern) – **Zuschauer:** 32645 (ausverkauft) – **Spielnote:** 2

15. März 2003

Hansa Rostock – Werder Bremen 1:0 (0:0)

Rostock: Schober (3) – Kovar (3), Jakobsson (2,5), Hill (3), Hirsch (3) – Wibran (5), Lantz (3), Persson (3,5) – di Salvo (5) – Meggle (4,5) – Salou (4) – **Trainer:** Veh
Bremen: Borel (4) – Stalteri (3), Verlaat (3,5), Krstajic (3,5) – F. Ernst (4,5), Skripnik (4) – Banovic (4,5) – Micoud (5), Lisztes (3) – Charisteas (5), Ailton (5) – **Trainer:** Schaaf
Eingewechselt: 70. Arvidsson (-) für Wibran, 79. Prica (-) für di Salvo, 90. Aduobe (-) für Meggle – 60. Daun (5) für Ailton, 77. Reich (-) für Banovic
Tor: 1:0 Hirsch (72., direkter Freistoß, Linksschuss, ohne Vorarbeit)
Chancenverhältnis: 6:2
Eckenverhältnis: 9:3
SR: Weiner (Hildesheim) – **Zuschauer:** 17200 – **Rote Karten:** Lisztes (82., grobes Foulspiel) – **Spielnote:** 4,5

15. März 2003

Borussia Dortmund – Hannover 96 2:0 (1:0)

Dortmund: Lehmann (2) – Madouni (4), Wörns (3,5), Metzelder (3) – S. Reuter (4), Kehl (3,5) – Evanilson (3,5) – Frings (2) – Ewerthon (4,5), Amoroso (3,5), Koller (4) – **Trainer:** Sammer
Hannover: Tremmel (3) – Cherundolo (5,5), Konstantinidis (3), Vinicius (2), van Hintum (3,5) – Popescu (4) – Lala (3,5), Krupnikovic (4) – Stajner (4), Idrissou (3,5), Bobic (3) – **Trainer:** Rangnick
Eingewechselt: 59. Odonkor (2,5) für Ewerthon, 73. Leandro (-) für Amoroso, 87. Herrlich (-) für Koller – 65. Kaufman (-) für Cherundolo, 69. Schuler (-) für van Hintum, 73. Stendel (-) für Stajner
Tore: 1:0 Frings (33., Rechtsschuss, Vorarbeit Ewerthon), 2:0 Leandro (76., Linksschuss, Odonkor)
Chancenverhältnis: 4:4
Eckenverhältnis: 3:2
SR: Fröhlich (Berlin) – **Zuschauer:** 68600 (ausverkauft) – Besonderes Vorkommnis: Popescu schießt Foulelfmeter am Tor vorbei (12.) – **Spielnote:** 4

15. März 2003

Arminia Bielefeld – Bor. M'gladbach 4:1 (1:0)

Bielefeld: Hain (4) – Hansén (2,5), Reinhardt (3), Borges (3) – Dabrowski (3,5) – Kauf (2,5), Dammeier (4) – Brinkmann (3,5), Vata (3) – Diabang (1), Wichniarek (3) – **Trainer:** Möhlmann
Gladbach: Stiel (4) – Eberl (5,5), Pletsch (5), Strasser (6), Embers (5) – Kluge (4,5) – Korzynietz (5), Demo (5) – Aidoo (5), Ketelaer (5), Forssell (5) – **Trainer:** Lienen
Eingewechselt: 71. Rauw (-) für Brinkmann, 71. Bogdanovic (-) für Wichniarek, 75. Porcello (-) für Vata – 46. Van Houdt (3,5) für Aidoo, 76. Skoubo (-) für Korzynietz 79. Felgenhauer (-) für Ketelaer
Tore: 1:0 Diabang (14., Linksschuss, Vorarbeit Wichniarek), 2:0 Diabang (47., Rechtsschuss, Vata), 3:0 Wichniarek (54., Rechtsschuss, Reinhardt), 3:1 Van Houdt (75., Rechtsschuss), 4:1 Diabang (83., Rechtsschuss)
Chancenverhältnis: 6:1
Eckenverhältnis: 9:8
SR: Steinborn (Sinzig) – **Zuschauer:** 26601 (ausverkauft) – **Spielnote:** 3,5

15. März 2003

Hamburger SV – FC Schalke 04 3:1 (1:0)

HSV: Pieckenhagen (3,5) – Jacobsen (3,5), Hoogma (3), Ujfalusi (3,5), Hollerbach (3,5) – Benjamin (4), Maltritz (3,5) – Mahdavikia (4), Cardoso (4), Barbarez (2,5) – Romeo (2,5) – **Trainer:** Jara
Schalke: F. Rost (4) – Poulsen (4), Waldoch (4,5), van Hoogdalem (3,5), Matellan (5,5) – Kmetsch (3) – Asamoah (4), Böhme (3,5) – Vermant (4), Varela (2,5) – Sand (3,5) – **Trainer:** Neubarth
Eingewechselt: 61. Takahara (2,5) für Cardoso, 81. Meijer (-) für Benjamin, 90. Wicky (-) für Hollerbach – 88. Wilmots (-) für Kmetsch
Tore: 1:0 Romeo (29., Rechtsschuss, Vorarbeit Barbarez), 1:1 van Hoogdalem (57., Rechtsschuss), 2:1 Takahara (87., Kopfball, Barbarez), 3:1 Romeo (90., Rechtsschuss, Takahara)
Chancenverhältnis: 6:5
Eckenverhältnis: 3:5
SR: Aust (Köln) – **Zuschauer:** 55432 (ausverkauft) – **Gelb-Rote Karte:** Poulsen (71.) – **Rote Karten:** Matellan (84., Tätlichkeit) – **Spielnote:** 3

15. März 2003

Energie Cottbus – 1. FC Kaiserslautern 1:3 (1:1)

Cottbus: Lenz (3) – Rozgonyi (5), da Silva (4), Beeck (4,5), Berhalter (3,5) – Reghecampf (4), T. Rost (3,5), Latoundji (4,5), Kobylanski (5) – Vagner (5), Topic (4,5) – **Trainer:** Geyer
K'lautern: Wiese (2,5) – Basler (3,5), Ramzy (3,5), Knavs (4,5), Tchato (4) – Sforza (4), Anfang (4) – Lincoln (5), Dominguez (3,5) – Lokvenc (3,5), Klose (3,5) – **Trainer:** Gerets
Eingewechselt: 65. Juskowiak (-) für Rozgonyi, 74. Jungnickel (-) für Kobylanski, 80. Rink (-) für Latoundji – 46. Timm (4,5) für Lincoln, 65. Hristov (-) für Anfang, 74. Klos (-) für Dominguez
Tore: 0:1 Klose (39., Rechtsschuss, Vorarbeit Dominguez), 1:1 T. Rost (42., Linksschuss, Berhalter), 1:2 Hristov (71., Kopfball, Basler), 1:3 Lokvenc (90., Rechtsschuss, Basler)
Chancenverhältnis: 6:5
Eckenverhältnis: 5:1
SR: Jansen (Essen) – **Zuschauer:** 15216 – **Spielnote:** 4

16. März 2003

1. FC Nürnberg – Hertha BSC 0:3 (0:2)

Nürnberg: Kampa (3) – Wolf (4,5), Kos (4), Nikl (4,5), Popovic (5,5) – Frey (4,5), Larsen (4) – Junior (5), L. Müller (4,5) – Jarolim (5) – Ciric (4) – **Trainer:** Augenthaler
Hertha: Kiraly (3) – A. Friedrich (3), van Burik (3,5), Simunic (3), Hartmann (3) – Dardai (2,5), Beinlich (2) – Marx (2) – Marcelinho (1,5) – Preetz (3), Luizao (3,5) – **Trainer:** Stevens
Eingewechselt: 46. Cacau (3,5) für Frey, 67. Krzynowek (-) für L. Müller, 76. Michalke (-) für Ciric – 68. Alex Alves (-) für Luizao, 79. Goor (-) für Beinlich, 83. Schmidt (-) für Marx
Tore: 0:1 Preetz (15., Rechtsschuss, Vorarbeit Luizao), 0:2 Marx (39., Rechtsschuss, Marcelinho), 0:3 Marcelinho (84., Linksschuss, Goor)
Chancenverhältnis: 2:10
Eckenverhältnis: 4:5
SR: Meyer (Braunschweig) – **Zuschauer:** 25500 – **Spielnote:** 3,5

16. März 2003

1860 München – VfB Stuttgart 0:1 (0:1)

1860: Hofmann (3,5) – Cerny (4), Votava (3,5), Costa (3,5), Hoffmann (4) – Wiesinger (4), Meyer (4), Borimirov (4,5) – Weissenberger (5) – Agostino (5), Lauth (4,5) – **Trainer:** Götz
Stuttgart: T. Ernst (3) – Hinkel (3), Meira (3), Bordon (2), Gerber (3,5) – Soldo (3) – Tiffert (4), Mutzel (3,5) – Balakov (4) – Ganea (4), Kuranyi (4) – **Trainer:** Magath
Eingewechselt: 57. Max (3,5) für Votava, 66. Shao (-) für Weissenberger, 81. Suker (-) für Wiesinger – 46. Hleb (3,5) für Mutzel, 72. Seitz (-) für Kuranyi, 90. Wenzel (-) für Balakov
Tor: 0:1 Bordon (40., Linksschuss, Vorarbeit Kuranyi)
Chancenverhältnis: 5:4
Eckenverhältnis: 7:8
SR: Gagelmann (Bremen) – **Zuschauer:** 28000 – **Gelbe Karte:** Balakov – **Spielnote:** 4

26. Spieltag

22. März 2003

FC Schalke 04 – 1860 München 1:1 (1:1)

Schalke: F. Rost (2) – Hajto (4,5), Waldoch (5), van Hoogdalem (5,5) – Vermant (4,5), Kmetsch (4) – Asamoah (3,5), Böhme (4,5) – Sand (5) – Agali (5), Mpenza (3,5) – **Trainer:** Neubarth
1860: Hofmann (3) – Stranzl (5), Votava (3), Costa (2,5), Hoffmann (4,5) – Meyer (3) – Cerny (4) – Wiesinger (4) – Weissenberger (3,5) – Lauth (4), Schroth (4) – **Trainer:** Götz
Eingewechselt: 69. Wilmots (-) für Vermant, 86. Möller (-) für Kmetsch – 66. Max (-) für Weissenberger, 77. Kurz (-) für Hoffmann, 84. Görlitz (-) für Wiesinger
Tore: 1:0 Mpenza (38., Linksschuss, ohne Vorarbeit), 1:1 van Hoogdalem (44., Eigentor, Rechtsschuss)
Chancenverhältnis: 4:7
Eckenverhältnis: 6:3
SR: Koop (Lüttenmark) – **Zuschauer:** 60688 (ausverkauft) – **Spielnote:** 4

22. März 2003

Bor. M'gladbach – Hamburger SV 2:0 (0:0)

Gladbach: Stiel (2,5) – Eberl (4), Pletsch (2,5), Strasser (3), Asanin (3,5) – Kluge (4) – Demo (3,5), Ulich (4) – Korzynietz (3,5), Ketelaer (3), Forssell (3) – **Trainer:** Lienen
HSV: Pieckenhagen (3) – Fukal (4), Hoogma (3), Hertzsch (4), Jacobsen (4,5) – Maltritz (4), Benjamin (3,5) – Cardoso (5) – Barbarez (4) – Mahdavikia (5), Romeo (5) – **Trainer:** Jara
Eingewechselt: 70. Schulz-Winge (-) für Kluge, 89. Van Houdt (-) für Ketelaer, 90. Felgenhauer (-) für Korzynietz – 59. Takahara (4) für Cardoso, 68. Meijer (-) für Benjamin, 68. Wicky (-) für Hertzsch
Tore: 1:0 Pletsch (55., Linksschuss, Vorarbeit Asanin), 2:0 Forssell (60., Linksschuss, Ketelaer)
Chancenverhältnis: 4:4
Eckenverhältnis: 8:4
SR: Strampe (Handorf) – **Zuschauer:** 30550 – **Spielnote:** 4

22. März 2003

Werder Bremen – Hannover 96 1:2 (1:1)

Bremen: Borel (4) – Baumann (5), Verlaat (4), Krstajic (-), Stalteri (5) – Daun (5), Banovic (5), Borowski (5,5), Schulz (5) – Ailton (4), Charisteas (5) – **Trainer:** Schaaf
Hannover: Tremmel (3,5) – Cherundolo (4), Konstantinidis (3,5), Vinicius (4), van Hintum (4) – Popescu (5,5) – Lala (4) – Krupnikovic (3,5) – Stendel (4,5), Idrissou (5), Bobic (3) – **Trainer:** Rangnick
Eingewechselt: 24. Barten (4) für Krstajic, 83. Reich (-) für Baumann – 71. Stajner (-) für Stendel, 84. de Guzman (-) für Idrissou, 90. Schuler (-) für Krupnikovic
Tore: 1:0 Ailton (10., Linksschuss, Vorarbeit Charisteas), 1:1 Bobic (45., Kopfball, Cherundolo), 1:2 Bobic (76., Rechtsschuss, Krupnikovic)
Chancenverhältnis: 3:5
Eckenverhältnis: 6:6
SR: Fandel (Kyllburg) – **Zuschauer:** 38000 (ausverkauft) – Besonderes Vorkommnis: Bobic schießt Foulelfmeter über das Tor (57.) – **Spielnote:** 5

22. März 2003

Bayern München – Hansa Rostock 1:0 (0:0)

Bayern: Kahn (3,5) – Sagnol (3,5), R. Kovac (3,5), T. Linke (3), Lizarazu (4) – Hargreaves (4), N. Kovac (3) – Schweinsteiger (5), Zé Roberto (3) – Pizarro (4,5), Elber (4) – **Trainer:** Hitzfeld
Rostock: Schober (3) – Kovar (5), Jakobsson (3,5), Hill (4), Hirsch (4) – Lantz (4), Persson (4) – Wibran (4) – Meggle (5) – di Salvo (4,5), Salou (3,5) – **Trainer:** Veh
Eingewechselt: 46. Santa Cruz (5) für Schweinsteiger – 76. Arvidsson (-) für Lantz, 76. Prica (-) für Meggle
Tor: 1:0 Kovar (60., Eigentor, Rechtsschuss, Vorarbeit Zé Roberto)
Chancenverhältnis: 9:2
Eckenverhältnis: 6:5
SR: Wagner (Hofheim) – **Zuschauer:** 43000 – **Spielnote:** 5

22. März 2003

VfL Wolfsburg – VfL Bochum 2:0 (2:0)

Wolfsburg: Reitmaier (3) – Biliskov (3), Schnoor (3) – Rytter (3), Rau (2,5) – Thiam (3) – Weiser (3) – Karhan (3) – Präger (2,5), Maric (3,5), Petrov (3,5) – **Trainer:** Röber
Bochum: Van Duijnhoven (2,5) – Colding (4), Vriesde (5), Tapalovic (5), Meichelbeck (5) – Bemben (4,5), Gudjonsson (4), Mandreko (4) – Freier (5), Buckley (5,5), T. Christiansen (5) – **Trainer:** Neururer
Eingewechselt: 66. S. Müller (-) für Petrov, 74. Sarpei (-) für Karhan, 80. Klimowicz (-) für Maric – 46. Fiel (4,5) für Meichelbeck, 61. Hashemian (-) für Buckley, 85. Thamm (-) für Bemben
Tore: 1:0 Maric (21., Linksschuss, Vorarbeit Karhan), 2:0 Präger (31., Rechtsschuss, Petrov)
Chancenverhältnis: 8:4
Eckenverhältnis: 6:4
SR: Keßler (Höhenkirchen) – **Zuschauer:** 20973 – **Spielnote:** 4

22. März 2003

1. FC Kaiserslautern – Bayer Leverkusen 1:0 (1:0)

K'lautern: Wiese (2,5) – Basler (3), Ramzy (4), Knavs (3), Tchato (3,5) – Sforza (2,5), Anfang (4) – Lokvenc (3) – Timm (5), Dominguez (3), Klose (2,5) – **Trainer:** Gerets
Leverkusen: J. Butt (3,5) – Ojigwe (3,5), Zivkovic (3), Juan (3), Placente (4) – Ramelow (3) – Balitsch (4,5), Babic (4) – B. Schneider (4), Bierofka (5), Berbatov (5) – **Trainer:** Hörster
Eingewechselt: 47. H. Koch (5) für Knavs, 62. Teber (-) für Timm, 73. Klos (-) für Dominguez – 70. Neuville (-) für Bierofka, 70. Franca (-) für Babic
Tor: 1:0 Klose (40., Kopfball, Vorarbeit Dominguez)
Chancenverhältnis: 4:6
Eckenverhältnis: 2:10
SR: Wack, Dr. (Biberbach) – **Zuschauer:** 40160 (ausverkauft) – **Spielnote:** 4,5

22. März 2003

Arminia Bielefeld – Borussia Dortmund 0:0

Bielefeld: Hain (3) – Hansén (3,5), Reinhardt (3), Borges (3) – Kauf (3,5) – Dabrowski (4), Dammeier (4) – Vata (4,5) – Brinkmann (4,5) – Diabang (4), Wichniarek (3,5) – **Trainer:** Möhlmann
Dortmund: Lehmann (4) – Wörns (3), Madouni (4) – Evanilson (3,5), Metzelder (3,5) – Frings (3), Kehl (3) – Ricken (5), Rosicky (4) – Amoroso (5), Koller (4) – **Trainer:** Sammer
Eingewechselt: 78. Heinz (-) für Vata, 78. Cha (-) für Brinkmann, 88. Lense (-) für Borges – 65. Ewerthon (-) für Amoroso, 85. Odonkor (-) für Rosicky
Chancenverhältnis: 3:3
Eckenverhältnis: 4:6
SR: Kemmling (Kleinburgwedel) – **Zuschauer:** 26601 (ausverkauft) – **Spielnote:** 4,5

23. März 2003

Hertha BSC – Energie Cottbus 3:1 (0:1)

Hertha: Kiraly (4) – A. Friedrich (2,5), van Burik (5), Simunic (3,5), Hartmann (4) – Marx (5), Dardai (3,5), Beinlich (3) – Marcelinho (2,5) – Preetz (2,5), Luizao (4) – **Trainer:** Stevens
Cottbus: Lenz (3) – Schröter (3), da Silva (4), Berhalter (4), Löw (4,5) – Reghecampf (4), T. Rost (4), Latoundji (3,5), Gebhardt (5) – Vagner (4,5), Topic (4) – **Trainer:** Geyer
Eingewechselt: 58. Goor (4,5) für Marx, 58. Alex Alves (3) für Luizao, 74. Schmidt (-) für Beinlich – 77. Jungnickel (-) für Vagner, 87. Kobylanski (-) für Latoundji, 89. Rink (-) für Reghecampf
Tore: 0:1 Vagner (10., Rechtsschuss, Vorarbeit Topic), 1:1 Dardai (72., Rechtsschuss), 2:1 Alex Alves (85., Rechtsschuss, Preetz), 3:1 Preetz (86., Linksschuss, A. Friedrich)
Chancenverhältnis: 10:5
Eckenverhältnis: 6:4

SR: Kircher (Rottenburg) – **Zuschauer:** 44768 – **Spielnote:** 3,5

23. März 2003
VfB Stuttgart – 1. FC Nürnberg 0:2 (0:1)
Stuttgart: T. Ernst (2) – Hinkel (4), Meira (5), Bordon (3), Gerber (4) – Soldo (3) – Hleb (3,5), Meißner (3,5) – Balakov (3) – Kuranyi (3,5), Ganea (5) – **Trainer:** Magath
Nürnberg: Kampa (3) – Paßlack (3,5), Kos (2,5), Nikl (4), Wolf (3) – Larsen (3) – Junior (2,5), L. Müller (2,5) – Jarolim (2) – Cacau (2,5), Michalke (4,5) – **Trainer:** Augenthaler
Eingewechselt: 46. Tiffert (4) für Meißner, 46. Wenzel (4) für Meira, 46. Amanatidis (3) für Ganea – 62. Stehle (-) für Paßlack, 69. Krzynowek (-) für Michalke, 77. Frey (-) für Jarolim
Tore: 0:1 Jarolim (28., Rechtsschuss, ohne Vorarbeit), 0:2 Junior (88., Rechtsschuss, Krzynowek)
Chancenverhältnis: 9:6
Eckenverhältnis: 6:5
SR: Krug (Gelsenkirchen) – **Zuschauer:** 35000 – Besonderes Vorkommnis: Th. Ernst hält Foulelfmeter von Michalke (26.) – **Spielnote:** 3

27. Spieltag

5. April 2003
Bayer Leverkusen – Hertha BSC 4:1 (3:0)
Leverkusen: J. Butt (2) – Ojigwe (3), Zivkovic (3), Juan (2), Placente (3,5) – Balitsch (4), Ramelow (2,5) – B. Schneider (2), Bierofka (3,5) – Neuville (1,5), Berbatov (3,5) – **Trainer:** Hörster
Hertha: Kiraly (4) – A. Friedrich (3,5), Rehmer (6), Simunic (4,5), Hartmann (4,5) – Dardai (5) – Marx (4), Beinlich (3) – Marcelinho (4), Alex Alves (5), Preetz (4) – **Trainer:** Stevens
Eingewechselt: 63. Bastürk (-) für Berbatov, 70. Babic (-) für Bierofka, 87. Schoof (-) für Neuville – 34. Schmidt (4,5) für Dardai, 46. Lapaczinski (4) für Rehmer, 71. Rafael (-) für Alex Alves
Tore: 1:0 J. Butt (14., Foulelfmeter, Rechtsschuss, Vorarbeit Berbatov), 2:0 B. Schneider (32., direkter Freistoß, Rechtsschuss), 3:0 Neuville (41., Rechtsschuss), 4:0 Neuville (69., Rechtsschuss, B. Schneider), 4:1 Preetz (76., Rechtsschuss, Marcelinho)
Chancenverhältnis: 8:4
Eckenverhältnis: 3:10
SR: Merk, Dr. (Kaiserslautern) – **Zuschauer:** 22500 (ausverkauft) – **Gelbe Karte:** Balitsch – **Spielnote:** 3

5. April 2003
Hannover 96 – Bayern München 2:2 (2:0)
Hannover: Tremmel (5) – Cherundolo (3), Konstantinidis (2,5), Vinicius (1,5), van Hintum (3) – Popescu (3,5) – Lala (3), Krupnikovic (3) – Stajner (3,5), Idrissou (4,5), Bobic (3,5) – **Trainer:** Rangnick
Bayern: Kahn (4,5) – Sagnol (2), Kuffour (3), T. Linke (3), Lizarazu (4) – Hargreaves (4), N. Kovac (4) – Schweinsteiger (4,5), Zé Roberto (4,5) – Pizarro (4), Elber (5) – **Trainer:** Hitzfeld
Eingewechselt: 68. Schuler (-) für van Hintum, 77. de Guzman (-) für Krupnikovic, 87. Stendel (-) für Stajner – 46. Feulner (3) für Schweinsteiger, 61. Tarnat (-) für Lizarazu, 68. Trochowski (-) für N. Kovac
Tore: 1:0 Stajner (36., Rechtsschuss, Vorarbeit Krupnikovic), 2:0 Vinicius (45., direkter Freistoß, Rechtsschuss), 2:1 Sagnol (77., Kopfball, Hargreaves), 2:2 Pizarro (86., Rechtsschuss, Feulner)
Chancenverhältnis: 5:5
Eckenverhältnis: 2:4
SR: Krug (Gelsenkirchen) – **Zuschauer:** 31878 (ausverkauft) – **Spielnote:** 3,5

5. April 2003
Borussia Dortmund – Werder Bremen 1:2 (1:0)
Dortmund: Weidenfeller (5) – Wörns (5), Madouni (3) – S. Reuter (4), Kehl (3), Dede (3) – Evanilson (3,5), Frings (4) – Rosicky (3,5) – Koller (4), Amoroso (3,5) – **Trainer:** Sammer
Bremen: Borel (3) – Stalteri (3,5), Barten (3), Krstajic (3), Schulz (4) – Baumann (3), F. Ernst (2) – Banovic (3,5), Micoud (3,5) – Charisteas (4), Ailton (4) – **Trainer:** Schaaf
Eingewechselt: 68. Ewerthon (-) für Rosicky, 76. Ricken (-) für S. Reuter, 85. Odonkor (-) für Amoroso – 85. Reich (-) für Ailton, 90. Borowski (-) für Banovic
Tore: 1:0 Amoroso (29., Rechtsschuss, Vorarbeit Koller), 1:1 Charisteas (54., Rechtsschuss, Ailton), 1:2 F. Ernst (86., Rechtsschuss)
Chancenverhältnis: 8:5
Eckenverhältnis: 12:2
SR: Wagner (Hofheim) – **Zuschauer:** 68600 (ausverkauft) – **Spielnote:** 3,5

5. April 2003
Hamburger SV – Arminia Bielefeld 1:0 (1:0)
HSV: Pieckenhagen (3,5) – Fukal (4), Hertzsch (3), Ujfalusi (2,5), Hollerbach (3) – Maltritz (3) – Cardoso (4) – Barbarez (4) – Mahdavikia (3), Takahara (3), Romeo (4) – **Trainer:** Jara
Bielefeld: Hain (4) – Reinhardt (2,5), Hansén (3,5) – Lense (4,5), Borges (3,5) – Kauf (3,5), Dammeier (3) – Rauw (5) – Diabang (5), Vata (3) – Wichniarek (4,5) – **Trainer:** Möhlmann
Eingewechselt: 54. Jacobsen (3,5) für Hollerbach, 69. Wicky (-) für Cardoso, 84. Meijer (-) für Romeo – 71. Heinz (-) für Rauw, 79. Cha (-) für Vata, 83. Porcello (-) für Lense
Tor: 1:0 Hain (9., Eigentor, Kopfball, ohne Vorarbeit)
Chancenverhältnis: 6:3
Eckenverhältnis: 7:2
SR: Stark (Ergolding) – **Zuschauer:** 46160 – **Spielnote:** 4

5. April 2003
1. FC Nürnberg – FC Schalke 04 0:0
Nürnberg: Kampa (2) – Paßlack (3,5), Kos (3,5), Nikl (4), Wolf (3) – Larsen (4) – Junior (3,5), Jarolim (4), L. Müller (4) – Ciric (5), Michalke (4,5) – **Trainer:** Augenthaler
Schalke: F. Rost (3) – Hajto (4), Waldoch (3), van Hoogdalem (3,5), Rodriguez (3,5) – Kmetsch (4) – Vermant (4,5) – Pinto (3), Böhme (4) – Sand (5) – Agali (4) – **Trainer:** Wilmots
Eingewechselt: 66. Cacau (-) für Michalke, 81. Krzynowek (-) für Ciric – 57. Varela (5) für Sand
Chancenverhältnis: 3:6
Eckenverhältnis: 3:8
SR: Steinborn (Sinzig) – **Zuschauer:** 41100 – **Spielnote:** 4

5. April 2003
Energie Cottbus – VfB Stuttgart 2:3 (1:1)
Cottbus: Lenz (4,5) – Schröter (5), da Silva (4,5), Berhalter (4), Löw (5) – Reghecampf (5), T. Rost (5), Latoundji (4,5), Gebhardt (4,5) – Vagner (3,5), Topic (4) – **Trainer:** Geyer
Stuttgart: T. Ernst (2,5) – Hinkel (3,5), Meira (4), Wenzel (4,5), Gerber (3,5) – Soldo (3) – Tiffert (5), Meißner (3,5) – Hleb (4,5) – Amanatidis (5), Kuranyi (4,5) – **Trainer:** Magath
Eingewechselt: 78. Jungnickel (-) für Gebhardt, 78. Juskowiak (-) für Reghecampf – 46. Heldt (3,5) für Tiffert, 46. Ganea (4) für Amanatidis, 64. Mutzel (-) für Hleb
Tore: 0:1 Meißner (2., Rechtsschuss, Vorarbeit Hleb), 1:1 Vagner (7., Rechtsschuss), 1:2 Heldt (75., Linksschuss), 2:2 Juskowiak (84., Kopfball, Vagner), 2:3 Ganea (90., Foulelfmeter, Rechtsschuss, Heldt)
Chancenverhältnis: 10:8
Eckenverhältnis: 5:5
SR: Fandel (Kyllburg) – **Zuschauer:** 12597 – **Spielnote:** 4

5. April 2003
VfL Bochum – 1. FC Kaiserslautern 1:1 (0:0)
Bochum: Van Duijnhoven (2,5) – Colding (4), Kalla (3), Fahrenhorst (-), Mandreko (3,5) – Oliseh (4), Schindzielorz (2) – Freier (4), Wosz (4,5), Buckley (5,5) – T. Christiansen (4) – **Trainer:** Neururer
K'lautern: Wiese (2,5) – Grammozis (3), Ramzy (2), Lembi (3,5), Tchato (3) – Sforza (2) – Anfang (4), Hristov (4) – Timm (4,5), Dominguez (3) – Klose (3,5) – **Trainer:** Gerets
Eingewechselt: 7. Vriesde (4,5) für Fahrenhorst, 64. Tapalovic (-) für Schindzielorz, 78. Hashemian (-) für Buckley – 65. Bjelica (-) für Hristov, 71. Riedl (-) für Anfang, 76. Klos (-) für Grammozis
Tore: 1:0 T. Christiansen (81., Kopfball, Vorarbeit Oliseh), 1:1 Ramzy (90., Kopfball, Tchato)
Chancenverhältnis: 5:3
Eckenverhältnis: 4:4
SR: Albrecht (Kaufbeuren) – **Zuschauer:** 23146 – **Spielnote:** 4

6. April 2003
Hansa Rostock – VfL Wolfsburg 1:0 (1:0)
Rostock: Schober (3) – Kovar (3), Jakobsson (3,5), Hill (2,5), Hirsch (3) – Lantz (4), Persson (4) – Meggle (5) – di Salvo (5) – Arvidsson (5), Salou (4,5) – **Trainer:** Veh
Wolfsburg: Ramovic (5) – Quattrocchi (4,5), Biliskov (5) – Rytter (3,5), Rau (4) – Thiam (3) – Karhan (4), Weiser (4) – Präger (5), Petrov (5) – Ponte (5) – **Trainer:** Röber
Eingewechselt: 37. Wibran (4) für Persson, 57. Aduobe (4) für di Salvo, 79. Wimmer (-) für Arvidsson – 69. Janicki (-) für Karhan, 83. Munteanu (-) für Weiser, 88. S. Müller (-) für Präger
Tor: 1:0 Hill (3., Rechtsschuss, ohne Vorarbeit)
Chancenverhältnis: 8:2
Eckenverhältnis: 3:2
SR: Jansen (Essen) – **Zuschauer:** 13500 – **Spielnote:** 4,5

6. April 2003
1860 München – Bor. M'gladbach 2:0 (0:0)
1860: Jentzsch (3) – Stranzl (5), Kurz (3,5), Costa (3), Hoffmann (3) – Cerny (3,5), Meyer (4,5) – Wiesinger (4) – Lauth (4), Shao (4) – Schroth (3) – **Trainer:** Götz
Gladbach: Stiel (4) – Eberl (3,5), Pletsch (3), Schulz-Winge (4), Asanin (4) – Stassin (3) – Demo (3,5), Ulich (3,5) – Korzynietz (5), Ketelaer (5) – Forssell (5) – **Trainer:** Lienen
Eingewechselt: 46. Max (3) für Lauth, 59. Agostino (4) für Shao, 90. Schwarz (-) für Wiesinger – 70. Aidoo (-) für Forssell, 70. Gaede (-) für Demo, 78. Van Houdt (-) für Ketelaer
Tore: 1:0 Schroth (79., Kopfball, Vorarbeit Cerny), 2:0 Max (89., Rechtsschuss, Wiesinger)
Chancenverhältnis: 6:0
Eckenverhältnis: 10:2
SR: Meyer (Braunschweig) – **Zuschauer:** 20000 – **Spielnote:** 4

28. Spieltag

12. April 2003
Bor. M'gladbach – 1. FC Nürnberg 2:0 (1:0)
Gladbach: Stiel (3) – Korzynietz (3,5), Pletsch (3), Strasser (3,5), Asanin (4) – Kluge (4) – Demo (3,5), Ulich (4) – Aidoo (5), Forssell (3,5), Ketelaer (4,5) – **Trainer:** Lienen
Nürnberg: Kampa (4) – Stehle (4), Kos (5), Nikl (5), Wolf (5,5) – Larsen (4,5), L. Müller (5) – Junior (4), Jarolim (4,5), Krzynowek (5) – Michalke (5) – **Trainer:** Augenthaler
Eingewechselt: 57. Felgenhauer (4) für Aidoo, 82. Stassin (-) für Kluge, 89. Schlaudraff (-) für Ketelaer – 58. Ciric (4,5) für Krzynowek, 70. Cacau (-) für Michalke
Tore: 1:0 Ulich (12., Kopfball, Vorarbeit Demo), 2:0 Forssell (56., Linksschuss, Demo)
Chancenverhältnis: 4:1
Eckenverhältnis: 7:5
SR: Kemmling (Kleinburgwedel) – **Zuschauer:** 30000 – **Spielnote:** 4,5

12. April 2003
Arminia Bielefeld – 1860 München 2:1 (2:1)
Bielefeld: Hain (3) – Hansén (3), Reinhardt (3), Borges (3) – Dabrowski (3) – Kauf (3,5), Dammeier (4) – Brinkmann (2), Vata (5), Heinz (5) – Wichniarek (2,5) – **Trainer:** Möhlmann
1860: Jentzsch (3) – Stranzl (2,5), Votava (5), Costa (4), Tyce (5,5) – Meyer (4) – Cerny (3,5) – Wiesinger (4,5) – Max (5), Agostino (4), Schroth (5) – **Trainer:** Götz
Eingewechselt: 62. Rauw (-) für Vata, 62. Diabang (-) für Heinz, 89. Bogdanovic (-) für Wichniarek – 58. Lauth (3,5) für Agostino, 70. Shao (-) für Wiesinger, 82. Borimirov (-) für Tyce
Tore: 1:0 Wichniarek (14., Foulelfmeter, Rechtsschuss, Vorarbeit Brinkmann), 1:1 Stranzl (20., Kopfball, Agostino), 2:1 Wichniarek (42., Linksschuss, Brinkmann)
Chancenverhältnis: 9:4
Eckenverhältnis: 4:7
SR: Fröhlich (Berlin) – **Zuschauer:** 21070 – **Spielnote:** 4

12. April 2003
Bayern München – Werder Bremen 0:1 (0:1)
Bayern: Kahn (4) – Sagnol (4), R. Kovac (4), T. Linke (4), Lizarazu (5) – N. Kovac (5) – Schweinsteiger (5) – Feulner (5), Zé Roberto (4) – Pizarro (4,5) – Elber (5) – **Trainer:** Hitzfeld
Bremen: Borel (2) – Stalteri (5), Barten (4), Krstajic (2,5), Schulz (4) – Baumann (4) – Banovic (3), Lisztes (4,5) – Micoud (2,5) – Charisteas (5), Ailton (5) – **Trainer:** Schaaf
Eingewechselt: 46. Trochowski (5) für Feulner, 78. Tarnat (-) für Lizarazu, 78. Misimovic (-) für Schweinsteiger – 83. Borowski (-) für Lisztes, 85. Daun (-) für Charisteas, 90. Reich (-) für Ailton
Tor: 0:1 Micoud (13., Rechtsschuss, Vorarbeit Banovic)
Chancenverhältnis: 7:3
Eckenverhältnis: 8:2
SR: Koop (Lüttenmark) – **Zuschauer:** 63000 (ausverkauft) – **Spielnote:** 4,5

12. April 2003
1. FC Kaiserslautern – Hansa Rostock 1:0 (0:0)
K'lautern: Wiese (3) – Grammozis (3), Ramzy (2,5), Lembi (2,5), Tchato (3) – Bjelica (4), Sforza (3) – Basler (3,5), Lokvenc (2,5), Dominguez (2,5) – Klose (4) – **Trainer:** Gerets
Rostock: Schober (2) – Kovar (4), Jakobsson (4), Hill (3), Maul (4) – Aduobe (3), Hirsch (4) – Wibran (5), Lantz (4) – di Salvo (5) – Salou (5) – **Trainer:** Veh
Eingewechselt: 54. Timm (4,5) für Basler, 67. H. Koch (-) für Ramzy, 79. Anfang (-) für Dominguez – 61. Prica (-) für Lantz, 77. Arvidsson (-) für Wibran
Tor: 1:0 Dominguez (71., Rechtsschuss, Vorarbeit Lokvenc)
Chancenverhältnis: 8:2
Eckenverhältnis: 11:4
SR: Strampe (Handorf) – **Zuschauer:** 38522 – **Spielnote:** 4

12. April 2003
Hertha BSC – VfL Bochum 1:0 (0:0)
Hertha: Kiraly (2,5) – A. Friedrich (3), van Burik (4), Simunic (3), Hartmann (3) – Marx (3,5), Dardai (2), Goor (3,5) – Marcelinho (3) – Alex Alves (4), Preetz (4) – **Trainer:** Stevens
Bochum: Van Duijnhoven (2,5) – Colding (5), Kalla (5), Vriesde (4,5), Mandreko (4,5) – Schindzielorz (5), Oliseh (5) – Freier (5), Wosz (4,5), Buckley (5) – T. Christiansen (4) – **Trainer:** Neururer
Eingewechselt: 81. Rafael (-) für Alex Alves, 83. Beinlich (-) für Marcelinho, 87. Schmidt (-) für Dardai – 46. Gudjonsson (4,5) für Freier, 66. Hashemian (-) für Oliseh, 82. Meichelbeck (-) für Colding
Tor: 1:0 Dardai (63., Linksschuss, Vorarbeit Goor)
Chancenverhältnis: 12:3
Eckenverhältnis: 9:2
SR: Wack, Dr. (Biberbach) – **Zuschauer:** 37022 – **Gelb-Rote Karte:** van Burik (41.) – **Spielnote:** 3,5

12. April 2003
VfB Stuttgart – Bayer Leverkusen 3:0 (2:0)
Stuttgart: T. Ernst (3) – Hinkel (2,5), Meira (2,5), Wenzel (3), Gerber (3) – Soldo (2) – Hleb (1,5), Meißner (3) – Balakov (2) – Amanatidis (-), Kuranyi (3,5) – **Trainer:** Magath
Leverkusen: J. Butt (4) – Ojigwe (6), Zivkovic (5), Juan (4), Placente (5) – B. Schneider (5), Ramelow (4,5), Balitsch (5,5) – Bierofka (5,5) – Neuville (5,5), Berbatov (5) – **Trainer:** Hörster
Eingewechselt: 13. Ganea (3,5) für Amanatidis, 63. Mutzel (-) für Hleb, 74. Dundee (-) für Kuranyi – 46. Simak (6) für Ojigwe, 46. Bastürk (5,5) für Bierofka, 69. Babic (-) für Balitsch
Tore: 1:0 Amanatidis (9., Rechtsschuss, Vorarbeit Hleb), 2:0 Hleb (17., Linksschuss, Ganea), 3:0 Ganea (51., Rechtsschuss, Balakov)
Chancenverhältnis: 8:1
Eckenverhältnis: 4:2

Parade: Bremens Torhüter Pascal Borel macht auch diese Chance des Bayern Niko Kovac zunichte und siegte mit 1:0 in München.

SR: Keßler (Höhenkirchen) – **Zuschauer:** 44500 – **Gelbe Karte:** B. Schneider – **Spielnote:** 2,5

12. April 2003

Hamburger SV – Borussia Dortmund 1:1 (0:0)

HSV: Pieckenhagen (3,5) – Fukal (4,5), Hoogma (2), Ujfalusi (4), Hollerbach (3) – Wicky (4), Maltritz (3,5) – Cardoso (4,5) – Mahdavikia (4), Romeo (3), Barbarez (4) – **Trainer:** Jara

Dortmund: Weidenfeller (3) – Evanilson (4), Madouni (3), Wörns (4), Dede (2,5) - Kehl (3,5) – Frings (4), Rosicky (4) – Ewerthon (4), Amoroso (5,5), Koller (3) – **Trainer:** Sammer

Eingewechselt: 60. Takahara (4,5) für Cardoso – 46. Ricken (4) für Amoroso, 78. S. Reuter (-) für Ewerthon

Tore: 1:0 Romeo (65., Kopfball, Vorarbeit Hollerbach), 1:1 Koller (68., Rechtsschuss, Dede)

Chancenverhältnis: 5:4

Eckenverhältnis: 5:10

SR: Dr. Fleischer (Ulm) – **Zuschauer:** 55500 (ausverkauft) – **Gelb-Rote Karte:** Frings (75.) – **Spielnote:** 4

13. April 2003

FC Schalke 04 – Energie Cottbus 3:0 (1:0)

Schalke: F. Rost (3) – Hajto (3,5), Waldoch (2), van Kerckhoven (2,5) – Kmetsch (3,5) – Vermant (3,5) – Pinto (3,5), Varela (3), Böhme (1,5) – Mpenza (3,5), Agali (3,5) – **Trainer:** Wilmots

Cottbus: Lenz (2) – Schröter (-), da Silva (3), Berhalter (4,5), Löw (4) – Reghecampf (5), T. Rost (4,5), Latoundji (3,5), Gebhardt (4) – Vagner (5) – Topic (5) – **Trainer:** Geyer

Eingewechselt: 46. Sand (2) für Mpenza, 69. Rodriguez (-) für van Kerckhoven, 76. Oude Kamphuis (-) für Kmetsch – 30. Rozgonyi (4,5) für Schröter, 62. Jungnickel (-) für Reghecampf, 62. Juskowiak (-) für Topic

Tore: 1:0 Böhme (45., Foulelfmeter, Linksschuss, Vorarbeit Agali), 2:0 Sand (84., Rechtsschuss, Varela), 3:0 Böhme (61., Elfmeter im Nachschuß, Rechtsschuss)

Chancenverhältnis: 11:1

Eckenverhältnis: 8:2

SR: Sippel (München) – **Zuschauer:** 60413 – Besonderes Vorkommnis: A. Lenz hält Foulelfmeter von Böhme (61.) – **Spielnote:** 2,5

13. April 2003

VfL Wolfsburg – Hannover 96 1:0 (0:0)

Wolfsburg: Ramovic (2) – Rytter (3,5), Biliskov (4), Schnoor (3), Rau (3,5) – Thiam (3,5) – Karhan (4,5), Munteanu (4) – Präger (3,5), Ponte (3,5) – Klimowicz (2,5) – **Trainer:** Röber

Hannover: Tremmel (3,5) – Cherundolo (4), Konstantinidis (3,5), Vinicius (3,5), van Hintum (3) – Popescu (3,5) – Lala (3) – Krupnikovic (4) – Stajner (3), Idrissou (4,5) – Bobic (3,5) – **Trainer:** Rangnick

Eingewechselt: 46. Weiser (3,5) für Karhan, 70. Petrov (-) für Ponte, 75. Quattrocchi (-) für Rytter – 61. Stendel (-) für Idrissou, 70. Stefulj (-) für Krupnikovic, 82. Kaufman (-) für Popescu

Tor: 1:0 Klimowicz (55., Rechtsschuss, Vorarbeit Ponte)

Chancenverhältnis: 3:5

Eckenverhältnis: 3:6

SR: Aust (Köln) – **Zuschauer:** 30000 (ausverkauft) – **Spielnote:** 3,5

29. Spieltag

19. April 2003

Hansa Rostock – Hertha BSC 0:1 (0:0)

Rostock: Schober (3) – Kovar (4), Jakobsson (3,5), Hill (3,5), Hirsch (4) – Aduobe (2,5) – Lantz (4), Persson (4) – Rydlewicz (4) – Salou (4,5), Prica (5) – **Trainer:** Veh

Hertha: Kiraly (3) – Madlung (3,5), Simunic (4,5) – A. Friedrich (3,5), Hartmann (3) – Dardai (3,5), Schmidt (3), Goor (3,5) – Marcelinho (2,5) – Alex Alves (5), Luizao (4,5) – **Trainer:** Stevens

Eingewechselt: 46. Vorbeck (4,5) für Prica, 69. Arvidsson (-) für Rydlewicz, 81. Meggle (-) für Kovar – 54. Beinlich (3) für Simunic, 77. Karwan (-) für Alex Alves, 90. Sverrisson (-) für Luizao

Tor: 0:1 A. Friedrich (50., Kopfball, Vorarbeit Marcelinho)

Chancenverhältnis: 8:8

Eckenverhältnis: 5:7

SR: Kinhöfer (Herne) – **Zuschauer:** 23500 – **Spielnote:** 3

19. April 2003

Werder Bremen – VfL Wolfsburg 0:1 (0:0)

Bremen: Borel (2,5) – Stalteri (4), Barten (3), Krstajic (3), Schulz (4) – Baumann (4) – F. Ernst (3,5) – Lisztes (2,5) – Micoud (4,5) – Ailton (4), Charisteas (4,5) – **Trainer:** Schaaf

Wolfsburg: Ramovic (2) – Biliskov (3,5), Schnoor (3), Rytter (2,5) – Karhan (3,5) – Thiam (3), Weiser (3,5) – Rau (3) – Ponte (3,5), Petrov (2,5) – Klimowicz (4,5) – **Trainer:** Röber

Eingewechselt: 72. Daun (-) für Charisteas – 89. Quattrocchi (-) für Ponte, 90. Sarpei (-) für Weiser

Tor: 0:1 Biliskov (86., Linksschuss, Vorarbeit Ponte)

Chancenverhältnis: 7:6

Eckenverhältnis: 8:5

SR: Krug (Gelsenkirchen) – **Zuschauer:** 33300 – **Spielnote:** 3,5

19. April 2003

Borussia Dortmund – Bayern München 1:0 (0:0)

Dortmund: Weidenfeller (2,5) – Wörns (3), Madouni (2,5) – Evanilson (3,5), Dede (2,5) – S. Reuter (4), Kehl (3,5) – Rosicky (3,5) – Ricken (4,5) – Ewerthon (5), Koller (4) – **Trainer:** Sammer

Bayern: Kahn (3) – Sagnol (2,5), Kuffour (2,5), T. Linke (3), Lizarazu (4) – Jeremies (3,5) – N. Kovac (5) – Hargreaves (3), Zé Roberto (5) – Pizarro (4) – Elber (5) – **Trainer:** Hitzfeld

Eingewechselt: 59. Amoroso (3) für Ewerthon, 75. Demel (-) für S. Reuter, 87. Leandro (-) für Rosicky – 72. Feulner (-) für Jeremies, 79. Tarnat (-) für Lizarazu, 82. Trochowski (-) für N. Kovac

Tor: 1:0 Amoroso (61., Handelfmeter, Rechtsschuss, ohne Vorarbeit)

Chancenverhältnis: 3:2

Eckenverhältnis: 2:2

SR: Merk, Dr. (Kaiserslautern) – **Zuschauer:** 68600 (ausverkauft) – **Spielnote:** 4

19. April 2003

1860 München – Hamburger SV 1:1 (1:0)

1860: Jentzsch (3) – Stranzl (3), Kurz (3,5), Costa (3,5), Hoffmann (2) – Tyce (2,5) – Borimirov (5) – Weissenberger (3) – Lauth (4), Max (4), Schroth (4,5) – **Trainer:** Götz

HSV: Pieckenhagen (3,5) – Fukal (2,5), Hoogma (3), Ujfalusi (3), Hollerbach (4,5) – Wicky (4), Benjamin (3) – Barbarez (5) – Mahdavikia (4,5), Takahara (4), Romeo (4) – **Trainer:** Jara

Eingewechselt: 74. Häßler (-) für Weissenberger, 79. Agostino (-) für Schroth, 89. Shao (-) für Borimirov – 70. Meijer (-) für Mahdavikia, 80. Cardoso (-) für Romeo, 86. Baur (-) für Hoogma

Tore: 1:0 Max (36., Rechtsschuss, Vorarbeit Lauth), 1:1 Fukal (65., Kopfball, Mahdavikia)

Chancenverhältnis: 6:3

Eckenverhältnis: 7:4

SR: Fandel (Kyllburg) – **Zuschauer:** 22000 – **Spielnote:** 3,5

19. April 2003

1. FC Nürnberg – Arminia Bielefeld 0:0

Nürnberg: Kampa (3) – Paßlack (4,5), Kos (4), Wolf (4,5), Popovic (5) – Larsen (4) – Junior (4), Jarolim (5), L. Müller (4) – Ciric (4), Michalke (5) – **Trainer:** Augenthaler

Bielefeld: Hain (3,5) – Lense (4,5), Reinhardt (3), Hansén (4), Borges (5) – Dabrowski (4) –

Kauf (4,5), Dammeier (4) – Brinkmann (4), Heinz (5,5) – Wichniarek (4,5) – **Trainer:** Möhlmann
Eingewechselt: 53. Krzynowek (4) für Ciric, 79. Nikl (-) für Kos, 79. Villa (-) für Michalke – 39. Diabang (5) für Hansén, 62. Rauw (-) für Dammeier, 79. Janic (-) für Heinz
Chancenverhältnis: 5:4
Eckenverhältnis: 2:3
SR: Gagelmann (Bremen) – **Zuschauer:** 21400 – Gelb-**Rote Karten:** Jarolim (30.), Lense (57.) – **Spielnote:** 5

19. April 2003
Energie Cottbus – Bor. M'gladbach 1:1 (1:0)
Cottbus: Lenz (3,5) – Rozgonyi (4,5), da Silva (3,5), Berhalter (4), Kobylanski (5) – Reghecampf (5), T. Rost (4,5), Latoundji (4) – Topic (4,5), Vagner (5) – Juskowiak (5) – **Trainer:** Geyer
Gladbach: Stiel (3,5) – Korzynietz (4), Pletsch (3,5), Strasser (4), Asanin (4) – Kluge (4) – Ulich (4,5), Demo (4) – Spann (5), Felgenhauer (5) – Forssell (4) – **Trainer:** Lienen
Eingewechselt: 71. Jungnickel (-) für Reghecampf, 86. Hujdurovic (-) für Kobylanski, 86. Reichenberger (-) für Latoundji – 59. Ketelaer (3,5) für Felgenhauer, 59. Skoubo (4,5) für Spann, 67. van Lent (-) für Ulich
Tore: 1:0 Latoundji (5., Linksschuss, ohne Vorarbeit), 1:1 Pletsch (82., Kopfball, Ketelaer)
Chancenverhältnis: 4:6
Eckenverhältnis: 9:2
SR: Weiner (Hildesheim) – **Zuschauer:** 13241 – **Spielnote:** 4,5

19. April 2003
Hannover 96 – 1. FC Kaiserslautern 2:1 (0:1)
Hannover: Tremmel (4,5) – Cherundolo (3), Popescu (4), Vinicius (3), van Hintum (3) – Jaime (2,5) – Lala (3), de Guzman (5) – Bobic (3,5), Stajner (3,5), Stendel (4) – **Trainer:** Rangnick
K'lautern: Wiese (2,5) – Grammozis (3,5), Klos (4), Lembi (4), Tchato (3,5) – Hristov (4), Anfang (4,5) – Timm (5), Lokvenc (3,5), Dominguez (5) – Klose (4) – **Trainer:** Gerets
Eingewechselt: 46. Krupnikovic (2,5) für de Guzman, 76. Stefulj (-) für Stendel, 78. C. Linke (-) für Jaime – 38. Basler (5) für Dominguez, 45. Lincoln (5) für Klose, 74. Mifsud (-) für Lembi
Tore: 0:1 Klos (11., Kopfball, Vorarbeit Anfang), 1:1 Krupnikovic (49., direkter Freistoß, Linksschuss), 2:1 Bobic (60., Rechtsschuss, Stajner)
Chancenverhältnis: 6:2
Eckenverhältnis: 10:4
SR: Wagner (Hofheim) – **Zuschauer:** 30573 – **Rote Karten:** van Hintum (72., grobes Foulspiel) – **Spielnote:** 4

20. April 2003
Bayer Leverkusen – FC Schalke 04 1:3 (1:1)
Leverkusen: J. Butt (4,5) – Ojigwe (4), Lucio (3), Juan (3), Placente (4) – Ramelow (4) – B. Schneider (5), Babic (4,5) – Bastürk (5) – Berbatov (4), Neuville (5) – **Trainer:** Hörster
Schalke: F. Rost (2,5) – Hajto (4,5), Waldoch (2,5), van Kerckhoven (4,5) – Kmetsch (3) – Vermant (4,5) – Pinto (4), Varela (3,5), Böhme (1,5) – Agali (3,5), Sand (3) – **Trainer:** Wilmots
Eingewechselt: 46. Bierofka (4) für Babic, 75. Schoof (-) für Bastürk, 80. Zivkovic (-) für Lucio – 48. Oude Kamphuis (3) für Kmetsch, 60. Möller (3) für Varela, 78. Asamoah (-) für Agali
Tore: 1:0 Berbatov (9., Rechtsschuss, ohne Vorarbeit), 1:1 Böhme (12., Linksschuss), 1:2 Sand (61., Rechtsschuss, Agali), 1:3 Asamoah (90., Linksschuss, Böhme)
Chancenverhältnis: 2:4
Eckenverhältnis: 8:4
SR: Kircher (Rottenburg) – **Zuschauer:** 22500 (ausverkauft) – **Spielnote:** 3,5

20. April 2003
VfL Bochum – VfB Stuttgart 3:1 (1:1)
Bochum: Van Duijnhoven (1,5) – Kalla (3), Oliseh (4,5), Tapalovic (-) – Colding (4), Schindzielorz (3,5), Mandreko (4,5) – Wosz (4), Freier (4) – Hashemian (1,5), T. Christiansen (2,5) – **Trainer:** Neururer
Stuttgart: T. Ernst (5,5) – Hinkel (4), Meira (4), Bordon (3,5), Gerber (3,5) – Soldo (3,5) – Hleb (4), Meißner (4) – Balakov (2,5) – Kuranyi (3), Tiffert (5) – **Trainer:** Magath
Eingewechselt: 28. Vriesde (4,5) für Tapalovic, 53. Bemben (2,5) für Mandreko, 78. Reis (-) für Oliseh – 46. Ganea (4) für Tiffert, 70. Seitz (-) für Meißner, 77. Heldt (-) für Meira
Tore: 0:1 Kuranyi (25., Kopfball, Vorarbeit Gerber), 1:1 Hashemian (40., Rechtsschuss), 2:1 Hashemian (66., Rechtsschuss, Van Duijnhoven), 3:1 T. Christiansen (68., Kopfball, Oliseh)
Chancenverhältnis: 4:6
Eckenverhältnis: 2:8
SR: Stark (Ergolding) – **Zuschauer:** 25177 – **Spielnote:** 3

Ruhr-Derby: Der Bochumer Paul Freier (links) ist vor Schalkes Uruguayer Gustavo Varela am Ball.

30. Spieltag

26. April 2003
Hamburger SV – 1. FC Nürnberg 4:0 (2:0)
HSV: Pieckenhagen (3) – Fukal (2), Hoogma (2), Ujfalusi (3), Hollerbach (2) – Ledesma (2), Maltritz (2,5) – Cardoso (3) – Mahdavikia (1), Romeo (3), Barbarez (3) – **Trainer:** Jara
Nürnberg: Kampa (2) – Paßlack (5,5), Stehle (5), Nikl (5,5), Popovic (6) – Larsen (4) – Junior (5), L. Müller (5), Krzynowek (4,5) – Michalke (5,5), Cacau (5) – **Trainer:** Augenthaler
Eingewechselt: 66. Takahara (-) für Cardoso, 73. Meijer (-) für Barbarez, 80. Jacobsen (-) für Mahdavikia – 55. Villa (5) für Cacau, 80. Kießling (-) für Michalke
Tore: 1:0 Fukal (36., Kopfball, Vorarbeit Mahdavikia), 2:0 Romeo (43., Rechtsschuss, Ledesma), 3:0 Mahdavikia (55., Kopfball, Hollerbach), 4:0 Takahara (76., Kopfball, Mahdavikia)
Chancenverhältnis: 15:3
Eckenverhältnis: 7:0
SR: Aust (Köln) – **Zuschauer:** 43627 – **Spielnote:** 2,5

26. April 2003
VfL Wolfsburg – Bayern München 0:2 (0:0)
Wolfsburg: Ramovic (2,5) – Rytter (3), Biliskov (3), Schnoor (4,5), Weiser (3,5) – Karhan (4), Thiam (3) – Rau (4) – Ponte (3), Petrov (3,5), Klimowicz (3,5) – **Trainer:** Röber
Bayern: Kahn (3) – Sagnol (3), R. Kovac (2,5), T. Linke (2,5), Lizarazu (3) – Jeremies (3) – Ballack (2,5) – Schweinsteiger (4) – Zé Roberto (3,5) – Pizarro (2,5), Elber (3) – **Trainer:** Hitzfeld
Eingewechselt: 63. Maric (-) für Klimowicz, 64. Präger (-) für Karhan, 77. P. Madsen (-) für Ponte – 72. Santa Cruz (-) für Elber, 80. Feulner (-) für Schweinsteiger, 85. Fink (-) für Jeremies
Tore: 0:1 Elber (59., Rechtsschuss, Vorarbeit Ballack), 0:2 Pizarro (83., Rechtsschuss, Feulner)
Chancenverhältnis: 3:8
Eckenverhältnis: 7:3
SR: Fandel (Kyllburg) – **Zuschauer:** 30000 (ausverkauft) – **Spielnote:** 3,5

26. April 2003
Hertha BSC – Hannover 96 2:0 (2:0)
Hertha: Kiraly (3) – A. Friedrich (3,5), van Burik (3), Simunic (3), Hartmann (3,5) – Schmidt (3,5) – Marx (3,5), Goor (4) – Marcelinho (3) – Preetz (3,5), Luizao (3) – **Trainer:** Stevens
Hannover: Tremmel (4) – Cherundolo (4), Konstantinidis (5), Vinicius (4) – Popescu (4), de Guzman (4,5) – Lala (4), Krupnikovic (4,5) – Stajner (4,5), Idrissou (5), Bobic (4,5) – **Trainer:** Rangnick
Eingewechselt: 65. Madlung (-) für van Burik, 79. Lapaczinski (-) für A. Friedrich, 82. Rafael (-) für Luizao – 46. Stendel (5) für Idrissou, 58. Jaime (4,5) für Lala, 68. Schuler (-) für de Guzman
Tore: 1:0 Luizao (10., Rechtsschuss, Vorarbeit Preetz), 2:0 Marcelinho (44., Foulelfmeter, Linksschuss, Preetz)
Chancenverhältnis: 8:5
Eckenverhältnis: 3:13
SR: Sippel (München) – **Zuschauer:** 45031 – **Spielnote:** 3,5

26. April 2003
VfB Stuttgart – Hansa Rostock 1:1 (1:0)
Stuttgart: Hildebrand (3) – Hinkel (4), Marques (4), Bordon (4,5), Carnell (3) – Meira (4,5) – Meißner (3), Hleb (4,5) – Balakov (3,5) – Amanatidis (4,5), Kuranyi (3,5) – **Trainer:** Magath
Rostock: Schober (3) – Kovar (4), Jakobsson (3), Hill (3), Hirsch (4) – Aduobe (4), Persson (3) – Wimmer (5), Wibran (4), Rydlewicz (5) – Salou (4) – **Trainer:** Veh
Eingewechselt: 40. Dundee (4) für Amanatidis, 83. Mutzel (-) für Hleb – 46. Vorbeck (3) für Wimmer, 74. Kientz (-) für Rydlewicz, 86. di Salvo (-) für Salou
Tore: 1:0 Meißner (27., Kopfball, Vorarbeit Carnell), 1:1 Hill (59., Linksschuss, Hirsch)
Chancenverhältnis: 8:2
Eckenverhältnis: 6:10
SR: Meyer (Braunschweig) – **Zuschauer:** 38000 – **Spielnote:** 4

26. April 2003
FC Schalke 04 – VfL Bochum 1:2 (1:1)
Schalke: F. Rost (4) – Hajto (3,5), Waldoch (4,5), van Kerckhoven (4) – Oude Kamphuis (4) – Vermant (4) – Pinto (3), Varela (2,5), Böhme (3) – Agali (5), Sand (3,5) – **Trainer:** Wilmots
Bochum: Van Duijnhoven (2) – Kalla (4), Oliseh (4), Tapalovic (4) – Colding (3), Schindzielorz (4), Bemben (4,5) – Freier (4), Wosz (4) – Hashemian (4), T. Christiansen (2,5) – **Trainer:** Neururer
Eingewechselt: 59. Möller (4) für Hajto, 67. Mpenza (-) für Agali, 75. Asamoah (-) für Pinto – 49. Vriesde (3) für Schindzielorz, 67. Gudjonsson (-) für Freier, 75. Buckley (-) für T. Christiansen
Tore: 0:1 T. Christiansen (23., Linksschuss, ohne Vorarbeit), 1:1 Varela (28., Kopfball, Sand), 1:2 Buckley (89., Linksschuss, Hashemian)
Chancenverhältnis: 7:3
Eckenverhältnis: 8:4
SR: Fröhlich (Berlin) – **Zuschauer:** 60886 (ausverkauft) – **Gelbe Karte:** Hashemian – **Spielnote:** 3,5

26. April 2003
Bor. M'gladbach – Bayer Leverkusen 2:2 (1:1)
Gladbach: Stiel (2,5) – Korzynietz (3), Pletsch (3), Strasser (3,5), Asanin (5) – Kluge (3,5) – Ulich (3), Demo (3) – Aidoo (5), Forssell (4), Ketelaer (4) – **Trainer:** Lienen
Leverkusen: J. Butt (3,5) – Lucio (3,5), Juan (3,5) – Zivkovic (4), Ojigwe (4) – Ramelow (3,5), Balitsch (4) – Bastürk (3) – Bierofka (2,5) – Neuville (2,5), Berbatov (3,5) – **Trainer:** Hörster
Eingewechselt: 60. van Lent (3) für Aidoo, 76. Skoubo (-) für Strasser, 81. Schlaudraff (-) für Ulich – 77. Kaluzny (-) für Bastürk, 85. Babic (-) für Bierofka, 90. Franca (-) für Neuville
Tore: 1:0 Demo (6., Rechtsschuss, Vorarbeit Ketelaer), 1:1 Bierofka (17., Rechtsschuss, Berbatov), 1:2 Berbatov (48., Rechtsschuss, Neuville), 2:2 Skoubo (89., Rechtsschuss, van Lent)

Chancenverhältnis: 4:4
Eckenverhältnis: 6:5
SR: Steinborn (Sinzig) – **Zuschauer:** 34000 – **Spielnote:** 3

26. April 2003
1860 München – Borussia Dortmund 0:0
1860: Jentzsch (2,5) – Stranzl (5), Kurz (3), Hoffmann (2), Tyce (3) – Cerny (4) – Wiesinger (3,5), Weissenberger (4) – Lauth (4) – Schroth (5), Max (5) – **Trainer:** Götz
Dortmund: Weidenfeller (2,5) – Wörns (2,5), Madouni (3) – Evanilson (4), Dede (4) – S. Reuter (3,5), Kehl (4) – Frings (4), Rosicky (3) – Ricken (5) – Koller (5) – **Trainer:** Sammer
Eingewechselt: 42. Shao (4) für Weissenberger, 80. Schwarz (-) für Wiesinger, 81. Häßler (-) für Max – 50. Demel (4) für Evanilson, 67. Amoroso (-) für Ricken
Chancenverhältnis: 5:4
Eckenverhältnis: 4:8
SR: Strampe (Handorf) – **Zuschauer:** 35000 – **Spielnote:** 5

27. April 2003
Arminia Bielefeld – Energie Cottbus 2:2 (0:2)
Bielefeld: Hain (4) – Hansén (4), Reinhardt (3,5), Borges (4) – Dabrowski (3,5 – Kauf (3), Dammeier (3,5) – Vata (4,5) – Brinkmann (4), Diabang (3) – Wichniarek (3,5) – **Trainer:** Möhlmann
Cottbus: Lenz (2,5) – Rozgonyi (4), da Silva (3,5), Berhalter (3), Hujdurovic (4) – T. Rost (3,5) – Latoundji (4), Löw (4) – Jungnickel (3,5), Gebhardt (1) – Juskowiak (2,5) – **Trainer:** Geyer
Eingewechselt: 84. Heinz (-) für Diabang, 84. Bogdanovic (-) für Brinkmann, 90. Rauw (-) für Dabrowski – 60. Vagner (3,5) für Gebhardt, 67. Topic (-) für Juskowiak, 77. Reghecampf (-) für Jungnickel
Tore: 0:1 Gebhardt (1., Rechtsschuss, Vorarbeit Juskowiak), 0:2 Gebhardt (40., Linksschuss, Juskowiak), 1:2 Dabrowsk (56., Rechtsschuss, Reinhardt), 2:2 Wichniarek (58., Kopfball, Dammeier)
Chancenverhältnis: 7:3
Eckenverhältnis: 8:4
SR: Wack (Gersheim) – **Zuschauer:** 21477 – **Spielnote:** 3

27. April 2003
1. FC Kaiserslautern – Werder Bremen 1:0 (0:0)
K'lautern: Wiese (2) – Basler (3) – Klos (2,5), Lembi (3) – Sforza (2,5) – Grammozis (3,5), Hristov (3,5), Tchato (2,5) – Lincoln (5) – Klose (2), Lokvenc (3) – **Trainer:** Gerets
Bremen: Borel (3) – Tjikuzu (2,5), Barten (3), Krstajic (2,5), Schulz (3) – Baumann (3) – F. Ernst (2,5) – Lisztes (3) – Micoud (3,5) – Charisteas (4), Ailton (3,5) – **Trainer:** Schaaf
Eingewechselt: 35. Dominguez (3,5) für Basler, 46. Timm (4) für Lincoln, 78. Bjelica (-) für Hristov – 75. Magnin (-) für Schulz, 75. Daun (-) für Lisztes
Tor: 1:0 Klose (65., Handelfmeter, Rechtsschuss, ohne Vorarbeit)
Chancenverhältnis: 8:6
Eckenverhältnis: 7:6
SR: Jansen (Essen) – **Zuschauer:** 39791 – **Spielnote:** 2,5

31. Spieltag

3. Mai 2003
Werder Bremen – Hertha BSC 4:2 (3:1)
Bremen: Borel (3) – Barten (4), Verlaat (3), Krstajic (2,5) – Stalteri (4), Baumann (2), F. Ernst (2), Magnin (3,5) – Micoud (1,5) – Ailton (5), Charisteas (2) – **Trainer:** Schaaf
Hertha: Kiraly (2,5) – A. Friedrich (2,5), Madlung (3,5), Simunic (3,5) – Hartmann (4,5) – Dardai (5) – Marx (3), Goor (3) – Marcelinho (3,5) – Preetz (5), Luizao (5) – **Trainer:** Stevens
Eingewechselt: 57. Schulz (4) für Magnin, 84. Lisztes (-) für Ailton, 89. Daun (-) für Charisteas – 46. Neuendorf (3) für Goor, 58. Beinlich (4) für Hartmann, 70. Rafael (-) für Preetz
Tore: 0:1 A. Friedrich (21., Rechtsschuss, ohne Vorarbeit), 1:1 Krstajic (23., Linksschuss, Ailton), 2:1 Magnin (26., Rechtsschuss, Micoud), 3:1 Charisteas (36., Rechtsschuss, Ailton), 4:1 Charisteas (76., Rechtsschuss, Micoud), 4:2 Marx (79., Linksschuss, Neuendorf)
Chancenverhältnis: 11:6
Eckenverhältnis: 10:7
SR: Merk, Dr. (Kaiserslautern) – **Zuschauer:** 35000 – **Spielnote:** 2

3. Mai 2003
Borussia Dortmund – VfL Wolfsburg 2:2 (1:0)
Dortmund: Weidenfeller (4) – Madouni (3), Wörns (4), Dede (4) – S. Reuter (4,5) – Kehl (3) – Frings (5) – Rosicky (2,5) – Ricken (2) – Koller (5), Ewerthon (5,5) – **Trainer:** Sammer
Wolfsburg: Ramovic (4,5) – Rytter (4), Biliskov (2,5), Schnoor (4,5), Weiser (3,5) – Karhan (2,5), Sarpei (4), Thiam (2) – Präger (5), Ponte (4), Klimowicz (5) – **Trainer:** Röber
Eingewechselt: 64. Reina (-) für Ewerthon, 81. Leandro (-) für Dede, 84. Herrlich (-) für Koller – 46. Maric (4) für Klimowicz, 46. Petrov (5) für Präger, 75. Quattrocchi (-) für Sarpei
Tore: 1:0 Ricken (16., Linksschuss, Vorarbeit Rosicky), 1:1 Thiam (59., Rechtsschuss, Ponte), 1:2 Thiam (62., Kopfball, Karhan), 2:2 Rosicky (67., Rechtsschuss)
Chancenverhältnis: 7:3
Eckenverhältnis: 8:2
SR: Koop (Lüttenmark) – **Zuschauer:** 68600 (ausverkauft) – Gelbe Karten: Wörns – Rytter – **Spielnote:** 4

3. Mai 2003
1. FC Nürnberg – 1860 München 1:2 (1:0)
Nürnberg: Kampa (2,5) – Nikl (4), Frey (3,5), Kos (4) – Larsen (4) – Paßlack (4), L. Müller (4) – Krzynowek (3) – Jarolim (3,5) – Cacau (5), Driller (3,5) – **Trainer:** Wolf
1860: Jentzsch (2,5) – Stranzl (5), Kurz (2,5), Costa (4), Hoffmann (2,5) – Cerny (1,5) – Wiesinger (3), Tyce (3,5) – Shao (4) – Schroth (4), Lauth (1,5) – **Trainer:** Götz
Eingewechselt: 46. Stehle (5) für Paßlack, 68. Junior (-) für Frey – 46. Häßler (2,5) für Stranzl, 64. Votava (-) für Shao, 90. Max (-) für Lauth
Tore: 1:0 Driller (1., Rechtsschuss, Vorarbeit L. Müller), 1:1 Lauth (56., Rechtsschuss, Cerny), 1:2 Lauth (73., Rechtsschuss, Häßler)
Chancenverhältnis: 5:7
Eckenverhältnis: 3:6
SR: Krug (Gelsenkirchen) – **Zuschauer:** 35558 – **Rote Karten:** Costa (63., grobes Foulspiel) – **Spielnote:** 3

3. Mai 2003
Energie Cottbus – Hamburger SV 0:0
Cottbus: Lenz (2,5) – Rozgonyi (4,5), da Silva (3,5), Hujdurovic (3,5), Löw (4) – Latoundji (4,5), T. Rost (5) – Jungnickel (5), Kobylanski (5) – Vagner (5), Juskowiak (5) – **Trainer:** Geyer
HSV: Pieckenhagen (3) – Fukal (4), Hoogma (3,5), Ujfalusi (3,5), Hollerbach (4) – Ledesma (5), Maltritz (4,5) – Cardoso (5) – Mahdavikia (3,5), Barbarez (4,5), Romeo (5) – **Trainer:** Jara
Eingewechselt: 65. Reghecampf (-) für Jungnickel, 65. Reichenberger (-) für Kobylanski, 85. Mattuschka (-) für Vagner – 46. Takahara (4,5) für Cardoso, 75. Jacobsen (-) für Romeo
Chancenverhältnis: 4:6
Eckenverhältnis: 2:6
SR: Kircher (Rottenburg) – **Zuschauer:** 12448 – **Spielnote:** 5

3. Mai 2003
VfL Bochum – Bor. M'gladbach 1:1 (1:1)
Bochum: Van Duijnhoven (3) – Oliseh (3,5) – Colding (3,5), Kalla (3), Bemben (4) – Schindzielorz (3,5), Tapalovic (4,5) – Freier (4), Wosz (4,5) – Hashemian (4), T. Christiansen (2,5) – **Trainer:** Neururer
Gladbach: Stiel (3) – Korzynietz (1,5), Pletsch (3), Strasser (3), Asanin (5) – Kluge (3,5) – Demo (4), Ulich (4) – Forssell (2,5), Ketelaer (4) – Skoubo (3,5) – **Trainer:** Lienen
Eingewechselt: 56. Buckley (4) für T. Christiansen, 71. Vriesde (-) für Wosz, 90. Gudjonsson (-) für Freier – 66. van Lent (-) für Ketelaer, 87. Van Houdt (-) für Forssell
Tore: 0:1 Forssell (19., Kopfball, Vorarbeit Korzynietz), 1:1 T. Christiansen (20., Rechtsschuss, Freier)
Chancenverhältnis: 4:3
Eckenverhältnis: 4:11
SR: Wagner (Hofheim) – **Zuschauer:** 32645 (ausverkauft) – **Spielnote:** 3

3. Mai 2003
Hannover 96 – VfB Stuttgart 1:2 (0:2)
Hannover: Tremmel (3,5) – Cherundolo (4), Konstantinidis (5,5), Vinicius (5,5), Stefulj (4,5) – Jaime (4) – Lala (3,5), Popescu (3,5) – Krupnikovic (5) – Stajner (3), Bobic (5) – **Trainer:** Rangnick
Stuttgart: Hildebrand (2) – Hinkel (4), Marques (4), Bordon (3), Gerber (3,5) – Soldo (3,5) – Meira (4), Hleb (3) – Balakov (4) – Kuranyi (4,5), Dundee (2) – **Trainer:** Magath
Eingewechselt: 46. Idrissou (4) für Konstantinidis, 66. Kaufman (-) für Stefulj, 80. Stendel (-) für Jaime – 65. Ganea (-) für Kuranyi, 71. Tiffert (-) für Hinkel, 77. Wenzel (-) für Hleb
Tore: 0:1 Dundee (19., Linksschuss, Vorarbeit Gerber), 0:2 Dundee (37., Rechtsschuss, Kuranyi), 1:2 Kaufman (85., Linksschuss, Idrissou)
Chancenverhältnis: 5:5
Eckenverhältnis: 8:1
SR: Kinhöfer (Herne) – **Zuschauer:** 30724 – Besonderes Vorkommnis: Hildebrand hält Foulelfmeter von Konstantinidis (3.) – **Spielnote:** 4

3. Mai 2003
Bayern München – 1. FC Kaiserslautern 1:0 (0:0)
Bayern: Kahn (2) – Sagnol (2), Kuffour (2), T. Linke (3,5), Tarnat (3) – Jeremies (4) – Ballack (2) – Schweinsteiger (4), Zé Roberto (2) – Santa Cruz (4) – Elber (2,5) – **Trainer:** Hitzfeld
K'lautern: Wiese (1) – Grammozis (4), Klos (4), Lembi (4,5), Tchato (3) – Sforza (5) – Hristov (3,5) – Timm (5,5), Dominguez (3) – Lokvenc (4,5) – Klose (3,5) – **Trainer:** Gerets
Eingewechselt: 38. Pizarro (2) für Santa Cruz, 68. Feulner (-) für Schweinsteiger, 75. N. Kovac (-) für Jeremies – 46. Bjelica (4) für Timm, 67. Mifsud (-) für Dominguez, 78. Anfang (-) für Hristov
Tor: 1:0 Kuffour (85., Linksschuss, Vorarbeit Sagnol)
Chancenverhältnis: 12:4
Eckenverhältnis: 12:5
SR: Kemmling (Kleinburgwedel) – **Zuschauer:** 63000 (ausverkauft) – **Spielnote:** 2,5

4. Mai 2003
Bayer Leverkusen – Arminia Bielefeld 3:1 (1:1)
Leverkusen: J. Butt (3) – Zivkovic (4,5), Lucio (1), Juan (2,5), Ojigwe (3) – Ramelow (3), Balitsch (3) – Bastürk (4) – Franca (4), Berbatov (3,5), Berbatov (4) – **Trainer:** Hörster
Bielefeld: Hain (5) – Lense (4), Reinhardt (3), Hansén (4), Borges (3,5) – Rauw (4), Kauf (3,5), Dammeier (4) – Brinkmann (4,5), Diabang (5), Wichniarek (5) – **Trainer:** Möhlmann
Eingewechselt: 65. Babic (-) für Zivkovic, 75. Kleine (-) für Juan, 81. Simak (-) für Berbatov – 46. Bogusz (4) für Borges, 74. Vata (-) für Diabang, 80. Cha (-) für Dammeier
Tore: 0:1 Brinkmann (34., Foulelfmeter, Rechtsschuss, Vorarbeit Wichniarek), 1:1 Lucio (38., direkter Freistoß, Rechtsschuss), 2:1 Lucio (69., Rechtsschuss), 3:1 Balitsch (71., Rechtsschuss)
Chancenverhältnis: 6:2
Eckenverhältnis: 5:1
SR: Weiner (Hildesheim) – **Zuschauer:** 22500 (ausverkauft) – **Spielnote:** 3

4. Mai 2003
Hansa Rostock – FC Schalke 04 3:1 (0:1)
Rostock: Schober (3) – Kientz (3,5), Jakobsson (2,5), Hill (3) – Aduobe (3) – Wimmer (3,5), Lantz (4), Persson (4,5), Hirsch (3) – Vorbeck (3), Prica (3) – **Trainer:** Veh
Schalke: F. Rost (4) – Hajto (5), Waldoch (4), van Kerckhoven (4) – Oude Kamphuis (3,5), Vermant (3,5) – Pinto (4,5), Böhme (3,5) – Varela (3) – Agali (5), Sand (4,5) – **Trainer:** Wilmots
Eingewechselt: 62. Arvidsson (-) für Persson, 74. Rydlewicz (-) für Wimmer, 89. di Salvo (-) für Prica – 46. Mpenza (4,5) für Agali, 59. Matellan (5) für Böhme, 81. Asamoah (-) für Sand
Tore: 0:1 Varela (16., Kopfball, Vorarbeit Böhme), 1:1 Prica (65., Kopfball, Lantz), 2:1 Arvidsson (79., Kopfball, Hirsch), 3:1 Rydlewicz (84., Foulelfmeter, Rechtsschuss, Arvidsson)
Chancenverhältnis: 8:3
Eckenverhältnis: 3:5
SR: Stark (Ergolding) – **Zuschauer:** 25000 – **Gelbe Karte:** Lantz – **Spielnote:** 3

32. Spieltag

10. Mai 2003
1860 München – Energie Cottbus 3:0 (2:0)
1860: Jentzsch (3) – Stranzl (4), Kurz (3), Hoffmann (2,5), Tyce (4) – Cerny (3,5) – Wiesinger (4), Shao (3) – Häßler (3) – Lauth (2,5), Schroth (2) – **Trainer:** Götz
Cottbus: Lenz (3) – Rozgonyi (4,5), da Silva (4), Berhalter (4,5), Hujdurovic (5) – T. Rost (3,5), Löw (3,5) – Latoundji (3) – Jungnickel (4,5), Reichenberger (4,5), Juskowiak (5) – **Trainer:** Geyer
Eingewechselt: 68. Borimirov (-) für Häßler, 74. Agostino (-) für Shao, 81. Meyer (-) für Stranzl – 49. Mattuschka (4) für Hujdurovic, 64. Kobylanski (-) für Jungnickel, 84. Jahn (-) für Rozgonyi
Tore: 1:0 Shao (5., direkter Freistoß, Linksschuss, ohne Vorarbeit), 2:0 Schroth (33., Rechtsschuss, Lauth), 3:0 Schroth (65., Rechtsschuss, Häßler)
Chancenverhältnis: 7:1
Eckenverhältnis: 6:5
SR: Gagelmann (Bremen) – **Zuschauer:** 18500 – **Gelbe Karte:** Shao – **Spielnote:** 3

10. Mai 2003
Borussia Dortmund – 1. FC Nürnberg 4:1 (1:0)
Dortmund: Weidenfeller (2,5) – Wörns (3), Madouni (3) – Fernandez (4), Dede (2,5) – S. Reuter (3,5) – Frings (4) – Rosicky (2) – Ricken (2) – Koller (3), Ewerthon (-) – **Trainer:** Sammer
Nürnberg: Kampa (3) – Wolf (4,5), Frey (5), Kos (4,5), Popovic (4) – Nikl (5) – Larsen (4,5) – Jarolim (3,5), Krzynowek (3,5) – Cacau (4), Driller (5) – **Trainer:** Wolf
Eingewechselt: 30. Reina (3,5) für Ewerthon, 72. Leandro (-) für Koller, 83. Demel (-) für Wörns – 46. Michalke (5) für Popovic, 56. Ciric (3) für Driller, 68. Junior (-) für Cacau
Tore: 1:0 Ricken (28., Rechtsschuss, Vorarbeit Rosicky), 2:0 Ricken (54., Rechtsschuss, Rosicky), 3:0 Reina (65., Rechtsschuss, Rosicky), 4:0 Koller (68., Rechtsschuss, Dede), 4:1 Ciric (89., Linksschuss, Krzynowek)
Chancenverhältnis: 9:4
Eckenverhältnis: 4:1
SR: Meyer (Braunschweig) – **Zuschauer:** 67600 – **Gelbe Karte:** Popovic – **Spielnote:** 3

10. Mai 2003
Hertha BSC – Bayern München 3:6 (1:5)
Hertha: Kiraly (5,5) – A. Friedrich (4,5), Rehmer (5,5), Simunic (5), Hartmann (5) – Dardai (5) – Marx (4,5), Goor (5,5) – Marcelinho (3,5) – Preetz (5), Luizao (5,5) – **Trainer:** Stevens
Bayern: Kahn (3) – Sagnol (3), Kuffour (2,5), T. Linke (2,5), Lizarazu (3) – Jeremies (3) – Ballack (2,5) – Deisler (2,5), Schweinsteiger (4) – Pizarro (1,5) – Elber (1) – **Trainer:** Hitzfeld
Eingewechselt: 40. Neuendorf (4) für Luizao, 41. Madlung (4,5) für Rehmer, 70. Alex Alves (-) für Goor – 79. Feulner (-) für Deisler, 80. N. Kovac (-) für Jeremies, 86. Fink (-) für Ballack
Tore: 1:0 Ballack (5., Eigentor, Kopfball, Vorarbeit Marcelinho), 1:1 Elber (19., Kopfball, Sagnol), 1:2 Pizarro (22., Kopfball, Deisler), 1:3 Pizarro (23., Rechtsschuss, Deisler), 1:4 Elber (32., Kopfball, Ballack), 1:5 Elber (45., Linksschuss, Pizarro), 2:5 Marcelinho (59., Foulelfmeter, Linksschuss, Neuendorf), 2:6 Ballack (85., Linksschuss, Lizarazu), 3:6 Marcelinho (88., Linksschuss)
Chancenverhältnis: 8:8
Eckenverhältnis: 4:1
SR: Steinborn (Sinzig) – **Zuschauer:** 59200 (ausverkauft) – **Spielnote:** 2

10. Mai 2003
VfB Stuttgart – Werder Bremen 0:1 (0:0)
Stuttgart: Hildebrand (3) – Hinkel (4), Marques (5), Bordon (3), Gerber (4) – Meira (4) –

Meißner (-), Hleb (4) – Balakov (4) – Amanatidis (4,5), Kuranyi (4) – **Trainer:** Magath
Bremen: Borel (3) – Baumann (3), Verlaat (2,5), Krstajic (3) – F. Ernst (2,5) – Stalteri (4,5), Magnin (3,5) – Lisztes (4) – Micoud (4,5) – Charisteas (4), Daun (3,5) – **Trainer:** Schaaf
Eingewechselt: 27. Mutzel (4) für Meißner, 46. Ganea (4) für Amanatidis, 65. Dundee (-) für Balakov – 77. Borowski (-) für Lisztes, 78. Reich (-) für Daun, 83. Schulz (-) für Magnin
Tor: 0:1 Marques (51., Eigentor, Rechtsschuss, Vorarbeit Magnin)
Chancenverhältnis: 7:6
Eckenverhältnis: 9:2
SR: Fandel (Kyllburg) – **Zuschauer:** 51000 – **Gelbe Karte:** Magnin – **Spielnote:** 4

10. Mai 2003

Bor. M'gladbach – Hansa Rostock 3:0 (1:0)

Gladbach: Stiel (2,5) – Korzynietz (3,5), Pletsch (3,5), Strasser (2), Asanin (3,5) – Kluge (2,5) – Ulich (4), Demo (3) – Skoubo (3,5), Forssell (2), Ketelaer (2) – **Trainer:** Lienen
Rostock: Schober (4) – Wimmer (5), Kientz (4), Hill (4,5), Hirsch (4) – Jakobsson (4,5) – Aduobe (4), Lantz (5), Persson (5) – Arvidsson (5), Vorbeck (5) – **Trainer:** Veh
Eingewechselt: 79. van Lent (-) für Forssell, 84. Eberl (-) für Ulich, 84. Aidoo (-) für Skoubo – 62. di Salvo (-) für Arvidsson, 69. Rydlewicz (-) für Vorbeck
Tore: 1:0 Demo (37., Rechtsschuss, Vorarbeit Forssell), 2:0 Forssell (63., Kopfball, Ketelaer), 3:0 Skoubo (77., Linksschuss, Kluge)
Chancenverhältnis: 6:1
Eckenverhältnis: 6:5
SR: Fröhlich (Berlin) – **Zuschauer:** 31300 – **Spielnote:** 3

10. Mai 2003

Hamburger SV – Bayer Leverkusen 4:1 (1:0)

HSV: Pieckenhagen (3) – Fukal (2,5), Hoogma (2), Ujfalusi (4), Hollerbach (3) – Maltritz (2), Wicky (3) – Cardoso (3,5) – Mahdavikia (3), Romeo (4), Barbarez (2) – **Trainer:** Jara
Leverkusen: J. Butt (3,5) – Ojigwe (5), Lucio (3,5), Juan (4), Placente (5) – Ramelow (5), Balitsch (4,5) – Bierofka (5), Bastürk (5,5), Neuville (5,5) – Berbatov (5,5) – **Trainer:** Hörster
Eingewechselt: 54. Hertzsch (3) für Cardoso, 57. Jacobsen (3) für Hollerbach, 89. Meijer (-) für Romeo – 46. B. Schneider (-) für Ojigwe, 63. Franca (-) für Neuville, 78. Babic (-) für Bastürk
Tore: 1:0 Barbarez (18., Linksschuss, Vorarbeit Mahdavikia), 2:0 Romeo (55., Rechtsschuss, Wicky), 2:1 Balitsch (88., Rechtsschuss, Babic), 3:1 Jacobsen (90., Rechtsschuss, Meijer), 4:1 Meijer (90., Kopfball, Fukal)
Chancenverhältnis: 9:4
Eckenverhältnis: 3:6
SR: Krug (Gelsenkirchen) – **Zuschauer:** 51629 – **Rote Karten:** B. Schneider (52., Tätlichkeit), Ujfalusi (52., Tätlichkeit) – **Spielnote:** 3

10. Mai 2003

VfL Wolfsburg – 1. FC Kaiserslautern 2:2 (1:1)

Wolfsburg: Reitmaier (3) – Rytter (3), Biliskov (3), Schnoor (4), Weiser (4) – Karhan (3,5), Thiam (3) – Rau (4,5) – Ponte (3,5), Petrov (3,5) – Maric (2) – **Trainer:** Röber
K'lautern: Wiese (3,5) – Grammozis (4), Klos (3), H. Koch (4), Tchato (4) – Sforza (2,5), Hristov (3,5) – Bjelica (4), Dominguez (2,5) – Klose (3,5), Lokvenc (3) – **Trainer:** Gerets
Eingewechselt: 56. Präger (5) für Ponte, 74. Franz (-) für Rau, 82. Klimowicz (-) für Petrov – 66. Mifsud (-) für H. Koch, 66. Anfang (-) für Bjelica, 80. Teber (-) für Dominguez
Tore: 0:1 Sforza (5., Rechtsschuss, Vorarbeit Lokvenc), 1:1 Maric (19., Rechtsschuss, Petrov), 2:1 Maric (57., Rechtsschuss, Reitmaier), 2:2 Mifsud (69., Kopfball, Anfang)
Chancenverhältnis: 5:3
Eckenverhältnis: 2:3
SR: Sippel (München) – **Zuschauer:** 21136 – **Spielnote:** 3,5

11. Mai 2003

FC Schalke 04 – Hannover 96 0:2 (0:0)

Schalke: F. Rost (4) – Asamoah (4), Waldoch (5), van Kerckhoven (5) – Vermant (5,5) – Möller (4,5) – Pinto (3,5), Varela (5), Böhme (4) – Sand (5), Mpenza (5) – **Trainer:** Wilmots
Hannover: Tremmel (3) – Konstantinidis (3,5), Popescu (2,5), Vinicius (2,5) – Cherundolo (3,5), Lala (2,5), Jaime (2), Idrissou (3) – Krupnikovic (2,5) – Stajner (2), Bobic (3,5) – **Trainer:** Rangnick
Eingewechselt: 62. Agali (-) für Varela – 83. Stendel (-) für Stajner, 87. C. Linke (-) für Krupnikovic, 90. Kaufman (-) für Bobic
Tore: 0:1 Krupnikovic (60., direkter Freistoß, Linksschuss, ohne Vorarbeit), 0:2 Stajner (73., Rechtsschuss, Jaime)
Chancenverhältnis: 2:5
Eckenverhältnis: 4:7
SR: Dr. Fleischer (Ulm) – **Zuschauer:** 60886 (ausverkauft) – **Gelb-Rote Karte:** Waldoch (86.) – **Spielnote:** 3,5

11. Mai 2003

Arminia Bielefeld – VfL Bochum 1:3 (1:1)

Bielefeld: Hain (4) – Rauw (5), Reinhardt (4), Bogusz (5) – Hansén (3,5) – Murawski (4), Dammeier (3,5) – Cha (3), Vata (4,5), Diabang (4) – Wichniarek (1) – **Trainer:** Möhlmann
Bochum: Van Duijnhoven (2,5) – Colding (2,5), Kalla (4,5), Vriesde (4,5), Bemben (4,5) – Oliseh (3), Schindzielorz (3) – Wosz (2,5) – Freier (2,5), Buckley (1) – T. Christiansen (3) – **Trainer:** Neururer
Eingewechselt: 72. Heinz (-) für Diabang, 83. Porcello (-) für Rauw, 83. Bogdanovic (-) für Murawski – 73. Hashemian (-) für T. Christiansen, 76. Reis (-) für Oliseh, 82. Tapalovic (-) für Wosz
Tore: 0:1 Freier (23., Rechtsschuss, Vorarbeit Buckley), 1:1 Wichniarek (42., Rechtsschuss, Diabang), 1:2 T. Christiansen (71., Handelfmeter, Linksschuss), 1:3 Buckley (90., Linksschuss)
Chancenverhältnis: 10:10
Eckenverhältnis: 3:3
SR: Aust (Köln) – **Zuschauer:** 24408 – **Gelbe Karte:** Rauw – **Spielnote:** 2

33. Spieltag

17. Mai 2003

VfL Wolfsburg – Hertha BSC 2:0 (1:0)

Wolfsburg: Reitmaier (2) – Biliskov (3), Schnoor (3) – Karhan (3,5), Rytter (2,5), Weiser (3) – Thiam (3), Rau (4) – Petrov (3,5), Ponte (3,5) – Maric (2,5) – **Trainer:** Röber
Hertha: Kiraly (3) – van Burik (5), Simunic (5) – A. Friedrich (-), Hartmann (4,5) – Schmidt (4) – Dardai (4), Beinlich (4,5) – Marcelinho (5), Goor (5) – Rafael (4,5) – **Trainer:** Stevens
Eingewechselt: 39. Munteanu (3) für Rau, 63. S. Müller (-) für Ponte, 70. Sarpei (-) für Petrov – 26. Rehmer (4) für A. Friedrich, 63. Preetz (-) für Dardai, 73. Madlung (-) für Simunic
Tore: 1:0 Maric (5., Foulelfmeter, Rechtsschuss, Vorarbeit Ponte), 2:0 Munteanu (58., Linksschuss, Maric)
Chancenverhältnis: 11:8
Eckenverhältnis: 3:8
SR: Stark (Ergolding) – **Zuschauer:** 25436 – **Spielnote:** 3

17. Mai 2003

Energie Cottbus – 1. FC Nürnberg 2:1 (1:1)

Cottbus: Berntsen (3) – da Silva (3), Berhalter (3,5), Löw (4) – Reghecampf (4) – T. Rost (4), Latoundji (4,5) – Mattuschka (4,5) – Reichenberger (4) – Juskowiak (4), Topic (2,5) – **Trainer:** Geyer
Nürnberg: Kampa (3) – Paßlack (5), Wolf (4,5), Stehle (4,5), Popovic (5) – Frey (4,5) – L. Müller (4,5) – Kügler (5), Jarolim (4), Krzynowek (3,5) – Villa (5) – **Trainer:** Wolf
Eingewechselt: 74. Kobylanski (-) für T. Rost, 88. Franklin (-) für Topic, 88. Jahn (-) für Mattuschka – 59. Driller (5) für Villa, 62. Michalke (-) für Stehle, 77. Cacau (-) für Kügler
Tore: 1:0 Topic (13., Rechtsschuss, Vorarbeit Reghecampf), 1:1 Krzynowek (21., Linksschuss), 2:1 Juskowiak (70., Kopfball, Topic)
Chancenverhältnis: 8:1
Eckenverhältnis: 5:4
SR: Strampe (Handorf) – **Zuschauer:** 12192 – **Rote Karten:** Paßlack (56., grobes Foulspiel) – **Spielnote:** 4,5

17. Mai 2003

Bayer Leverkusen – 1860 München 3:0 (2:0)

Leverkusen: J. Butt (3) – Zivkovic (3), Lucio (2,5), Juan (3), Placente (4) – Ramelow (2) – Bastürk (4) – Bierofka (2,5), Babic (3) – Neuville (3), Berbatov (2) – **Trainer:** Augenthaler
1860: Jentzsch (3,5) – Meyer (4,5), Kurz (5), Hoffmann (5), Tyce (5) – Schwarz (5) – Wiesinger (5), Cerny (4) – Häßler (4,5) – Schroth (4,5), Lauth (4,5) – **Trainer:** Götz
Eingewechselt: 68. Simak (-) für Bastürk, 70. Balitsch (-) für Neuville, 83. Kirsten (-) für Berbatov – 46. Shao (4) für Häßler, 46. Stranzl (5) für Schwarz, 78. Max (-) für Tyce
Tore: 1:0 Bierofka (8., Rechtsschuss, Vorarbeit Berbatov), 2:0 Berbatov (44., Kopfball, Zivkovic), 3:0 Babic (48., Linksschuss, Placente)
Chancenverhältnis: 9:1
Eckenverhältnis: 5:4
SR: Kemmling (Kleinburgwedel) – **Zuschauer:** 22500 (ausverkauft) – **Spielnote:** 3

17. Mai 2003

VfL Bochum – Hamburger SV 1:1 (1:0)

Bochum: Van Duijnhoven (3,5) – Colding (3), Kalla (2,5), Vriesde (4,5), Bemben (5) – Schindzielorz (3,5), Oliseh (3,5) – Wosz (4) – Freier (3,5), Buckley (4) – T. Christiansen (3) – **Trainer:** Neururer
HSV: Pieckenhagen (4) – Fukal (3), Hoogma (2,5), Hertzsch (3,5), Hollerbach (3) – Maltritz (3,5), Wicky (3) – Cardoso (3,5) – Mahdavikia (2,5), Romeo (5), Meijer (3,5) – **Trainer:** Jara
Eingewechselt: 68. Hashemian (-) für Buckley, 79. Zajas (-) für Schindzielorz, 87. Gudjonsson (-) für Wosz – 57. Takahara (4) für Maltritz, 64. Rahn (-) für Hollerbach, 68. Kitzbichler (-) für Cardoso
Tore: 1:0 T. Christiansen (31., Kopfball, Vorarbeit Wosz), 1:1 Rahn (82., direkter Freistoß, Linksschuss)
Chancenverhältnis: 4:6
Eckenverhältnis: 4:13
SR: Koop (Lüttenmark) – **Zuschauer:** 32645 (ausverkauft) – **Gelbe Karte:** Cardoso – **Spielnote:** 3

17. Mai 2003

Hansa Rostock – Arminia Bielefeld 3:0 (1:0)

Rostock: Schober (3) – Kovar (3,5), Jakobsson (2,5), Hill (3), Hirsch (3,5) – Aduobe (2) – Lantz (3,5), Persson (3) – Rydlewicz (4) – Prica (4), Vorbeck (3) – **Trainer:** Veh
Bielefeld: Hain (4) – Hansén (4,5), Reinhardt (4,5), Borges (3,5) – Murawski (4,5) – Kauf (4), Dammeier (4) – Brinkmann (5), Cha (5), Vata (5) – Wichniarek (4,5) – **Trainer:** Möhlmann
Eingewechselt: 68. Arvidsson (-) für Rydlewicz, 79. Kientz (-) für Prica, 83. di Salvo (-) für Vorbeck – 46. Diabang (4,5) für Brinkmann, 46. Heinz (5) für Murawski, 74. Bogdanovic (-) für Kauf
Tore: 1:0 Aduobe (8., Rechtsschuss, Vorarbeit Prica), 2:0 Vorbeck (56., Rechtsschuss), 3:0 di Salvo (85., Rechtsschuss, Lantz)
Chancenverhältnis: 8:5
Eckenverhältnis: 5:4
SR: Fandel (Kyllburg) – **Zuschauer:** 25000 – **Spielnote:** 3,5

17. Mai 2003

Hannover 96 – Bor. M'gladbach 2:2 (1:0)

Hannover: Tremmel (4,5) – Cherundolo (4,5), Konstantinidis (4), Vinicius (4), van Hintum (4) – Popescu (4) – Lala (4), Jaime (4,5) – Krupnikovic (3) – Bobic (5,5), Stajner (3) – **Trainer:** Rangnick
Gladbach: Stiel (4) – Korzynietz (4), Pletsch (4), Strasser (3) – Asanin (4) – Kluge (4,5) – Ulich (5), Demo (4) – Skoubo (-), Forssell (3,5), Ketelaer (4) – **Trainer:** Lienen
Eingewechselt: 46. Idrissou (4,5) für Krupnikovic, 74. Kaufman (-) für van Hintum, 84. C. Linke (-) für Jaime – 23. Aidoo (3) für Skoubo, 54. van Lent (3,5) für Ulich, 83. Eberl (-) für Aidoo
Tore: 1:0 Krupnikovic (10., direkter Freistoß, Linksschuss, ohne Vorarbeit), 1:1 Forssell (62., Kopfball, Ketelaer), 1:2 Asanin (66., Rechtsschuss), 2:2 Stajner (90., Rechtsschuss, Tremmel)
Chancenverhältnis: 3:3
Eckenverhältnis: 6:6
SR: Krug (Gelsenkirchen) – **Zuschauer:** 31878 (ausverkauft) – **Spielnote:** 5

17. Mai 2003

Werder Bremen – FC Schalke 04 2:1 (1:1)

Bremen: Borel (2,5) – Barten (3), Verlaat (3), Krstajic (2,5) – Stalteri (3,5), Baumann (3,5), F. Ernst (3), Magnin (3,5) – Micoud (2,5) – Daun (4), Charisteas (3) – **Trainer:** Schaaf
Schalke: F. Rost (3) – Pinto (3), Hajto (3,5), Matellan (3), van Kerckhoven (4) – Oude Kamphuis (3), Vermant (4) – Asamoah (3,5), Varela (3,5), Böhme (3,5) – Agali (3,5) – **Trainer:** Wilmots
Eingewechselt: 71. Reich (-) für Daun, 90. Borowski (-) für Charisteas – 56. Mpenza (4) für Asamoah, 61. Sand (-) für Varela
Tore: 1:0 Charisteas (21., Rechtsschuss, Vorarbeit Baumann), 1:1 Agali (36., Rechtsschuss, Böhme), 2:1 Micoud (57., direkter Freistoß, Rechtsschuss)
Chancenverhältnis: 7:6
Eckenverhältnis: 2:4
SR: Wagner (Hofheim) – **Zuschauer:** 39000 (ausverkauft) – **Spielnote:** 3,5

17. Mai 2003

Bayern München – VfB Stuttgart 2:1 (0:0)

Bayern: Kahn (2,5) – Sagnol (2,5), Kuffour (3), T. Linke (4), Lizarazu (3,5) – Jeremies (3,5) – Ballack (2) – Deisler (4,5), Zé Roberto (4) – Pizarro (2,5) – Elber (1,5) – **Trainer:** Hitzfeld
Stuttgart: Hildebrand (1,5) – Mutzel (3,5), Meira (5), Wenzel (4,5), Gerber (3,5) – Soldo (3,5), Meißner (3,5) – Tiffert (5), Balakov (3), Hleb (4,5) – Ganea (4) – **Trainer:** Magath
Eingewechselt: 69. Schweinsteiger (-) für Zé Roberto, 69. Scholl (-) für Deisler, 77. Fink (-) für Jeremies – 46. Amanatidis (3) für Hleb, 46. Dundee (4) für Ganea, 74. Marques (-) für Mutzel
Tore: 1:0 Elber (46., Linksschuss, Vorarbeit Pizarro), 2:0 Elber (75., Linksschuss, Scholl), 2:1 Dundee (83., Rechtsschuss, Amanatidis)
Chancenverhältnis: 9:5
Eckenverhältnis: 6:8
SR: Merk, Dr. (Kaiserslautern) – **Zuschauer:** 63000 (ausverkauft) – **Spielnote:** 3,5

17. Mai 2003

1. FC Kaiserslautern – Borussia Dortmund 0:0

K'lautern: Wiese (1,5) – Grammozis (4), Klos (2,5), Lembi (3), Tchato (4) – Sforza (4) – Bjelica (-), Hristov (2,5), Dominguez (4) – Lokvenc (4) – Klose (4) – **Trainer:** Gerets
Dortmund: Weidenfeller (1,5) – Wörns (3), Madouni (4) – S. Reuter (3), Dede (3) – Frings (4), Kehl (4) – Ricken (4), Rosicky (4) – Koller (4), Ewerthon (5) – **Trainer:** Sammer
Eingewechselt: 8. Anfang (3) für Bjelica, 63. H. Koch (-) für Tchato, 83. Mifsud (-) für Dominguez – 59. Reina (3) für Ewerthon, 80. Amoroso (-) für Ricken
Chancenverhältnis: 3:4
Eckenverhältnis: 2:4
SR: Wack, Dr. (Biberbach) – **Zuschauer:** 40232 (ausverkauft) – **Spielnote:** 4

34. Spieltag

24. Mai 2003

Borussia Dortmund – Energie Cottbus 1:1 (1:0)

Dortmund: Weidenfeller (3) – Wörns (4,5), Madouni (4) – S. Reuter (4), Dede (3,5) – Frings (4), Kehl (5) – Rosicky (3,5) – Ricken (5) – Koller (5), Ewerthon (3) – **Trainer:** Sammer
Cottbus: Berntsen (2) – Hujdurovic (5,5), da Silva (3), Berhalter (3), Löw (3,5) – Latoundji (3,5) – Reghecampf (4), T. Rost (3) – Topic (3), Juskowiak (5), Reichenberger (3,5) – **Trainer:** Geyer
Eingewechselt: 69. Reina (-) für Ewerthon, 76. Amoroso (-) für Ricken, 82. O. Addo (-) für S. Reuter – 45. Rozgonyi (3) für Hujdurovic, 90. Mattuschka (-) für Juskowiak
Tore: 1:0 Rosicky (25., Rechtsschuss, Vorarbeit Ricken), 1:1 T. Rost (74., Kopfball, Reichenberger)
Chancenverhältnis: 11:5
Eckenverhältnis: 5:2
SR: Sippel (München) – **Zuschauer:** 68000 – **Spielnote:** 3,5

Die Schale vom Teamchef: Rudi Völler übergibt die Meistertrophäe an Bayern-Kapitän Oliver Kahn.

24. Mai 2003

VfB Stuttgart – VfL Wolfsburg 2:0 (2:0)

Stuttgart: Hildebrand (3) – Hinkel (3), Dangelmayr (3), Bordon (3), Gerber (3) – Soldo (3), Meißner (3) – Hleb (3), Balakov (2), Seitz (3,5) – Kuranyi (3) – **Trainer:** Magath
Wolfsburg: Reitmaier (3) – Biliskov (3,5), Schnoor (4,5) – Rytter (4,5), Weiser (4,5) – Thiam (4) – Karhan (4), Rau (4,5) – Fonte (3), Petrov (5) – Maric (4,5) – **Trainer:** Röber
Eingewechselt: 58. Tiffert (4) für Seitz, 75. Ganea (-) für Kuranyi, 90. Dundee (-) für Balakov – 56. S. Müller (4,5) für Ponte, 72. Klimowicz (-) für Rau, 79. Sarpei (-) für Karhan
Tore: 1:0 Kuranyi (12., Rechtsschuss, Vorarbeit Meißner), 2:0 Balakov (23., Foulelfmeter, Linksschuss, Seitz)
Chancenverhältnis: 4:0
Eckenverhältnis: 4:2
SR: Krug (Gelsenkirchen) – **Zuschauer:** 49000 – **Gelbe Karte:** Schnoor – **Spielnote:** 3

24. Mai 2003

FC Schalke 04 – Bayern München 1:0 (1:0)

Schalke: F. Rost (1,5) – Waldoch (3,5), Matellan (3,5) – Oude Kamphuis (1,5), van Kerckhoven (3) – Kmetsch (3) – Pinto (4), Möller (3,5), Böhme (3,5) – Mpenza (4), Agali (-) – **Trainer:** Wilmots
Bayern: Kahn (3) – Sagnol (3), R. Kovac (3), T. Linke (3), Lizarazu (3,5) – Jeremies (3,5) – Ballack (4) – Deisler (5), Zé Roberto (3,5) – Pizarro (5), Elber (4,5) – **Trainer:** Hitzfeld
Eingewechselt: 21. Sand (4) für Agali, 78. Asamoah (-) für Mpenza, 86. Varela (-) für Möller – 61. Scholl (-) für Deisler, 72. N. Kovac (-) für Jeremies, 72. Hargreaves (-) für Sagnol
Tore: 1:0 Oude Kamphuis (38., Rechtsschuss, Vorarbeit Mpenza)
Chancenverhältnis: 2:5
Eckenverhältnis: 5:5
SR: Meyer (Braunschweig) – **Zuschauer:** 60886 (ausverkauft) – **Spielnote:** 4

24. Mai 2003

Bor. M'gladbach – Werder Bremen 4:1 (0:0)

Gladbach: Stiel (2,5) – Korzynietz (2), Pletsch (3,5), Strasser (3,5), Asanin (3,5) – Kluge (2) – Ulich (3,5), Demo (2,5) – Skoubo (2), Forssell (2,5), Ketelaer (2,5) – **Trainer:** Lienen
Bremen: Borel (4) – Stalteri (4), Verlaat (3,5), Krstajic (3,5), Magnin (-) – Baumann (4,5), F. Ernst (4) – Lisztes (4), Micoud (4,5) – Daun (4), Charisteas (5) – **Trainer:** Schaaf
Eingewechselt: 77. Stassin (-) für Kluge, 80. van Lent (-) für Skoubo, 82. Eberl (-) für Ulich – 6. Schulz (5) für Magnin, 34. Reich (5) für Daun, 64. Ailton (-) für Lisztes
Tore: 1:0 Kluge (61., Linksschuss, Vorarbeit Forssell), 2:0 Skoubo (73., Kopfball, Ketelaer), 3:0 Skoubo (76., Rechtsschuss, Ketelaer), 3:1 Korzynietz (84., Eigentor, Linksschuss, Reich), 4:1 Forssell (90., Rechtsschuss, Ketelaer)
Chancenverhältnis: 10:3
Eckenverhältnis: 6:3
SR: Stark (Ergolding) – **Zuschauer:** 34500 (ausverkauft) – **Rote Karte:** Verlaat (45., Notbremse) – **Spielnote:** 3

24. Mai 2003

Arminia Bielefeld – Hannover 96 0:1 (0:0)

Bielefeld: Hain (3) – Hansén (5), Reinhardt (3), Bogusz (4,5) – Rauw (4,5) – Dammeier (3,5) – Cha (4) – Brinkmann (4,5), Heinz (5,5), Vata (5) – Wichniarek (5) – **Trainer:** Möhlmann
Hannover: Tremmel (3) – Cherundolo (3), Zuraw (3,5), Vinicius (3), de Guzman (2) – Lala (3), Jaime (2,5) – Stendel (4), Stajner (2) – Kaufman (4), Idrissou (2,5) – **Trainer:** Rangnick
Eingewechselt: 46. Diabang (4) für Vata, 74. Porcello (-) für Heinz, 84. Bogdanovic (-) für Rauw – 74. C. Linke (-) für Zuraw, 74. Casey (-) für Kaufman, 89. Sievers (-) für Tremmel
Tore: 0:1 Casey (85., Kopfball, Vorarbeit Stajner)
Chancenverhältnis: 3:7
Eckenverhältnis: 5:7
SR: Steinborn (Sinzig) – **Zuschauer:** 26601 (ausverkauft) – **Spielnote:** 4

24. Mai 2003

Hamburger SV – Hansa Rostock 2:0 (1:0)

HSV: Pieckenhagen (3) – Fukal (3), Hoogma (3), Hertzsch (3), Hollerbach (3) – Maltritz (3), Wicky (4) – Cardoso (2) – Mahdavikia (3), Barbarez (4) – Romeo (4) – **Trainer:** Jara
Rostock: Schober (2) – Kovar (4), Jakobsson (3,5), Kientz (4), Hirsch (4) – Persson (3), Aduobe (3) – Wibran (3,5), di Salvo (5) – Vorbeck (4,5), Prica (5) – **Trainer:** Veh
Eingewechselt: 71. Meijer (-) für Barbarez, 76. Takahara (-) für Romeo, 81. Ledesma (-) für Wicky – 46. Maul (4) für Prica, 63. Wimmer (-) für di Salvo, 83. Arvidsson (-) für Vorbeck
Tore: 1:0 Cardoso (45., direkter Freistoß, Linksschuss, ohne Vorarbeit), 2:0 Romeo (53., Kopfball, Barbarez)
Chancenverhältnis: 13:3
Eckenverhältnis: 9:5
SR: Jansen (Essen) – **Zuschauer:** 55500 (ausverkauft) – **Besonderes Vorkommnis:** Barbarez schießt Foulelfmeter an die Latte (9.) – **Spielnote:** 3

24. Mai 2003

1860 München – VfL Bochum 2:4 (1:1)

1860: Jentzsch (3) – Stranzl (3), Votava (4), Kurz (4,5), Hoffmann (4) – Cerny (4) – Wiesinger (4), Tyce (4) – Häßler (3,5) – Lauth (2,5), Schroth (4) – **Trainer:** Götz
Bochum: Vander (2) – Kalla (3,5), Oliseh (4), Bemben (4) – Colding (4,5), Schindzielorz (4), Reis (3,5) – Gudjonsson (4,5) – Freier (1,5), Buckley (4,5) – T. Christiansen (4) – **Trainer:** Neururer
Eingewechselt: 46. Borimirov (5) für Votava, 66. Max (-) für Wiesinger, 81. Shao (-) für Kurz – 46. Hashemian (2,5) für Buckley, 74. Velardi (-) für Freier, 88. Thamm (-) für Gudjonsson
Tore: 0:1 Freier (1., Linksschuss, ohne Vorarbeit), 1:1 Stranzl (37., Kopfball, Häßler), 1:2 Hashemian (64., Kopfball, Freier), 1:3 T. Christiansen (73., Rechtsschuss, Freier), 2:3 Max (78., Kopfball, Lauth), 2:4 Reis (89., Linksschuss, Velardi)
Chancenverhältnis: 13:8
Eckenverhältnis: 16:4
SR: Weiner (Hildesheim) – **Zuschauer:** 25000 – **Spielnote:** 3,5

24. Mai 2003

1. FC Nürnberg – Bayer Leverkusen 0:1 (0:1)

Nürnberg: Kampa (2,5) – Kügler (4), Wolf (3), Stehle (-), Popovic (4,5) – Frey (4), L. Müller (4) – Jarolim (4), Krzynowek (3,5) – Ciric (5), Cacau (4,5) – **Trainer:** Wolf
Leverkusen: J. Butt (3) – Zivkovic (3), Lucio (3), Juan (2,5), Placente (4) – Ramelow (3,5) – Bierofka (3), Babic (2,5) – Bastürk (2,5) – Neuville (4), Berbatov (4) – **Trainer:** Augenthaler
Eingewechselt: 27. Reinhardt (4,5) für Stehle, 46. Driller (4,5) für Ciric, 74. Junior (-) für Frey – 77. Franca (-) für Berbatov, 81. Balitsch (-) für Babic, 90. Vranjes (-) für Bastürk
Tore: 0:1 Bastürk (36., Linksschuss, Vorarbeit Babic)
Chancenverhältnis: 1:9
Eckenverhältnis: 2:7
SR: Merk, Dr. (Kaiserslautern) – **Zuschauer:** 31182 – **Spielnote:** 3,5

24. Mai 2003

Hertha BSC – 1. FC Kaiserslautern 2:0 (1:0)

Hertha: Kiraly (3) – Rehmer (3), van Burik (3), Simunic (2,5), Hartmann (3) – Dardai (3,5) – Karwan (3), Goor (3) – Marcelinho (3) – Preetz (3,5), Rafael (2) – **Trainer:** Stevens
K'lautern: Wiese (4) – H. Koch (4,5), Klos (5), Lembi (4,5), Grammozis (4) – Anfang (4,5) – Basler (4,5), Hristov (4) – Lincoln (4,5) – Mifsud (4,5), Lokvenc (4,5) – **Trainer:** Gerets
Eingewechselt: 67. Neuendorf (-) für Karwan, 80. Schmidt (-) für Rehmer, 83. Beinlich (-) für Preetz – 57. Riedl (4,5) für Basler, 57. Timm (4,5) für Mifsud, 73. Ratinho (-) für Lokvenc
Tore: 1:0 Rafael (45., Kopfball, Vorarbeit Karwan), 2:0 Rafael (83., Rechtsschuss, Marcelinho)
Chancenverhältnis: 12:4
Eckenverhältnis: 15:3
SR: Aust (Köln) – **Zuschauer:** 50580 – **Spielnote:** 3

Die Bundesliga auf einen Blick

BUNDESLIGA 2002/03	Bayern München	VfB Stuttgart	Borussia Dortmund	Hamburger SV	Hertha BSC	Werder Bremen	FC Schalke 04	VfL Wolfsburg	VfL Bochum	1860 München	Hannover 96	Bor. M'gladbach	Hansa Rostock	1. FC Kaiserslautern	Bayer Leverkusen	Arminia Bielefeld	1. FC Nürnberg	Energie Cottbus	Heimbilanz Auswärtsbilanz g.	u.	v.	Tore	Pkt.	Gesamt Tore	Punkte
1. Bayern München	K	2:1 3:0	2:1 0:1	1:1 3:0	2:0 6:3	0:1 0:2	0:0 0:1	1:0 2:0	4:1 4:1	3:1 5:0	3:3 2:2	3:0 0:0	1:0 1:0	1:0 2:0	3:0 1:2	6:2 0:0	2:0 2:1	3:1 2:0	13 10	3 3	1 4	37:12 33:13	42 33	70:25	75
2. VfB Stuttgart	0:3 1:2	I	1:0 1:3	1:1 2:3	3:1 1:1	0:1 1:3	1:1 0:2	2:0 2:1	3:2 1:3	4:1 1:0	3:0 2:1	4:0 1:1	1:1 1:1	1:1 2:1	3:0 1:0	3:0 1:0	0:2 2:1	0:0 3:2	9 8	5 3	3 6	30:14 23:25	32 27	53:39	59
3. Borussia Dortmund	1:0 1:2	3:1 0:1	C	1:1 1:1	2:2 1:2	1:2 4:1	1:1 2:2	2:2 0:2	4:1 0:0	1:0 0:0	2:0 3:0	1:0 0:1	2:0 1:0	3:1 0:0	2:0 1:1	0:0 0:0	4:1 2:1	1:1 4:0	10 5	6 7	1 5	31:13 20:14	36 22	51:27	58
4. Hamburger SV	0:3 1:1	3:2 1:1	1:1 1:1	K	1:0 0:2	1:0 1:2	3:1 0:3	2:0 1:2	1:1 1:1	1:0 1:1	2:1 2:2	1:0 0:2	2:0 0:0	2:0 0:2	4:1 3:2	1:0 1:2	4:0 3:1	1:1 0:0	13 2	3 8	1 7	30:11 16:25	42 14	46:36	56
5. Hertha BSC	3:6 0:2	1:1 1:3	2:1 2:2	2:0 0:1	E	0:1 2:4	4:2 0:0	2:2 0:2	1:0 0:3	6:0 0:1	2:0 1:0	1:2 2:0	3:1 1:0	2:0 1:2	1:1 1:4	0:0 1:0	2:1 3:0	3:1 2:0	10 6	4 2	3 9	35:19 17:24	34 20	52:43	54
6. Werder Bremen	2:0 1:0	3:1 1:0	1:4 2:1	2:1 0:1	4:2 1:0	R	2:1 1:1	0:1 1:3	2:0 4:1	1:2 0:3	1:2 4:4	2:0 1:4	0:0 0:1	5:3 0:1	3:2 0:3	2:2 0:3	4:1 0:1	0:1 1:0	10 6	2 2	5 9	34:23 17:27	32 20	51:50	52
7. FC Schalke 04	1:0 0:0	2:0 1:1	2:2 1:1	3:0 1:3	0:0 2:4	1:1 1:2	S	1:0 2:1	1:2 2:0	1:1 0:3	0:2 2:0	2:1 2:2	2:2 1:3	2:2 3:1	0:1 3:1	1:1 1:2	1:1 0:0	3:0 1:0	6 6	8 5	3 6	23:16 23:24	26 23	46:40	49
8. VfL Wolfsburg	0:2 0:1	1:2 0:2	2:0 2:2	2:1 0:2	2:0 2:2	3:1 1:0	1:2 0:1	P	2:0 2:4	1:1 2:2	1:0 1:3	1:0 0:2	1:0 0:1	2:2 0:2	2:0 1:1	2:0 0:1	0:2 1:1	3:2 1:0	11 2	2 5	4 10	26:15 13:27	35 11	39:42	46
9. VfL Bochum	1:4 1:4	3:1 2:3	0:0 1:4	1:1 1:1	3:0 0:1	1:4 0:2	0:2 2:1	4:2 0:2	O	1:1 4:2	1:2 2:2	1:1 2:2	0:1 1:1	1:1 2:0	2:1 4:2	0:3 3:1	2:1 3:1	5:0 1:2	6 6	5 4	6 7	26:25 29:31	23 22	55:56	45
10. 1860 München	0:5 1:3	0:1 1:4	0:0 0:1	1:1 0:1	1:0 0:6	3:0 2:1	3:0 1:1	2:2 1:1	2:4 1:1	R	0:1 3:1	2:0 1:0	0:2 4:1	0:0 0:0	0:3 0:3	3:1 1:2	2:2 2:1	3:0 4:3	6 6	5 4	6 7	22:22 22:30	23 22	44:52	45
11. Hannover 96	2:2 3:3	1:2 0:3	0:3 0:2	2:2 1:2	0:1 0:2	4:4 2:1	0:2 2:0	3:1 0:1	2:2 2:1	1:3 1:0	T	2:2 0:1	3:1 2:1	2:1 1:0	1:2 3:1	0:0 1:0	4:2 1:3	1:3 0:3	4 8	6 1	7 8	28:33 19:24	18 25	47:57	43
12. Bor. M'gladbach	0:0 0:3	1:1 0:4	1:0 0:1	2:0 0:1	0:2 2:1	4:1 0:2	2:2 1:2	2:0 0:1	2:2 1:1	0:1 0:2	1:0 2:2	M	3:0 1:3	3:0 0:2	2:2 2:2	3:0 1:4	2:0 1:2	3:0 1:1	10 1	5 4	2 12	31:11 12:34	35 7	43:45	42
13. Hansa Rostock	0:1 0:1	1:1 1:1	0:1 0:2	0:0 0:2	0:1 1:3	1:0 0:0	3:1 2:2	1:0 0:1	1:1 1:0	1:4 2:0	1:2 1:3	3:1 0:3	A	2:2 0:1	1:3 2:1	3:0 0:3	2:0 1:0	0:0 4:0	6 5	5 3	6 9	20:18 15:23	23 18	35:41	41
14. 1. FC Kaiserslautern	0:2 0:1	1:2 1:1	0:0 1:3	2:0 0:2	2:1 0:2	1:0 3:5	1:3 2:2	2:0 2:2	0:2 1:1	0:0 0:0	0:1 1:2	2:0 0:3	1:0 2:2	G	1:0 0:1	1:1 1:1	5:0 0:1	4:0 3:1	9 1	3 7	5 9	23:12 17:30	30 10	40:42	40
15. Bayer Leverkusen	2:1 0:3	0:1 0:3	1:1 0:2	2:3 1:4	4:1 1:1	3:0 2:3	1:3 1:0	1:1 0:2	2:4 1:2	3:0 3:0	1:3 2:1	2:2 2:2	1:2 3:1	1:0 0:1	A	3:1 2:2	0:2 1:0	0:3 1:1	6 5	3 4	8 8	27:28 20:28	21 19	47:56	40
16. Arminia Bielefeld	0:0 2:6	0:1 0:3	0:0 0:0	2:1 0:1	0:1 0:0	3:0 2:2	2:1 1:1	1:0 0:2	1:3 3:0	2:1 1:3	0:1 0:0	4:1 0:3	3:0 0:3	1:1 1:1	2:2 1:3	Z	0:1 0:0	2:2 1:2	7 1	5 7	5 9	23:16 12:30	26 10	35:46	36
17. 1. FC Nürnberg	1:2 0:2	1:2 2:0	1:2 1:4	1:3 0:4	0:3 1:2	1:0 1:4	0:0 1:1	1:1 2:0	1:3 1:2	1:2 2:2	3:1 2:4	2:1 0:2	0:1 0:2	1:0 0:5	0:1 2:0	0:0 1:0	I	2:2 1:2	4 4	4 2	9 11	16:24 17:36	16 14	33:60	30
18. Energie Cottbus	0:2 1:3	2:3 0:0	0:4 1:1	0:0 1:1	0:2 1:3	0:1 1:0	0:1 0:3	0:1 2:3	2:1 0:5	3:4 0:3	3:0 3:1	1:1 0:3	0:4 0:0	1:3 0:4	1:1 3:0	2:1 2:2	2:1 2:2	N	4 3	3 6	10 8	17:30 17:34	15 15	34:64	30

Die Bundesliga-Torjäger

Christiansen (VfL Bochum)	21
Elber (Bayern München)	21
Ailton (Werder Bremen)	16
Pizarro (Bayern München)	15
Kuranyi (VfB Stuttgart)	15
Marcelinho (Hertha BSC)	14
Romeo (Hamburger SV)	14
Bobic (Hannover 96)	14
Schroth (TSV München 1860)	14
Koller (Borussia Dortmund)	13
Lauth (TSV München 1860)	13
Wichniarek (Arminia Bielefeld)	12
Ciric (1. FC Nürnberg)	12
Maric (VfL Wolfsburg)	12
Ewerthon (Borussia Dortmund)	11
Diabang (Arminia Bielefeld)	10
Hashemian (VfL Bochum)	10
Ballack (Bayern München)	10
Charisteas (Werder Bremen)	9
Idrissou (Hannover 96)	9
Klose (1. FC Kaiserslautern)	9
Ganea (VfB Stuttgart)	9
Lokvenc (1. FC Kaiserslautern)	8
Agali (FC Schalke 04)	7
Bierofka (Bayer Leverkusen)	7
Demo (Bor. M'gladbach)	7
Forssell (Bor. M'gladbach)	7
Freier (VfL Bochum)	7
Klimowicz (VfL Wolfsburg)	7
Preetz (Hertha BSC)	7
Prica (Hansa Rostock)	7

Die meisten Bundesliga-Spiele

Körbel (Eintracht Frankfurt)	602
Kaltz (Hamburger SV)	581
Fichtel (FC Schalke 04)	552
Votava (Werder Bremen)	546
Fischer (FC Schalke 04)	535
Immel (VfB Stuttgart)	534
Neuberger (Eintr. Frankfurt)	520
Lameck (VfL Bochum)	518
Stein (Hamburger SV)	512
Dietz (MSV Duisburg)	495
Jakobs (Hamburger SV)	493
Geye (1. FC Kaiserslautern)	485
Burdenski (Werder Bremen)	478
Maier (Bayern München)	473
Reck (FC Schalke 04)	471
Reuter (Borussia Dortmund)	471
Matthäus (Bayern München)	464
Schumacher (1. FC Köln)	464
Zorc (Borussia Dortmund)	463
Tenhagen (VfL Bochum)	457
Nigbur (FC Schalke 04)	456
Rüssmann (FC Schalke 04)	453
Kuntz (1. FC Kaiserslautern)	449
Burgsmüller (Bor. Dortmund)	447
Thon (FC Schalke 04)	443
Grabowski (Eintr. Frankfurt)	441
Riedl (1. FC Kaiserslautern)	441
Zewe (Fortuna Düsseldorf)	440
Frontzeck (Bor. M'gladbach)	436

Die Rekord-Torjäger

Gerd Müller (Bayern München)	365
Fischer (FC Schalke 04)	268
Heynckes (Bor. M'gladbach)	220
Burgsmüller (Bor. Dortmund)	213
Kirsten (Bayer Leverkusen)	181
Kuntz (1. FC Kaiserslautern)	179
Klaus Allofs (1. FC Köln)	177
Dieter Müller (1. FC Köln)	177
Löhr (1. FC Köln)	166
K.-H. Rummenigge (FC Bayern)	162
Hölzenbein (Eintr. Frankfurt)	160
Walter (VfB Stuttgart)	157
Th. Allofs (1. FC Kaiserslautern)	148
Nickel (Eintracht Frankfurt)	141
Seeler (Hamburger SV)	137
Hrubesch (Hamburger SV)	136
Elber (Bayern München)	132
Völler (Werder Bremen)	132
Zorc (Borussia Dortmund)	131
Allgöwer (VfB Stuttgart)	129
D. Hoeneß (Bayern München)	127
Volkert (Hamburger SV)	125
Mill (Borussia M'gladbach)	123
Laumen (Bor. M'gladbach)	121
Matthäus (Bayern München)	121
Wohlfarth (Bayern München)	120
Rupp (Borussia M'gladbach)	119
Worm (MSV Duisburg)	119
Littbarski (1. FC Köln)	116

Anmerkung: Angegeben ist jeweils der Verein, für den der Spieler die meisten Einsätze absolviert hat; bei noch aktiven Spielern der letzte Verein.

Die Bundesliga nach 40 Spieljahren

		Gesamtbilanz						Heimbilanz						Auswärtsbilanz					
	Spieljahre	Sp.	g.	u.	v.	Tore	Punkte	Sp.	g.	u.	v.	Tore	Punkte	Sp.	g.	u.	v.	Tore	Punkte
1. Bayern München	38	1296	719	307	270	2776:1543	2464	648	471	113	64	1741:611	1526	648	248	194	206	1035: 932	938
2. Hamburger SV	40	1356	560	372	424	2286:1924	2052	678	392	166	120	1395:721	1342	678	168	206	304	891:1203	710
3. Werder Bremen	39	1322	558	332	432	2176:1888	2006	661	394	160	107	1371:726	1342	661	164	172	325	805:1162	664
4. 1. FC Köln	37	1254	539	319	396	2224:1813	1936	627	367	136	124	1371:752	1237	627	172	183	272	853:1061	699
5. VfB Stuttgart	38	1288	538	316	434	2225:1884	1930	644	387	133	124	1383:694	1294	644	151	183	310	842:1190	636
6. 1. FC Kaiserslautern	39	1322	527	333	462	2147:2054	1914	661	393	165	103	1333:696	1344	661	134	168	359	814:1358	570
7. Borussia Mönchengladbach	36	1228	517	330	381	2256:1805	1881	614	340	166	108	1382:722	1186	614	177	164	273	874:1083	695
8. Borussia Dortmund	36	1220	507	317	396	2122:1834	1838	610	353	150	107	1319:691	1209	610	154	167	289	803:1143	629
9. Eintracht Frankfurt	36	1220	470	305	445	2043:1892	1713	610	349	146	115	1310:717	1193	610	121	159	330	733:1175	522
10. FC Schalke 04	35	1186	429	307	450	1723:1812	1594	593	301	170	122	1069:659	1073	593	128	137	328	654:1153	521
11. Bayer Leverkusen	24	820	323	246	251	1315:1127	1215	410	221	117	72	779:430	780	410	102	129	179	536: 697	435
12. VfL Bochum	28	956	296	249	411	1329:1557	1137	478	223	129	126	806:582	798	478	73	120	285	523: 975	339
13. MSV Duisburg	26	880	283	242	355	1221:1402	1091	440	197	138	105	731:530	729	440	86	104	250	490:872	362
14. Hertha BSC Berlin	22	740	281	178	281	1104:1161	1021	370	210	91	69	694:410	721	370	71	87	212	410: 751	300
15. 1. FC Nürnberg	23	778	252	192	334	1027:1260	948	389	174	114	101	637:498	636	389	78	78	233	390: 762	312
16. Fortuna Düsseldorf	22	752	238	206	308	1121:1329	920	376	172	112	92	698:520	628	376	66	94	216	423:809	292
17. Karlsruher SC	22	744	222	215	307	1025:1301	881	372	164	124	84	629:483	616	372	58	91	223	396:818	265
18. Eintracht Braunschweig	20	672	236	170	266	908:1026	878	336	181	89	66	582:340	632	336	55	81	200	326:686	246
19. TSV München 1860	19	638	230	162	246	990:1004	852	319	162	72	85	594:397	558	319	68	90	161	396: 607	294
20. Hannover 96	15	506	148	127	231	730: 892	571	253	112	72	69	464:361	408	253	36	55	162	266: 531	163
21. KFC Uerdingen 05	14	476	138	129	209	644:844	543	238	105	67	66	404:352	382	238	33	62	143	240:492	161
22. Arminia Bielefeld	11	374	109	90	175	465: 622	417	187	83	48	56	291:231	297	187	26	42	119	174: 391	120
23. FC Hansa Rostock	9	310	97	84	129	376: 450	375	155	65	47	43	228:179	242	155	32	37	86	148: 271	133
24. SC Freiburg	8	272	91	66	115	365:404	339	136	58	36	42	214:162	210	136	33	30	73	151:242	129
25. Waldhof Mannheim	7	238	71	72	95	299:378	285	119	51	41	27	197:149	194	119	20	31	68	102:229	91
26. VfL Wolfsburg	6	204	76	54	74	299: 297	282	102	54	24	24	179:114	186	102	22	30	50	120: 183	96
27. Kickers Offenbach	7	238	77	51	110	368:486	282	119	61	26	32	238:184	209	119	16	25	78	130:302	73
28. Rot-Weiß Essen	7	238	61	79	98	346:483	262	119	46	43	30	213:198	181	119	15	36	68	133:285	81
29. FC St. Pauli	7	238	50	75	113	261:417	225	119	39	39	41	154:162	156	119	11	36	72	107:255	69
30. SG Wattenscheid 09	4	140	34	48	58	186:248	150	70	26	22	22	108:91	100	70	8	26	36	78:157	50
31. 1. FC Saarbrücken	5	166	32	48	86	202:336	144	83	22	32	29	117:134	98	83	10	16	57	85:202	46
32. Dynamo Dresden	4	140	33	45	62	132:211	140	70	27	24	19	82:68	105	70	6	21	43	50:143	39
33. Rot-Weiß Oberhausen	4	136	36	31	69	182:281	139	68	31	18	19	119:99	111	68	5	13	50	63:182	28
34. Alemannia Aachen	3	102	34	21	47	140:200	123	51	26	13	12	96:72	91	51	8	8	35	44:128	32
35. FC Energie Cottbus	3	102	28	20	54	108: 176	104	51	22	8	21	71: 71	74	51	6	12	33	37: 105	30
36. Wuppertaler SV	3	102	25	27	50	136:200	102	51	20	14	17	93:87	74	51	5	13	33	43:113	28
37. Borussia Neunkirchen	3	98	25	18	55	109:223	93	49	22	11	16	71:85	77	49	3	7	39	38:138	16
38. FC Homburg	3	102	21	27	54	103:200	90	51	18	17	16	72:74	71	51	3	10	38	31:126	19
39. SpVgg Unterhaching	2	68	20	19	29	75:101	79	34	17	11	6	43:30	62	34	3	8	23	32:71	17
40. Stuttgarter Kickers	2	72	20	17	35	94:132	77	36	11	8	17	41:49	41	36	9	9	18	53:83	36
41. SV Darmstadt 98	2	68	12	18	38	86:157	54	34	10	10	14	52:68	40	34	2	8	24	34:89	14
42. Tennis Borussia Berlin	2	68	11	16	41	85:174	49	34	10	10	14	54:66	40	34	1	6	27	31:108	9
43. SSV Ulm 1846	1	34	9	8	17	36:62	35	17	7	4	6	22:23	25	17	2	4	11	14:39	10
44. Fortuna Köln	1	34	8	9	17	46:79	33	17	6	6	5	31:32	24	17	2	3	12	15:47	9
45. Preußen Münster	1	30	7	9	14	34:52	30	15	5	4	6	21:23	19	15	2	5	8	13:29	11
46. Blau-Weiß 90 Berlin	1	34	3	12	19	36:76	21	17	2	8	7	20:31	14	17	1	4	12	16:45	7
47. VfB Leipzig	1	34	3	11	20	32:69	20	17	2	9	6	20:28	15	17	1	2	14	12:41	5
48. Tasmania 1900 Berlin	1	34	2	4	28	15:108	10	17	2	3	12	8:46	9	17	0	1	16	7:62	1

Tabelle wurde nach dem Drei-Punkte-System errechnet.

In der Saison 1971/72 wurden alle Spiele von Arminia Bielefeld nur für den Gegner gewertet. 1993/94 wurden Dresden 4 Punkte, 1999/2000 Eintracht Frankfurt 2 Punkte abgezogen.

	Sp.	g.	u.	v.	Tore	Punkte
Arminia Bielefeld	34	6	7	21	41:75	25

Alle Tabellenführer

481 x FC Bayern München
127 x Bor. Mönchengladbach
95 x SV Werder Bremen
91 x 1. FC Kaiserslautern
89 x Hamburger SV
89 x Borussia Dortmund
81 x 1. FC Köln
56 x Eintracht Frankfurt
41 x Bayer Leverkusen
40 x VfB Stuttgart
38 x FC Schalke 04
35 x Eintracht Braunschweig
32 x 1. FC Nürnberg
18 x TSV München 1860
8 x Hertha BSC Berlin
7 x Bayer Uerdingen
5 x Fortuna Düsseldorf
5 x Kickers Offenbach
5 x FC Hansa Rostock
5 x Karlsruher SC
4 x Hannover 96
3 x VfL Bochum
3 x MSV Duisburg
3 x Arminia Bielefeld
2 x Rot-Weiß Essen
2 x Rot-Weiß Oberhausen
1 x FC St. Pauli
1 x SC Freiburg

Karstadt Quelle
Versicherungen

Geschenke gibt's in der Liga nicht

Der Kampf ist hart in Deutschlands zweithöchster Spielklasse. Bundesliga-Absteiger leben besonders gefährlich – alle Jahre lauert die Gefahr, durchgereicht zu werden.

Schlimme Strafe und die Gefahr des Durchmarsches

Wer oder was ist das? Verschwitzt sind sie, hier und da rinnen Tränen, ein Teil von ihnen liegt auf dem Boden, andere schleichen mit gesenktem Haupt umher, während wiederum andere mit enttäuschter Miene, aber trotzig und wild entschlossen Kameras und Mikrofonen den Satz »Wir kommen wieder« entgegenschleudern.

Na, alles klar? Richtig, es handelt sich um einen Bundesliga-Verein, der soeben in die Zweite Liga abgestiegen ist. Wer dieses sich Jahr um Jahr wiederholende Schauspiel betrachtet, gewinnt zwangsläufig den Eindruck, als könnte es keine schlimmere Strafe geben, als dem Unterhaus der Bundesliga angehören zu müssen. Irgendwie ist diese Sichtweise bis zu einem gewissen Grade auch nachvollziehbar. Fangen wir mit dem lieben Geld an, genauer mit den TV-Einnahmen. In Zahlen ausgedrückt: Wer zum Beispiel in der ersten Etage 12 Millionen Euro an TV-Geldern bekam, wird sich in der zweiten mit der Hälfte begnügen müssen.

Gleiches gilt, grob gesagt, auch für das öffentliche Interesse. Den Sendeminuten zur Prime-Time, also zur besten Fernsehzeit, heißt es adieu sagen, was wiederum dazu führt, dass Sponsoren entweder abspringen oder nur noch die Hälfte dessen zahlen, was sie zuvor in der Bundesliga aufs Vereinskonto überwiesen haben. Wirtschaftlich

gesehen ist die Zweite Liga für den von oben kommenden Neuankömmling überspitzt ausgedrückt in der Tat eine einzige Katastrophe. Und als wäre das alleine nicht schon schlimm genug, kann sie ruckzuck auch sportlich zum Desaster gereichen. Denn die in punkto Einnahmen gültige Halbierungsformel trifft auf das Niveau ganz und gar nicht zu.

Im Gegenteil. Die Unterschiede zwischen Erster und Zweiter Liga sind in den vergangenen Jahren so kontinuierlich geschrumpft, dass sie, vergleicht man die Bundesligisten im unteren mit den Zweitligisten im oberen Tabellendrittel, nur noch als minimal zu bezeichnen sind. Darin sind sich alle Fußball-Lehrer einig, die kürzlich intensive Bekanntschaft mit der Zweiten Liga gemacht haben. Siehe Volker Finke, der seine Freiburger zum zweiten Mal direkt nach dem Abstieg zurück in die Bundesliga führte. »Es war ein hartes Stück Arbeit und nicht so locker, wie es im Nachhinein den Anschein haben mag. Die Zweite Liga ist der Ersten im taktischen wie im konditionellen Bereich nahezu ebenbürtig. Deswegen kann ein Aufstieg dort nie ein Selbstläufer sein«, blickt er zurück, erleichtert entronnen zu sein.

Letzteres gilt umso mehr, weil sich allen Annäherung zum Trotz der Fußball in der Ersten und Zweiten in einem Punkt deutlich unterscheidet. Und zwar in der Spielgestaltung, Spielführung. Da die wenigsten Zweitligisten in der Offensive Ausnahmekönner in ihren Reihen wissen, die Spiele durch einen Geniestreich drehen oder entscheiden können, konzentrieren sie sich auf die so oft zitierte mannschaftliche Geschlossenheit. Einheitliches, kompaktes Verschieben in der Defensive, wie es im Fachchargon so schön heißt, ist das Mittel, dem die meisten Vereine huldigen. Platz auf dem Platz zu haben, kommt höchst selten vor, die Zahl der Zweikämpfe ist folglich sehr hoch. Ein heikler, ein gefährlicher Punkt – vor allem für die Bundesliga-Absteiger, die sich mit der Zweitklassigkeit nicht so recht identifizieren mögen. »Wer mit dem Kopf noch in der Bundesliga ist, obwohl er mit beiden Beinen in der Zweiten Liga steht, erleidet Schiffbruch«, warnte der Unterhachinger Defensiv-Spezialist Alexander Strehmel vor der Saison 2001/2002 seine Kollegen. Vergebens, die SpVgg stieg doppelt ab, konnte den Durchmarsch von der Bundes- in die Regionalliga nicht verhindern.

Wie ein Jahr zuvor Ulm. Oder man nehme St. Pauli, das jüngste »Durchmarsch-Opfer«. Gut, nach der Winterpause traten sie wieder als Einheit auf – nur zu spät. Die Hypothek der total verkorksten Vorrunde war zu groß, als dass sie die Hamburger hätten wettmachen können. Der dritte negative Durchmarsch in Serie war damit perfekt.

Könnte es eine bessere Warnung für Cottbus, Bielefeld und Nürnberg geben? Eigentlich nicht, doch wie begrenzt die abschreckende Wirkung solcher Beispiele ist, zeigt sich gerade an Haching und St. Pauli. Sagten die Oberbayern einst nicht, Ulms sportliches Schicksal soll uns eine Lehre sein. Und sagten die Hamburger nicht, Ulms und Hachings sportliches Schicksal soll uns eine Lehre sein?

Und so werden sie in Cottbus, Bielefeld und Nürnberg sicher an Ulm, Haching und St. Pauli denken, aber auch an Freiburg und Köln, die jüngst die sofortige Rückkehr nach oben bewerkstelligten. Himmel oder Hölle, scheint also die Frage beim Abstiegs-Trio zu heißen. Oder ist doch nur »langweiliges« Mittelmaß angesagt? Nun ja, fest steht nur eines: Allzu viel Fehler darf sich keiner der drei leisten. Sonst verlängert sich die Durchmarsch-Serie. Garantiert!

Christian Biechele

Kampf um jeden Zentimeter: Waldhofs Ukrainer Juri Maximow im Kopfball-Duell mit einem Reutlinger, dessen Gesicht vom Ball verdeckt ist. Schließlich stiegen beide Teams ab.

Selbst Völler drückt Mainz die Daumen

Nachdenklich: Trainer Jürgen Klopp

Von wegen, die Zeiten ändern sich. Über Jahrhunderte hinweg war es üble Sitte, den Überbringer der schlechten Nachricht zu töten, aber mit der Zeit verzichtete man auf diesen brutalen Brauch.

Doch am letzten Spieltag der so spannenden Saison 2002/03 konnte Jürgen Klopp, Trainer des FSV Mainz 05, nicht an sich halten. Wütend zerdepperte er das Mobiltelefon, das ihm und seiner Mannschaft das Ergebnis aus Frankfurt übermittelt hatte, auf den Rasen des Braunschweiger Stadions. Selten zuvor ist ein Profiteam im deutschen Fußball so vom Schicksal gebeutelt worden, wie Mainz 05 im Mai 2003. Bis zur 90. Minute des 34. Spieltages durfte sich der FSV als Aufsteiger in die Bundesliga fühlen, doch am Ende johlte die Konkurrenz.
Freiburg und der 1. FC Köln hatten die Rückkehr

ins Oberhaus bereits sicher, um den dritten Platz balgten sich eine Runde vor Schluss Eintracht Frankfurt, Greuther Fürth und eben Mainz 05. Spätestens nach einer Stunde schien alles entschieden. Greuther Fürth lag in Karlsruhe 0:2 zurück, Reutlingen hatte in Frankfurt den 3:3-Ausgleich erzielt und der FSV führte in Braunschweig durch vier Tore von Benjamin Auer mit 4:1.
Dann der Endspurt der Eintracht. 4:3 Diakité, 5:3 Diakité, Mainz war nach Punkten gleichauf, lag aber in der Tabelle mit einem Tor vorn. Und während beim FSV schon abgepfiffen war, lief in Frankfurt noch die dritte Minute der Nachspielzeit. Die Mainzer Spieler hatten sich im Mittelkreis versammelt und warteten, bis der Daumen des Trainers endgültig nach oben zeigte.
Er zeigte nach unten. Mit der letzten Aktion der Saison hatte Alexander Schur für Frankfurt noch zum 6:3 eingeköpft. Der »Bundesliga-Dino« hatte den Aufstieg in buchstäblich letzter Sekunde doch noch geschafft. Und für Mainz blieb nur Platz vier.
Schon wieder! Bereits 1997 verlor der FSV das alles entscheidende Spiel mit 4:5 gegen den VfL Wolfsburg. Und 2002 war man am letzten Spieltag ähnlich dramatisch gescheitert wie jetzt in

Tristesse der Mainzer: Torjäger Andrej Woronin (rechts) tröstet den niedergeschlagenen Sandro Schwarz nach der Nachricht aus Frankfurt. (eingeklinkt).

Des Einen Freud ist des anderen Leid: Während Frankfurts Trainer Willi Reimann seine Bierdusche »genoss«, flossen bei den Anhängern des FSV Mainz 05 die Tränen.

der abgelaufenen Runde. Fast die ganze Saison über hatten die Mainzer einen der drei Aufstiegsplätze belegt. Am 34. Spieltag setzte es allerdings eine 1:3-Niederlage bei Union Berlin – und der VfL Bochum lachte als Dritter. Viele Experten hatten geunkt, eine Chance wie diese würde der FSV so schnell nicht wieder bekommen; ruck-zuck hatten Klopp & Co. den Versager-Stempel auf der Backe.

Doch die Experten irrten. Mainz 05 zeigte auch in der Saison 2002/03 sehenswerten Offensivfußball mit drei Angreifern und den dazugehörigen Ergebnissen. Fast über die komplette Spielzeit hinweg gehörten die 05er zu den Spitzenteams der Zweiten Liga. Andrej Voronin kam immer besser in Fahrt, wurde ukrainischer Nationalspieler und mit 20 Treffern schließlich auch Torschützenkönig der Zweiten Liga. Der langjährige FSV-Spieler Jürgen Klopp, am Rosenmontag 2000 zum Trainer des »Karnevalvereins« Mainz 05 befördert, hatte es wieder geschafft, seinen Jungs, den »Kloppos«, die nötige Portion Lockerheit und Spaß am Spiel einzuimpfen. Dass es am Ende wieder nicht zum Aufstieg reichte, hatte vor allem auch mit Pech zu tun.

Aber sie geben nicht auf. »Wir haben uns geschworen, dass wir den Aufstieg nächste Saison packen«, hatte Stürmer Michael Thurk nach dem Nackenschlag in Braunschweig erklärt. Dabei lassen sich im personellen Bereich durchaus einige Parallelen zur Ausgangslage der Vorsaison feststellen. Damals verließen mit Friedrich, N'Kufo und Schuler die tragenden Säulen den FSV, im Jahr 2003 nahmen Voronin und Abwehrhüne Sven Christ Abschied aus Mainz. Wieder wurden Nobodies wie Teinert oder Speranza geholt und keine Stars verpflichtet. Aber wenigstens ist das umgebaute Stadion am Bruchweg mittlerweile voll erstligatauglich. Muss es auch, schließlich hatte selbst der sonst so neutrale Teamchef Rudi Völler als Devise ausgegeben: »In der kommenden Saison muss man ein bisschen die Daumen für Mainz drücken.« *Martin Gruener*

Die 2. Bundesliga auf einen Blick

2. BUNDESLIGA 2002/03	SC Freiburg	1. FC Köln	Eintracht Frankfurt	FSV Mainz 05	Greuther Fürth	Alemannia Aachen	Eintracht Trier	MSV Duisburg	1. FC Union Berlin	Wacker Burghausen	VfB Lübeck	LR Ahlen	Karlsruher SC	RW Oberhausen	Eintr. Braunschweig	SSV Reutlingen	FC St. Pauli	Waldhof Mannheim	Heimbilanz / Auswärtsbilanz g.	u.	v.	Tore	Pkt.	Gesamt Tore	Punkte
1. SC Freiburg	K	3:0 0:1	0:2 1:1	1:0 0:0	1:1 0:4	1:1 1:0	1:0 1:0	3:1 2:3	4:0 1:1	2:1 2:1	2:1 0:2	4:0 3:1	3:1 1:1	5:2 0:1	2:0 2:0	1:4 2:0	1:1 1:0	4:1 3:0	12 8	3 4	2 5	38:16 20:16	39 28	58:32	67
2. 1. FC Köln	1:0 0:3	I	3:2 1:1	1:4 2:2	3:2 0:2	3:3 0:0	1:3 3:2	4:3 2:2	7:0 3:0	1:0 0:2	2:1 1:1	2:1 0:0	3:0 1:0	2:0 2:2	1:1 1:1	1:1 2:1	2:1 3:2	3:1 2:1	12 6	3 8	2 3	40:23 23:22	39 26	63:45	65
3. Eintr. Frankfurt	1:1 2:0	1:1 2:3	C	1:0 2:3	2:0 1:0	1:1 0:1	2:3 2:2	2:1 2:0	0:0 1:1	0:2 3:3	3:1 3:1	4:1 1:1	2:1 2:0	1:0 2:0	0:0 0:0	6:3 0:1	4:0 1:1	4:1 1:0	10 7	5 6	2 4	34:16 25:17	35 27	59:33	62
4. FSV Mainz 05	0:0 0:1	2:2 4:1	3:2 0:1	K	1:3 0:2	3:1 0:3	2:0 1:2	3:1 0:1	1:0 2:0	2:0 2:0	5:1 3:1	1:0 3:4	2:2 0:0	2:1 0:1	3:1 4:1	1:3 2:1	1:1 4:1	2:0 5:1	11 8	4 1	2 8	34:18 30:21	37 25	64:39	62
5. SpVgg Greuther Fürth	4:0 1:1	2:0 2:3	0:1 0:2	2:0 3:1	E	0:0 0:0	1:2 2:1	1:0 0:1	1:1 2:2	2:2 3:1	2:1 2:1	1:1 0:3	0:0 1:2	2:2 3:2	3:0 1:1	2:0 4:2	2:1 1:1	5:0 0:0	9 6	6 6	2 5	30:11 25:24	33 24	55:35	57
6. Alemannia Aachen	0:1 1:1	0:0 3:3	1:0 1:1	3:0 1:3	0:0 0:0	R	0:1 1:4	1:0 3:3	3:0 2:3	2:3 2:2	4:1 0:2	3:0 2:1	2:0 2:1	2:0 1:1	1:3 3:2	3:1 0:5	4:1 4:1	1:2 1:2	10 4	2 7	5 6	30:13 27:35	32 19	57:48	51
7. Eintracht Trier	0:1 0:1	2:3 3:1	2:2 3:2	2:1 0:2	1:2 2:1	4:1 1:0	S	3:0 4:2	0:1 3:1	2:1 1:1	1:3 1:3	2:1 1:2	3:0 1:1	1:0 1:2	0:1 1:1	1:2 2:3	1:2 0:0	2:2 2:0	7 7	2 4	8 6	27:23 26:23	23 25	53:46	48
8. MSV Duisburg	3:2 1:3	2:2 3:4	0:2 1:2	1:0 1:3	1:0 0:1	3:3 0:1	2:4 0:3	P	0:1 0:0	0:0 1:1	1:0 1:1	2:1 0:0	2:0 1:1	3:0 1:3	1:1 1:0	2:0 4:2	2:1 0:4	0:0 2:1	9 3	5 5	3 9	25:17 17:30	32 14	42:47	46
9. 1. FC Union Berlin	1:1 0:4	0:3 0:7	1:1 0:0	0:2 0:1	2:2 1:1	3:2 0:3	1:3 1:0	0:0 1:0	O	2:2 1:0	3:1 1:0	1:1 1:1	0:0 2:3	0:0 2:2	0:1 2:1	0:0 1:0	4:2 2:2	1:1 2:1	3 7	10 5	4 5	19:22 17:26	19 26	36:48	45
10. Wacker Burghausen	1:2 1:2	2:0 0:1	3:3 2:0	0:2 0:2	1:3 2:2	2:2 3:2	1:1 1:2	1:1 0:0	0:1 2:2	R	0:0 1:3	3:1 4:2	0:0 1:2	3:0 0:0	4:2 0:0	1:0 0:0	1:1 2:2	2:0 4:0	6 4	7 7	4 6	25:19 23:22	25 19	48:41	44
11. VfB Lübeck	2:0 1:2	1:1 1:2	1:3 1:3	1:3 1:5	1:2 1:2	2:0 1:4	3:1 3:1	1:1 0:1	0:1 1:3	3:1 0:0	T	4:1 0:1	2:0 2:1	1:0 1:3	2:1 1:1	0:0 3:1	6:0 0:2	3:1 1:2	10 3	3 2	4 12	33:16 18:34	33 11	51:50	44
12. LR Ahlen	1:3 0:4	0:0 1:2	1:1 1:4	4:3 0:1	3:0 1:1	1:2 0:3	2:1 1:2	0:0 1:2	1:1 1:1	2:4 1:3	1:0 1:4	M	2:2 4:2	2:1 1:2	1:2 0:1	2:0 2:1	3:2 4:1	1:4 2:0	7 4	5 2	5 11	27:26 21:34	26 14	48:60	40
13. Karlsruher SC	1:1 1:3	0:1 0:3	0:2 1:2	0:0 2:2	2:1 0:0	1:2 0:2	1:1 0:3	1:1 0:2	3:2 0:0	2:1 0:0	1:2 0:2	2:4 2:2	A	2:1 1:3	1:0 2:1	0:0 3:0	1:1 2:1	1:1 2:0	5 4	7 5	5 8	19:21 16:26	22 17	35:47	39
14. RW Oberhausen	1:0 2:5	2:2 0:2	0:2 0:1	1:0 1:2	2:3 2:2	1:1 0:2	2:1 0:1	3:1 0:3	2:2 0:0	0:0 0:3	3:1 0:1	2:1 1:2	3:1 1:2	G	2:0 1:2	3:1 0:2	3:0 0:0	0:1 0:1	10 0	4 3	3 14	30:17 8:31	34 3	38:48	37
15. Eintr. Braunschweig	0:2 0:2	1:1 1:1	0:0 0:0	1:4 1:3	1:1 0:3	2:3 3:1	1:1 1:0	0:1 1:1	1:2 1:0	0:0 2:4	1:1 1:2	1:0 2:1	1:2 0:1	2:1 0:2	A	1:2 1:0	0:1 1:7	4:2 1:1	3 5	6 4	8 8	17:24 16:29	15 19	33:53	34
16. SSV Reutlingen	0:2 4:1	1:2 1:1	1:0 3:6	1:2 3:1	2:4 0:2	5:0 1:3	3:2 2:1	2:4 0:2	0:1 0:0	0:0 0:1	1:3 0:0	1:2 0:2	0:3 0:0	2:0 1:3	0:1 2:1	Z	2:0 2:1	3:2 0:0	6 5	1 5	10 7	24:28 19:25	19 20	43:53	33
17. FC St. Pauli	0:1 1:1	2:3 1:2	1:1 0:4	1:4 1:1	1:1 1:2	1:4 1:4	0:0 2:1	4:0 1:2	2:2 2:4	2:2 1:1	2:0 0:6	1:4 2:3	1:2 1:1	0:0 0:3	7:1 1:0	1:2 0:2	I	2:1 5:2	4 3	6 4	7 10	28:28 20:39	18 13	48:67	31
18. Waldhof Mannheim	0:3 1:4	1:2 1:3	0:1 1:4	1:5 0:2	0:0 0:5	2:1 2:1	0:2 2:2	1:2 0:0	1:2 1:1	0:4 0:2	2:1 1:3	0:2 4:1	0:2 1:1	1:0 1:0	1:1 2:4	0:0 2:3	2:5 1:2	N	3 3	3 4	11 10	12:33 20:38	12 13	32:71	25

Die Torjäger der 2. Liga

Voronin (FSV Mainz 05)	20
Frommer (SSV Reutlingen)	18
Ivanovic (Alemannia Aachen)	18
Scherz (1. FC Köln)	18
Bajramovic (SC Freiburg)	15
Ebbers (MSV Duisburg)	15
Braham (Eintracht Trier)	13
Lottner (1. FC Köln)	13
Rösler (SpVgg Greuther Fürth)	13
Labbadia (Karlsruher SC)	12
Bärwolf (VfB Lübeck)	11
Beliakov (Rot-Weiß Oberhausen)	11
Bella (LR Ahlen)	11
Auer (FSV Mainz 05)	10
Kobiashvili (SC Freiburg)	10
Plassnegger (Waldhof Mannheim)	10
Skela (Eintracht Frankfurt)	10
Baumgart (1. FC Union Berlin)	9
Coulibaly (SC Freiburg)	9
Gerber (Freiburg/St.Pauli)	9
Guié-Mien (Frankfurt/Freiburg)	9

Flugschule bestanden: Torhüter Robert Wulnikowski von Union Berlin zeigt Ästhetik in der 2. Bundesliga.

Die Chance über den ganz kurzen Weg

Lange Jahre interessierte der Pokal die Klubs der Bundesliga nur am Rande. Inzwischen hat ein Umdenken stattgefunden. Mit nur sechs Spielen kann man in den internationalen Wettbewerb einziehen.

DFB-Pokal

Ein Finale als Laudatio für Superstar Michael Ballack

Spät nachts, eigentlich schon am frühen Morgen, kurz nach drei, kam dann noch ein Herr unter einem schwarzen Schlapphut um die Ecke und mischte sich hinein in die Party, ungeladen, dennoch willkommen.

Es galt den Doppeltriumph zu feiern, nach der 18. Meisterschaft nun den elften Pokalsieg, in der Summe zum vierten Mal das Double nach 1969, 1986 und 2000. Und da störte der deutsche Altrocker Udo Lindenberg nun wirklich nicht in der Hauptstadt-Repräsentanz der Telekom, wo sich zuvor die Mannen von Pur um die Vermittlung von Stimmung mühten, irgendwie nicht mit der letzten Wirkung. Denn die Münchner hatten zwar an diesem Abend auch den zweiten nationalen Auftrag ausgeführt, souverän und beeindruckend, 3:1-Sieg im Pokal-Endspiel gegen den wenig energischen 1. FC Kaiserslautern, doch die totale Euphorie riss sie nicht von dannen.
»Ein Pokal fehlt noch«, stellte Michael Ballack fest, »den wollen wir im nächsten Jahr holen« – die Siegestrophäe der Champions League, aus der die Bayern in dieser Spielzeit so brüsk verjagt worden waren, schon nach der Vorrunde, weil ohne jeden Sieg. Und so werteten die Kahn und Kollegen sowie das gesamte Bayern-Umfeld Meisterschaft plus Pokal eben doch nur als Trostpreis. Nach einer solchen internationalen Erniedrigung »muss der FC Bayern national zwei Titel holen«, sagte Uli Hoeneß, dieser Anspruch – intern unmittelbar nach der europäischen Verbannung formuliert und extern allgemein übernommen – sei »fatal, aber nicht zu ändern«. Der Manager und Vorstand sagte: »Normalerweise ist eine Saison schon super, wenn man einen Titel gewinnt.«
Fürwahr. Für den FC Bayern sind es zwei, so dass Vorstandsvorsitzender Karl-Heinz Rummenigge ohne Überheblichkeit »eine große Dominanz« der Seinen ableiten durfte. Nach der mit 16 Punkten Distanz und ungestört von der Konkurrenz vollendeten Meisterschaft 2003 hat der FC Bayern auch dieses 60. Pokal-Finale »total beherrscht«, so Hoeneß, und den AG-Chef Rummenigge mit »wunderbarem Fußball« beglückt. Eigentlich war dieser finale DFB-Auftrag schon nach drei,

Links: Der Dominator von Berlin: Abdrehen nach dem erfolgreichen Abschluss – ein gewohntes Bild bei Michael Ballack, der dem Finale von Berlin seinen Stempel aufdrückte.

Hauptdarsteller mit Trophäe: An Meisterschale und Pokal erfreuen sich die Eheleute Hitzfeld (oben) ebenso wie Käpt'n Oliver Kahn und Torjäger Giovane Elber.

spätestens nach zehn Minuten ausgeführt: Michael Ballack lenkt zunächst eine Freistoßflanke, die Owen Hargreaves in den Strafraum schaufelte, ins Netz, ehe er einen Elfmeter, vom Lauterer Abwehrmann Tchato ungeschickt an Hargreaves verwirkt, in den linken Winkel wuchtet, 2:0.
Was folgte, nannte der verletzt zuschauende Lauterer Ciriaco Sforza »lehrreiche Minuten«, ohne wirkliche Chance für seine Kollegen. Einzig ein gnädiges Ergebnis genehmigten die zeitweise nach Lust und Laune zaubernden Münchner diesem unterlegenen Gegner: 3:1 nach weiteren Toren durch Claudio Pizarro und durch Miroslav Klose, dessen Anschlusstor per Kopf aber keinen Münchner mehr kratzte. Widerstand zwecklos, dachten sich augenscheinlich die Mannen des FCK-Trainers Erik Gerets, der einräumen musste: »Der Unterschied zwischen Kaiserslautern und den Bayern ist leider sehr groß.«
An diesem Finaltag hieß diese Differenz unter anderem Michael Ballack. Mochte Uli Hoeneß auch mit einer gewissen Berechtigung den Mittelfeld-Irrwisch Owen Hargreaves als den besten Spieler vor der wie immer eindrucksvollen Kulisse im erst halb fertiggestellten Berliner Olympiastadion rühmen, so war dieser Ballack einmal mehr die wirkungsvollste Figur. Also lobte sein Chef und Trainer Ottmar Hitzfeld die »unheimliche Effizienz und Präsenz« seines Mitarbeiters mit der Nummer 13, den Rummenigge sogleich zum »vielleicht

Endstation Sehnsucht: Für den scheidenden Lauterer Mario Basler blieb in Berlin nur die Zuschauerrolle. Zu gern hätte »Super-Mario« gerade gegen die Bayern noch mitgemischt.

Der »Ritterschlag« vom Kaiser: Bayern-Präsident Franz Beckenbauer beglückwünscht Matchwinner Michael Ballack zu seiner tollen Leistung im Endspiel.

torgefährlichsten Mittelfeldspieler der Welt« erhöhte und selbstredend zu einem »ganz wichtigen Mann für den FC Bayern«.
Rummenigges Laudatio lieferte auch Details für Ballacks Sonderklasse, diese: »Er spielt clever und sucht die Entscheidung«, aber nicht egoistisch auf die eigene Quote fixiert, sondern ständig unterwegs im Dienste des Kollektivs. »Ballack läuft im Spiel unglaubliche Kilometer runter«, sagt Rummenigge, im Gegensatz zum einstigen Regisseur Stefan Effenberg, der sich laut Meinung des AG-Chefs »um den Mittelkreis aufgebaut« habe, »und dann mussten die anderen für ihn laufen«.
Diese Zeiten sind vorbei, von Stefan Effenberg spricht heute keiner mehr in München, umso mehr von Ballack, umso mehr nach jenem Endspiel. Zwar wehrte sich Hoeneß gegen jegliche Heroisierung und betonte, es habe »nicht der FC Ballack, sondern der FC Bayern« diesen Titel geholt; dennoch betonte auch der Vereinsmanager Ballacks »unheimliche Steigerung« mit zunehmender Verweildauer beim Rekord-Pokalsieger hin zum »Winner«. Diese gelungene Entwicklung solle allerdings noch nicht abgeschlossen sein, sondern erst enden, wenn Ballack allerorten als »Superstar« anerkannt sei. Und bis dahin müsse er noch »einen kleinen Weg« nach oben klettern.
Eine solche mühsame Strecke zurück in die Spitze hat der Verlierer 1. FC Kaiserslautern noch als gesamtes Team vor sich. Mangelnde Qualität für Auseinandersetzungen auf internationalem Topniveau hatte Sforza richtig ausgemacht und eine personelle Aufbesserung angeregt, damit künftig nicht wieder mit dem Feuer gespielt werde bei den so genannten Roten Teufeln. Der Traditionsklub aus der Pfalz hatte mächtig gezittert in dieser Saison, die nun doch noch zu einem nie erwarteten glücklichen Ausgang gedreht wurde.
Den Verbleib in der Liga haben die Lauterer gesichert, und im UEFA-Pokal dürfen sie in der kommenden Spielzeit auch mitmachen, trotz dieser Endspiel-Niederlage – weil der FC Bayern als Meister in die Champions League eingruppiert wird.
Vier Siege nach 90 Minuten plus eine Zusatzschicht mit Verlängerung und Elfmeterschießen im Viertelfinale in Bochum, 4:3, reichten dem FCK, um sich einzuschleusen in die kontinentalen Konkurrenz, wo das in diesen Zeiten schwindender TV-Zuwendungen so fundamentale Zusatzhonorar verdient wird. Allmählich verinnerlichen immer mehr Bundesliga-Klubs, dass die kurze Pokalstrecke der schnellste Weg nach Europa ist. Man muss kein studierter Mathematiker wie Ottmar Hitzfeld sein, um dessen Rechnung nachvollziehen zu können: »Mit nur sechs Siegen im Pokal hat man schon einen Titel« – und damit immerhin eine gewisse Sicherheit für die internationale Zukunft. Also nehmen die Bayern seit Jahren diesen Bewerb sehr ernst, die Zahl der Nachahmer steigt.
Die neue Wertschätzung des DFB-Pokals seitens der Profiklubs tut den Amateuren, die sich in oft mühsamen Vorläufen bis ins Hauptfeld durchgeschlagen haben, arg weh. Deren 28 durften sich über ihre Teilnahme an der ersten Runde freuen, für 23 war es schon die letzte. Lediglich eine einzige Sensation wurde bejubelt, Regionalligist Holstein Kiel schubste Hertha BSC Berlin aus dem Reigen, erst 1:1 nach Verlängerung, dann 3:0 nach Elfmeterschießen.
Im zweiten Durchgang wurden dann die Stars aus Dortmund aussortiert, einigermaßen harsch, 0:3 beim damaligen Zweitligisten SC Freiburg. Als glorreicher Vertreter aus den unteren Abteilungen des deutschen Fußballs blieb allein die Spielvereinigung Unterhaching übrig, bis zum Viertelfinale gar, wo es mit dem Regionalligisten ein tragisches Ende nahm: Elfmeterschießen gegen Bayer Leverkusen, 4:5. Weil zudem Zweitliga-Spitzenreiter 1. FC Köln deftig Prügel bezog, 0:8 in München, war man in der Vorschlussrunde unter sich: Kaiserslautern, Werder Bremen, Bayern und Bayer Leverkusen, allesamt Bundesligisten.
Beide Halbfinals zeitigten deutliche Ergebnisse, die Lauterer fertigten die kläglichen Bremer 3:0 ab, so dass Werder-Kapitän Frank Baumann »kein Aufbäumen, keine Leidenschaft, keinen Kampf« in der Kollegenschaft entdecken konnte. Genauso jämmerlich und ohne die neue Lust am Pokal verrichteten die Leverkusener in München ihr Pokal-Werk, 1:3, zwei Mal Torschütze Giovane Elber, der damals sofort das große Ziel ausgab: »Jetzt wollen wir das Double.« Es sollte gelingen.

Karlheinz Wild

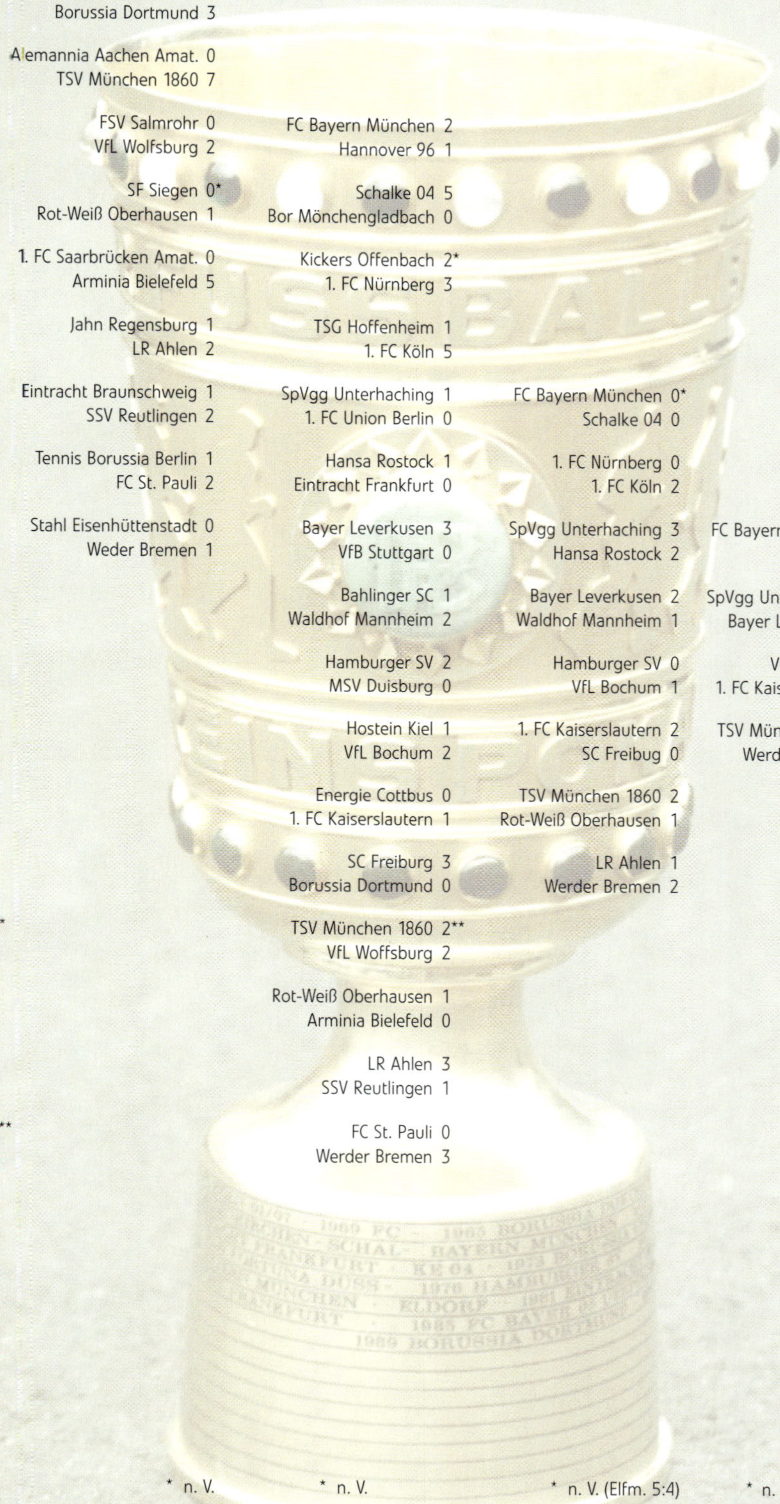

1. Runde

Werder Bremen Amat.	0	FC Bayern München	3
VfR Aalen	2*	Hannover 96	3
Bayern München Amat.	1	FC Schalke 04	2
SV Babelsberg 03	0	Bor. Mönchengladbach	1
Kickers Offenbach	3*	Karlsruher SC	1
Eintracht Trier	0	1. FC Nürnberg	2
TSG Hoffenheim	4	SpVgg. Gr. Fürth	1
VfL Wolfsburg Amat.	1	1. FC Köln	3
SpVgg. Unterhaching	1**	FSV Mainz 05	1
FC Schweinfurt 05	1*	1. FC Union Berlin	2
FSV Mainz 05 Amat.	0	Hansa Rostock	2
Rot-Weiß Erfurt	2*	Eintracht Frankfurt	3
Rot-Weiß Essen	0	Bayer Leverkusen	1
SC Paderborn 07	1	VfB Stuttgart	4
Bahlinger SC	1	Alemannia Aachen	0
1. FC Saarbrücken	1***	Waldhof Mannheim	1
FC Schönberg	0	Hamburger SV	6
VfB Lübeck	2*	MSV Duisburg	3
Holstein Kiel	1****	Hertha BSC Berlin	1
Erzgebirge Aue	1	VfL Bochum	3
Wacker Burghausen	0	Energie Cottbus	2
USC Paloma Hamburg	0	1. FC Kaiserslautern	5
Hallescher FC	1	SC Freiburg	3
Concordia Ihrhove	0	Borussia Dortmund	3
Alemannia Aachen Amat.	0	TSV München 1860	7
FSV Salmrohr	0	VfL Wolfsburg	2
SF Siegen	0*	Rot-Weiß Oberhausen	1
1. FC Saarbrücken Amat.	0	Arminia Bielefeld	5
Jahn Regensburg	1	LR Ahlen	2
Eintracht Braunschweig	1	SSV Reutlingen	2
Tennis Borussia Berlin	1	FC St. Pauli	2
Stahl Eisenhüttenstadt	0	Weder Bremen	1

* n. V.
** n. V. (Elfm. 4:2)
*** n. V. (Elfm. 3:4)
**** n. V. (Elfm. 3:0)

* n. V.

2. Runde

FC Bayern München	2	Hannover 96	1
Schalke 04	5	Bor Mönchengladbach	0
Kickers Offenbach	2*	1. FC Nürnberg	3
TSG Hoffenheim	1	1. FC Köln	5
SpVgg Unterhaching	1	1. FC Union Berlin	0
Hansa Rostock	1	Eintracht Frankfurt	0
Bayer Leverkusen	3	VfB Stuttgart	0
Bahlinger SC	1	Waldhof Mannheim	2
Hamburger SV	2	MSV Duisburg	0
Hostein Kiel	1	VfL Bochum	2
Energie Cottbus	0	1. FC Kaiserslautern	1
SC Freiburg	3	Borussia Dortmund	0
TSV München 1860	2**	VfL Woffsburg	2
Rot-Weiß Oberhausen	1	Arminia Bielefeld	0
LR Ahlen	3	SSV Reutlingen	1
FC St. Pauli	0	Werder Bremen	3

* n. V.
** n. V. (Elfm. 8:7)

Achtelfinale

FC Bayern München	0*	Schalke 04	0
1. FC Nürnberg	0	1. FC Köln	2
SpVgg Unterhaching	3	Hansa Rostock	2
Bayer Leverkusen	2	Waldhof Mannheim	1
Hamburger SV	0	VfL Bochum	1
1. FC Kaiserslautern	2	SC Freibug	0
TSV München 1860	2	Rot-Weiß Oberhausen	1
LR Ahlen	1	Werder Bremen	2

* n. V. (Elfm. 5:4)

Viertelfinale

FC Bayern München	8	1. FC Köln	0
SpVgg Unterhaching	2**	Bayer Leverkusen	2
VfL Bochum	3***	1. FC Kaiserslautern	3
TSV München 1860	1*	Werder Bremen	4

* n. V.
** n. V. (Elfm. 4:5)
*** n. V. (Elfm. 3:4)

Halbfinale

FC Bayern München	3	Bayer Leverkusen	1
1. FC Kaiserslautern	3	Werder Bremen	0

Endspiel

FC Bayern München	3	1. FC Kaiserslautern	1

goool.
e·on

Königsklasse als Bühne für die Weltstars

Die Champions League erlebte die große Renaissance der Italiener – am Ende stand das Finale von Juventus gegen Milan. Selbst Favorit Real Madrid musste sich mit der Zuschauerrolle begnügen.

Der Triumph von Milan und Maldini in Manchesters »Theatre of Dreams«

Am 28. Mai war er endlich am Ziel seiner Träume. Paolo Maldini erhielt aus den Händen von UEFA-Präsident Lennart Johansson die wichtigste Trophäe des europäischen Kontinents, den Pokal für die Champions League.

Der Rahmen hätte passender nicht sein können. Im »Theatre of dreams«, der Heimstätte von Manchester United, verwirklichte sich der Traum des unverwüstlichen Paolo Maldini, Kapitän des AC Mailand. Einmal als Kapitän den so genannten »Henkeltopf« in Empfang zu nehmen – das war eines der letzten großen Ziele des mittlerweile 35-jährigen Abwehrrecken. Vor genau 40 Jahren hatte diese Ehre auch sein berühmter Vater Cesare. Auch er durfte im Jahr 1963 den Pokal für den AC Mailand in Empfang nehmen – damals gewann Milan im Europapokal der Landesmeister im Londoner Wembley Stadion gegen Benfica Lissabon mit 2:1 Toren.

Auf Tore mussten die Zuschauer am Old Trafford von Manchester in diesem Jahr verzichten – zumindest während der 120 Spielminuten. Als zu stabil und abwehrstark erwiesen sich die beiden Defensivreihen der Finalgegner von Milan und Juventus Turin. Im inneritalienischen Finale der europäischen »Königsklasse« hatten die hartgesottenen Abwehrspieler gegenüber den Angreifern immer Vorteile. Beim italienischen Meister Juventus Turin machte sich das Fehlen des tschechischen Laufwunders Pavel Nedved entscheidend bemerkbar. Nedved hatte im Halbfinale gegen Real Madrid eine unnötige Gelbe Karte gesehen und musste daher im Finale zwangspausieren. Da mit dem Holländer Edgar Davids in der zweiten Halbzeit die zweite Triebfeder des Juve-Spiels verletzungsbedingt ausscheiden musste, fehlte es dem Spiel der »Alten Dame« an den entscheidenden Impulsen im Offensivspiel. Zumal Juve-Star Alessandro del Piero einmal mehr in einem entscheidenden Spiel den Nachweis seiner Klasse schuldig blieb.

In dem 250. Europapokal-Spiel des AC Mailands musste die Entscheidung so im Elfmeterschießen

Linke Seite: Endlich den »Henkeltopf« in den Händen: Milan-Denkmal Paolo Maldini mit der wertvollsten europäischen Trophäe – die Italiener haben wieder den Gipfel erklommen.

Durchschlagskraft: Der Holländer Clarence Seedorf (Mitte) setzt sich gegen die Turiner Ferrara (links) und Tacchinardi durch.

Rechte Seite: Der Anfang vom Ende: Der Holländer Roy Makaay (Deportivo La Coruna) überwindet Bayern-Keeper Olli Kahn – eines von drei Toren des Stürmers.

fallen. So rückten neben den Schützen natürlich die beiden Torhüter in den Mittelpunkt des Interesses. Da war auf der Seite von Juventus Turin der italienische Nationaltorhüter Gianluigi Buffon, der schon in der regulären Spielzeit mit Kostproben seines Könnens einen möglichen Rückstand verhinderte. Auf der anderen Seite vermuteten viele Experten beim AC Mailand gerade hier eine der Schwachstellen: der Brasilianer Dida, zwar Weltmeister des vergangenen Jahres, allerdings ohne jede Minute an Einsatzzeit, galt nicht unbedingt als Garant für einen Erfolg. Zumal er bis kurz vorm Finale wegen einer Knochenhautabsplitterung noch um seinen Einsatz im Old Trafford zu Manchester bangen musste.
Doch eben dieser Dida, mit bürgerlichem Namen Nelson de Jesus Silva, wurde zum Helden im Elfmeter-Drama von Manchester. Die Schüsse von Trezeguet, Zalayeta und Montero parierte der brasilianische Zerberus und avancierte damit zum Matchwinner. Für Milan verwandelten Serginho, Nesta und beim alles entscheidenden Schuss der ukrainische Starstürmer Andrej Schewtschenko. Mit 3:2-Treffern hatte der AC Mailand im Elfmeterschießen die Nase vorn.
Der Jubel der Rosso-Neri, der Schwarz-Roten aus der Lombardei, die im Finale allerdings im strahlenden Weiß antraten, kannte keine Grenzen. Der Triumph in der Champions League, es war auch der erste Titel in der Karriere des Milan-Trainers Carlo Ancelotti, dem er kurze Zeit später noch einen zweiten durch den Sieg im Italia-Pokal hin-

Kopf eingezogen: Bayern-Coach Ottmar Hitzfeld war nach dem sieglosen Ausscheiden in der Vorrunde heftig umstritten.

T · ·Mobile·
7

Der entscheidende Schütze im Finale: Der Ukrainer Andrej Schewtschenko verwandelte in Manchester den entscheidenden Elfmeter.

zufügte. Durch den Erfolg in der »Königsklasse« stieg Carlo Ancelotti in den erlauchten Kreis so großer Namen wie Miguel Munoz (Real Madrid), Giovanni Trapattoni (erst Milan, dann Juventus) und Johan Cruyff (erst Ajax Amsterdam, dann FC Barcelona) auf, die allesamt den Wettbewerb sowohl als Spieler als auch als Trainer gewinnen konnten.

Überhaupt die Italiener: sie erlebten in der Champions-League-Saison 2002/2003 eine imponierende Renaissance auf der europäischen Bühne. Relativ erfolglos in den vergangenen Jahren, zogen gleich drei Klubs in das Halbfinale der »Königsklasse« ein. Während der AC Mailand in dieser Runde den Lokalrivalen Inter in die Schranken verwies, fightete das Team von Juventus Turin den großen Favoriten Real Madrid nieder.

Das »weiße Ballett« aus der spanischen Hauptstadt konnte die in sie gesetzten hohen Erwartungen auf europäischer Ebene nicht unbedingt erfüllen. Schon in der zweiten Gruppenphase hatte das Starensemble mit den Weltstars Zidane, Ronaldo, Figo und Raul an der Spitze Mühe, sich gegen den letzten aussichtsreichen deutschen Teilnehmer Borussia Dortmund zu behaupten. Erst durch ein Tor des Edelreservisten Portillo sicherte den Madrilenen den Einzug ins Viertelfinale des Wettbewerbs.

Der Deutsche Meister Dortmund allerdings verpasste durch diesen Treffer den Einzug ins Viertelfinale. Auf die Borussen hatte sich zuletzt das Interesse und die Hoffnungen der deutschen Fans an der Champions League fokussiert. Doch ohne das nötige Quäntchen Glück in den entscheidenden Spielszenen erwiesen sich der AC Mailand und eben Real Madrid in der Zwischenrunden-Gruppe C als unüberwindbares Hindernis. Dennoch erreichten die Gelb-Schwarzen und ihr ehrgeiziger Trainer Matthias Sammer die meisten deutschen Punkte in der Champions League. Schon in der Vorrunde holt das Team um den stark auftrumpfenden tschechischen Stürmer Jan Koller zehn Punkte gegen so starke Konkurrenz wie den FC Arsenal, den AJ Auxerre und PSV Eindhoven. Ebenso auf zehn Punkte kamen die Dortmunder auch in der Zwischenrunde; immerhin gegen so hochkarätige Mitstreiter wie der spätere Sieger AC Mailand und dem Titel-Favoriten Real Madrid. Der dritte Zwischenrunden-Gegner Lokomotive Moskau war allerdings nicht mehr, als der erwartete Punktlieferant.

Über den Rest des Abschneidens der deutschen Mannschaften in der europäischen Königsklasse müsste man eigentlich eher den Mantel des Schweigens decken. Besonders Bayern München, mit großen internationalen Ansprüchen in die Saison gestartet, nach den Verpflichtungen von Michael Ballack und Zé Roberto schon vorschnell zum »weißen Ballett« hochgejazzt, konnte die Erwartungen nie erfüllen.

In der vermeintlich machbaren Vorrunden-Gruppe mit dem späteren Sieger AC Mailand, den Spaniern von Deportivo La Coruna und den Franzosen des RC Lens schien der Einzug in die Zwischenrunde eigentlich nur eine Formsache. Doch die Bayern begannen die Champions-League-Saison gleich mit einer unliebsamen Überraschung: Mit einer pomadigen Vorstellung unterlagen sie daheim gegen La Coruna mit 2:3 Toren. Ein Mann namens Roy Makaay schenkte dem Münchner Ensemble alle drei Tore ein, von denen sich die Bayern international nie wieder erholen konnten. Da sich auch der AC Milan zweimal als zu stark erwies, kamen die Bayern lediglich zu zwei Unentschieden gegen den RC Lens. Die Bilanz war ernüchternd: Zwei Punkte standen auf der Habenseite, das zweitschlechteste Vorrunden-Ergebnis aller Teilnehmer, lediglich Spartak Moskau schnitt noch schlechter ab.

Und dann war da noch Bayer Leverkusen, der Vizemeister. Im Vorjahr nach grandioser Leistung im Finale nur unglücklich Real Madrid unterlegen, waren sie jetzt nicht mehr wieder zu erkennen. Mit viel Glück konnten sie in der Vorrunde noch Maccabi Haifa und Olympiakos Piräus hinter sich lassen, um dann in der Zwischenrunde jämmerlich zu versagen. Null Punkte aus sechs Spielen – das Positive des Ausscheidens war nur, dass sich die Werkself voll auf den Abstiegskampf in der Bundesliga konzentrieren konnte.

Hardy Hasselbruch

Vorrunde

Gruppe A

FC Arsenal	2	1
Borussia Dortmund	0	2
FC Arsenal	1	1
AJ Auxerre	2	0
FC Arsenal	4	0
PSV Eindhoven	0	0
Borussia Dortmund	2	0
AJ Auxerre	1	1
Borussia Dortmund	1	3
PSV Eindhoven	1	1
PSV Eindhoven	3	0
AJ Auxerre	0	0

1. FC Arsenal	**6**	**9:4**	**10**
2. Borussia Dortmund	**6**	**8:7**	**10**
3. AJ Auxerre	**6**	**4:7**	**7**
4. PSV Eindhoven	**6**	**5:8**	**6**

Gruppe B

FC Valencia	6	2
FC Basel	2	2
FC Valencia	2	1
FC Liverpool	0	0
FC Valencia	3	3
Spartak Moskau	0	0
FC Basel	3	1
FC Liverpool	3	1
FC Basel	2	2
Spartak Moskau	0	0
FC Liverpool	5	3
Spartak Moskau	0	1

1. FC Valencia	**6**	**17:4**	**16**
2. FC Basel	**6**	**12:12**	**9**
3. FC Liverpool	**6**	**12:8**	**8**
4. Spartak Moskau	**6**	**1:18**	**0**

Gruppe C

Real Madrid	0	3
AS Rom	1	0
Real Madrid	2	3
AEK Athen	2	3
Real Madrid	6	1
KRC Genk	0	1
AS Rom	1	0
AEK Athen	1	0
AS Rom	0	1
KRC Genk	0	0
AEK Athen	1	0
KRC Genk	1	0

1. Real Madrid	**6**	**15:7**	**9**
2. AS Rom	**6**	**3:4**	**9**
3. AEK Athen	**6**	**7:7**	**6**
4. KRC Genk	**6**	**2:9**	**4**

Gruppe D

Inter Mailand	1	2
Ajax Amsterdam	0	1
Inter Mailand	1	3
Olympique Lyon	2	3
Inter Mailand	3	2
Rosenborg Trondheim	0	2
Ajax Amsterdam	2	2
Olympique Lyon	1	0
Ajax Amsterdam	1	0
Rosenborg Trondheim	1	0
Olympique Lyon	5	1
Rosenborg Trondheim	0	1

1. Inter Mailand	**6**	**12:8**	**11**
2. Ajax Amsterdam	**6**	**6:5**	**8**
3. Olympique Lyon	**6**	**12:9**	**8**
4. Rosenborg Trondheim	**6**	**4:12**	**4**

Gruppe E

Juventus Turin	2	0
Newcastle United	0	1
Juventus Turin	5	2
Dynamo Kiew	1	1
Juventus Turin	2	1
Feyenoord Rotterdam	0	1
Newcastle United	2	0
Dynamo Kiew	1	2
Newcastle United	0	3
Feyenoord Rotterdam	1	2
Dynamo Kiew	2	0
Feyenoord Rotterdam	0	0

1. Juventus Turin	**6**	**12:3**	**13**
2. Newcastle United	**6**	**6:8**	**9**
3. Dynamo Kiew	**6**	**6:9**	**7**
4. Feyenoord Rotterdam	**6**	**4:8**	**5**

Gruppe F

Manchester United	2	2
Bayer Leverkusen	0	1
Manchester United	5	0
Maccabi Haifa	2	3
Manchester United	4	3
Olympiakos Piräus	0	2
Bayer Leverkusen	2	2
Maccabi Haifa	1	0
Bayer Leverkusen	2	2
Olympiakos Piräus	0	6
Maccabi Haifa	3	3
Olympiakos Piräus	0	3

1. Manchester United	**6**	**16:8**	**15**
2. Bayer Leverkusen	**6**	**9:11**	**9**
3. Maccabi Haifa	**6**	**12:12**	**7**
4. Olympiakos Piräus	**6**	**11:17**	**4**

Gruppe G

AC Mailand	1	4
Deportivo La Coruña	2	0
AC Mailand	2	1
RC Lens	1	2
AC Mailand	2	2
Bayern München	1	1
Deportivo La Coruña	3	1
RC Lens	1	3
Deportivo La Coruña	2	3
Bayern München	1	2
RC Lens	1	3
Bayern München	1	3

1. AC Mailand	**6**	**12:7**	**12**
2. Deportivo La Coruña	**6**	**11:12**	**12**
3. RC Lens	**6**	**11:11**	**8**
4. Bayern München	**6**	**9:13**	**2**

Gruppe H

FC Barcelona	1	3
Lokomotive Moskau	0	1
FC Barcelona	3	1
FC Brügge	2	0
FC Barcelona	3	2
Galatasaray Istanbul	1	0
Lokomotive Moskau	2	0
FC Brügge	0	0
Lokomotive Moskau	0	2
Galatasaray Istanbul	2	1
FC Brügge	3	0
Galatasaray Istanbul	1	0

1. FC Barcelona	**6**	**13:4**	**18**
2. Lokomotive Moskau	**6**	**5:7**	**7**
3. FC Brügge	**6**	**5:7**	**5**
4. Galatasaray Istanbul	**6**	**5:10**	**4**

Zwischenrunde

Gruppe A

FC Barcelona	3	0
Inter Mailand	0	0
FC Barcelona	3	2
Newcastle United	1	0
FC Barcelona	2	2
Bayer Leverkusen	0	1
Inter Mailand	2	4
Newcastle United	2	1
Inter Mailand	3	2
Bayer Leverkusen	2	0
Newcastle United	3	3
Bayer Leverkusen	1	1

1. FC Barcelona	**6**	**12:2**	**16**
2. Inter Mailand	**6**	**11:8**	**11**
3. Newcastle United	**6**	**10:13**	**7**
4. Bayer Leverkusen	**6**	**5:15**	**0**

Gruppe B

FC Valencia	1	1
Ajax Amsterdam	1	1
FC Valencia	2	0
FC Arsenal	1	0
FC Valencia	0	1
AS Rom	3	0
Ajax Amsterdam	0	1
FC Arsenal	0	1
Ajax Amsterdam	2	1
AS Rom	1	1
Arsenal	1	3
AS Rom	1	1

1. FC Valencia	**6**	**5:6**	**9**
2. Ajax Amsterdam	**6**	**6:5**	**8**
3. FC Arsenal	**6**	**6:5**	**7**
4. AS Rom	**6**	**7:8**	**5**

Gruppe C

AC Mailand	1	1
Real Madrid	0	3
AC Mailand	0	1
Borussia Dortmund	1	0
AC Mailand	1	1
Lokomotive Moskau	0	0
Real Madrid	2	1
Borussia Dortmund	1	1
Real Madrid	2	1
Lokomotive Moskau	2	0
Borussia Dortmund	3	2
Lokomotive Moskau	0	1

1. AC Mailand	**6**	**5:4**	**12**
2. Real Madrid	**6**	**9:6**	**11**
3. Borussia Dortmund	**6**	**8:5**	**10**
4. Lokomotive Moskau	**6**	**3:10**	**1**

Gruppe D

Manchester United	2	3
Juventus Turin	1	0
Manchester United	1	3
FC Basel	1	1
Manchester United	2	0
Deportivo La Coruña	0	2
Juventus Turin	4	1
FC Basel	0	2
Juventus Turin	3	2
Deportivo La Coruña	2	2
FC Basel	1	0
Deportivo La Coruña	0	1

1. Manchester United	**6**	**11:5**	**13**
2. Juventus Turin	**6**	**11:11**	**7**
3. FC Basel	**6**	**5:10**	**7**
4. Deportivo La Coruña	**6**	**7:8**	**7**

Viertelfinale/Halbfinale Endspiel

Viertelfinale

Ajax Amsterdam	0	2
AC Mailand	0	3
Real Madrid	3	3
Manchester United	1	4
Inter Mailand	1	1
FC Valencia	0	2
Juventus Turin	1	2*
FC Barcelona	1	1

Halbfinale

AC Mailand	0	1
Inter Mailand	0	1
Real Madrid	2	1
Juventus Turin	1	3

Endspiel

Juventus Turin	0*
AC Mailand	0

(2:3 im Elfmeterschießen)

* n. V.

Triumph im Schatten der Großen

Die Königsklasse wird woanders gespielt – die Spannung des K.-o.-Systems gibt's im UEFA-Cup. Der Wettbewerb war jedenfalls aufregend wie lange nicht mehr.

Derlei und Deco wirbelten für den FC Porto

Der UEFA-Pokal fristet ein wenig beachtetes Dasein im Schatten der Champions League. Zu Unrecht, wie auch in dieser Saison wieder packende und hochklassige Duelle im K.-o.-System bewiesen. Nicht zuletzt im spannenden Finale, das der FC Porto nach Verlängerung mit 3:2 gegen Celtic Glasgow für sich entschied.

Die vier Vertreter der Bundesliga, Hertha BSC Berlin, Werder Bremen, der VfB Stuttgart und Pokalsieger Schalke 04, trugen in der Ausgabe 2002/03 dieses Wettbewerbs allerdings leider nur allzu selten zur Hebung des Niveaus bei und schieden entsprechend früh aus. Schon das Viertelfinale fand ohne ihre Beteiligung statt. Besonders negativ fällt daran auf, dass die deutschen Klubs an Gegnern scheiterten, die allenfalls zur zweiten Reihe in Europa gehören. Allenfalls ein kleiner Trost ist, dass es den Teilnehmern der anderen Top-Nationen Spanien, Italien und England kaum besser erging.
Die ersten Runde überstand das Bundesliga-Quartett gegen dritt- und viertklassige Gegnerschaft noch schadlos, obwohl die Herthaner gegen die biederen und staksigen Schotten vom FC Aberdeen bereits erhebliche Mühe hatten. In der zweiten Runde kam das Aus für Werder gegen Vitesse Arnheim. Die Bremer ließen sich von den kampfstarken und lauffreudigen Holländern überraschen und den Schneid abkaufen. Vitesse wirkte in beiden Spielen engagierter und zeigte den größeren Siegeswillen. Nach dem 1:2 in Arnheim wurde dies besonders deutlich im Rückspiel in Bremen. Dort schafften die seit der 69. Minute durch einen Platzverweis dezimierten Gäste in Unterzahl zwei Mal den Ausgleich. Erst zum 2:2 und dann zum 3:3-Endstand. Vor allem individuelle Konzentrationsmängel und Fehler brachen dem Team von Trainer Thomas Schaaf das Genick. Kollektives Versagen führte dagegen in der dritten Runde zum Ausscheiden von Schalke 04. Eine Galavorstellung von Gustavo Varela, mit zwei Toren und einer Vorlage, beim 3:2 bei Legia War-

Linke Seite: Einfangen zum gemeinsamen Jubeln: Der Brasilianer Derlei (rechts) erzielte den entscheidenden Treffer im Finale. Ferreira hechtet nach dem Torschützen, während Deco schon applaudiert.

schau hatte ihnen den Weg in diese Runde geebnet. Doch schon im Rückspiel (0:0) gaben die »Königsblauen« ihren Fans einen Vorgeschmack dessen, was kommen sollte. Mit Wisla Krakau stand man erneut einem polnischen Kontrahenten gegenüber und schien sich mit dem glücklichen 1:1 in Krakau wieder ein gute Ausgangslage geschaffen zu haben. Doch in Gelsenkirchen wurde der deutsche Pokalsieger beim 1:4 vorgeführt und ausgekontert.

Somit blieben im Achtelfinale Hertha und der VfB übrig. Die Berliner hatten nach Aberdeen mit den Zyprern von APOEL Nikosia keine Mühe, trafen dann aber mit dem FC Fulham auf einen schweren Brocken. Das ausgeglichene Hinspiel gewann Hertha vor allem dank des guten Marcelinho gegen die spielstärkeren, aber harmlosen Gäste etwas schmeichelhaft mit 2:1. In London stand der Bundesligist meist mit dem Rücken zur Wand. Doch eine Glanzleistung von Torwart Gabor Kiraly sicherte dem Team von Trainer Huub Stevens ein 0:0 und das Weiterkommen.

Eine Wiederholung dieses Szenarios bahnte sich im Achtelfinale an. Gegen Boavista Porto waren die Herthaner im Hinspiel das bessere Team, schafften aber erst in der Nachspielzeit durch Dick van Burik den 3:2-Sieg. Den knappen Vorsprung schien man in Porto erneut mit einem 0:0 halten zu können. Doch fünf Minuten vor Schluss köpfte Avalos die Portugiesen mit dem 1:0 ins Viertelfinale.

Weniger spannend ging es beim Achtelfinal-Aus der Stuttgarter gegen den späteren Finalisten Celtic Glasgow zu. Im Celtic-Park war der VfB zwar durch Kuranyi in Führung gegangen, letztlich beim leistungsgerechten 1:3 jedoch chancenlos. Die mangelnde internationale Erfahrung der

Sicher zugepackt: Portos Torhüter Vitor Baia greift sich den Ball vor dem zweifachen Celtic-Torschützen Henrik Larsson.

jungen Truppe von Trainer Felix Magath machte sich im Rückspiel noch deutlicher bemerkbar. Bereits nach 15 Minuten war die Hoffnung, Rückstand umbiegen zu können, dahin. Celtic hatte zwei Konter eiskalt zur 2:0-Führung abgeschlossen. Dass die Stuttgarter am Ende noch 3:2 gewannen spricht für ihre Einstellung, änderte aber am Ausscheiden nichts mehr.

Die Magath-Youngster mit ihren Leitwölfen Krassimir Balakov und Zvonimir Soldo hatte bis dahin, wie auch in der Bundesliga, positiv überrascht. 2: Runde: In Budapest hielt man gegen Ferencvaros ein glückliches 0:0, um die Ungarn im Gottlieb-Daimler-Stadion klar zu beherrschen und mit 2:0 zu schlagen. 3. Runde: Gegen den wegen seiner Erfahrung höher eingeschätzten belgischen Vizemeister FC Brügge, der gerade aus der Champions League ausgeschieden war, wurden in hart umkämpften Spielen verdientermaßen zwei Siege (1:0, 2:1) erreicht. Diese starke Leistung war gegen Celtic nicht zu wiederholen.

Die Schotten hatten im Viertelfinale ihre höchste Hürde zu überwinden. Im zum »Battle of Britain«, der Schlacht um Großbritannien, hochstilisierten Duell mit dem FC Liverpool setzten sie sich gegen den englischen Favoriten durch. Nach dem 1:1 in Glasgow schien im Rückspiel alles für die »Reds« zu sprechen, doch mit einer taktischen Meisterleistung gewann Celtic an der Anfield Road mit 2:0. Ähnliches gelang ihnen im Halbfinale, als sie zu Hause gegen Hertha-Bezwinger Boavista nur 1:1 spielten , aber im Rückspiel 1:0 siegten und so verhinderten, dass das Finale zur Stadtmeisterschaft von Porto wurde.

Der FC Porto hatte den leichteren Weg ins Endspiel, bot dabei aber vor allem im Halbfinale gegen den Topfavoriten Lazio Rom beeindruckende Vorstellungen. Im eigenen Stadion Das Antas wurden die Italiener mit 4:1 vom Platz gefegt und in Rom hielt man nahezu mühelos das 0:0. Das Finale in Sevilla sah ein ausgeglichenes, temporeiches Spiel zwischen zwei gleichwertigen Mannschaften. Matchwinner für die technisch stärkeren Portugiesen war der Brasilianer Derlei, dem in der Verlängerung nach 115. Minuten den Siegtreffer zum 3:2 für Porto gelang. Er hatte auch für die 1:0-Halbzeitführung seines Teams gesorgt. Neben Derlei ragte der kleine Spielmacher Deco heraus, der auch Alejnitschews 2:1 vorbereitete. Celtic kam durch seinen jetzt schon legendären schwedischen Torjäger Henrik Larsson zwei Mal zum Ausgleich, musste sich am Ende dennoch geschlagen geben. Die nie aufsteckenden Schotten hatten jedoch dazu beigetragen, dass ein gelungener Wettbewerb mit dem gutklassigen Finale einen würdigen Abschluss fand.

Manfred Münchrath

Erste Runde

FK Gomel	1	0
FC Schalke 04	4	4
Metalurg Donezk	2	0
Werder Bremen	2	8
VfB Stuttgart	4	4
FK Ventspils	1	1
FC Aberdeen	0	0
Hertha BSC Berlin	0	1
Paris St. Germain	3	1
Ujpest Budapest	0	0
Sporting Lissabon	1	3*
Partizan Belgrad	3	3
Legia Warschau	4	3
FC Utrecht	1	1
Zimbru Chisinau	0	1
Betis Sevilla	2	2
Besiktas Istanbul	2	5
FK Sarajevo	2	0
ZSKA Moskau	1	2
AC Parma	1	3
Levski Sofia	4	1
Bröndby IF	1	1
RSC Anderlecht	0	2
Stabaek IF	1	1
National Bukarest	3	0
SC Heerenveen	0	2
Lazio Rom	4	0
Skoda Xanthi	0	0
Ipswich Town	1	1
Sartid Smederevo	1	0
Maccabi Tel Aviv	1	1
Boavista Porto	0	4
AIK Solna	3	1
Fenerbahce Istanbul	3	3
Sparta Prag	3	1
Siroki Brijeg	0	0
Austria Wien	5	0
Schachtjor Donezk	1	1
Denizlispor	2	1
FC Lorient	0	3
FC Chelsea	2	2
Viking Stavanger	1	4
FC Kärnten	0	1
Hapoel Tel Aviv	4	0
Dinamo Zagreb	6	3
TE Zalaegerszeg	0	1
FC Kopenhagen	0	1
Djurgardens IF	0	3

* n. V.

Viktoria Zizkov	2	1*
Glasgow Rangers	0	3
Vitesse Arnheim	1	1
Rapid Bukarest	1	0
Leeds United	1	1
Metalurg Saporoschje	0	1
Servette Genf	2	2
Amica Wronki	3	1
Sturm Graz	5	3
FC Livingston	2	4
Ferencvaros Budapest	4	1
Kocaelispor	0	0
Zeljeznicar Sarajevo	0	0
FC Málaga	0	1
Girondins Bordeaux	6	4
Matador Puchov	0	1
Slovan Liberec	3	1
Dinamo Tbilisi	2	0
Leixões Porto	2	1
PAOK Saloniki	1	4
Litex Lovetsch	0	1*
Panathinaikos Athen	1	2
Roter Stern Belgrad	0	2
AC Chievo	0	0
Hajduk Split	0	2
FC Fulham	1	2
Primorje Ajdovscina	0	1
Wisla Krakow	2	6
APOEL Nikosia	2	1
Grazer AK	0	1
Celta Vigo	2	0
Odense BK	0	1
Celtic Glasgow	8	2
Suduva Marijampole	1	0
FC Porto	6	0
Polonia Warschau	0	2
Grasshoppers Zürich	3	1
Zenit St. Petersburg	1	2
MKE Ankaragücü	1	0
CD Alavés	2	3
Iraklis Saloniki	4	1
Anorthosis Famagusta	2	3
FC Midtjylland	1	1
Varteks Varazdin	0	1
Blackburn Rovers	1	3
ZSKA Sofia	1	3
Excelsior Mouscron	2	1
Slavia Prag	2	5

* n. V.

Zweite Runde

APOEL Nikosia	0	0
Hertha BSC Berlin	1	4
Ferencvaros Budapest	0	0
VfB Stuttgart	0	2
Legia Warschau	2	0
FC Schalke 04	3	0
Vitesse Arnheim	2	3
Werder Bremen	1	3
Fenerbahce Istanbul	1	1
Panathinaikos Athen	1	4
FC Málaga	2	2
Amica Wronki	1	1
Lazio Rom	1	1
Roter Stern Belgrad	0	1
Ipswich Town	1	0**
Slovan Liberec	0	1
Boavista Porto	2	1
Anorthosis Famagusta	1	0
Dinamo Zagreb	0	1
FC Fulham	3	2
AC Parma	2	1*
Wisla Krakow	1	4
RSC Anderlecht	3	3
FC Midtjylland	1	0
Partizan Belgrad	3	1*
Slavia Prag	1	5
CD Alaves	1	0
Besiktas Istanbul	1	1
Sturm Graz	1	0***
Levski Sofia	0	1
PAOK Saloniki	2	1
Grasshoppers Zürich	1	1
Djurgardens IF	0	1
Girondins Bordeaux	1	2
Viktoria Zizkov	0	0
Betis Sevilla	1	3
Leeds United	1	4
Hapoel Tel Aviv	0	1
Austria Wien	0	0
FC Porto	1	2
Sparta Prag	1	0
Denizlispor	0	2
National Bukarest	0	0
Paris St. Germain	2	1
Celtic Glasgow	1	2
Blackburn Rovers	0	0
Celta Vigo	3	1
Viking Stavanger	0	1

* n. V.
** n. V. (Elfm. 2:4)
*** n. V. (Elfm. 8:7)

Dritte Runde

FC Brügge	1	0
VfB Stuttgart	2	1
Hertha BSC Berlin	2	0
FC Fulham	1	0
Wisla Krakow	1	4
FC Schalke 04	1	1
Sturm Graz	1	1
Lazio Rom	3	0
Betis Sevilla	1	0
AJ Auxerre	0	2
Besiktas Istanbul	3	0
Dynamo Kiew	1	0
Paris St. Germain	2	0
Boavista Porto	1	1
Vitesse Arnheim	0	0
FC Liverpool	1	1
Slovan Liberec	2	0
Panathinaikos Athen	2	1
Denizlispor	0	1
Olympique Lyon	0	0
Girondins Bordeaux	0	2
RSC Anderlecht	2	2
FC Málaga	0	2
Leeds United	0	1
PAOK Saloniki	1	0
Slavia Prag	0	4
AEK Athen	4	4
Maccabi Haifa	0	1
FC Porto	3	0
RC Lens	0	1
Celtic Glasgow	1	1
Celta Vigo	0	2

Achtelfinale

Hertha BSC Berlin	3	0
Boavista Porto	2	1
Celtic Glasgow	3	2
VfB Stuttgart	1	3
Slavia Prag	1	2
Besiktas Istanbul	0	4
FC Málaga	0	1
AEK Athen	0	0
Lazio Rom	3	2
Wisla Krakow	3	1
Panathinaikos Athen	3	0
RSC Anderlecht	0	2
FC Porto	6	2
Denizlispor	1	2
AJ Auxerre	0	0
FC Liverpool	1	2

Viertelfinale

Lazio Rom	1	2
Besiktas Istanbul	0	1
Celtic Glasgow	1	2
FC Liverpool	1	0
FC Malaga	1	0**
Boavista Porto	0	1
FC Porto	0	2*
Panathinaikos Athen	1	0

Halbfinale

Celtic Glasgow	1	1
Boavista Porto	1	0
FC Porto	4	0
Lazio Rom	1	0

Endspiel

Celtic Glasgow	2*
FC Porto	3

* n. V.
** n. V. (Elfm. 1:4)

WM-Erfolg muss bestätigt werden

Ein Jahr nach der Erringung der Vize-Weltmeisterschaft weiß Rudi Völler nicht genau, wo sein Team steht.
Zu durchschnittlich waren die Auftritte – egal ob gegen starke oder schwächer eingestufte Mannschaften.

Das »Jahr danach« mit viel Ärger und Verdruss

Auf den Tag genau ein Jahr nach dem WM-Schlüsselspiel gegen Kamerun, als die deutsche Mannschaft am 11. Juni 2002 mit dem 2:0-Sieg gegen die Afrikaner in Japan die Weichen gestellt hatte zum größten Erfolg in der Amtszeit ihres derzeitigen Teamchefs, drohte ihr auf den Färöern die größte Blamage in der Ära von Rudi Völler.

88 Minuten lang war der Vizeweltmeister gegen die im Vergleich zum Hinspiel in Hannover diesmal völlig überforderten Amateure der Schafsinseln vergeblich angerannt, stand sich in der ersten Halbzeit mit umständlichem und ideenlosem Aufbau- und Kombinationsspiel und nach der Pause mit einer katastrophalen Chancenauswertung immer wieder selbst im Weg.

Die Tabellenführung in der Gruppe 5 der EM-Qualifikation hatte zu diesem Zeitpunkt bereits Island dank dem 3:0-Sieg in Litauen übernommen. Dann aber kamen die 89. Minute und Miroslav Kloses Hauptrolle in diesem Spiel. Nach einem Freistoß von Oliver Neuville köpfte der Mittelstürmer aus Kaiserslautern, den Völler in der 65. Minute zur Verstärkung der Offensive eingewechselt hatte, zum 1:0 ein, ehe Fredi Bobic in der Nachspielzeit noch nachlegte und für den 2:0-Endstand sorgte. Es war das Happy-End einer Länderspielsaison, die einer Fahrt auf der Achterbahn glich.

Kloses Salto nach seinem erlösenden Kopfballtreffer – er war ein Luftsprung der Freude, vor allem aber der Erleichterung. Die akrobatische Zugabe als Symbol für ein mehr als glückliches Ende. Für Miroslav Klose, der als erfolgreichster deutscher WM-Schütze (fünf Tore) in der Länderspielsaison danach ein schier endloses Formtief durchwaten musste und nur zwei Länderspieltore erzielte. Damit verhinderte er freilich gleich zwei Mal ein Desaster gegen die Färöer, da er im Hinspiel in

Nachdenkliche Minen nach dem Schottland-Spiel: Michael Ballack und Torjäger Fredi Bobic sind nicht unbedingt zufrieden.

Rechte Seite: Harte Arbeit auf der Insel: Der Dortmunder Mittelfeldspieler Sebastian Kehl gegen den Schotten Colin Cameron.

Oben: Frischer Wind bei Völler: Der junge Stuttgarter Kevin Kuranyi (Mitte) durfte auch gegen Kanada ran und macht Hoffnungen.

Hannover mit einem Kopfballtreffer auch den 2:1-Sieg gegen die Nr. 113 der FIFA-Weltrangliste sicher gestellt hatte.
Ein glückliches Ende bedeutete der späte Doppelschlag auf der Inselgruppe im Nordatlantik auch für Rudi Völler, der mit Kloses Einwechslung und mit der acht Monate zuvor erfolgten Reaktivierung von Fredi Bobic einmal mehr sein glückliches Händchen bei personaltaktischen Maßnahmen bewiesen hatte. Ein glückliches Ende stellt der Duselsieg zum Saisonfinale vor allem aber für die deutsche Mannschaft dar, die ihre Tabellenführung letztlich doch noch verteidigen und ein Absacken auf einen absoluten Tiefpunkt in der öffentlichen Anerkennung gerade noch verhindern konnte.
Mit drei Länderspielen innerhalb von elf Tagen hatte das Spieljahr nach der aus deutscher Sicht so ungemein erfolgreichen WM-Endrunde in Japan und Korea seinen Abschluss gefunden. Erst der Test gegen Kanada, dann der auch von Völler zum »Spiel des Jahres« hochgewerteten EM-Hit gegen Schottland und schließlich der Schlusspunkt auf den Färöern. Gewiss, der Dreisprung zum Saisonende mit dem 4:1-Sieg bei der Generalprobe gegen die von dem früheren DFB-Trainer Holger Osieck als Nationalcoach betreuten Kanadier und dem 2:0 über die Färöer sowie dem Unentschieden in Glasgow brachte die deutsche Nationalelf dem Ziel der direkten EM-Qualifikation etwas näher, da die Schotten als bis dahin stärkster Konkurrent auswärts auf Distanz gehalten werden konnten. Zugleich polierte er die zahlenmäßige Jahresbilanz etwas auf, ohne das mit nur fünf Siegen, vier Unentschieden und zwei Niederlagen bislang schlechteste saisonale Gesamtergebnis in Völlers nunmehr dreijähriger Tätigkeit als Teamchef kaschieren zu können. In ihrer Entwicklung kam die DFB-Auswahl mit diesem finalen Dreiakter ohnehin nicht weiter. Im Gegenteil: In Glasgow und auf den Färöern bündelten sich all die Unzulänglichkeiten und Nachlässigkeiten, mit denen sich der Vizeweltmeister im »Jahr danach« zum häufigen Ärger und Verdruss seiner Fans das Leben selbst so schwer machte.
Als Konsequenzen aus der holprigen Spieleröffnung und dem oft zu durchsichtigen, weil zu langsamen und schwerfälligen Spielaufbau kündigt Rudi Völler für die EM-Saison an: »Wir müssen in der neuen Saison spielerisch stärkere Akzente setzen. Dabei hoffe ich ganz besonders auf die Rückkehr von Sebastian Deisler, der eine Topalternative für unser Offensivspiel sein wird.« Es war in der Tat enttäuschend, dass die deutsche Mannschaft in Glasgow nicht in der Lage war, in einer Partie voller Aggressionen und Emotionen den spieltechnisch klar unterlegenen Gegner mit der nötigen Abgeklärtheit zu kontrollieren.
Noch enttäuschender war aber der Eindruck, dass sich Völlers Team einmal mehr zu früh mit zu wenig zufrieden gab, was sich wie ein roter Faden durch die ganze Saison zog. Wie schon in Bosnien-Herzegowina oder in den Heimspielen

Rechts: Völler rümpft die Nase: Bis zur EURO 2004 in Portugal bleibt dem Teamchef noch eine Menge an Arbeit.

gegen die Färöer, Litauen und Serbien & Montenegro ging die Mannschaft auch in Schottland relativ früh mit 1:0 in Führung, ohne diesen Vorsprung zu einer überzeugenden Gesamtvorstellung zu nutzen.
Daran vermochte auch Michael Ballacks bis dahin einziger Einsatz im Jahr 2003 nichts zu ändern. Allerdings machte der nach seinem Wechsel zum FC Bayern in München zum Teamleader sowie Spielgestalter und Torjäger gereiften und deswegen von Völler zum »Weltstar« geadelten Zentralfigur eine Wadenverletzung vor, bei und nach dem Schottland-Auftritt so schwer zu schaffen, dass sie auch für das folgende Spiel in Torshavn wieder ausfiel.
Berti Vogts hält »Michael Ballack und Didi Hamann für eines der besten Mittelfeldpaare in Europa.« Was nützt diese Wertschätzung jedoch Rudi Völler, wenn der eine wie der andere nur eines der sechs Länderspiele im ersten Halbjahr 2003 mitmachen konnte und beide zusammen kein einziges Mal gemeinsam am Ball gewesen waren? Zur Steigerung des Spielniveaus setzt Völler daher auf die Wiederkehr dieses Gespanns, aber auch auf die Rückkehr so spielstarker Akteure wie Jens Nowotny, Sebastian Deisler und Christian Ziege, die über die komplette Länderspielsaison 2002/03 ausgefallen waren.
Daneben wünscht sich der Teamchef aber ganz besonders eine bessere Chancenauswertung auf dem Weg zur EM-Endrunde 2004 in Portugal.
»Unsere Stärke bei der WM 2002, der kaltblütige Torabschluss, ist danach zu unserer Schwäche geworden. Dieses Manko hat uns in der Saison nach der WM zurückgeworfen. Im Hinblick auf die entscheidenden Spiele in der Qualifikation, aber auch bei der EM selbst, sind die Spieler besonders gefordert, die die Torchancen haben.«
Als Lichtblick erwies sich in dieser Beziehung lediglich Fredi Bobic. Beim Hinspiel gegen die Färöer saß er im Oktober 2002 in Hannover nach als Zuschauer auf der Tribüne. Danach aber gelang dem 31-Jährigen mit fünf Toren in sieben Spielen das Comeback des Jahres, mit dem er – viereinhalb Jahre nach seiner ersten Phase als Nationalspieler – innerhalb von acht Monaten vom Tribünenfan im Niedersachsenstadion zur Nummer eins im Sturm des Vizeweltmeisters aufstieg.
Ansonsten wurde in dieser mehr als mäßigen Länderspielsaison nur noch ein erfreuliches Kapitel geschrieben: Die konsequente und effiziente Verjüngung des Teams, die in acht Neulingen unter den insgesamt 35 eingesetzten Spieler zum Ausdruck kommt. »Ich werde auf dieser Schiene mit jungen Spielern weiterfahren. Sie haben mein Vertrauen und sie bestätigen es auch immer wieder. Gerade deswegen, aber auch weil ich der Mannschaft in Sachen Engagement und kämpferischer Einstellung keinen Vorwurf machen kann, bin ich felsenfest davon überzeugt, dass wir uns für die EM qualifizieren werden«, sagt Völler.

Wolfgang Tobien

Deutliche Worte von Völler: Der Teamchef musste häufiger mal mahnende Worte sprechen – zu oft blieben die Leistungen hinter den Erwartungen zurück.

RAUL
7
BECKHAM
23
BECKHAM

Real Madrid – das Star-ballett

In diesem Sommer hieß der Star-Einkauf David Beckham. Die Königlichen basteln weiter an ihrem Ensemble der Welt-Stars. Dauerhafte Erfolge können allerdings auch sie nicht garantieren.

Außenseiter Wales marschiert wie der Europameister

Der größte Erfolg der Außenseiter: Ein Treffer von Simon Davies (links gegen Nesta) half den Walisern, auch Italien mit 2:1 Toren zu bezwingen.

Als Portugal den Zuschlag für die EURO 2004 erhielt, war das eine Überraschung. Umso mehr bemühen sich die Portugiesen nun, die große Herausforderung zu meistern. Noch wird an den meisten Stadien gebaut. Doch bis zum Turnierstart am 12. Juni wird alles vorbereitet sein.

Wer dann neben Gastgeber Portugal dabei sein wird, ist noch offen. Um die 15 freien Plätze wird derzeit in zehn Qualifikationsgruppen gespielt. Auch der amtierende Europameister Frankreich muss sich die Teilnahme am Endturnier erst verdienen. Die Franzosen sind jedoch schon am weitesten von allen Qualifikanten. Nach fünf Siegen in fünf Spielen steht das Team von Trainer Jacques Santini kurz davor, das Ticket nach Portugal zu lösen. Die souveräne Mannschaft um die Superstars Zinedine Zidane, Thierry Henry, Patrick Vieira, Fabien Barthez und Kapitän Marcel Desailly zeigt sich bereits jetzt für den Kampf um die Titelverteidigung bestens gerüstet.

Als einziges Team neben Frankreich hat Wales alle seine bisherigen Spiele gewonnen. Die überraschend starken Briten machen damit vor allem

Vize-Europameister Italien, das in Cardiff 1:2 verlor, das Leben schwer. Die Trapattoni-Truppe kam nur langsam in Tritt, hat sich nun aber auf die Verfolgung der Waliser gemacht. Sollte Trainer Mark Hughes, ehemals Profi bei Bayern München, Wales zur Endrunde führen, wäre das eine Premiere. Bisher qualifizierte sich das britische Team erst ein Mal für ein großes Turnier: der WM 1958 in Schweden.

In dieser Gruppe droht Serbien-Montenegro, dem früheren Jugoslawien, das vorzeitige Aus. Auch andere renommierte Länder, wie Russland oder Polen, stehen bereits mit dem Rücken zur Wand. Noch können sie sich zumindest Hoffnungen auf Rang zwei und damit die spannenden, aber ungeliebten Play-off-Spiele machen. Nur die Gruppensieger qualifizieren sich nämlich direkt für die Endrunde in Portugal. Die zehn Zweitplatzierten werden für eine K.-o.-Runde frei gegeneinander ausgelost und ermitteln in Hin- und Rückspiel die restlichen fünf Teilnehmer.

Diesen zusätzlichen Nervenkitzel möchten sich verständlicherweise alle ersparen. Doch einige Hochkaräter wird es auch diesmal treffen. So zum Beispiel Holland oder Tschechien. Die beiden Teams von Weltklasseformat, die bereits die WM 2002 verpassten, liefern sich in ihrer Gruppe ein Kopf-an-Kopf-Rennen. Einer wird am Ende in den sauren Apfel beißen müssen. Derzeit sind die Tschechen leicht im Vorteil, haben sie doch beim ersten der beiden direkten Duelle in Rotterdam ein 1:1 erreicht und erwarten nun das Oranje-Team zum Rückspiel in Prag.

Ein anderer hochklassiger Zweikampf findet zwischen dem WM-Dritten Türkei und Ex-Weltmeister England statt. Auch von diesen beiden wird einer die Play-offs bestreiten müssen. Die übrigen Teams der Gruppe sind chancenlos, können aber das Zünglein an der Waage spielen. So haben die Engländer zwar 2:0 gegen die Türkei im ersten direkten Aufeinandertreffen gewonnen, andererseits aber vielleicht zwei entscheidende Punkte beim blamablen 2:2 gegen Mazedonien verloren. Die Türken habe gegen die Kleinen dagegen bisher eine weiße Weste und noch das Heimspiel gegen die Briten.

Ungewohnt schwer tut sich auch ein weiterer Favorit: Spanien. Die Iberer qualifizierten sich in den vergangenen Jahren stets mühelos, um dann ebenso regelmäßig in den Endrunden zu versagen. Der neue Trainer Paco Saez, der zuvor die erfolgreichen Jugendteams betreute, wollte dies erklärtermaßen ändern. Allerdings kaum in dem Sinne, dass die Ausscheidungsphase schwieriger wird. Doch genau dafür sorgt sein deutscher Kollege Otto Rehhagel, der Griechenland nach Portugal führen will. Nach einem schwachen Start mit zwei Niederlagen gegen Spanien und die Ukraine schien dieses Ziel bereits in weite Ferne gerückt. Doch Rehhagel beharrte weiter darauf, dass die Chancen noch intakt seien. Und tatsächlich gelang seinem Team, wenn auch sehr glücklich, ein sensationeller 1:0-Sieg in Spanien, dem ein weiteres 1:0 gegen die Ukraine folgte. Nun haben die Griechen ihre Direktqualifikation in der eigenen Hand. Sie dürfen gegen die Außenseiter Armenien und Nordirland allerdings nicht mehr patzen.

Gute Leistungen, vor allem beim 3:1 über Russland, zeigten auch die von Trainer Hans-Peter Briegel während der laufenden Qualifikation übernommenen Albaner. Dennoch reicht es nicht für einen der beiden ersten Plätze.

Manfred Münchrath

Real Madrid – Ein Ensemble der Weltstars zittert sich zum Titel

Real-Präsident Florentino Perez sammelt Stars. Nach Luis Figo kam Zinedine Zidane, dann Ronaldo und nun zuletzt David Beckham. Eine Erfolgsgarantie ist das nicht, wie das Aus in der Champions League zeigte. Auch um den Meistertitel mussten die »Königlichen« aus Madrid lange zittern.

Mit dem Transfer Ronaldos hatte Perez zum wiederholten Male den Vogel abgeschossen. Noch ein Superstar mehr für die ohnehin schon mit Weltklasse-Spielern gespickte Real-Truppe. »Wer soll diese Mannschaft überhaupt noch aufhalten können?« fragten sich die einen, »passt das überhaupt zusammen?«, zweifelten die anderen. Und genau zwischen diesen beiden Polen bewegte sich Real Madrid während der gesamten Spielzeit. Da war ein inspiriertes Künstler-Ensemble mit phasenweise nahezu perfektem Angriffsspiel zu sehen, zuweilen aber auch eine unerklärliche Abschluss-Schwäche gepaart mit haarsträubenden Abwehrfehlern.
Ronaldo selbst feierte am fünften Spieltag beim 5:2 einen Traum-Einstand, als er nur zwei Minuten nach seiner Einwechslung mit dem zweiten Ballkontakt gleich ein Tor erzielte. Doch der Weltmeister blieb lange umstritten. Einerseits wegen der dauernden Diskussionen um seine Ablösesumme: Neben den 35 Millionen Euro sollte Real-Spieler Santiago Solari den Weg in Richtung Inter Mailand nehmen. Doch der weigerte sich und so wurden weitere zehn Millionen Euro fällig. Andererseits auf Grund seiner Leistung: Übergewichtig und nicht mit den Kollegen eingespielt wirkte er, wurde somit zur Zielscheibe der Kritik, zumal sein Ersatz Guti stets frischer wirkte, wenn er zum Einsatz kam.
Selbst Trainer Vicente del Bosque, der dem Brasilianer ansonsten stets den Rücken stärkte, sah sich zum Tadel genötigt: »Alle ziehen gut mit, nur Ronaldo nicht.« Der zog sich den Schuh an und steigerte sich. Vor allem in den wichtigen Spielen traf er ins Netz und trug mit seinen 21 Toren einen gehörigen Anteil zum Titelgewinn Reals bei. Ebenso wie Raul, Figo, Roberto Carlos, Claude

Makelele und der Primus inter pares: der überragende Zidane.
Doch der Titel hing bis zum vorletzten Spieltag am seidenen Faden. Fast wäre dem Sensationsteam Real Sociedad San Sebastian der Coup der Saison gelungen. Die Basken, im Vorjahr noch Abstiegskandidat, griffen nun nach dem Titel. Der französische Trainer Raynald Denoueix war 2001 mit dem FC Nantes Meister geworden, in Spanien aber ein unbeschriebenes Blatt. Er schaffte es, um eine Hand voll herausragender Individualisten ein Kollektiv zu formen, dessen Erfolg nach einem guten Start durch wachsendes Selbstvertrauen eine ungeahnte Eigendynamik entwickelte. Das türkisch-serbische Sturmduo Nihat und Darko Kovacevic erzielte zusammen 41 der 68-Sociedad-Tore. Der junge Regisseur Xabi Alonso lenkte glänzend das Spiel und Torwart Sander Westerveld war eine Bank.
Dennoch gab es kein Happy end für das baskische Fußball-Märchen. Am drittletzten Spieltag patzte Real gegen Celta Vigo (1:1). Doch Sociedad konnte 24 Stunden später den Matchball gegen Valencia nicht verwandeln und erreichte ebenfalls nur ein 1:1. Der Vorsprung wäre bei einem Sieg auf drei Punkte angewachsen. Den direkten Vergleich, der in Spanien bei Punktgleichheit entscheidend ist, hatte San Sebastian gegen Real gewonnen (1:1, 4:2). In der vorletzten Runde verlor Sociedad prompt mit 2:3 bei Celta Vigo, das sich damit den Champions-League-Platz sicherte, während Real mit dem 4:0 im Stadt-Derby gegen Atletico die Vorentscheidung gelang.
Zu den Geschlagenen gehörte neben Titelverteidiger FC Valencia auch der FC Barcelona, der eines der schlechtesten Jahre seiner Vereinsgeschichte erlebte und nun vor einem personellen Umbruch steht. Die hoch verschuldeten Katalanen schwebten zeitweise in Abstiegsgefahr und entließen im Januar den erst im Sommer zurückgekehrten Trainer Louis van Gaal. Wenig später trat auch Präsident Joan Gaspart von seinem Amt zurück. Unter Interims-Coach Radomir Antic qualifizierte sich Barca am letzten Spieltag noch für den UEFA-Pokal. Auf Kosten von Athletic Bilbao. Die von Jupp Heynckes trainierte Mannschaft legte nach schwachem Start eine starke Rückrunde hin. Trotz des guten siebten Ranges verließ der deutsche Coach den Klub und heuerte bei Schalke 04 an.
Einen Trainerwechsel gab es überraschenderweise auch bei Real Madrid. Unmittelbar nach dem Gewinn des Meistertitels wurde Del Bosque entlassen. Sein Nachfolger ist der Portugiese Carlos Queiroz. Mit ihm und dem neuesten Superstar David Beckham, der für 35 Millionen Euro verpflichtet wurde soll eine neue Ära beginnen. Vielleicht eine, die mehr von Show und Marketing-Strategien als von fußballerischem Erfolg geprägt ist.

Manfred Münchrath

Stars und Stützen der Meistermannschaft: Roberto Carlos, Ronaldo (verdeckt), Raul und Luis Figo bejubeln einen Treffer gegen Athletic Bilbao.

Linke Seite: Foto-Shooting für den Glamour-Boy: David Beckham (bisher Manchester United) bei seiner Vorstellung im Trikot von Real Madrid.

Juventus Turin dank Nedveds Dauer-Power zum 27. Titel

Am Ende hatte Juventus Turin die Nase vorn. Wieder einmal. Bereits zum 27. Mal sicherte sich das Team der Agnelli-Dynastie den »Scudetto«, wie der Titel in Italien genannt wird. Ein Rekord.

Wochen und Monate lang hatten sie sich einen erbitterten Dreikampf um die Spitze geliefert. Die Schwarz-Weißen von Juventus sowie die beiden Mailänder Stadtrivalen Inter und Milan. Bei der inoffiziellen Herbstmeisterschaft noch hatte der AC Mailand, der Klub des Ministerpräsidenten Silvio Berlusconi die Nase vorn. Doch in der Rückrunde war die Mannschaft von Erfolgstrainer Marcello Lippi nicht mehr zu stoppen. Am Ende triumphierte das starke Kollektiv, am Ende sicherte vor allem die sichere Beton-Abwehr Juves den erneuten Erfolg. Schließlich konnte Juventus den Titel, der in der Vorsaison geholt wurde, verteidigen.

Der Triumph der »vecchia signora«, der »Alten Dame«, wie Juventus auf dem Apennin respekt- und würdevoll von der größten Fangemeinde in der Serie A genannt wird, war in erster Linie Folge der Kontinuität. Trainer Marcello Lippi ging fast mit einem unveränderten Kader in die Saison. Die Korsettstangen des routinierten Teams waren geblieben, von den wenigen Neuzugängen schlug vor allem der von Hellas Verona geholte Mauro Camoranesi voll ein, so dass er, der in Argentinien großgewordene Flügelflitzer mit dem italienischen Pass, schnell in die Squadra Azzurra berufen wurde.

Ansonsten prägten die bekannten »Verdächtigen« das Erscheinungsbild bei Juventus: Weltklasse-Keeper Buffon, die Abwehrstrategen Thuram, Ferrara und Montero; im Mittelfeld ackerten die Zambrotta, Tacchinardi und der holländische Bull-Terrier Edgar Davids. Und vorn in der Offensive durchpflügten Nedved und Del Piero die gegnerischen Abwehrketten. Vor allem der Tscheche Pavel Nedved erwies sich als der nimmermüde Antreiber und Dynamo des Juve-Spiels. In unnachahmlicher Art war der 31-jährige Tscheche Mittelfeldspieler, Flügelspieler und Sturmspitze zugleich. Selbst mit einem Lasso war der Dauer-Power-Mann nicht einzufangen.

So war es kein Wunder, dass die Konkurrenten aus Mailand schon frühzeitig im Meisterschafts-Endspurt die erneute Übermacht des Teams aus der Fiat-Stadt anerkennen mussten. Nach dem 32. von 34 Spieltagen konnte Juventus den erneuten Gewinn der Meisterschaft feiern. Es war der fünfte Titel unter dem Meistertrainer Marcello Lippi, dem nur noch ein Titel fehlt, um mit dem großen Giovanni Trapattoni gleichziehen zu können. Und der bereits 36-jährige Abwehr-Haudegen Ciro Ferrara feierte als Spieler bereits seinen siebten »Scudetti«.

Am Ende der Saison hatte »la vecchia signora« den besten Angriff der Serie A mit 64 Toren (wie Vizemeister Inter) und, wen verwundert's, die stärkste Abwehr mit nur 29 Gegentreffern. Einmal mehr hatten die ewigen Rivalen von Inter und AC Mailand einen vergeblichen Anlauf unternommen. Inter scheiterte wie schon im Vorjahr an mangelnder Kreativität und effektivem Flügelspiel. Da konnten auch Top-Torjäger Christian Vieri (24 Treffer) und der von Lazio Rom verpflichtete argentinische Nationalstürmer Hernan Crespo die Kastanien nicht mehr aus dem Feuer holen.

Ähnlich erging es auch dem AC Mailand. Der Berlusconi-Klub hatte zwar personell für die Saison nach einmal mächtig aufgerüstet, dennoch blieb man am Ende erneut auf der Strecke – zumindest in der Meisterschaft. Mit dem brasilianischen Weltmeister Rivaldo, mit Alessandro Nesta (von Lazio Rom) und Clarence Seedorf (Inter Mailand), um nur die besten zu nennen, war der ohnehin schon stark besetzte Kader bestückt worden.

Doch nach einer starken Hinrunde mit der Herbstmeisterschaft als Krönung ging dem Team von Trainer Carlo Ancelotti trotz eines brandgefährlichen Filippo Inzaghi auf der Zielgeraden die Puste aus.

Dafür hielt sich Milan dann in der Champions League schadlos und drehte den Spieß um. Im rein italienischen Finale von Manchester gegen Meister Juventus Turin setzte sich Milan im Elfmeterschießen durch und feierte dabei besonders den brasilianischen Keeper Dida. Getoppt wurde die Milan-Saison dann noch durch den Gewinn des Italia-Pokals gegen den AS Rom.

Hardy Hasselbruch

Rechte Seite: Als Kapitän zum 27. Titelgewinn: Superstar Alessandro Del Piero war einer der Schlüsselspieler bei der Titelverteidigung des italienischen Rekordmeisters Juventus Turin.

Als den »Kanonieren« das Pulver nass wurde

Jubelarie bei Manchester United: Stolz präsentiert Kapitän Roy Keane die Meistertrophäe nach einem spannenden Rennen in der Premier League.

Das Duell zwischen Manchester United und dem FC Arsenal prägt die Premier League seit Jahren. Auch in dieser Saison, in der die »Red Devils« die lange Zeit souveränen »Gunners« kurz vor Schluss noch abfingen.

Arsène Wenger ist kein Freund großer Sprüche. Der französische Trainer des FC Arsenal wägt die Wahl seiner Worte vor ihrer Äußerung meist gut ab. Daher überraschte er vor der Saison mit der eher großspurigen Ankündigung: »Meine Mannschaft wird in dieser Spielzeit keine einzige Partie verlieren.« Wenger wusste, dass ihm Spott und Häme im Versagensfall sicher waren. Umso überzeugter musste er von der Überlegenheit seines Teams sein, das den Worten des Trainers immerhin zehn Spieltage lang entsprechende Taten folgen ließ. Insgesamt 30 Spiele in Folge blieben sie ungeschlagen. Dann setzte es allerdings gleich zwei Pleiten in Folge. Der Nimbus war dahin und Wenger widerlegt. Dennoch ließ sich der Titelverteidiger davon nicht beeindrucken. Die Londoner spielten wie aus einem Guss und in einer anderen Liga. Vor allem das französischer Trio Patrick Vieira, Robert Pires und Thierry Henry wirbelte die gegnerischen Abwehrreihen immer wieder nach Belieben durcheinander. Bis zum März konnte Arsenal das überaus hohe Niveau halten. Am 30. Spieltag kam die Wende. Das 0:2 bei Blackburn leitete den Untergang ein. Eine Verletzungsserie bei den Verteidigern machte die Abwehr noch anfälliger und vorne wurde den »Gunners« (Kanoniere) das Pulver nass. Punkt um Punkt verloren sie gegenüber dem Rivalen aus Manchester, der sie erst ein- und dann überholte. Manchester Uniteds Trainer Sir Alex Ferguson hatte im November den Titel schon abgeschrieben. Zu groß schien der Rückstand (neun Punkte) auf ein schier unerschütterliches Arsenal zu sein. Seine Elf erreichte nicht das hohe Niveau der Vorjahre. Verletzungen von wichtigen Spielern wie Kapitän Roy Keane, Paul Scholes, Nicky Butt, Juan Sebastian Veron, Gary Neville, Rio Ferdinand oder Wes Brown hatten zeitweise massiven Einfluss auf die Leistungsstärke. Doch es sprach andererseits auch für die große Klasse und den trotz aller bereits erreichter Erfolge enormen Siegeswillen des Teams, dass es sich aus dieser Talsohle her-

auskämpfte und spielte. Nach dem 26. Dezember, dem 1:3 gegen Middlesbrough, blieb United 18 Spiele lang unbesiegt.
Zu Beginn dieser grandiosen Serie hatte Ferguson gesagt: »Wenn wir doch noch Meister werden, ist dies die größte Leistung, seit ich hier in Manchester bin.« Unter seiner Führung, die er eigentlich mit Beginn dieser Saison in andere Hände hatte legen wollen, gelang der Mannschaft dieses Kunststück. Fergusons Ehrgeiz und Erfahrung waren entscheidende Faktoren für den Erfolg. Ebenso die Zielsicherheit von Ruud van Nistelrooy, der mit 24 Treffern Torschützenkönig wurde. Noch wichtiger aber war die stabile Defensive. Die Investition der Rekordsumme von 45 Millionen Euro für Nationalverteidiger Ferdinand hatte sich letztlich ausgezahlt.
Außer ManU und Arsenal hatte keine andere Mannschaft eine echte Titelchance. Lange Zeit gut im Rennen lag Newcastle, doch fehlte dem Team von Trainer Bobby Robson schlicht und einfach die spielerische und personelle Klasse der beiden Topteams. Dennoch ist der dritte Platz als Erfolg zu werten.
Eine Enttäuschung war dagegen der FC Liverpool, der vor der Saison als ernsthafter Titelanwärter gehandelt worden war. Auch Trainer Gerard Houllier hatte optimistisch verkündet: »Nach 13-jähriger Durststrecke wollen wir in der Liga endlich wieder die Nummer eins werden.« Es blieb bei der Ankündigung. Nach einem guten Start riss der Faden völlig. Sogar ein Platz in der Champions League wurde verpasst. Elf Spiele blieben die »Reds« zwischenzeitlich ohne Sieg. »Es fehlt an Selbstvertrauen, das ist auch eine psychologische Sache. Wir haben einen Anti-Lauf«, analysierte Didi Hamann.
Hamann war einer der wenigen deutschen Legionäre, die überzeugen konnten. Sein Teamkollege Markus Babbel fand nach überstandener langwieriger Krankheit nicht mehr den Anschluss und fiel zudem bei Trainer Houllier in Ungnade. Trotz stabiler Leistung wurde auch Steffen Freund bei Tottenham von seinem Coach Glenn Hoddle ausgemustert. Robert Huth kam bei Chelsea in der Hinrunde zum Einsatz, gehörte dann aber nicht mehr zum Kader.
Zur Garde der starken Youngster gehörte Thomas Hitzlsperger, der bei Aston Villa eine gute Rolle spielte. Noch jünger und noch spektakulärer waren die 16-Jährigen Wayne Rooney (Everton) und James Milner (Leeds), die eine neue Generation des englischen Fußballs verkörpern und vielleicht einmal zu einer Wachablösung der Dominatoren Arsenal und Manchester United beitragen werden. *Manfred Münchrath*

Das Duell im Titelrennen: Arsenal gegen ManU – oder der Zweikampf zwischen Thierry Henry (rechts) und Rio Ferdinand. Die Partie endete 2:2 unentschieden.

Millionäre, Double-Daum und die Schoko-Tabelle

Kennen Sie die Werbung von Lotto? Die frisch-gebackene Millionärin steht an der Garderoben-Ausgabe eines Theaters und drückt jedem, der seinen Mantel abholt gleichzeitig ein Bündel Geldscheine in die Hand – als Dank dafür, sich ihr untalentieres Geträller angehört zu haben. Die Dame hat eben zu viel davon.

Die Frage, ob dies bei Frank Stronach auch der Fall ist, sei gestattet. Eigentlich ist sie rein rhetorischer Natur. Nach dem zwölften Spieltag der Saison 2002/03 in der österreichischen Bundesliga entließ besagter Millionär Stronach in seiner Funktion als Präsident Austria Wiens seinen Trainer, Walter Schachner – allseits nur »Schoko« gerufen.
Die Austria war zu diesem Zeitpunkt in die zweite UEFA-Pokalrunde eingezogen, führte die Liga-Tabelle mit sechs Zählern Vorsprung an.
Doch Stronach wollte einen größeren Namen, mehr Glamour, erhöhte Aufmerksamkeit. All dies war ihm ab Anfang Oktober sicher, denn Meistertrainer Christoph Daum wurde verpflichtet. Dass dieser am Ende souverän Meister und Pokalsieger wurde, ist die eine Seite der Medaille und spricht für gute Arbeit des Deutschen.
Dass Schachner dies mit diesem Kader, der der Konkurrenz in Österreich um Längen voraus ist, auch geschafft hätte, bleibt eine Behauptung. Aber eine mit 99-prozentigem Wahrscheinlichkeitswert. Im Unterschied zu Daum wäre Schachner danach wohl auch nicht gegangen. Daum aber zog es nach einem Techtelmechtel ohne Vertragsabschluss mit Schalke in die Türkei, zu Fenerbahce. Daums Nachfolger auf dem rot-weiß-roten Trainer-Karussell ist kein Unbekannter: Jogi Löw wurde just in Österreich mit dem mittlerweile von der Fußball-Landkarte gestrichenen FC Tirol 2002 Meister. Nun spielt der ehemalige Stuttgarter Trainer mit Austria in der Champions-League-Qualifikation.
Doch zurück zu Schachner und Daum: »Schoko« fand schnell wieder einen Job, coachte den Grazer AK und führte den Ex-Klub von Klaus Augenthaler sogar in die Champions-League-Qualifikation. Doch der Stachel der stronachschen Demütigung saß so tief, dass Schachner die »Schoko-Tabelle« erfand – nach dem Motto: Daums Punkte, meine Punkte. Und siehe da, am

Ende wies ihn diese imaginäre Rangliste als Sieger vor seinem Austria-Erben aus: Schachner verbuchte in 23 GAK-Spielen 46 Zähler, Kollege Daum 43 in 24 Partien. Allerdings sei angefügt, dass die Austria nach dem vorzeitigen Gewinn des Titels die Zügel arg schleifen ließen und so Besseres verhinderte. Wie auch immer, Schachner hatte seine Genugtuung.
Dritter hinter der Austria und dem GAK wurde der SV Salzburg – willkommen im UEFA-Pokal! Absteigen muss Ried. Ein Jahr nach der knappen Rettung erwischte es den SV diesmal. Eher Demütigung durfte am Ende ein weiterer deutscher Trainer in der Alpenrepublik erfahren: Nach dem Saisonende und dem Verpassen des internationalen Wettbewerbs brach bei Sturm Graz selbiger los: Franco Foda wurde durch Gilbert Gress ersetzt. Fodas Prognose aus dem April, nicht rausgeworfen zu werden, weil er »ein sehr guter Trainer« sei, erfüllte sich nicht. Am Fachlichen lag's nicht, eher fehlte dem Ex-Spieler Sturms zuweilen die erforderliche Distanz zu seinen ehemaligen Kollegen – so sah es der oft eigenwillige und grantige Präsident Hannes Kartnig. Der ist übrigens auch Millionär, wie Frank Stronach …

Thomas Böker

Triumphmarsch in Österreich: Austria Wiens Meistertrainer Christoph Daum wird auf den Schultern durch das Schwarzenegger-Stadion in Graz getragen.

Die Hoppers hüpften souverän auf den Thron

Ausgelassene Freude bei den Grasshoppers: Nach einem 4:2-Sieg bei den Young Boys Bern hatten die Zürcher den Titelgewinn in der Tasche.

Der Mann irrte sich. »Unser Vorteil ist die mentale Stärke. Wir gewinnen und werden hundertprozentig Meister.« Pascal Zuberbühlers Optimismus an diesem 13. Mai war unerschütterlich, drei Tage vor dem Show-down in der Finalrunde der Schweizer Nationalliga A.

Mit seinem FC Basel wollte er mit einem Sieg im Schlagerspiel zum Tabellenführer, den Grasshoppers aus Zürich, aufschließen. Den Dauer-Zweikampf für sich entscheiden. Den Titel erfolgreich verteidigen.

Allein: Daraus wurde nichts. 2:2 endete das Match in Zürich am 16. Mai, die Hoppers stolperten danach noch einmal (1:1 beim Erzrivalen FC Zürich) und gaben sich sonst keine Blöße. Der 27. Meistertitel für den Traditionsklub aus Zürich war perfekt. Verdientermaßen, denn schon nach der Vorrunde lagen die Hoppers zwei Zähler vor Basel (was ihnen bei Punktgleichheit einen Bonus-Zähler und gleichfalls den Titelgewinn gebracht hätte), und in der Finalrunde verloren sie als einzige Mannschaft kein Spiel. Entscheidend war letztlich die Auswärtsstärke mit fünf Siegen und

selbst, denn zusammen mit Rene C. Jäggi hatte er den FCB vor dessen Weggang nach Kaiserslautern auf Erfolgskurs gebracht. Basel in der Champions League – Kanonenfutter für die Großen. Klarer Fall. Oder auch nicht. In der Qualifikation schaltete der FCB Schottlands Meister und späteren UEFA-Pokal-Finalisten Celtic Glasgow aus. Bis auf die 2:6-Niederlage in Valencia gaben sich die Schweizer anschließend keine Blöße und spielten alles – außer Käse. Liverpool und Spartak Moskau schieden aus, Basel zog in die Zwischenrunde ein und musste hier nur auf Grund des schlechteren direkten Vergleiches dem späteren Finalisten Juventus Turin den Vortritt lassen. Immerhin: La Coruna ließen die Eidgenossen hinter sich. Die herausragenden Akteure in der Königsklasse: die Gebrüder Yakin, Murat und Hakan und Torjäger Gimenez und Rossi (je fünf Tore). Und natürlich der Trainer: Christian Gross, der seinen Vertrag ohne Ausstiegsklausel verlängerte und Schalke einen Korb gab.
Was gab es sonst noch? Stéphane Chapuisat, einst für Dortmund auf Torejagd, gelang am vorletzten Spieltag sein 100. Treffer in der Nationalliga A – per Foulelfmeter für die Young Boys aus Bern im Kantonsderby gegenThun. Im UEFA-Pokal sind Xamax Neuchatel und eben jene Young Boys Bern vertreten. In der Auf- und Abstiegsrunde setzten sich übrigens Aarau und St. Gallen durch. Beide bleiben der Nationalliga A damit erhalten. Ein packendes Titelrennen, eine Duftnote in der Champions League hinterlassen und eine Nationalelf, die sich in ihrer Qualifikationsgruppe auf dem besten Wege zur EURO 2004 befindet. Wer den Schweizer Fußball zu Beginn des neuen Jahrtausends unterschätzt, der irrt. Gewaltig. Wie Pascal Zuberbühler einst im Mai.

Thomas Böker

zwei Remis. Garanten für den Erfolg waren Keeper Fabrice Borer, der die wenigsten Gegentreffer (41 in 36 Spielen) kassierte, Richard Nunez, der als Mittelfeldspieler sogar die beiden Torjäger des Kontrahenten aus Basel, Rossi und Gimenez in der Rangliste hinter sich ließ. Die beste Nachricht für Trainer Marcel Koller kam nach der Saison: Nunez wurde für unverkäuflich erklärt, bleibt beim Meister und will sich nun mit den Hoppers für die erste Gruppenphase der Champions League qualifizieren.
Genau dort sorgte der im spannenden Titel-Fernduell Unterlegene für Furore. »Der FC Basel hat sich brutal entwickelt«, lobte Team-Manager Oliver Kreuzer (früher beim FC Bayern und Karlsruhe als Manndecker aktiv) den Klub, die Strukturen, das Geleistete – und damit letztlich auch sich

Direkter Zweikampf im Titelrennen: Reto Ziegler (Grasshoppers, rechts) attackiert Mario Cantaluppi vom hartnäckigen Konkurrenten FC Basel.

Fußball in Europa

ALBANIEN

1. SK Tirana (P)	26	57:17	60
2. Vllaznia Shkoder	26	51:32	49
3. Partizani Tirana	26	41:27	46
4. Teuta Durres	26	38:27	40
5. Shkumbini Peqin	26	33:23	40
6. Dinamo Tirana (M)	26	29:24	38
7. Flamurtari Vlore	26	27:28	36
8. KS Elbasani (N)	26	33:35	36
9. Besa Kavaje (N)	26	29:37	36
10. SK Lushnja	26	27:27	35
11. Apolonia Fier *	26	27:33	35
12. Erzeni Shijak *	26	23:37	24
13. Bylis Balish *	26	19:61	16
14. Beselidhja Lezhe *	26	21:47	13

Aufsteiger: keine – die Liga spielt 2003/04 mit 10 Klubs.
Pokal-Endspiel: Dinamo Tirana – Teuta Durres 1:0

ANDORRA

1. FC Santa Coloma	22	58:14	49
2. FC Encamp (M)	22	63:16	48
3. UE Sant Juliá	22	73:28	38
4. Inter d'Escaldes	22	37:54	29
5. FC Lusitans (P)	22	63:40	37
6. CE Principat	22	42:32	35
7. Ranger's Venecia	22	54:49	30
8. FC Cerni (N)	22	21:85	7
9. Sporting d'Escaldes *	16	10:101	0

Nach einer Vorrunde (16 Spiele) spielten die ersten vier Mannschaften um die Meisterschaft, der Rest gegen den Abstieg. Sporting d'Escaldes schied nach der Vorrunde aus.

Aufsteiger: UE Engordany – die Liga spielt 2003/04 8 Klubs.
Pokal-Endspiel: FC Santa Coloma – UE Sant Juliá 5:3

ASERBAIDSCHAN

Wegen Verbandsstreitigkeiten wurde 2002/03 keine Meisterschaft und kein Pokal-Wettbewerb ausgetragen.

BELGIEN

1. FC Brügge (P)	32	96:33	79
2. RSC Anderlecht	32	72:31	71
3. SC Lokeren	32	69:51	60
4. VV St. Truiden	32	63:44	56
5. Lierse SK	32	51:41	56
6. KRC Genk (M)	32	73:52	55
7. Standard Lüttich	32	53:39	50
8. KAA Gent	32	49:55	47
9. RAEC Mons (N)	32	45:45	43
10. VC Westerlo	32	39:46	40
11. SK Beveren	32	50:69	38
12. RFC Antwerpen	32	44:55	34
13. Excelsior Mouscron	32	42:72	32
14. GB Antwerpen	32	49:57	31
15. RAA La Louvière	32	34:44	30
16. Sporting Charleroi	32	39:66	27
17. KV Mechelen (N) *	32	18:86	18
18. Lommelse SK *	0	0:0	0

Aufsteiger: Cercle Brügge, K. Heusden-Zolder
Pokal-Endspiel: RAA La Louvière – VV St. Truiden 3:1

BOSNIEN-HERZEGOWINA

1. Leotar Trebinje (N)	38	82:27	85
2. Zeljeznicar Sarajevo (M)	38	66:24	82
3. FK Sarajevo (P)	38	83:39	69
4. Siroki Brijeg	38	69:45	68
5. Celik Zenica	38	61:33	58
6. Sloboda Tuzla	38	51:38	54
7. Borac Banja Luka (P)	38	50:49	54
8. HNK Orasje	38	50:57	54
9. NK Posusje	38	42:55	54
10. NK Zovko-Zepce (N)	38	49:50	53
11. Zrinjski Mostar	38	46:65	53
12. Rudar Ugljevik (N)	38	61:57	52
13. Brotnjo Citluk	38	47:55	52
14. Glasinac Sokolac (N)	38	37:54	52
15. Kozara Gradiska (N) *	38	55:62	51
16. Jedinstvo Bihac *	38	59:63	50
17. Velez Mostar *	38	47:59	45
18. Mladost Gacko (N) *	38	40:65	39
19. Buducnost Banovici (N) *	38	48:67	38
20. Bosna Visoko *	38	28:107	13

Aufsteiger: NK Travnik, Modrica Maxima – Die Liga spielt 2003/04 mit 16 Klubs.
Pokal-Endspiele: Leotar Trebinje – Zeljeznicar Sarajevo 0:0, 0:2

BULGARIEN

1. ZSKA Sofia	26	67:16	66
2. Levski Sofia (M, P)	26	61:19	60
3. Litex Lovetsch	26	49:22	55
4. Slavia Sofia	26	57:30	51
5. Tscherno More Varna	26	42:21	48
6. Lokomotive Plovdiv	26	56:33	47
7. Spartak Varna	26	25:34	34
8. Naftex Burgas	26	31:36	33
9. Marek Dupniza	26	35:42	30
10. Lokomotive Sofia	26	23:37	25
11. Tschernomoretz Burgas	26	32:56	24
12. Botev Plovdiv (N)	26	26:61	21
13. Dobrudscha Dobritsch (N) *	26	19:73	14
14. Rilski Sportist Samokov (N) *	26	20:63	9

Aufsteiger: Rodopa Smoljan, Makedonska Slava Simitli, Vidima-Rakovski Sevlievo, Belasitza Petritsch – die Liga spielt 2003/04 mit 16 Klubs.
Pokal-Endspiel: Levski Sofia – Litex Lovetsch 2:1

DÄNEMARK

1. FC Kopenhagen	33	51:32	61
2. Bröndby IF (M)	33	61:35	56
3. Farum BK (N)	33	49:58	51
4. Odense BK (P)	33	55:50	48
5. Esbjerg fB	33	65:57	47
6. Aalborg BK	33	42:45	46
7. FC Midtjylland	33	49:45	44
8. Viborg FF	33	58:55	43
9. Akademisk BK	33	44:48	42
10. Aarhus GF	33	49:59	40
11. Silkeborg IF *	33	52:54	36
12. Köge BK (N) *	33	45:82	27

Aufsteiger: Herfölge BK, Frem Kopenhagen
Pokal-Endspiel: Bröndby IF – FC Midtjylland 3:0

ENGLAND

1. Manchester United	38	74:34	83
2. FC Arsenal (M, P)	38	85:42	78
3. Newcastle United	38	63:48	69
4. FC Chelsea	38	68:38	67
5. FC Liverpool	38	61:41	64
6. Blackburn Rovers	38	52:43	60
7. FC Everton	38	48:49	59
8. FC Southampton	38	43:46	52
9. Manchester City (N)	38	47:54	51
10. Tottenham Hotspur	38	51:62	50
11. FC Middlesbrough	38	48:44	49
12. Charlton Athletic	38	45:56	49
13. Birmingham City (N)	38	41:49	48
14. FC Fulham	38	41:50	48
15. Leeds United	38	58:57	47
16. Aston Villa	38	42:47	45
17. Bolton Wanderers	38	41:51	44
18. West Ham United *	38	42:59	42
19. West Bromwich Albion (N) *	38	29:65	26
20. FC Sunderland *	38	21:65	19

Aufsteiger: FC Portsmouth, Leicester City, Wolverhampton Wanderers
Pokal-Endspiel: FC Arsenal – FC Southampton 1:0

FRANKREICH

1. Olympique Lyon (M)	38	63:41	68
2. AS Monaco	38	66:33	67
3. Olympique Marseille	38	41:36	65
4. Girondins Bordeaux	38	57:36	64
5. FC Sochaux	38	46:31	64
6. AJ Auxerre	38	38:29	64
7. En Avant Guingamp	38	59:46	62
8. RC Lens	38	43:31	57
9. FC Nantes	38	37:39	56
10. OGC Nizza (N)	38	39:31	55
11. Paris Saint-Germain	38	47:36	54
12. SC Bastia	38	40:48	47
13. RC Straßburg (N)	38	40:54	45
14. OSC Lille	38	29:44	42
15. Stade Rennes	38	35:45	40
16. SC Montpellier	38	37:54	40
17. AC Ajaccio (N)	38	29:49	39
18. AC Le Havre (N) *	38	27:47	38
19. CS Sedan *	38	41:59	36
20. ES Troyes AC *	38	23:48	31

Aufsteiger: FC Toulouse, UC Le Mans, FC Metz
Pokal-Endspiel: AJ Auxerre – Paris Saint-Germain 2:1

GEORGIEN

Vorrunde

1. Dynamo Tiflis	22	50:8	56
2. Torpedo Kutaissi (M)	22	50:15	52
3. Lokomotiwi Tiflis (P)	22	35:10	50
4. WIT Georgia Tiflis	22	40:15	49
5. Sioni Bolnissi	22	26:27	30
6. Kolcheti Poti	22	28:33	30
7. Merani-91 Tiflis	22	25:37	23
8. Dila Gori (N)	22	17:29	21
9. Dynamo Batumi	22	16:27	20
10. Metalurgi Sestaponi	22	17:50	19
11. Gorda Rustawi	22	22:45	13
12. Milan Tsnori (N)	22	11:47	13

Meisterrunde

1. Dynamo Tiflis	10	17:7	48	(28)
2. Torpedo Kutaissi (M)	10	15:5	46	(26)
3. WIT Georgia Tiflis	10	10:7	41	(25)
4. Lokomotiwi Tiflis (P)	10	16:10	38	(25)
5. Sioni Bolnissi	10	9:20	23	(15)
6. Kolcheti Poti	10	5:23	20	(15)

Abstiegsrunde

7. Dila Gori (N)	10	15:8	29	(11)
8. Dynamo Batumi	10	12:5	28	(10)
9. Merani-Olimpi Tiflis	10	15:5	27	(12)
10. Gorda Rustawi *	10	8:3	25	(7)
11. Milan Tsnori (N) *	10	7:7	20	(7)
12. Metalurgi Sestaponi *	10	0:29	10	(10)

(In Klammern Bonuspunkte aus der Vorrunde)

Aufsteiger: Lazika Sugdidi, Mertschali Osurgeti, FK Mtscheta
Pokal-Endspiel: Dynamo Tiflis – Sioni Bolnissi 3:1

GRIECHENLAND

1. Olympiakos Piräus (M)	30	75:21	70
2. Panathinaikos Athen	30	50:19	70
3. AEK Athen (P)	30	74:29	68
4. PAOK Saloniki	30	59:38	53
5. Panionios Athen	30	35:25	53
6. Aris Saloniki	30	37:34	51
7. Iraklis Saloniki	30	44:37	49
8. OFI Kreta	30	39:34	44
9. Skoda Xanthi	30	31:33	35
10. Aigaleo Athen	30	28:44	31
11. Proodeftiki Nikaia (N)	30	25:38	30
12. GS Kallithea (N)	30	29:46	26
13. Akratitos Liosiu	30	33:62	26
14. Ionikos Nikaia	30	22:42	24
15. Panachaiki Patras *	30	11:71	9
16. PAS Ioannina (N) *	30	25:44	-65

PAS Ioannina wurden wegen nicht gezahlter Spielergehälter 90 Punkte abgezogen.

Aufsteiger: Paniliakos Pirgos, PAE Chalkidona
Pokal-Endspiel: PAOK Saloniki – Aris Saloniki 1:0

ISRAEL

1. Maccabi Tel Aviv (P)	33	66:31	69
2. Maccabi Haifa (M)	33	75:42	69
3. Hapoel Tel Aviv	33	53:22	67
4. Maccabi Netanja	33	47:36	54
5. Hapoel Beer Sheva	33	56:41	51
6. Maccabi Petah Tikva	33	45:37	50
7. MS Ashdod	33	35:49	40
8. Hapoel Petah Tikva	33	41:53	39
9. Beitar Jerusalem	33	46:59	36
10. Bnei Yehuda Tel Aviv (N)	33	39:63	34
11. Hapoel Kfar Saba (N) *	33	43:81	23
12. Hapoel Ironi Rishon Lezion *	33	35:67	18

Aufsteiger: Maccabi Ahi Nazareth, Hapoel Bnei Sachnin
Pokal-Endspiel: Hapoel Ramat-Gan – Hapoel Beer-Sheva n. V. 1:1, Elfmeterschießen 5:4

ITALIEN

1. Juventus Turin (M)	34	64:29	72
2. Inter Mailand	34	64:38	65
3. AC Mailand	34	55:30	61
4. Lazio Rom	34	57:32	60
5. AC Parma (P)	34	55:36	56
6. Udinese Calcio	34	38:35	56
7. AC Chievo Verrona	34	51:39	55
8. AS Rom	34	55:46	49
9. Brescia Calcio	34	36:38	42
10. AC Perugia	34	40:48	42
11. FC Bologna	34	39:47	41
12. FC Modena (N)	34	30:48	38
13. FC Empoli (N)	34	36:46	38
14. Reggina Calcio (N)	34	38:53	38
15. Atalanta Bergamo *	34	35:47	38
16. FC Piacenza *	34	44:62	30
17. Como Calcio (N) *	34	29:57	24
18. Turin Calcio *	34	23:58	21

Aufsteiger: AC Siena, Sampdoria Genua, US Lecce, Ancona Calcio
Pokal-Endspiele: AS Rom – AC Mailand 1:4, 2:2

KROATIEN

1. Dinamo Zagreb (P)	32	76:27	78
2. Hajduk Split	32	56:22	70
3. Varteks Varazdin	32	52:38	57
4. Kamen Ingrad Velika	32	34:34	44
5. Cibalia Vinkovci	32	39:44	43
6. NK Zagreb (M)	32	40:52	36
7. Slaven Belupo Koprivnica	32	37:36	40
8. NK Osijek	32	32:51	39
9. NK Rijeka	32	40:41	33
10. NK Zadar	32	36:71	33
11. Pomorac Kostrena *	32	42:52	32
12. NK Sibenik *	32	37:53	31

Nach einer Doppelrunde (22 Spiele) spielten die ersten sechs Mannschaften um die Meisterschaft, die letzten sechs gegen den Abstieg.

Aufsteiger: Marsonia Slavonski Brod, Inker Zapresic
Pokal-Endspiele: Uljanik Pula – Hajduk Split 0:1, 0:4

LIECHTENSTEIN

Es wird keine eigene Meisterschaft ausgespielt - die Liechtensteiner Vereine spielen in Schweizer Ligen.

Pokal-Endspiel 2003: FC Vaduz – FC Balzers 6:0

LUXEMBURG

Vorrunde

1. F91 Düdelingen (M)	22	60:27	45
2. CS Grevenmacher	22	56:21	44
3. US Luxemburg	22	40:28	39
4. Jeunesse Esch	22	42:23	38
5. Swift Hesperingen	22	53:32	37
6. FC Monnerich	22	51:44	35
7. US Rümelingen	22	45:49	33
8. FC Wiltz '71 (N)	22	30:42	25
9. Victoria Rosport (N)	22	32:50	25
10. Avenir Beggen (P)	22	44:56	24
11. Progres Niederkorn	22	22:68	15
12. Sporting Mertzig	22	23:58	12

Meisterrunde

1. CS Grevenmacher	28	68:28	59
2. F91 Düdelingen (M)	28	66:34	52
3. Jeunesse Esch	28	54:30	48
4. US Luxemburg	28	43:40	42

Abstiegsrunde, Gruppe A

1. Swift Hesperingen	28	66:37	51
2. Victoria Rosport (N)	28	44:55	38
3. US Rümelingen	28	51:63	37
4. Progres Niederkorn *	28	29:82	18

Abstiegsrunde, Gruppe B

1. FC Monnerich	28	64:56	44
2. Avenir Beggen (P)	28	57:64	37
3. FC Wiltz '71 (N)	28	40:53	32
4. Sporting Mertzig *	28	36:76	18

Aufsteiger: Etzella Ettelbrück, Spora Luxemburg
Pokal-Endspiel: CS Grevenmacher – Etzella Ettelbrück 1:0

MALTA

Vorrunde

1. Sliema Wanderers	18	51:16	44
2. FC Birkirkara (P)	18	46:24	40
3. FC Valletta	18	42:18	37
4. Hibernians Paola (M)	18	35:26	30
5. Pieta Hotspurs	18	19:22	23
6. FC Marsaxlokk (N)	18	27:38	21
7. FC Floriana	18	22:31	20
8. Hamrun Spartans	18	25:40	17
9. FC Marsa	18	25:45	16
10. FC Mosta (N)	18	14:46	10

Meisterrunde

1. Sliema Wanderers	28	70:28	42	(22)
2. FC Birkirkara (P)	28	64:34	37	(20)
3. FC Valletta	28	57:31	35	(19)
4. Hibernians Paola (M)	28	53:36	32	(15)
5. Pieta Hotspurs	28	27:43	19	(12)
6. FC Marsaxlokk (N)	28	34:57	16	(11)

Abstiegsrunde

7. Hamrun Spartans	24	32:43	21	(9)
8. FC Floriana	24	32:34	20	(10)
9. FC Marsa *	24	33:53	16	(8)
10. FC Mosta (N) *	24	17:60	6	(5)

(In Klammern Bonus-Punkte aus der Vorrunde)

Aufsteiger: Msida St. Joseph, Balzan Youths
Pokal-Endspiel: FC Birkirkara – Sliema Wanderers 1:0

EJR MAZEDONIEN

1. Vardar Skopje (M)	33	73:37	72
2. Belasica Strumica	33	50:32	69
3. Pobeda Prilep (P)	33	55:33	65
4. Rabotnicki Skopje	33	41:35	54
5. Sloga Skopje	33	62:50	51
6. Sileks Kratovo	33	40:35	46
7. Napredok Kicevo	33	39:41	42
8. Cementarnica Skopje	33	45:39	42
9. Tikves Kavadarci (N)	33	37:58	37
10. Bregalnica Delcevo (N)	33	44:49	36
11. Pelister Bitola *	33	30:60	28
12. FK Kumanovo *	33	24:71	17

Aufsteiger: Bashkimi Kumanovo, Madzhari Solidarnost Skopje
Pokal-Endspiel: Cementarnica Skopje – Sloga Skopje n. V. 4:4, Elmeterschießen 3:2

MOLDAWIEN

1. Serif Tiraspol (M, P)	24	64:15	60
2. Zimbru Chisinau	24	47:20	50
3. Nistru Otaci	24	33:24	42
4. Dacia Chisinau (N)	24	24:28	32
5. FC Tiraspol	24	27:38	26
6. Agro Chisinau	24	13:33	20
7. Politehnica Chisinau (N) *	24	8:58	5
8. FC Hincesti *	0	0:0	0

Aufsteiger: Tiligul Tiraspol, Unisport-Auto Chisinau
Pokal-Endspiel: Zimbru Chisinau – Nistru Otaci n. V. 0:0, Elfmeterschießen 4:2

NIEDERLANDE

1. PSV Eindhoven	34	87:20	84
2. Ajax Amsterdam (M, P)	34	96:32	83
3. Feyenoord Rotterdam	34	89:39	80
4. NAC Breda	34	42:31	52
5. NEC Njmwegen	34	41:40	51
6. Roda JC Kerkrade	34	58:54	50
7. SC Heerenveen	34	61:55	47
8. FC Utrecht	34	49:49	47
9. RKC Waalwijk	34	44:51	46
10. AZ Alkmaar	34	50:69	44
11. Willem II Tilburg	34	48:51	42
12. FC Twente Enschede	34	36:45	41
13. RBC Roosendaal (N)	34	33:54	36
14. Vitesse Arnheim	34	37:51	33
15. FC Groningen	34	28:44	32
16. FC Zwolle (N)	34	31:62	32
17. Excelsior Rotterdam (N) *	34	38:72	23
18. De Graafschap Doetichem *	34	35:84	23

Aufsteiger: ADO Den Haag, FC Volendam
Pokal-Endspiel: FC Utrecht – Feyenoord Rotterdam 4:1

NORDIRLAND

1. FC Glentoran	38	78:22	90
2. FC Portadown (M)	38	89:36	80
3. FC Coleraine	38	66:38	73
4. FC Linfield (P)	38	70:41	63
5. Omagh Town	38	47:57	51

6. FC Institute (N)	38	44:75	42
7. FC Ards	38	27:39	46
8. Lisburn Distillery (N)	38	39:49	42
9. FC Cliftonville	38	37:43	41
10. FC Glenavon	38	41:67	36
11. FC Crusaders	38	26:61	36
12. Newry Town	38	33:69	31

Nach einer Dreifachrunde (33 Spiele) spielten die ersten sechs Mannschaften um die Meisterschaft, die letzten sechs gegen den Abstieg.

Aufsteiger: Dungannon Swifts, Ballymena United, Limavady United, FC Larne – die Liga spielt 2003/04 mit 16 Klubs.
Pokal-Endspiel: FC Coleraine – FC Glentoran 1:0

ÖSTERREICH

1. Austria Wien	36	59:28	70
2. Grazer AK (P)	36	56:39	57
3. Austria Salzburg	36	51:46	56
4. Rapid Wien	36	40:38	51
5. SV Pasching (N)	36	41:37	49
6. Sturm Graz	36	50:62	47
7. VfB Admira/Wacker Mödling	36	36:46	44
8. FC Kärnten	36	45:57	41
9. Schwarz-Weiß Bregenz	36	48:58	39
10. SV Ried *	36	41:56	38

Aufsteiger: SV Mattersburg
Pokal-Endspiel: Austria Wien – FC Kärnten 3:0

POLEN

1. Wisla Krakau (P)	30	75:28	68
2. Groclin Grodzisk	30	56:26	62
3. GKS Kattowitz	30	39:21	61
4. Legia Warschau (M)	30	61:29	60
5. Odra Wodzislaw	30	55:42	56
6. Amica Wronki	30	43:34	43
7. Gornik Zabrze	30	46:32	41
8. Polonia Warschau	30	37:45	41
9. Widzew Lodz	30	29:39	37
10. Wisla Plock (N)	30	29:38	37
11. Lech Posen (N)	30	41:38	35
12. Zaglebie Lubin *	30	34:44	32
13. Szczakowianka Jaworzno (N)	30	40:54	32
14. Ruch Chorzow *	30	29:39	32
15. KSZO Ostrowiec *	30	21:63	15
16. Pogon Stettin *	30	14:77	9

Aufsteiger: Gornik Polkowice, Gornik Leczna – die Liga spielt 2003/04 mit 14 Klubs.
Pokal-Endspiele: Wisla Krakau – Wisla Plock 0:1, 3:0

PORTUGAL

1. FC Porto	34	73:26	86
2. Benfica Lissabon	34	74:27	75
3. Sporting Lissabon (M, P)	34	52:38	59
4. Vitoria Guimaraes	34	47:46	50
5. Uniao Leiria	34	49:47	49
6. FC Pacos de Ferreira	34	40:47	45
7. Maritimo Funchal	34	36:48	44
8. FC Gil Vicente	34	42:53	44
9. Belenenses Lissabon	34	47:48	43
10. Boavista Porto	34	32:31	43
11. Nacional Funchal (N)	34	40:46	40
12. FC Moreirense (N)	34	42:46	39
13. SC Beira Mar	34	43:50	39
14. Sporting Braga	34	34:47	38
15. Academica Coimbra (N)	34	38:48	37
16. SC Varzim *	34	38:51	36
17. CD Santa Clara *	34	39:54	35
18. Vitoria Setubal *	34	40:53	31

Aufsteiger: FC Rio Ave, FC Alverca, Estrela Amadora
Pokal-Endspiel: FC Porto – Uniao Leiria 1:0

RUMÄNIEN

1. Rapid Bukarest (P)	30	59:25	63
2. Steaua Bukarest	30	42:27	56
3. Gloria Bistrita	30	32:33	45
3. FC Brasov	30	37:33	45
5. Ceahlaul Piatra Neamt	30	43:33	44
6. Dinamo Bukarest (M)	30	49:46	44
7. Universitatea Craiova	30	36:37	44
8. National Bukarest	30	41:36	43
9. Astra Ploiesti	30	42:42	42
10. Farul Constanta	30	35:47	40
11. Arges Dacia Pitesti	30	37:41	38
12. FCM Bacau	30	31:31	38
13. Otelul Galati *	30	25:37	36
14. Poli-AEK Timisoara (N)	30	37:52	35
15. Sportul Stud. Bukarest *	30	44:55	31
16. UT Arad *	30	37:52	30

Aufsteiger: Petrolul Ploiesti, Apullum Alba Iulia, FC Oradea
Pokal-Endspiel:
Dinamo Bukarest – National Bukarest 1:0

SAN MARINO

Gruppe A

1. Pennarossa Chiesanuova	20	48:22	40
2. SS Murata	20	41:25	39
3. Cailungo Borgo Maggiore	20	40:19	38
4. SC Faetano	20	31:19	36
5. Folgore Falciano	20	24:27	25
6. Montevito Fiorentino	20	21:48	9
7. La Fiorita Montegiardino	20	11:54	7

Gruppe B

1. SP Domagnano (M, P)	21	32:18	39
2. Libertas Borgo Maggiore	21	32:22	34
3. Virtus Acquaviva	21	32:27	32
4. Tre Penne Galazzano	21	30:27	30
5. Cosmos Serravalleo	21	29:38	25
6. Juvenes/Dogana Serravalle	21	23:28	23
7. Tre Fiori Fiorentino	21	25:32	20
8. SS San Giovanni	21	24:37	16

Meisterschafts-Play-off

1. Runde (Zweite – Dritte):
SS Murata – SS Virtus 3:2
SP Libertas – SP Cailungo 2:1

2. Runde (Erste – Sieger 1. Runde):
SP Domagnano – SS Murata 4:1
SS Pennarossa – SP Libertas 3:2

3. Runde (Verlierer 1./2. Runde):
SP Cailungo – SS Murata n. V. 2:4
SS Virtus – SP Libertas 0:1

4. Runde (Sieger 2./3. Runde):
SP Domagnano – SS Pennarossa n. V. 0:0 (Elfmeterschießen 4:5)
SS Murata – SP Libertas n. V. 3:3 (Elfmeterschießen 3:4)

Halbfinale: SP Domagnano – SP Libertas n. V. 5:1
Endspiel: SP Domagnano – SS Pennarossa 2:1
Pokal-Endspiel: SP Domagnano – SS Pennarossa 1:0

SCHOTTLAND

1. Glasgow Rangers (P)	38	101:28	97
2. Celtic Glasgow (M)	38	98:26	97
3. Heart of Midlothian	38	57:51	63
4. FC Kilmarnock	38	47:56	57
5. Dunfermline Athletic	38	54:71	46
6. FC Dundee	38	50:60	44
7. Hibernian Edinburgh	38	56:64	51
8. FC Aberdeen	38	41:54	49
9. FC Livingston	38	48:62	35
10. Partick Thistle (N)	38	37:58	35
11. Dundee United	38	35:68	32
12. FC Motherwell	38	45:71	28

Nach einer Dreifachrunde (33 Spiele) spielten die ersten sechs Mannschaften um die Meisterschaft, die letzten sechs gegen den Abstieg.

Aufsteiger: Keiner – das Stadion von Zweitligameister FC Falkirk wurde für nicht erstligatauglich befunden.
Pokal-Endspiel: Glasgow Rangers – FC Dundee 1:0

SCHWEIZ

Vorrunde

1. Grasshopper-Club Zürich	22	58:26	49
2. FC Basel (M, P)	22	57:25	47
3. FC Thun (N)	22	33:33	31
4. FC Wil (N)	22	43:45	31
5. Neuchatel Xamax	22	30:33	31
6. Young Boys Bern	22	41:41	30
7. FC Zürich	22	33:37	30
8. Servette Genf	22	45:37	29
9. FC Luzern	22	31:38	24
10. FC St. Gallen	22	31:48	24
11. SR Delémont (N)	22	24:42	22
12. FC Aarau	22	19:40	18

Meisterrunde

1. Grasshopper-Club Zürich	14	37:15	57	(25)
2. FC Basel (M, P)	14	38:17	56	(24)
3. Neuchatel Xamax	14	18:17	35	(16)
4. Young Boys Bern	14	21:29	34	(15)
5. FC Zürich	14	20:23	31	(16)
6. Servette Genf	14	16:26	31	(15)
7. FC Thun (N)	14	18:30	28	(16)
8. FC Wil (N)	14	19:30	26	(16)

(In Klammern Bonuspunkte aus der Vorrunde)

Auf-/Abstiegsrunde

1. FC Aarau	12	30:13	28
2. FC St. Gallen	12	25:9	24
3. FC Luzern *	12	24:22	16
4. FC Vaduz (NLB)	12	17:23	13
5. FC Sion (NLB)	12	13:18	12
6. SR Delémont *	12	13:24	12
7. SC Kriens (NLB)	12	14:27	11
8. FC Lugano (NLB)	0	0:0	0

Aufsteiger: keine – die Liga spielt 2003/04 mit 10 Klubs.
Pokal-Endspiel: FC Basel – Neuchatel Xamax 6:0

SERBIEN UND MONTENEGRO

1. Partizan Belgrad (M)	34	88:36	89
2. Roter Stern Belgrad (P)	34	68:26	70
3. OFK Belgrad	34	57:36	63
5. Sutjeska Niksic	34	43:32	62
4. Zeleznik Belgrad	34	56:37	62
6. Vojvodina Novi Sad	34	48:36	56
7. Obilic Belgrad	34	45:35	51
8. Zeta Golubovci	34	51:43	51
9. Hajduk Kula	34	39:29	48
10. FK Zemun	34	42:39	47
11. Sartid Smederevo	34	44:44	45
12. Radnicki Obrenovac (N)	34	35:41	44
13. Rad Belgrad *	34	39:43	43
14. Cukaricki Belgrad *	34	42:56	37
15. Javor Ivanjica (N) *	34	21:44	34
16. Mogren Budva (N) *	34	33:76	21
17. Rudar Plevlja *	34	19:62	18
18. Radnicki Nisch (N) *	34	23:78	11

Aufsteiger: Buducnost Banatski Dvor, Napredak Krusevac, Borac Cacak, Kom Podgorica – die Liga spielt 2003/04 mit 16 Klubs.
Pokal-Endspiel: Sartid Smederevo – Roter Stern Belgrad i. V. 1:0

SLOWAKEI

1. MSK Zilina (M)	36	69:31	70
2. Artmedia Petrzalka	36	49:32	67
3. Slovan Bratislava	36	60:42	63
4. Spartak Trnava (N)	36	55:47	56
5. Matador Puchov	36	46:47	50
6. Inter Slovnaft Bratislava	36	48:58	43
7. ZTS Dubnica	36	41:52	43
8. SCP Ruzomberok	36	45:60	42
9. Ozeta Dukla Trencin	36	48:69	38
10. 1. FC Kosice *	36	41:64	30

Aufsteiger: Dukla Banska Bystrica
Pokal-Endspiel: Matador Puchov – Slovan Bratislava n. V. 2:1

SLOWENIEN

1. NK Maribor (M)	31	57:32	62
2. Publikum Celje	31	57:38	55
3. Olimpija Ljubljana	31	54:32	54
4. Esotech Smartno	31	46:42	46
5. NK Koper	31	41:41	45
6. Primorje Ajdovscina	31	47:44	44
7. NK Dravograd	31	40:43	36
8. HIT Nova Gorica (NP)	31	34:43	34
9. Mura Murska Sobota	31	38:48	34
10. NK Ljubljana (N)	31	41:66	30
11. Rudar Velenje *	31	32:51	25
12. Korotan Prevalje *	11	7:14	3

Korotan Prevalje wurde nach zweimaligem Nichtantreten nach 19 Spielen ausgeschlossen. Nur die Ergebnisse der ersten elf Spiele blieben in der Wertung.

Aufsteiger: NK Domzale, Drava Ptuj
Pokal-Endspiele: Olimpija Ljubljana – Publikum Celje 1:1, 2:2

SPANIEN

1. Real Madrid	38	86:42	78
2. Real Soc. San Sebastian	38	71:45	76
3. Deportivo La Coruna (F)	38	67:47	72
4. Celta Vigo	38	45:36	61
5. FC Valencia (M)	38	56:35	60
6. FC Barcelona	38	63:47	56
7. Athletic Bilbao	38	63:61	55
8. Real Betis Sevilla	38	56:53	54
9. RCD Mallorca	38	49:56	52
10. FC Sevilla	38	38:39	50
11. CA Osasuna	38	40:48	47
12. Atletico Madrid (N)	38	51:56	47
13. FC Malaga	38	44:49	46
14. Real Valladolid	38	37:40	46
15. FC Villarreal	38	44:53	45
16. Racing Santander (N)	38	54:64	44
17. Espanyol Barcelona	38	48:54	43
18. Recreativo Huelva (N) *	38	35:61	36
19. Deportivo Alaves *	38	38:68	35
20. Rayo Vallecano *	38	31:62	32

Aufsteiger: Real Murcia, Real Saragossa, Albacete Balompie
Pokal-Endspiel: RCD Mallorca – Recreativo Huelva 3:0

TSCHECHIEN

1. Sparta Prag	30	51:17	65
2. Slavia Prag (P)	30	65:19	64
3. Viktoria Zizkov	30	38:33	50
4. Slovan Liberec (M)	30	43:36	50
5. Banik Ostrava	30	41:38	45
6. FK Teplice	30	33:32	45
7. FK Zlin (N)	30	34:41	42
8. Synot Stare Mesto	30	39:40	40
9. 1. FC Brünn	30	35:31	39
10. Marila Pribram	30	34:30	39
11. Sigma Olomouc	30	29:33	34
12. FK Jablonec	30	29:39	34
13. SK Ceske Budejovice (N)	30	36:54	30
14. Chmel Blsany	30	28:39	28
15. Bohemians Prag *	30	34:56	24
16. SK Hradec Kralove *	30	23:54	22

Aufsteiger: Viktoria Plzen, SFC Opava
Pokal-Endspiel: FK Teplice – FK Jablonec 1:0

TÜRKEI

1. Besiktas Istanbul	34	63:21	85
2. Galatasaray Istanbul (M)	34	61:27	77
3. Genclerbirligi Ankara	34	76:40	66
4. Gaziantepspor	34	61:41	57
5. Malatyaspor	34	56:45	52
6. Fenerbahce Istanbul	34	55:42	51
7. Trabzonspor	34	44:33	51
8. MKE Ankaragücü	34	44:42	49
9. Istanbulspor	34	42:47	43
10. Denizlispor	34	37:42	40
11. Adanaspor (N)	34	44:54	40
12. Samsunspor	34	42:59	39
13. Elazigspor (N)	34	40:59	37
14. Diyarbakirspor	34	34:47	36
15. Bursaspor	34	42:62	36
16. Altay Izmir (N) *	34	48:69	35
17. Göztepe Izmir *	34	32:57	26
18. Kocaelispor (P) *	34	32:66	22

Aufsteiger: Konyaspor, Caykur Rizespor, Akcaabat Sebatspor
Pokal-Endspiel: Trabzonspor – Genclerbirligi Ankara 3:1

UKRAINE

1. Dynamo Kiew	30	66:20	73
2. Schachtjor Donezk (M, P)	30	61:24	70
3. Metalurg Donezk	30	44:26	60
4. Dnjepr Dnjepropetrowsk	30	48:27	59
5. Arsenal Kiew	30	49:24	56
6. Volin Luzk (N)	30	37:44	41
7. Karpaty Lwow	30	29:37	36
8. Tschernomorez Odessa (N)	30	31:45	34
9. Tavria Simferopol	30	36:50	34
10. Ilyichevets Mariupol	30	34:38	34
11. Vorskla Poltava	30	26:41	32
12. Krivbas Krivoj Rog	30	25:37	31
13. FC Alexandria	30	26:43	30
14. Obolon Kiew (N)	30	32:45	28
15. Metalurg Saporoschje *	30	22:41	26
16. Metalist Charkow *	30	19:43	23

Aufsteiger: Zirka Kirovograd, Borisfen Borispol
Pokal-Endspiel: Dynamo Kiew – Schachtjor Donezk 2:1

UNGARN

1. MTK Hungaria Budapest	32	59:34	66
2. Ferencvaros Budapest	32	50:24	64
3. Debreceni VSC	32	57:38	53
4. Ujpest Budapest (P)	32	54:41	52
5. FC Siofok (N)	32	46:44	47
6. FC ETO Györ	32	41:50	36
7. Zalaegerszegi TE (M)	32	62:49	53
8. Videoton Szekesfehervar	32	46:41	40
9. Matav Sopron	32	47:54	36
10. Bekescsabai EFC (N)	32	42:71	32
11. Kispest-Honved Budapest *	32	43:66	29
12. SE Dunaferr Dunajvaros *	32	37:72	20

Nach einer Doppelrunde (22 Spiele) spielten die ersten sechs Mannschaften um die Meisterschaft, die letzten sechs gegen den Abstieg.

Aufsteiger: Pecsi MFC, Haladas Szombsathely
Pokal-Endspiel: Ferencvaros Budapest – Debreceni VSC 2:1

WALES

1. Barry Town (M, P)	34	84:26	83
2. TNS Llansantffraid	34	68:21	80
3. Bangor City	34	75:34	71
4. Aberystwyth Town	34	54:38	60
5. Connah's Quay	34	55:46	59
6. Rhyl FC	34	52:33	58
7. Afan Lido FC	34	44:34	52
8. Caersws FC	34	57:52	51
9. Cwmbran Town	34	51:40	50
10. Newtown AFC	34	48:54	42
11. Port Talbot Town	34	36:51	39
12. Flexsys Cefn Druids	34	37:51	38
13. Haverfordwest County	34	40:68	35
14. Caernarfon Town	34	43:53	34
15. Carmarthen Town	34	33:66	32
16. Oswestry Town	34	36:67	28
17. Welshpool Town (N) *	34	30:62	28
18. Llanelli AFC *	34	42:89	17

Aufsteiger: Porthmadog FC. TNS Llansantffraid und Oswestry Town fusionieren – die Liga spielt 2003/04 mit 17 Klubs.
Pokal-Endspiel: Barry Town – Cwmbran Town n. V. 2:2, Elfmeterschießen 4:3

ZYPERN

1. Omonia Nicosia	26	68:22	60
2. Anorthosis Famagusta (P)	26	65:30	59
3. APOEL Nicosia (M)	26	55:24	55
4. Olympiakos Nicosia	26	56:29	52
5. AEL Limassol	26	56:45	39
6. Ethnikos Achnas	26	35:32	37
7. AE Paphos	26	38:45	37
8. AEK Larnaca	26	43:50	32
9. Digenis Morphou (N)	26	40:40	31
10. EN Paralimni	26	39:40	31
11. Apollon Limassol	26	42:46	31
12. Nea Salamina Famagusta (N) *	26	39:40	29
13. Aris Limassol (N) *	26	31:92	9
14. Alki Larnaca *	26	21:93	6

Aufsteiger: Anagenessi Derynia, Doxa Katokopia, Onisilos Sotira
Pokal-Endspiel: Anorthosis Famagusta – AEL Limassol n. V. 0:0, Elfmeterschießen 5:3

Pavel Nedved (Juventus Turin).

HACHING
5
ZIMMERMANN
3

3. Liga – guter Sport trotz Problememen

Den richtigen Weg in der Regionalliga haben nur wenige Klubs gefunden. Sie bewegen sich auf einem schmalen Grat. Die wirtschaftliche Situation ist oft bedenklich.

Entscheidungen am Grünen Tisch statt auf dem grünen Rasen

Am Ende war alles so wie immer – denn so richtig kommt die Regionalliga nicht aus den Startlöchern. Eingeführt, um ein Bindeglied zwischen Profi- und Amateurvereinen zu bilden, entwickelt sie sich immer weiter zum Zankapfel.

Insolvenzen, am Grünen Tisch entschiedene Partien en Masse, dazu der Ärger um den Einsatz von Lizenzspielern in den Amateurmannschaften der Profivereine. Und dennoch, trotz aller Unwägbarkeiten. Was auf den Plätzen zwischen Kiel, Köln und Aue, zwischen Topfavoriten und Underdogs abgeliefert wurde, war zumeist aller Ehren wert. Am Ende stiegen der VfL Osnabrück und Erzgebirge Aue in die Zweite Liga auf, mussten der Dresdner SC, der SV Babelsberg, der SC Verl und die Amateure von Bayer Leverkusen den Weg in die diversen Oberligen antreten. Was sich sonst noch abspielte, beleuchten wir in Zahlen und Fakten.

4 Treffer in einer einzigen Partie – Respekt. Der Essener Martin Hauswald lehrte die Amateure von Werder Bremen beim 5:3 am letzten Hinrunden-Spieltag das Fürchten.

7 Partien landeten zur nochmaligen Prüfung beim Verband und wurden letztlich neu gewertet – zumeist standen zu wenige U-24- oder U-21-Akteure auf dem Spielberichtsbogen: So endeten Babelsberg gegen Hamburg, Dortmund gegen Babelsberg, Wattenscheid gegen Kiel und Köln gegen Verl am Grünen Tisch mit 0:2, Dresdner SC gegen Osnabrück, Chemnitz gegen Münster, Uerdingen gegen den Dresdner SC gingen mit 2:0 in die Tabelle ein.

9 Vereine machten die sportliche Situation allein am Trainer fest und schickten diesen in die Wüste. Auffällig, dass es bis auf den SC Paderborn (Dotchev für Erkenbrecher) nur Vereine waren, die in der Endabrechnung in der zweiten Tabellenhälfte auf den letzten acht Rängen landeten: Beim Chemnitzer FC löste Joachim Müller Matthias Schulz ab, in Münster trat Peter Vollmann die Nachfolge von Neale Marmon an. In Kiel ersetzte Hans-Werner Moors den erkrankten Gerd-Volker Schock, in Hamburg beerbte Thomas Doll Stefan Böger. Der Dresdner SC holte für Eberhard Vogel den Portugiesen José Morais. Die anderen drei

Linke Seite: Rasanz in der Regionalliga: Marco Kurth (rechts) vom Aufsteiger Aue zieht dem Dortmunder Mehmet Sirin davon. Die Erzgebirgler waren eine der positiven Überraschungen.

Absteiger verbrauchten gar noch mehr Übungsleiter. In Verl musste Dr. Jörg Weber an Dieter Brei abgeben, der dann für Manfred Niehaus wich. In Babelsberg versuchten sich nacheinander Nenad Salov, Wolfgang Sandhowe, Hermann Andreev und Dirk Heinrichs. In Leverkusen, dank der Fluktuation bei den Profis, zeichneten Thomas Hörster, Peter Hermann sowie Dirk Dreher verantwortlich.

29 Gegentore stehen beim Aufsteiger Osnabrück in der Abschlussbilanz – Topwert der Liga. Umso beeindruckender ist die Arbeit von Keeper Brunn und Co., da zwei dieser Treffer vom mit 0:2 gewerteten Auftaktspiel beim DSC, das der VfL mit 2:0 gewann, stammen. Defensiv als Torso zeigte sich hingegen Babelsberg, das mit 73 Toren die meisten kassierte.

30 Punkte auf des Gegners Platz machten die Amateure von Werder zum besten Auswärtsteam vor dem VfL Osnabrück (30) und Wattenscheid 09 (27). Da man aber auf heimischen Geläuf nur vier Siege und 19 Zähler einfuhr, sprang kein Spitzenplatz heraus. Nur die Absteiger Leverkusen (4/17), Dresdner SC (4/16) und Verl (4/15) punkteten zu Hause noch weniger.

37 Spieler setzten die HSV-Amateure ein und boten die größte Fluktuation auf den Spielberichtsbögen. Weiterhin nicht sparsam mit Einsätzen zeigten sich der SV Babelsberg (34) sowie die Amateure aus Leverkusen (34) und Dortmund (32). Im Gegensatz dazu kam der SC Verl mit nur 21 Spielern aus, auch die Aufsteiger Aue und Osnabrück sowie Paderborn (alle 23) bauten auf einen festen Stamm.

66 Treffer zeichneten das torhungrigste Team aus. Die Altintops und Alexander Löbe machten Wattenscheid zur offensivstärksten Truppe. Erstaunlich: Die beiden Dresdner Teams erzielten zusammen gerade einmal genauso viel Treffer wie Wattenscheid allein – und zwei davon gab's am Grünen Tisch.

23 500 Fans wohnten dem am besten besuchten Spiel des Jahres bei – Essen traf im Spitzenduell auf Osnabrück. Auch den besten Zuschauerzuspruch verzeichnet Essen mit 161 385 Fans (Schnitt 9493), am wenigsten Interesse weckten Bremens Amateure. Nur 12 200 Besucher insgesamt in 17 Heimspielen wurden gezählt (Schnitt 717). Den niedrigsten Einzelbesuch gab's in Hamburg gegen den Dresdner SC – nur 150 Unentwegte kamen

Vier aus 18 – so lautet in der Regel die Formel in der Regionalliga für die Durchlässigkeit nach unten. Da aber im Süden in der Saison 2002/2003 die Zahl der Vereine auf 19 aufgestockt werden musste, wurde auch die Zahl der Absteiger auf fünf erhöht. Dies bedeutete eine enorme Verschärfung des Wettbewerbes in den unteren Regionen, und es sorgte am letzten Spieltag für ein Herzschlagfinale, eine TV-Premiere und zunächst dafür, dass zwei ehemalige Bundesligisten und ein langjähriges »Ehrenmitglied« der Regionalliga neben Borussia Neunkirchen und Eintracht Frankfurt – das stand schon seit Wochen fest – den Weg in die Viertklassigkeit antreten mussten. Bis es dann doch wieder anders kam.

Vor dem letzten Durchgang bangten noch fünf Mannschaften um den Klassenerhalt, die Amateure des 1. FC Kaiserslautern waren wegen ihrer guten Tordifferenz nur noch mathematisch gefährdet. Diese spannende Konstellation sorgte für ein Novum in der Regionalliga-Geschichte. Die Stuttgarter Kickers waren spielfrei und von den Ergebnissen auf den anderen Plätzen abhängig, ohne die Möglichkeit, noch selbst eingreifen zu können. Dies nahm das Regionalfernsehen Südwest drei zum Anlass, im Stadion in Degerloch ein Fanzelt für Anhänger, Spieler, Trainer und Offizielle aufzubauen und dort das Geschehen aus den anderen relevanten Städten Schweinfurt, Darmstadt und Elversberg in einer Konferenzschaltung live zu übertragen.

So originell diese Idee war, so traurig war der Ausgang für die Stuttgarter am Ende, denn sie stiegen wegen der um einen Treffer schlechteren Torbilanz gegenüber Elversberg ab, das sich mit einem 1:0 über die Ausnahme-Mannschaft Unterhaching ans sichere Ufer rettete. Dies war gleichzeitig der Endpunkt der 24-jährigen Tätigkeit von Präsident Axel Dünnwald-Metzler. Ein Abschied fast mit Tränen: »Die Abstiege aus der Ersten Liga waren sehr bitter für mich, aber dies ist die mit Abstand bitterste Stunde meiner Amtszeit.« Gerettet hatte sich in letzter Sekunde auch Zweitliga-Absteiger Schweinfurt 05, der sich aus eigener Kraft mit einem 3:1 über Aalen aus dem Sumpf zog.

Die Kickers begleiten musste auch das Regionalliga-Urgestein Siegen, trotz eines finalen 4:1-Erfolges über Kaiserslautern. Im sportlichen Sinne tragisch für die Sportfreunde, die auch aus finanziellen Gründen jahrelang auf den Einbau und die Integration von Talenten angewiesen waren: Ihr 1:0-Sieg bei Bayern München wurde in eine Niederlage verwandelt, weil sie nur drei der erforderlichen vier U-24-Spieler, die für eine deutsche Auswahlmannschaft einsatzfähig wären, im Kader hatten. Der vierte war noch in der Reserve eingesetzt worden und hätte am Spieltag in die bayerische Metropole gebracht werden sollen, doch der Fahrer wurde krank. Mit den drei Punkten aus dem Bayernspiel hätte Siegen 46 Zähler gehabt. Das hätte gereicht. Ungewöhnlich auch der Niedergang des Ex-Bundesligisten Darmstadt 98, der im ersten Drittel der Saison noch für einige Spieltage an der Tabellenspitze gestanden hatte und nur Drittletzter wurde. Dieser bedeutete am Ende wirklich den Abstieg, denn, Salto rückwärts, weil die Zweitliga-Absteiger Waldhof Mannheim und SSV Reutlingen keine Lizenz für die Dritte Liga bekamen, hieß die Formel nur noch drei aus 19 – Siegen und die Stuttgarter Kickers blieb der Gang in die Viertklassigkeit erspart.

So spannend die Frage nach den Absteigern lange war, so schnell wurden die beiden Aufsteiger gefunden. Für die SpVgg Unterhaching und Jahn Regensburg war jeweils ein 1:0-Sieg zuhause über den FC Augsburg viele Runden vor Schluss dafür verantwortlich, dass das sportliche Ziel frühzeitig erreicht wurde. Der Aufsteiger war der einzig halbwegs ernsthafte Konkurrent für die beiden Ausnahmemannschaften der Regionalliga Süd in dieser Saison, nachdem dem 1. FC Saarbrücken wegen Verstößen gegen Lizenzierungsauflagen vier Punkte aberkannt worden waren. *Axel Heiber/Thomas Roth*

Sprungbrett zur Bundesliga: Die Wattenscheider Zwillinge Halil (links) und Hamit Altintop wagten den Sprung in die Bundesliga. Der eine nach Kaiserslautern, der andere zu Schalke 04.

Linke Seite: Kopfball-Riese: Osnabrücks Sturmführer Angelo Vier half mit, dass der traditionsreiche VfL endlich wieder den Aufstieg in die 2. Liga packte.

RL NORD 2002/03	Erzgebirge Aue	VfL Osnabrück	Rot-Weißt Essen	SG Wattenscheid 09	Bor. Dortmund Am.	Werder Bremen Am.	Dynamo Dresden	SC Paderborn 07	1. FC Köln Am.	KFC Uerdingen 05	Chemnitzer FC	Preußen Münster	Holstein Kiel	Hamburger SV Am.	SC Verl	SV Babelsberg 03	Bayer Leverkusen Am.	Dresdner SC	Heimbilanz Auswärtsbilanz g.	u.	v.	Tore	Pkt.	Gesamt Tore	Punkte
1. Erzgebirge Aue **	K	1:1 1:4	0:0 0:1	3:2 1:2	2:1 2:3	1:0 3:2	1:1 1:0	1:2 1:0	1:1 3:2	2:0 0:2	3:0 2:2	2:0 2:0	2:0 0:1	4:2 2:0	3:0 0:0	2:0 3:0	2:0 1:4	3:0 4:1	12 8	4 2	1 7	33:10 26:24	40 26	59:34	66
2. VfL Osnabrück **	4:1 1:1	I	0:0 3:1	2:0 1:2	1:0 4:2	1:2 3:0	0:0 3:0	3:2 1:1	0:1 1:1	1:0 1:0	5:1 2:0	3:1 1:2	2:0 1:0	1:0 0:0	1:2 0:1	3:1 1:0	3:2 2:2	0:2 1:1	11 8	2 6	4 3	30:15 26:14	35 30	56:29	65
3. Rot-Weiß Essen	1:0 0:0	1:3 0:0	C	0:4 1:2	4:1 1:1	5:3 0:0	0:0 1:1	2:1 2:0	1:1 1:2	1:0 1:2	0:0 1:1	1:0 3:0	4:0 1:1	2:0 4:0	4:5 2:1	3:1 1:1	2:0 3:0	2:2 1:0	10 6	4 8	3 3	33:21 23:12	34 26	56:33	60
4. SG Wattenscheid 09	2:1 2:3	2:1 0:2	2:1 4:0	K	1:1 0:0	2:2 5:3	3:1 0:1	4:0 3:0	3:3 2:0	0:1 4:0	1:3 0:2	0:0 3:3	0:2 4:3	0:2 2:1	3:2 1:1	3:1 3:5	2:1 0:1	2:2 3:0	8 8	5 3	4 6	30:24 36:25	29 27	66:49	56
5. Bor. Dortmund Am.	3:2 1:2	2:4 0:1	1:1 1:4	0:0 1:1	E	2:2 3:1	2:1 2:0	2:0 0:5	1:1 0:3	5:2 2:2	2:2 3:2	0:2 5:2	0:0 2:2	2:2 1:1	3:0 2:1	0:2 1:1	1:0 1:0	6:1 0:1	7 6	7 5	3 6	32:22 25:29	28 23	57:51	51
6. Werder Bremen Am.	2:3 0:1	0:3 2:1	0:0 3:5	3:5 2:2	1:3 2:2	R	0:0 3:2	0:0 2:0	1:2 1:1	2:1 2:0	3:1 0:1	1:1 2:2	2:2 2:3	1:1 3:2	1:0 3:1	2:3 4:1	3:2 2:0	1:1 3:1	4 9	7 4	6 4	23:28 36:25	19 31	59:53	50
7. Dynamo Dresden	0:1 1:1	0:3 0:0	1:1 0:0	1:0 1:3	0:2 1:2	2:3 0:0	S	1:0 1:0	1:3 1:1	1:1 1:2	2:1 0:3	3:2 2:0	2:1 1:2	0:0 0:0	2:0 0:0	3:2 1:0	3:0 1:0	1:0 0:0	9 4	3 8	5 5	23:20 11:14	30 20	34:34	50
8. SC Paderborn 07	0:1 2:1	1:1 2:3	0:2 1:2	0:3 0:4	5:0 0:2	0:2 0:0	0:1 0:1	P	4:1 3:0	2:2 1:1	3:4 2:0	2:0 1:4	2:2 2:1	6:2 0:0	1:2 1:0	4:3 2:2	6:1 1:1	2:0 2:0	7 6	3 5	7 6	38:27 20:22	24 23	58:49	47
9. 1. FC Köln Am.	2:3 1:1	1:1 1:0	2:1 1:1	0:2 3:3	3:0 1:1	1:1 2:1	1:1 3:1	0:3 1:4	O	0:2 0:1	3:1 0:2	4:1 0:1	1:3 1:1	1:0 3:4	0:2 1:0	2:2 2:4	3:4 2:1	3:1 3:1	6 6	4 5	7 6	27:28 25:27	22 23	52:55	45
10. KFC Uerdingen 05	2:0 0:2	0:1 0:1	2:1 0:1	0:4 1:0	2:2 2:5	0:2 1:2	2:1 1:1	1:1 2:2	1:0 2:0	R	1:1 0:0	2:0 0:5	2:0 0:3	2:4 3:1	1:2 6:0	1:0 2:3	0:4 1:0	2:0 1:2	8 5	3 3	6 9	21:23 22:28	27 18	43:51	45
11. Chemnitzer FC	2:2 0:3	0:2 1:5	1:1 0:0	2:0 3:1	2:3 2:2	1:0 1:3	3:0 1:2	0:2 4:3	2:0 1:3	0:0 1:1	T	2:0 0:0	3:1 3:2	1:4 0:0	2:4 2:3	0:1 2:4	2:0 0:2	1:0 2:1	8 4	3 5	6 8	24:20 23:35	27 17	47:55	44
12. Preußen Münster	0:2 0:2	2:1 1:3	0:3 0:1	3:3 0:0	2:5 2:0	2:2 1:1	0:2 2:3	4:1 0:2	1:0 1:4	5:0 0:2	0:0 0:2	M	6:4 0:0	2:1 1:3	2:1 1:0	3:2 0:2	1:2 1:1	1:0 1:0	9 3	3 4	5 10	34:29 11:26	30 13	45:55	43
13. Holstein Kiel	1:0 0:2	0:1 0:2	1:1 0:4	3:4 2:0	2:2 0:0	3:2 2:2	2:1 1:2	1:2 2:2	1:1 3:1	3:0 0:2	2:3 1:3	0:0 4:6	A	1:1 3:0	1:1 4:2	1:1 4:1	1:2 1:1	3:1 1:1	5 5	7 5	5 7	26:23 28:31	22 20	54:54	42
14. Hamburger SV Am.	0:2 2:4	0:0 0:1	0:4 0:2	1:2 2:0	1:1 2:2	2:3 1:1	0:0 0:0	0:0 2:6	4:3 0:1	1:3 4:2	0:0 4:1	3:1 1:2	0:3 1:1	G	3:1 0:2	2:1 2:0	1:0 2:2	3:1 0:0	6 4	5 6	6 7	21:25 23:27	23 18	44:52	41
15. SC Verl *	0:0 0:3	1:0 2:1	1:2 5:4	1:1 2:3	1:2 0:3	1:3 0:1	0:0 0:2	0:1 2:1	0:1 2:0	0:6 2:1	3:2 4:2	0:1 1:2	2:4 1:1	2:0 1:3	A	3:4 2:1	4:3 3:2	0:2 1:3	4 8	3 1	10 8	19:32 28:33	15 25	47:65	40
16. SV Babelsberg 03 *	0:3 0:2	0:1 1:3	1:1 1:3	5:3 1:3	1:1 2:0	1:4 3:2	0:1 2:3	2:2 3:4	4:2 2:2	3:2 0:1	4:2 1:0	2:0 2:3	1:4 1:1	0:2 1:2	1:2 4:3	Z	1:1 1:5	3:3 0:2	5 4	5 2	7 11	29:34 25:39	20 14	54:73	34
17. B. Leverkusen Am. *	4:1 0:2	2:2 2:3	0:3 0:2	1:0 1:2	0:1 0:1	0:2 2:3	0:1 0:3	1:1 1:6	1:2 4:3	0:1 4:0	2:0 0:2	1:1 2:1	1:1 2:1	2:2 0:1	2:3 3:4	5:1 1:1	I	1:2 1:0	4 5	5 1	8 11	23:24 23:35	17 16	46:59	33
18. Dresdner SC *	1:4 0:3	1:1 2:0	0:1 2:2	0:3 2:2	1:0 1:6	1:3 1:1	0:0 0:1	0:2 0:2	1:3 1:3	2:1 0:2	1:2 0:1	0:1 0:1	1:1 1:3	0:0 1:3	3:1 2:0	2:0 3:3	0:1 2:1	N	4 3	4 4	9 10	14:24 18:34	16 13	32:58	29

**) = Aufsteiger in die 2. Bundesliga – *) = Absteiger in die Oberligen. Aufsteiger aus den Oberligen: Wuppertaler SV, FC Schalke 04 Am., VfR Neumünster, Sachsen Leipzig. Dazu kommen aus der 2. Bundesliga: Eintracht Braunschweig, FC St. Pauli.

Spitzenspiel: Torraumszene in der Regionalliga Süd Begegnung zwischen SpVgg Unterhaching und Jahn Regensburg.

RL SÜD 2002/03	SpVgg Unterhaching	Jahn Regensburg	FC Augsburg	Bayern Münnchen Am.	TSG Hoffenheim	1. FC Saarbrücken	SV Wehen	Kickers Offenbach	Rot-Weiß Erfurt	VfR Aalen	SC Pfullendorf	1. FC Schweinfurt 05	1. FC K'lautern Am.	SV Elversberg	Stuttgarter Kickers	Spfr. Siegen	SV Darmstadt 98	Eintr. Frankfurt Am.	Bor. Neunkirchen	Heimbilanz Auswärtsbilanz g.	u.	v.	Tore	Pkt.	Gesamt Tore	Punkte
1. SpVgg Unterhaching **	K	2:1 0:2	1:0 0:1	5:1 2:0	2:2 0:1	1:1 1:1	2:1 0:1	2:1 3:2	3:0 3:1	4:1 1:3	3:0 3:0	1:1 2:2	3:1 1:1	3:0 0:1	3:1 3:1	2:2 3:1	4:0 1:0	3:1 1:2	5:0 2:0	14 8	4 3	0 7	49:14 26:20	46 27	75:34	73
2. Jahn Regensburg **	2:0 1:2	I	1:0 1:1	2:1 0:1	4:0 3:1	0:0 2:1	2:0 0:1	1:1 1:1	3:0 0:1	2:0 3:1	3:0 1:2	2:1 2:0	4:1 1:0	2:0 1:0	1:2 0:0	3:1 1:3	5:0 3:1	2:0 1:1	6:1 0:0	15 7	2 5	1 6	45:8 21:17	47 26	66:25	73
3. FC Augsburg	1:0 0:1	1:1 0:1	C	1:1 0:2	3:2 1:1	3:0 2:1	1:3 2:4	0:2 0:2	0:0 2:2	3:0 2:3	4:0 0:2	1:1 0:1	3:0 1:0	2:0 1:1	2:1 1:1	2:1 2:4	2:0 2:0	2:1 3:0	4:0 1:0	12 5	4 4	2 9	35:13 20:26	40 19	55:39	59
4. Bayern München Am.	0:2 1:5	1:0 1:2	2:0 1:1	K	1:1 0:0	0:1 1:3	1:1 0:2	1:1 0:1	1:1 0:0	2:0 2:0	2:0 4:0	3:2 2:0	0:0 2:1	0:2 2:0	5:0 2:4	2:0 3:1	0:1 0:1	4:0 0:0	2:0 3:2	9 7	5 4	4 7	27:12 24:23	32 25	51:35	57
5. TSG Hoffenheim	1:0 2:2	1:3 0:4	1:1 2:3	0:0 1:1	E	2:2 1:1	2:0 1:2	1:1 0:1	1:0 1:2	0:1 2:4	4:2 2:3	1:0 2:0	2:1 5:0	4:2 0:0	2:0 1:1	3:0 1:0	1:2 1:0	7:1 1:3	1:1 3:0	10 5	5 5	3 8	34:17 26:27	35 20	60:44	55
6. 1. FC Saarbrücken	1:1 1:1	1:2 0:0	1:2 0:3	3:1 1:0	1:1 2:2	R	2:1 0:2	3:1 3:2	1:3 0:0	1:0 0:2	1:5 2:2	1:1 3:1	1:0 0:1	0:2 1:0	3:0 1:1	0:0 2:0	1:0 2:0	2:0 1:0	1:1 0:0	8 7	5 7	5 4	24:21 19:17	29 28	43:38	53
7. SV Wehen	1:0 1:2	1:0 0:2	4:2 3:1	2:0 1:1	2:1 0:2	2:0 1:2	●	1:1 0:0	0:0 2:3	4:1 0:3	3:2 1:2	3:4 2:3	3:1 1:1	1:0 1:1	0:0 1:1	1:2 1:1	1:1 0:3	2:0 1:1	5:2 0:1	12 1	4 7	2 10	36:17 16:30	40 10	52:47	50
8. Kickers Offenbach	2:3 1:2	1:1 1:1	2:0 2:0	1:0 1:1	1:0 1:1	2:3 1:3	0:0 1:1	S	1:1 2:1	1:1 1:1	2:4 3:2	0:2 2:1	1:1 0:0	0:0 2:3	0:0 1:3	2:0 0:0	1:1 1:1	0:0 2:0	1:0 2:0	5 6	9 8	4 4	18:17 24:21	24 26	42:38	50
9. Rot-Weiß Erfurt	1:3 0:3	1:0 0:3	2:2 0:0	0:0 1:1	2:1 0:1	0:0 3:1	3:2 0:0	1:2 1:1	P	5:0 1:1	0:0 0:0	2:1 1:3	2:1 0:2	2:0 1:2	3:2 2:4	3:1 1:1	2:1 0:0	1:1 1:0	0:2 2:2	10 2	5 9	3 7	30:19 14:25	35 15	44:44	50
10. VfR Aalen	3:1 1:4	1:3 0:2	3:2 0:3	0:2 0:2	4:2 1:0	2:0 0:1	3:0 1:4	1:1 1:1	1:1 0:5	O	2:3 0:3	2:1 1:3	2:3 2:4	0:0 4:0	1:2 2:1	2:0 0:1	4:0 0:0	2:0 0:0	1:0 1:0	10 4	3 3	5 11	34:21 14:34	33 15	48:55	47
11. SC Pfullendorf	0:3 0:3	2:1 0:3	2:0 0:4	0:4 0:2	3:2 2:4	2:2 5:1	2:1 2:3	2:3 4:2	0:0 0:0	3:0 3:2	R	1:0 0:4	0:0 1:1	0:1 0:1	2:1 3:1	1:1 0:2	2:1 1:3	2:3 1:1	4:0 1:1	9 4	4 4	5 10	28:23 23:38	31 16	51:61	47
12. 1. FC Schweinfurt 05	2:2 1:1	0:2 1:2	1:0 1:1	0:2 2:3	0:2 0:1	1:3 1:1	3:2 4:3	1:2 2:0	3:1 1:2	3:1 1:2	4:0 0:1	T	1:1 0:2	1:2 2:1	1:0 1:2	3:3 0:2	1:3 3:2	1:0 1:2	5:0 4:0	8 5	3 3	7 10	31:26 25:28	27 18	56:54	45
13. 1. FC Kaiserslautern Am.	1:1 1:3	0:1 1:4	0:1 0:3	1:2 0:0	0:5 1:2	1:0 0:1	1:1 1:3	0:0 1:1	2:0 1:2	4:2 3:2	1:1 0:0	2:0 1:1	M	0:1 2:0	1:1 4:0	2:0 1:4	1:1 2:2	1:1 1:0	3:0 2:1	6 5	7 5	5 8	21:18 22:29	25 20	43:47	45
14. SV Elversberg	1:0 0:3	0:1 0:2	1:1 0:2	0:2 2:0	0:0 2:4	0:1 2:0	1:1 0:1	3:2 0:0	2:1 0:2	0:4 0:0	1:0 1:0	1:2 2:1	0:2 1:0	A	2:2 0:1	4:2 1:2	1:0 0:3	4:1 3:4	2:0 1:4	8 5	4 2	6 11	23:22 15:29	28 17	38:51	45
15. Stuttgarter Kickers	1:3 1:3	0:0 2:1	1:1 1:2	4:2 0:5	1:1 0:2	1:1 0:3	1:1 0:0	3:1 0:0	4:2 2:3	1:2 2:1	1:3 1:2	2:1 0:1	0:4 1:1	1:0 2:2	G	1:0 1:1	2:1 1:1	0:3 1:0	0:0 1:0	7 4	6 6	5 8	24:26 16:28	27 18	40:54	45
16. Spfr. Siegen	1:3 2:2	3:1 1:3	4:2 1:2	1:3 0:2	0:1 0:3	0:2 0:0	1:1 2:1	0:0 0:2	1:1 1:3	1:0 0:2	2:0 1:1	2:0 3:3	4:1 0:2	2:1 2:4	1:1 0:1	A	2:1 2:4	3:1 0:0	4:1 0:0	10 1	4 6	4 11	32:20 15:35	34 9	47:55	43
17. SV Darmstadt 98 *	0:1 0:4	1:3 0:5	0:2 0:2	1:0 1:0	0:1 2:1	0:2 0:1	3:0 1:1	1:1 1:1	0:0 1:2	0:0 0:4	3:1 1:2	2:3 3:1	2:2 1:1	3:0 0:1	1:1 1:2	4:2 1:2	Z	2:2 4:2	1:0 1:0	6 5	6 3	6 10	24:21 18:32	24 18	42:53	42
18. Eintracht Frankfurt Am. *	2:1 1:3	1:1 0:2	0:3 1:2	0:0 0:4	3:1 1:7	0:1 0:2	1:1 0:2	0:2 0:0	0:1 1:1	0:0 0:2	1:1 3:2	2:1 0:1	0:1 1:1	4:3 1:4	0:1 3:0	0:0 1:3	2:4 2:2	I	4:3 1:1	5 2	6 5	7 11	20:25 16:39	21 11	36:64	32
19. Borussia Neunkirchen *	0:2 0:5	0:0 1:6	0:1 0:4	2:3 0:2	0:3 1:1	0:0 1:1	1:0 2:5	0:2 0:1	2:2 2:0	0:1 0:1	1:1 0:4	0:4 0:5	1:2 0:3	4:1 0:2	0:1 0:0	0:0 1:4	0:1 0:1	1:1 3:4	N	2 1	6 3	10 14	12:25 11:49	12 6	23:74	18

**) = Aufsteiger in die 2. Bundesliga – *) = Absteiger in die Oberligen. Aufsteiger aus den Oberligen: 1. SC Feucht, VfB Stuttgart Am., 1. FC Eschborn, FSV Mainz 05 Am. Den Zweitliga-Absteigern SSV Reutlingen und Waldhof Mannheim wurde die Regionalliga-Lizenz verweigert. Sie spielen 2003/04 in der Oberliga – Wegen Verstößen gegen Lizenzierungsauflagen wurde dem 1. FC Saarbrücken vier, dem VfR Aalen ein Punkt abgezogen.

Frauen-Bundesliga

Meister: 1. FFC Frankfurt

1. 1. FFC Frankfurt (M, P)	22	90:14	57
2. Turbine Potsdam	22	65:15	55
3. FCR Duisburg	22	58:32	44
4. FFC Heike Rheine	22	52:31	38
5. Bayern München	22	45:32	37
6. FFC Brauweiler-Pulheim	22	41:27	31
7. FSV Frankfurt	22	42:54	27
8. SC Freiburg	22	33:43	24
9. WSV Wolfsburg	22	31:49	24
10. SC Bad Neuenahr	22	31:73	23
11. Tennis Borussia Berlin (N) *	22	17:68	15
12. TuS Niederkirchen (N) *	22	10:77	2

Aufstiegsrunde

1. 1. FC Saarbrücken **	4	5:0	10
2. Hamburger SV **	4	6:1	8
3. USV Jena	4	6:5	6
4. SC Sand	4	4:7	3
5. FC Gütersloh 2000	4	2:10	1

Aufsteiger:
1. FC Saarbrücken, Hamburger SV

Frauen-DFB-Pokal

Pokalsieger: 1. FFC Frankfurt

Qualifikation:

SC Sand – DFC Allendorf	n. V. 1:2

1. Runde:

1. FC Saarbrücken – SC Bad Neuenahr	0:5
Erzgebirge Aue – Bayern München	0:8
Turbine Potsdam II – Tennis Bor. Berlin	2:4
USV Jena – WSV Wolfsburg	0:1
FSV Schwerin – Hallescher FC	1:2
ATS Buntentor – FFC Brauweiler-P.	1:16
TSV Schilksee – Hamburger SV II	6:1
FSV Jägersburg – SC Freiburg	0:5
SC Bad Neuenahr II – TuS Niederkirchen	0:4
TSV Crailsheim – 1. FFC Frankfurt	1:11
Karlsruher SC – 1. FC Nürnberg	1:3
DFC Allendorf – FSV Frankfurt	0:10
FSV Westerstede – FCR Duisburg	0:12
TuS Köln rrh – GSV Moers	n. V. 1:2
FC Gütersloh – Heike Rheine	1:6
Hamburger SV – Turbine Potsdam	2:0

Achtelfinale:

TSV Schilksee – WSV Wolfsburg	2:5
GSV Moers – FCR Duisburg	0:8
Heike Rheine – 1. FFC Frankfurt	0:7
TuS Niederkirchen – FSV Frankfurt	2:4
Hamburger SV – Bayern München	0:4
1. FC Nürnberg – SC Freiburg	0:3
Hallescher FC – Tennis Borussia Berlin	0:5
FFC Brauweiler-P. – Bad Neuenahr	n. V. 1:1
	Elfmeterschießen 5:3

Viertelfinale:

FFC Brauweiler-P. – SC Freiburg	2:0
FCR Duisburg – WSV Wolfsburg	3:0
Bayern München – 1. FFC Frankfurt	0:1
Tennis Borussia Berlin – FSV Frankfurt	0:3

Halbfinale:

FSV Frankfurt – 1. FFC Frankfurt	0:3
FFC Brauweiler-P. – FCR Duisburg	n. V. 1:2

Endspiel am 31. Mai in Berlin:

1. FFC Frankfurt – FCR Duisburg	1:0

M = Meister des Vorjahres
P = Pokalsieger des Vorjahres
N = Neuling
* = Absteiger
** = Aufsteiger

Nicht Maßhalten, sondern abspecken

Jetzt hat es also auch den Fußball erwischt. Während die Weltwirtschaft nach wie vor unbeirrt den Begriff »Wachstum« als Lokomotive für derzeit untaugliche Bemühungen benutzt, hat den Profi-Fußball längst die Rezession erwischt. Fast überall in der Fußball-Welt heißt die Maßgabe: Der Gürtel muss enger geschnallt werden.

Jahrelang machten ewige Optimisten (deutlicher gesagt: Fantasten) glauben, dass über die Schaffung neuer Märkte auch weitere, größere Einnahmen für den Fußball zu akquirieren seien. TV-Rechte, Merchandising oder Sponsoring hießen die Zauberwörter der Wortgewaltigen, mit denen immer neues, frisches Geld in den Weltsport Nummer eins fließen sollten.

Die Wirklichkeit sieht anders aus. Ernüchternder. Über 200 deutsche Berufsfußballer waren zum 1. Juli 2003 ohne einen Vertrag. Ihnen blieb der Weg zum Arbeitsamt, wenn auch nicht alle diesen bitteren Gang gingen. Das sind nicht nur Namenlose in der Bundesliga-Szenerie: Der Pole Pawel Kryszalowicz beispielsweise war vor einem Jahr noch WM-Teilnehmer für sein Land, ehe sein Vertrag beim Aufsteiger Eintracht Frankfurt nicht verlängert wurde. Oder ein ehemaliger Weltstar wie Thomas Häßler, mittlerweile zwar 37 Jahre alt und am Abend seiner Karriere angelangt. Für seinen letzten Klub TSV München 1860 war das Paket, das eine weitere Vertragsverlängerung gekostet hätte, einfach nicht mehr zu schnüren.

Zwei Beispiele nur. Symptomatisch aber für die Situation im deutschen Profi-Fußball. Nicht nur Maßhalten ist angesagt, sondern Abspecken – und zwar auf allen erdenklichen Ebenen.

Jahrelang labten sich die Klubs sich an den Millionen, die durch den Verkauf der TV-Rechte in die Liga flossen. Jahrelang wurden immer mehr Profis in die Kader gestopft, die die Erhöhung der Quantität nicht aber unbedingt der Qualität forcierte. Jahrelang stiegen die Gehälter der balltretenden Angestellten in immer neue, unglaublich hohe Dimensionen.

Erst schrillten die Alarmglocken in den Ohren der Manager und Präsidialen durch den Zusammenbruch des Kirch-Imperiums, der in der Insolvenz endete. Pay-TV – das sollte nach den Visionen der vermeintlichen Vordenker und Wortführer der Liga die Garantie für eine »sorgenfreie Zukunft« sein. Doch aus dem langfristigen Vertrag mit der Kirch-Media fehlen der Liga schon über 300 Millionen Euro.

Vor der neuen Saison 2003/2004 brach dann auch noch der Free-TV-Markt zusammen. Statt

bisher 85 Millionen für die Rechte bei SAT1 gibt's jetzt nur noch 60 Millionen Euro per annum von der ARD. Das trifft die Liga hart. Insgesamt ächzen nämlich die 36 Profiklubs unter einem Gesamt-Schuldenberg von über 600 Millionen Euro! Eine unglaubliche Zahl.
Glaubt man den Kontrolleuren der DFL, dann haben alle 36 Profiklubs die wirtschaftlichen Voraussetzungen erfüllt, dass sie wenigstens für die kommende Saison den Spielbetrieb aufrecht halten können. Doch Zweifel sind durchaus angebracht: Noch vor einem Jahr, beim Saisonstart der Saison 2002/2003, ahnte noch niemand, auch die Kontrolleure der DFL nicht, wie tief der Sumpf und der Schuldenstand beim 1. FC Kaiserslautern war. Es fehlte nicht nur einigen Entscheidungsträgern der »Durchblick«, nein sie hatten längst den Überblick über die wirtschaftliche Schieflage verloren.
Erst der als Sanierer geholte und geübte Schweizer René C. Jäggi machte den leckgeschlagenen Kahn in Kaiserslautern wieder halbwegs fit. Wenn auch unter großen Opfern und mit einer Geldstrafe sowie drei Punkten Abzug in der neuen Saison. Doch der kränkelnde Patient Kaiserslautern wird auch in dieser nicht unbedingt zur Ruhe kommen. Noch immer beschäftigen nicht ordnungsgemäß versteuerte Zahlungen an Spieler die Finanzbehörden und die Staatsanwaltschaft. Das Ende der Entwicklungen ist offen.

Vielleicht hilft den Pfälzern in ihrer »Notlage« ja die Teilnahme am UEFA-Cup. Die internationalen Wettbewerbe versprechen den Vereinen ja nicht nur neues Renommee, sondern auch zusätzliche Einnahmen. In der letzten Saison allerdings blieben die Auftritte der deutschen Teams auf der europäischen Bühne enttäuschend. Die vorderen drei Positionen in der Rangfolge sind für die nächsten Jahre an die dominierenden Spanier, Italiener und Engländer vergeben.
Aber vielleicht besinnen sich die deutschen Klubs ja in der vermeintlichen Not auf konzentriertes Arbeiten und maßvolles Wirtschaften. So überrascht es schon, wie sehr die Maßnahmen des neuen Schalke-Trainers Jupp Heynckes für Aufsehen sorgen.
Die Profis zu Beginn der Vorbereitungszeit über den Tag zusammenzuhalten – dies ist bei vielen Klubs im Ausland gang und gäbe, gehört dort zum normalen Arbeits-Alltag. Die Profis von Real Madrid oder Juventus Turin, vom AC Mailand oder FC Valencia – sie kennen diese Vorgaben nur zu genau.
Wenn sich die Profis und die Vereine in Zukunft auf das Wesentliche beschränken und solide ihre Aufgaben bewältigen, werden es ihnen die Fans schon danken. Auch in der wenig berauschenden vergangenen Saison waren die Anhänger eine verlässliche Größe und strömten in neuer Rekordzahl in die Stadien. *Hardy Hasselbruch*

Neuer Trainer, neue Maßnahmen: Schalkes neuer Coach Jupp Heynckes, der sein neues Team in der Vorbereitung ganztägig zusammenhielt.

Linke Seite: Nachdenklich: Dortmunds eigenwilliger Trainer Matthias Sammer.

Redaktionelle Konzeption:
Hardy Hasselbruch

Autoren:
Jean-Julien Beer, Christian Biechele, Oliver Bitter, Thomas Böker, Michael Ebert, Uli Gerke, Martin Gruener, Hardy Hasselbruch, Axel Heiber, Thomas Hennecke, Harald Kaiser, Sebastian Karkos, Hans-Günter Klemm, Jan Lustig, Martin Messerer, Thiemo Müller, Manfred Münchrath, Michael Richter, Steffen Rohr, Thomas Roth, Johann Strotkötter, Wolfgang Tobien, Stephan von Nocks, Karlheinz Wild, Sebastian Wolff

Schlussredaktion:
Hardy Hasselbruch

Statistik:
Gerd Heuser, Robert Hohensee, Marie-Luise König, Ulrich Matheja, Wolfgang Riedel,

Bildredaktion:
Peter Dworschak, Michael Beims

Titelfoto Hauptband und Planer:
Sven Simon
Abbildungen Innenteil: Baumann, Bongarts, Camera 4, Firo, Fischer/ddp, GES, Harder, Hoch Zwei, Imago, PS Press, Rauchensteiner, Schumann, Sportimage, Team 2, Tri Ass, Ulmer, View, Wende, Werek, Witters

Lektorat: Pierre Sick

Produktion, Satz und Layout:
VerlagsService Dr. Helmut Neuberger
& Karl Schaumann GmbH, Heimstetten

Reproduktion: Tausend Premedia GmbH, München

Redaktionsschluss: 1. Juli 2003

© 2003 Copress Verlag in der
Stiebner Verlag GmbH, München
Alle Rechte vorbehalten.
Wiedergabe, auch auszugsweise, nur mit Genehmigung des Verlags.

Gesamtherstellung: Stiebner, München.
www.copress.de
Printed in Germany
ISSN 0941-3375
ISBN 3-7679-0802-6